Alfred C. Mierzejewski

LUDWIG ERHARD

Der Wegbereiter der Sozialen Marktwirtschaft

Biografie

Aus dem Englischen von
Anne Emmert und Norbert Juraschitz

Pantheon

Die Originalausgabe erschien 2004 unter dem Titel »Ludwig Erhard. A Biography« bei The University of North Carolina Press, Chapel Hill und London.

Verlagsgruppe Random House FSC-DEU-0100
Das für dieses Buch verwendete FSC-zertifizierte Papier *EOS* liefert Salzer, St. Pölten

Der Pantheon Verlag ist ein Unternehmen der Verlagsgruppe Random House GmbH.

1. Auflage
Juli 2006

Umschlaggestaltung: Jorge Schmidt, München, nach einer Idee von Rothfos + Gabler, Hamburg
Satz: Ditta Ahmadi, Berlin
Reproduktionen: Mega Satz Service, Berlin
Druck und Bindung: GGP Media GmbH, Pößneck
Printed in Germany
ISBN-10: 3-570-55007-9
ISBN-13: 978-3-570-55007-6

www.pantheon-verlag.de

Inhalt

ERHARD hält, was er verspricht:
Wohlstand für alle durch die
SOZIALE MARKTWIRTSCHAFT

Einleitung

Am 9. November 1918 lag Adolf Hitler in einem Lazarett in Pasewalk und erholte sich von den Folgen eines Giftgasangriffs der Alliierten, den er in der Nacht vom 13. auf den 14. Oktober 1918 im belgischen Wervik südlich von Ypern erlebt hatte. Als er von der Niederlage Deutschlands erfuhr, traf ihn das zutiefst. Unter diesem Eindruck und auf der Basis seines rassistischen Weltbildes entwickelte er später die Vision eines neuen Deutschland und entfesselte einen verheerenden Rache- und Eroberungskrieg, um die angebliche jüdisch-bolschewistische Weltverschwörung niederzuschlagen, die er für die Demütigung seines Landes verantwortlich machte. Zwölf Jahre lang folgte Deutschland Adolf Hitler und seiner pervertierten Vision, die Deutschland und ganz Europa Tod und Verwüstung brachte.[1]

An eben jenem 9. November 1918 lag auch Ludwig Erhard in einem Militärkrankenhaus. Er erholte sich von den schweren Verwundungen, die er sich am 28. September 1918, nur zweieinhalb Wochen vor dem Giftgasangriff auf Hitlers Einheit, zugezogen hatte, als er bei Ypern, unweit Hitlers Stellung, von Splittern einer alliierten Granate getroffen wurde. Nach sieben Operationen – sein linker Arm war dauerhaft verkürzt, sein linkes Bein blieb geschwächt – konnte Erhard im Frühjahr 1919 das Krankenhaus endlich verlassen. Anders als der leichter verletzte Hitler wandte er sich nun weder radikalen Lösungen für seine Probleme und die seines Landes zu, noch verwechselte er sein persönliches Schicksal mit dem der Nation. Nein, er bewahrte sich seine grundlegend optimistischen und toleranten bürgerlichen Ansichten und machte sich in aller Ruhe daran, seinem Leben wieder eine Richtung zu geben. Im Jahr 1948 stieg Erhard zum bedeutendsten Wirtschaftspolitiker der Bundesrepublik auf und blieb es 18 Jahre lang. Er trug dazu bei, dass Deutschland auf Wohlstand, Demokratie und Frieden setzte. Zwischen den Auswirkungen seiner Politik und der Hitlers liegen Welten.

Ein gewaltiger Berg von Büchern und Aufsätzen befasst sich mit Hitler und allen denkbaren Aspekten seiner ruchlosen Herrschaft. Das Häuflein deutschsprachiger Bücher über Erhard und seine Politik ist im Vergleich dazu verschwindend klein. Und nur eine Hand voll englischsprachiger Werke befasst sich näher mit seinem Tun. Das bekannteste ist Anthony J. Nicholls' hervorragende Studie zu den Ursprüngen der sozialen Marktwirtschaft,[2] die sich infolge des breiten Ansatzes allerdings nicht auf die Person Erhards konzentriert.

Diesem Mangel will das vorliegende Buch abhelfen. Es beruht auf der vorhandenen deutschsprachigen Sekundärliteratur sowie auf eigener Forschung zu ausgewählten Themen, die ein Schlaglicht auf Erhards Ziele werfen. Dazu gehören insbesondere Erhards Kampf gegen Kartelle, seine Rolle in der Rentenreformdebatte von 1957 und die Ursprünge seiner wirtschaftlichen Ideen. Diese positive und doch kritische Darstellung des Politikers Erhard beschreibt die großen Kontroversen in Erhards Karriere und gibt auch Einblick in Erhards frühe Jahre und ihren Einfluss auf sein ökonomisches Denken. Auf Basis der vorhandenen Akten thematisiert sie darüber hinaus die Außenpolitik Erhards als Bundeskanzler, die sie überwiegend positiv bewertet.

Diese Biografie Ludwig Erhards richtet sich an ein breites Publikum, wird sich aber hoffentlich auch für Fachleute als hilfreich erweisen. An Letztere wendet sich der bibliografische Kommentar mit einem Überblick über die Quellen. Im Licht der Renaissance, die Vorstellungen von Wettbewerb und freien Märkten in den letzten Jahren erfuhren, und der vielen Missverständnisse, die daraus entstanden sind, bietet es sich geradezu an, das Leben eines der erfolgreichsten Praktiker einer liberalen Politik nachzuzeichnen. Auch die wirtschaftliche Entwicklung der Bundesrepublik Deutschland in den vergangenen 35 Jahren erscheint dadurch in einem neuen Licht: Das System wird häufig nach Erhard als »Soziale Marktwirtschaft« bezeichnet, hat aber wenig mit seiner Vision gemein. Hier wird deutlich gemacht, was Erhard unter dem Begriff »sozial« tatsächlich verstanden hat.

Erhard war ein ungewöhnlicher Mann, der nicht dem nationalistischen und militaristischen Mainstream der Wilhelminischen Zeit angehörte. Den Ersten Weltkrieg überstand er ohne Verbitterung. Weder schloss er sich dem reformistischen, aber schwächlichen Weimarer System an, noch gab er im Dritten Reich dem Druck, sich anzupassen, nach. In seinen Lehrjahren hielt er sich ökonomisch vom zunehmend zentralistischen, planungsorientierten, keynesianischen Konsens ebenso fern wie von der liberalen Bewegung, die die Freiheit zugunsten der Interessen des Staates und der Kartelle geopfert hatte.[3] Sozialismus, Rassismus und modische Radikallösungen waren für ihn kein Thema. Stattdessen blieb er seinen kleinbürgerlichen, individualistischen Wurzeln treu. Wie Nicholls wiederholt feststellt: Erhard war sein eigener Herr.[4]

An einem wichtigen Wendepunkt der deutschen Geschichte bot Erhard eine wahrhaftige, durchführbare, moderate Alternative zu den politischen Rezepten der ideologischen Extrempositionen. Er propagierte die Freiheit und Souveränität des Durchschnittsbürgers. Widerstand erfuhr er von links wie von rechts, und zwar auch von Gruppen, die durchaus von seiner Politik profitierten. Hin und wieder stellten sich sogar die Alliierten gegen ihn. Die Amerikaner holten ihn zwar in die Politik, doch er war weder ihr Vasall, noch übertrug er einfach das amerikanische Modell auf deutsche Verhältnisse.

In Westdeutschland vollzog sich nach Kriegsende und besonders nach 1948 ein durchgreifender Wandel. In welche Richtung dieser Wandel gehen sollte, war zunächst offen. Erhard musste daher für seine Ziele kämpfen. Er gewann nicht alle Schlachten, doch am Ende seines Ringens stand ein grundlegend verändertes Deutschland. Erhard lehnte es ab, sich für Sonderinteressen einzusetzen. Er ging auch nicht in die Politik, um Karriere zu machen. Es mangelte ihm an persönlichem Ehrgeiz ebenso wie an politischem Geschick. Er warb nur beständig um das Ideal der Freiheit. Erhard, selbst ein »Normalbürger«, kämpfte darum, allen seinen Mitbürgern ein besseres Leben zu ermöglichen. Dabei blieb er stets Optimist. In dieser Haltung unterschied er sich nicht nur von Hitler, sondern auch von vielen seiner Zeitgenossen, darunter Konrad Adenauer und Kurt Schumacher. Erhard repräsentierte wahrhaftig einen »dritten Weg«. Er hatte eine Alternative zu bieten, die nicht nur Deutschland von innen heraus erneuerte, sondern auch das Verhältnis des Landes zum Rest der Welt grundlegend veränderte: Die Zeiten, in denen Deutschland eine Bedrohung für den Frieden darstellte, waren endgültig vorbei. Dieses Buch erzählt, wie ein außergewöhnlicher, doch normaler Mensch, der am Ende als tragische Figur erscheint, sein Land zu verändern versuchte. Erhard war nur teilweise erfolgreich, doch in dem Maße, wie er es war, wurde Deutschland zu einem besseren Land.

KAPITEL 1

Lehrjahre eines Ökonomen

1897–1945

Deutschland war am Ende des 19. Jahrhunderts ein dynamisches, leistungsfähiges und zugleich instabiles Land. Es war als Staatswesen erst 30 Jahre zuvor aus einer Serie von drei siegreichen Kriegen hervorgegangen. Seine Regierungsform kombinierte autoritäre Elemente mit demokratischen, wobei die autoritären überwogen. Staatsoberhaupt war der junge und labile Kaiser Wilhelm II., der sich auf die Junker, die traditionelle preußische Militärelite, stützte. Der Reichstag wurde zwar über ein allgemeines Männerwahlrecht gewählt, doch dieses Parlament teilte sich die Regierungsmacht nicht mit dem Kaiser und seinen Gefolgsleuten. Die Mehrheitsparteien im Parlament bildeten nicht die Regierung. Vielmehr wählte der Kaiser die Minister nach Belieben selbst aus. Gleichzeitig war die Industrialisierung in Deutschland in vollem Gange, und das Land entwickelte sich zu einer der reichsten Nationen der Welt. Dieses Industriewachstum brachte sowohl innen- wie auch außenpolitische Probleme mit sich. Im eigenen Land forderte die Arbeiterklasse einen realen Anteil an dem Wohlstand und der Macht und äußerte ihren Willen über die Gewerkschaften und die Sozialdemokratische Partei (SPD). Der Aufstieg der Gewerkschaften schürte Angst unter den herrschenden Kreisen und den Bürgern der Mittelschicht. Letztere hatten sich bislang weder eine Beteiligung an der Macht noch einen sozialen Status erkämpft, der ihre wirtschaftliche Bedeutung angemessen widergespiegelt hätte. Dennoch waren die Bürger stärker von dem Zulauf der Arbeiterbewegung alarmiert, als sie den fehlenden eigenen Einfluss bedauerten, und sie verbündeten sich mit den traditionellen Eliten, ja, sie eiferten ihnen sogar nach. Als Folge spitzten sich um die Jahrhundertwende die sozialen und politischen Spannungen erheblich zu. Auf internationalem Parkett hingegen versuchte Deutschland, sich als Weltmacht zu etablieren; Auseinandersetzungen mit anderen Großmächten, insbesondere mit Großbritannien, waren deshalb unvermeidlich.[1]

Die Fürsprecher der freien Marktwirtschaft und des schlanken Staates waren in dem Deutschland der Jahrhundertwende eine klar abgegrenzte und schrumpfende Minderheit. Lediglich die Deutsche Freisinnige Partei unter der Ägide Eugen Richters plädierte für Ideen in der klassischen liberalen Tradition. Seit Mitte des 19. Jahrhunderts hatte sich die Mehrheit der Nationalliberalen Partei zunehmend für eine politische Linie ausgesprochen, die staatliche Interventionen und die Bildung großer Kartelle befürwortete. Tatsächlich gab es nur wenige Menschen in Deutschland, die man als Liberale im Sinne von Adam Smith hätte betrachten können.[2]

Das deutsche wirtschaftliche Denken wurde hingegen von der jüngeren Historischen Schule, den »Kathedersozialisten«, dominiert, die sich für staatliche Eingriffe in die Wirtschaft aussprachen, mit dem Ziel, die Macht der Regierung zu stärken und soziale Konflikte zu entschärfen. Gleichzeitig organisierte sich der industrielle Sektor zunehmend in Kartellen, die den Wettbewerb sehr stark behinderten. Insgesamt war das kaiserliche Deutschland in den Jahren vor dem Ersten Weltkrieg von wachsenden sozialen und politischen Spannungen geprägt, von einer Ausdehnung der staatlichen Eingriffe in wirtschaftliche und soziale Belange, von der privaten Organisation der Wirtschaft und der Suche nach neuen Konzepten und Zielen durch die Regierung wie auch durch die Opposition.

Ludwig Erhard wurde in diese instabile Situation hinein am 4. Februar 1897 in der fränkischen Stadt Fürth geboren. Doch er bekam erstaunlich wenig davon zu spüren. Sein Vater Wilhelm war der Sohn einer Bauernfamilie, die seit Generationen in dem nordfränkischen Dorf Rannungen in der Nähe von Bad Kissingen gelebt hatte. Der 1859 geborene Wilhelm Erhard hatte sich an der massiven Landflucht der Menschen in die Städte beteiligt, die ein wesentlicher Bestandteil des Wandels der deutschen Gesellschaft in der Anfangsphase der Industrialisierung gewesen war. Im Jahr 1885, im Alter von 26 Jahren, zog Wilhelm nach Fürth, um seine Lebensverhältnisse zu verbessern. Anders als viele seiner Zeitgenossen gab er sich jedoch nicht einfach mit einer Fabrikarbeit zufrieden, sondern gründete ein eigenes Unternehmen. Im Jahr 1888 eröffnete er in Fürth ein Wäsche- und Ausstattungsgeschäft. Im selben Jahr heiratete er Augusta Hassold, die Tochter einer Kunsthandwerkerfamilie. Wilhelm Erhards Geschäft blühte. Er wurde zwar keineswegs reich, stieg aber zu einem Mitglied der soliden Mittelschicht auf, die sich ihren Lebensunterhalt mit harter Arbeit und mit der Befriedigung der damals wachsenden Nachfrage verdiente. Mit Lobbyarbeit für staatliche Subventionen oder Protektionismus, die viele Junker betrieben, um ihre Gutshöfe zu retten, und viele Industrielle, um ausländische Konkurrenten abzuwehren, hatten Leute wie Wilhelm Erhard nichts zu schaffen.

Diese frühen Jahre in Ludwig Erhards Leben prägten seinen Charakter und seine politischen Ansichten ganz entscheidend. Sein Vater war Katholik, seine Mutter hingegen Protestantin. Der tolerante, lebensfrohe Vater gestattete es der Mutter, Ludwig, die beiden Brüder und die Schwester Rose, zu der Ludwig eine besonders enge Beziehung hatte, als Protestanten zu erziehen. Wilhelm Erhard war ein extrovertierter Mensch und ein Anhänger Eugen Richters und seiner kleinen liberalen Partei. Erhard senior debattierte mit Vorliebe mit seinen überwiegend konservativen Geschäftspartnern über aktuelle politische Themen. Ludwig Erhard hatte noch in den sechziger Jahren diese Debatten lebhaft in Erinnerung, ein eindeutiger Hinweis, dass die liberalen, kleinunternehmerischen Neigungen seines Vaters ihn tief und nachhaltig beeinflusst hatten.[3]

In seinem dritten Lebensjahr erkrankte Erhard an Kinderlähmung, eine Verformung seines rechten Fußes war die Folge. Für den Rest seines Lebens war er gezwungen, orthopädische Schuhe zu tragen. Aus diesem Grund fand Erhard als Jugendlicher keinen Gefallen an Sport und körperlicher Arbeit. Seine Mutter pflegte ihn gesund, und zwischen den beiden wurde in dieser Zeit ein besonders enges Band geknüpft. Im Gegensatz zu seinem Vater war die Mutter Augusta eine stille, schüchterne Frau, hatte aber einen starken Charakter. Erhards Persönlichkeit spiegelte diese Charakterzüge während seines ganzen Lebens wider. Er bevorzugte stets das häusliche Leben und hatte wenig wirklich gute Freunde. Er schätzte seine Privatsphäre. Für ihn stand später die Politik immer hinter der Familie und den theoretischen Interessen zurück. In diesen frühen Jahren zu Hause entwickelte Erhard ein Interesse für Musik. Seine Lieblingskomponisten waren Bach, Mozart, Händel, Beethoven, Chopin, Gluck und Richard Strauss. Er träumte davon, Dirigent zu werden. Dieser Traum verdeutlicht Erhards Streben nach Harmonie sowie sein Gespür dafür, dass es seine Berufung war, die Konzepte anderer umzusetzen. Immerhin trachtete er nicht danach, Komponist zu werden. Die frühen Jahre und Interessen prägten auch Erhards Arbeitsweise ganz entscheidend. Er verließ sich eher auf Intuition und Inspiration und konzentrierte sich auf große, grundlegende Fragen statt auf die Kleinarbeit. Kurzum, Erhard legte sich eine dezidiert undeutsche Vorgehensweise zu. Das sollte später viele Kollegen irritieren, doch es verschaffte ihm einen wichtigen Vorteil, als es darum ging, die Niederlage von 1945 zu überwinden und die daraus resultierenden Probleme des Landes zu lösen. Erhard fiel es dadurch leichter, das Gleichgewicht zu bewahren.[4]

Im Alter von sechs Jahren kam Erhard 1903 in die Volksschule in Fürth. Er strengte sich nicht sonderlich an und bekam deshalb mittelmäßige Noten. Viel stärker wurde er in dieser Phase von häuslichen Einflüssen geprägt. Zudem drängte sein toleranter Vater ihn nicht, sich doch ein wenig mehr Mühe zu geben.[5] Im Jahr 1907 wurde Erhard in die Königlich Bayerische Realschule mit Handelsabteilung in Fürth aufgenommen. Wiederum tat Erhard nicht mehr als nötig und hatte allenfalls zufriedenstellende Noten, allerdings entdeckte er, dass er ein Talent für öffentliche Auftritte hatte. Er war ganz zufrieden mit der Aussicht, von seinem Vater das Ausstattungsgeschäft zu übernehmen. Deshalb war die Realschule auch genau das Richtige für ihn. Sie war gewiss keine Eliteschule und brachte den Schülern auch nicht das begehrte Abitur, das Abschlusszeugnis, das Erhard ein Universitätsstudium ermöglicht hätte. Das Abitur war damals nicht nur eine unerlässliche Vorbedingung für die akademische Bildung, sondern bedeutete häufig zugleich den Zugang zur kulturellen Elite.[6]

Sein »Einjähriges«, den Realschulabschluss, machte Erhard 1913 und begann im selben Jahr eine Lehre bei dem Textilwarengeschäft Georg Eisenbach in Nürnberg. Er arbeitete zehn Stunden am Tag und sechs Tage in der Woche und lernte seinen Beruf. Sonntags fuhr er in das nahe gelegene Fürth und verbrachte den Tag mit seinen Eltern. Erhard war mit seiner Beschäftigung zufrieden. Nichts deutet darauf hin, dass er von den wachsenden internationalen Spannungen dieses letzten Friedensjahres in irgendeiner Form betroffen war. Er hatte auch nichts mit der starken und wachsenden Jugendbewegung in Deutschland zu tun und engagierte sich weder bei den Wandervögeln noch in einer sozialistischen Jugendorganisation oder einer der vielen völkischen Organisationen, die damals Teil der deutschen Kulturlandschaft waren. Erhard genoss das letzte Friedensjahr, ohne etwas von den bedeutsamen Entwicklungen um ihn herum zu ahnen und ohne dem Zeitgeist zu huldigen.[7]

Der Ausbruch des Ersten Weltkrieges veranlasste Erhard, zum ersten Mal ernsthaft über das Leben nachzudenken. Für die Einberufung war er 1914 noch zu jung, und er konnte seine Ausbildung fortsetzen. Allerdings stellte er die Weisheit der kaiserlichen

Erhard um 1907

Regierung und des Kaisers selbst in Frage. Im Gegensatz zur offiziellen Propaganda und zu den Gefühlen vieler Zeitgenossen hasste Erhard weder Großbritannien noch Frankreich. Aus Patriotismus meldete er sich dennoch 1916 freiwillig zum Militärdienst. Er wurde dem 22. Königlich Bayerischen Feldartillerieregiment zugeteilt und zum Richtkanonier ausgebildet, ein Vorgang, den Erhard als eine Art Sport empfand. Danach wurde er mit seiner Einheit in die Vogesen entsandt, einen ruhigen Abschnitt im südlichen Teil der Westfront. Von dort wurde sein Regiment nach

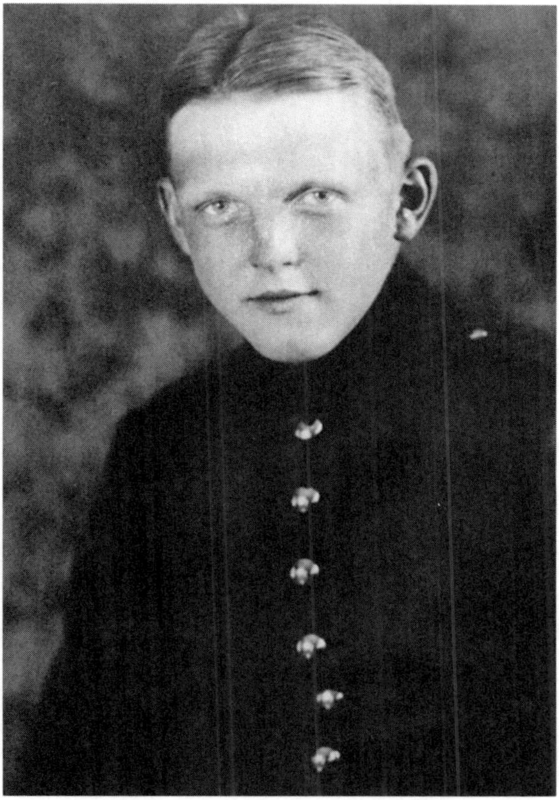

Erhard als Richtkanonier der Feldartillerie im Ersten Weltkrieg

Rumänien verlegt, ebenfalls ein nicht gerade heftig umkämpfter Kriegsschauplatz. Erhard erkrankte an Typhus, damals eine fast immer tödliche Krankheit, und wurde nach Deutschland zurückgeschickt. Er erholte sich jedoch wieder vollständig und meldete sich freiwillig zur seiner Einheit zurück. Mittlerweile stand sie wieder an der Westfront, und dort erlebte Erhard die wohl schwersten Kämpfe des Krieges, als das deutsche Heer versuchte, den stetigen Vormarsch der Alliierten aufzuhalten. Am 28. September 1918 wurde Erhard in der Nähe von Ypern von einer alliierten Granate schwer verwundet. Eilig brachte man ihn in das Militärkrankenhaus in Recklinghausen. Er hatte schwere Verwundungen an der linken Schulter und Seite und am linken Bein. Erhard blieb bis Juni 1919 im Krankenhaus und wurde mehrmals operiert. Sein linker Arm verkümmerte und wurde kürzer als der rechte. Jahre später, im Februar 1929, erklärte das Versorgungsamt in Nürnberg Erhard zu 25 bis 30 Prozent für erwerbsunfähig und gewährte ihm eine Rente. Während seiner Genesung erkannte Erhard, dass seine Welt zusammengebrochen war. Er begriff auch, dass Deutschland sich für immer verändert hatte, war jedoch nicht verbittert deswegen. Er hatte nie an die Dolchstoßlegende geglaubt. Anders als Hitler wandte er sich nicht einer radikalen Lösung der massiven Probleme Deutschlands zu. Vielmehr gewann er sein inneres Gleichgewicht wieder. Er blieb den liberalen Werten seiner Familie verhaftet und sah sich nach einer Möglichkeit um, sein Leben neu gestalten.[8]

Im November 1918 dankte Kaiser Wilhelm II. ab, es folgte ein Wechsel nicht nur des Herrschers, sondern des ganzen Regimes. Die Führer der SPD im Reichstag riefen die Republik aus, wollten sich jedoch nicht an die Spitze einer gesellschaftlichen Revolution stellen. Vielmehr trachteten sie danach, einen geordneten Übergang zu bewerkstelligen, einschließlich der Ausarbeitung einer neuen, demokratischen Verfassung. Diese gemäßigten Reformer mussten auf der Linken gegen revolutionäre Marxisten und auf der Rechten gegen radikale Nationalisten und Rassisten um die Macht kämpfen. Die gemäßigten Kräfte erwiesen sich als unfähig, eine klare politische Linie zu verfolgen. Zum einen wollten sie den Nationalismus der Rechten respektieren, zum anderen aber auch einen Wohlfahrtsstaat aufbauen, der den Forderungen der Gewerkschaften und der Linken entsprach. Damit nicht genug, war die neue Regierung gezwungen, einen Friedensvertrag zu unterzeichnen, der von der großen Mehrheit der deutschen Bevölkerung abgelehnt wurde.

Der Weimarer Republik gelang es nie, die Loyalität einer

Mehrheit des deutschen Volkes für sich zu gewinnen, und ganz gewiss erfreute sie sich nie der konsequenten Unterstützung der Landeseliten. Die Verbitterung über den verlorenen Krieg und das Gefühl des Verrates durch den Friedensvertrag behinderten das neue Regime nachhaltig. Die rasch aufeinander folgenden Weimarer Regierungen, selbst jene, die sich auf Mitte-Rechts-Koalitionen stützten, weiteten das Sozialsystem des Landes aus, erhöhten Steuern, beteiligten sich an der Politisierung der Tarifverhandlungen und unterstützten eine verstärkte Kartellbildung in der Wirtschaft. Die Jahre 1919 bis 1933, von der Gründung der Weimarer Republik bis zu ihrem Zusammenbruch und der Ablösung durch die NS-Diktatur, wurden begleitet von schwindendem Vertrauen in freie Wahlen und freie Märkte. Gleichzeitig wuchs das Interesse an autoritären, politischen Systemen, an innovativen kulturellen Ideen und an korporatistischen wirtschaftlichen Organisationen. Erhard war sich über diese Entwicklungen und ihren theoretischen Hintergrund im Klaren, auch wenn er sich in keiner einzigen politischen Bewegung jener Zeit engagierte und sich auch bis kurz vor Ende der Republik nicht unmittelbar an der politischen Debatte beteiligte. Er war von der Inflation, die zu Beginn des Jahrzehnts die Wirtschaft verwüstete, besonders stark geprägt, weil er mit eigenen Augen die fatale Wirkung auf das Geschäft seines Vaters erlebte.

Im Jahr 1919 war Erhard so schwach, dass er nicht im Geschäft seines Vaters mitarbeiten konnte. Er suchte nach einer passenden Beschäftigung, doch dann hörte er von der Eröffnung einer neuen Handelshochschule im nahe gelegenen Nürnberg. Da das Abitur nicht Voraussetzung für die Aufnahme war, besuchte er im September 1919 probeweise eine Vorlesung. Es gefiel ihm so sehr, dass er sich in dem Fach Volkswirtschaft an der Schule einschrieb. Zu Beginn tat er sich schwer, weil Buchhaltung und Wirtschaftsmathematik nicht gerade seine Lieblingsfächer waren. Im vierten und fünften Semester erkannte er jedoch seine Talente, beherrschte die Materie und entdeckte ein erstes Interesse an Wirtschaftstheorie, insbesondere an geld- und währungspolitischen Fragen. Danach machte er rasch Fortschritte, bestand am 22. März 1922 das Abschlussexamen des Kurses und erwarb den Titel Diplomkaufmann. Seine Diplomarbeit hatte die volkswirtschaftlichen Folgen der seit neuestem aufkommenden Formen des bargeldlosen Zahlungsverkehrs zum Gegenstand. Er kam zu dem Schluss, dass solche Werkzeuge die Geschäftstätigkeit gewiss erleichtern würden, aber kein Wachstum der Wirtschaft zur Folge hätten.[9]

Erhard fühlte sich von Professor Wilhelm Rieger, dem Lehrer für Betriebswirtschaftslehre und Wirtschaftstheorie, besonders angezogen. Rieger, der die Schule gegründet hatte und ihr erster Leiter war, hatte Erhard als einen fleißigen Studenten in Erinnerung, der sich ganz seinen Studien widmete. Erhard nahm begierig alles auf, was ihm angeboten wurde, und verlangte nach immer mehr.[10] Rieger war ein Professor, der ihm viel beibringen konnte. Er war zwar kein charismatischer Lehrer, dafür sehr versiert in der liberalen Wirtschaftstheorie und gründlich mit den rivalisierenden sozialistischen Vorstellungen vertraut. Rieger ging an wirtschaftliche Themen stets klar und methodisch heran. Er vermittelte Erhard ein solides Wissen über die makro- und mikroökonomische Theorie, insbesondere über die Ideen der klassischen, marginalistischen und neoklassischen Schulen, und brachte ihm bei, logisch zu denken. Riegers Einfluss auf Erhard war größer, als gemeinhin wahrgenommen wird. Seine Anschauungen ergänzten die Ansichten, die Erhard von seinem Vater kennengelernt und in dem Geschäftsmilieu entwickelt hatte, in dem er aufgewachsen war. Erhard schrieb später, dass er seine liberalen wirtschaftlichen und politischen Überzeugungen Rieger verdanke. Gewiss hatte Erhard die liberale Gesinnung schon zu Hause in sich aufgesogen. Doch erst Rieger machte ihm die Grundpfeiler der liberalen Sichtweise bewusst und lehrte ihn die darin enthaltene systematische, theoretische Grundlage. Von Rieger lernte er, wie wichtig der Preismechanismus war, dass der Marktpreis der einzige gerechte Preis war, dass Firmen dazu da waren, Geld zu verdienen, und dass Risiko ein wesentlicher Bestandteil der Wirtschaft war, dass Industrieorganisationen wie Kartelle dazu gedacht waren, den Wettbewerb auszuschalten. Und schließlich erfuhr Erhard, welches Potenzial die neuen Technologien in sich bargen.[11] Im Grunde verstärkte und vertiefte Rieger die Vorstellungen, die Erhard bereits mitgebracht hatte. Erhard hielt an diesen Grundwerten stets fest. Vor allem in den dreißiger Jahren versuchte er, sie an die erreichte Station seines Lebens und an die Stellung Deutschlands anzupassen, doch er kehrte stets zu ihnen zurück und übernahm sie am Ende uneingeschränkt.[12]

Rieger half Erhard auch, beruflich vorwärts zu kommen. Erhard hatte kein Abitur, und er hatte einen Hochschulabschluss an einer Schule erworben, die keinen akademischen Titel im herkömmlichen Sinn vergeben durfte. Er wollte jedoch seine Studien unbedingt fortsetzen. Rieger überzeugte Erhards Vater, dass sein Sohn die akademische Bildung weiterführen sollte, statt sich den praktischeren Fragen des Familienunternehmens zu widmen. Er setzte sich für seinen Schüler auch bei der Verwaltung der Universität in Frankfurt am Main und bei dem neuen dortigen Professor für Wirtschaft und Soziologie, Franz Oppenheimer, ein, mit dem er bekannt war. Im Wintersemester 1922 schrieb sich Erhard in Frankfurt für die Promotion ein. Auch hier pflegte Erhard, wie stets, nur einen kleinen Freundeskreis. Er konzentrierte sich ganz aufs Studium und hielt sich von den Vergnügungen der Großstadt ebenso fern wie von den politischen Unruhen.[13] Das hinderte ihn jedoch nicht daran, sich zu verheiraten und ein lebenslanges Band der Freundschaft zu seinem Doktorvater Franz Oppenheimer zu knüpfen.

An der Handelshochschule in Nürnberg hatte Erhard eine Freundin aus seiner Kindheit wiedergetroffen: Luise Schuster oder Lotter, wie sie damals geheißen hatte. Sie hatte in Erhards Nachbarschaft gelebt und mit seiner Schwester Rose gespielt. Luise hatte 1914 den Anwalt Dr. Friedrich Schuster geheiratet. Ein Jahr später war Schuster an der Front gefallen. Luise kehrte dann nach

Hause zurück und lebte bei ihren Eltern. Im Herbst 1919 schrieb sie sich an der Handelshochschule in Nürnberg ein und begegnete bald Erhard. Sie freundeten sich an und machten um dieselbe Zeit Examen – sie mit einem Diplom in Geschäftsführung und Buchhaltung. Am 11. Dezember 1923 heirateten sie. Luise brachte Eleonore, ihre Tochter aus der ersten Ehe, mit in die Ehe und schenkte Erhard noch eine Tochter, Elisabeth. Luise war selbst eine gute Ökonomin, stellte jedoch ihre Ambitionen hinter die ihres Mannes zurück. In ihrem gesamten Eheleben sorgte sie dafür, dass Erhard ein freundliches Zuhause hatte. Sie mischte sich nie in seine berufliche Tätigkeit ein, und er hielt ihr unerschütterlich die Treue.[14]

An der Universität wurde Erhard stark von Oppenheimer beeinflusst. Die beiden wurden sogar gute Freunde, und Erhard besuchte häufig das Haus seines Mentors gemeinsam mit anderen Studenten und Intellektuellen und diskutierte über wirtschaftliche und soziologische Theorie und Politik. Doch es wäre ein Fehler, daraus zu schließen, dass Erhard einfach unkritisch Oppenheimers Ideen übernommen hätte. Wie stets bewahrte Erhard sich seine unabhängige Meinung. Oppenheimer plädierte für eine charakteristische Theorie, die er »liberalen Sozialismus« nannte. Der stark von Marx beeinflusste Oppenheimer hatte sein Berufsleben als Arzt in Berlin begonnen. Er war so entsetzt gewesen über die Bedingungen, unter denen die Arbeiter lebten, dass er seine Praxis aufgegeben und sich der Wirtschaftswissenschaft zugewandt hatte. Nach Oppenheimers Meinung war der Besitz von Grund und Boden Folge einer gewaltsamen Landnahme. Er war auch überzeugt, dass der gesamte Boden bereits in irgendeinem Besitzverhältnis stehe, wodurch de facto ein Besitzmonopol entstanden sei. Als Folge der bürgerlichen Revolution, die 1789 begonnen hatte, argumentierte er, seien den Leibeigenen die politische und juristische Freiheit gewährt worden. Doch sie hätten kein Land erhalten und seien deshalb scharenweise in die Städte gezogen, um in den neu geschaffenen Fabriken zu arbeiten. Dort hätten sie sich in einem eklatanten Nachteil gegenüber den Arbeitgebern gesehen und seien gezwungen gewesen, schlecht bezahlte Arbeiten anzunehmen, was wiederum hohe Profite für die Kapitalisten mit sich gebracht habe. Oppenheimer schlug vor, diesen Kreislauf zu durchbrechen und eine wahrhaft sozialistische Gesellschaft der »Freien und Gleichen« zu schaffen, indem man den Bauern Landbesitz ermöglichte. Das würde die Abwanderung der Arbeiter in die Städte stoppen und damit die Vorherrschaft der Kapitalisten brechen. Das System sollte danach unter dem freien Wettbewerb von selbst funktionieren, allerdings unter Aufsicht des Staates. Laut Oppenheimer war eine auf Wettbewerb basierende Marktwirtschaft nicht der Grund für das Leid der Arbeiter, weil diese Marktwirtschaft nie existiert hatte. Die Mächtigen hatten stets Gewalt eingesetzt, um den Wettbewerb zu verhindern und sich dadurch übermäßige Profite zu sichern.[15]

Erhard übernahm Oppenheimers Theorie nicht. Er nahm jedoch aus seiner Zeit in Frankfurt einige wertvolle Ideen mit, die allesamt zu seinem eigenen grundlegenden Standpunkt passten. Oppenheimer kannte, wie zuvor Rieger, sich bei den bedeutenden Wirtschaftswissenschaftlern sämtlicher Lager bestens aus. Erhards theoretische Schulung wurde folglich durch Oppenheimer zweifellos vertieft und erweitert. Seine Abneigung gegen Monopole und Kartelle, die ihm sein Vater anhand der Ideen Richters vermittelt hatte und die von Rieger verstärkt worden war, erhielt nunmehr eine größere Präzision und analytische Tiefe. Erhards späterer Widerstand gegen Interessengruppen und sein Versuch, eine Gesellschaft ohne deren Einfluss aufzubauen, lässt sich zumindest teilweise auf seine Schulung durch Oppenheimer zurückführen. Wie Erhard später sagte, ging Oppenheimer stets mit kühlem Kopf und warmem Herzen an eine Aufgabe heran.[16] Erhard gefiel dieses Muster sicherlich. Dieser Ansatz leistete ihm in seiner politischen Laufbahn gute Dienste. Im Wesentlichen ließ Erhard die schrulligen Aspekte von Oppenheimers Denken beiseite und verfestigte seine Abneigung gegen wirtschaftliche Interessengruppen, insbesondere gegen Kartelle und Monopole, sowie sein Ja zum Wettbewerb. Während seiner Zeit in Frankfurt war er ferner davon überzeugt, dass der Grundbesitz breit gestreut werden müsse.

Erhard schloss seine Dissertation im Sommer 1924 ab, genau zu der Zeit, als Deutschlands Wirtschaft nach dem Zusammenbruch der Währung Ende 1923 allmählich saniert wurde. Erhard schrieb einmal mehr über Geld und die Vorstellung des Warenwerts. Er stellte die These auf, dass Geld für den Warenverkehr notwendig sei, aber keinen eigenen Wert habe. Er hielt immer noch an der Arbeitswerttheorie fest, die davon ausging, dass Waren die Speicherung der Arbeit repräsentierten, die nötig war, um sie zu produzieren – eine Vorstellung, die er später verwarf. Er sprach sich entschieden für den freien Warenverkehr in einer Volkswirtschaft und den freien Handel unter den Staaten aus. Ferner machte er deutlich, dass wirtschaftliche Tätigkeit kein Selbstzweck ist.[17]

Oppenheimer nahm sich mit dem Lesen von Erhards Arbeit Zeit. Im Jahr 1925 lud er Erhard endlich ein, ihn auf einer Bergwanderung im Engadin zu begleiten, um über die Dissertation zu reden. Das eigentliche Rigorosum, die Verteidigung seiner Schrift, fand in einer Seilbahn in über 2700 Meter Höhe statt. Nach einer erstaunlich kurzen Diskussion akzeptierte Oppenheimer Erhards These. Offiziell erhielt Erhard seinen Titel am 12. Dezember 1925.[18] Doch auch mit dem Doktortitel war Erhard, wie viele andere Akademiker, arbeitslos. Er half ein wenig im Geschäft seines Vaters mit, zeigte aber kein großes Interesse daran. Im Jahr 1928 schloss Wilhelm Erhard im Alter von 66 Jahren sein Ausstattungsgeschäft und setzte sich zur Ruhe. Ludwig Erhard atmete erleichtert auf.[19] Schon bald bot sich ihm eine interessantere, zugleich aber auch mühsamere Beschäftigung.

Vermutlich dank der Intervention Riegers und Oppenheimers wurde Erhard eine Halbtagsstelle als Forschungsassistent an dem Institut für Wirtschaftsbeobachtung der deutschen Fertigwaren in Nürnberg angeboten.[20] Die beiden Professoren Erhards kannten Wilhelm Vershofen, den Leiter des Instituts. Aus der Stelle wurde schon bald eine Vollzeitbeschäftigung, und Erhard arbeitete sich langsam in der Hierarchie des Instituts nach oben. Seine Zeit an dem Institut Vershofens hatte jedoch auch Schattenseiten. In den fünfziger Jahren äußerte Vershofen sich über Erhards Gerechtigkeitssinn und darüber, wie sein neuer Assistent sich alle Mühe gab, Streitigkeiten unter seinen Kollegen zu schlichten. Angeblich war Erhard stets guter Laune. Vershofen war verblüfft darüber, dass Erhard sich offenbar nie in den Vordergrund drängte und dass er ständig sowohl seine Persönlichkeit wie auch seine Anschauungen weiterentwickelte.[21] Doch Erhard trennten tiefe weltanschauliche Differenzen von Vershofen. Während seiner Zeit an dem Institut war Erhard bestrebt, seine Philosophie mit der Vershofens in Einklang zu bringen, letzten Endes gelang ihm das aber nicht.

Wilhelm Vershofen kam 1923 an die Nürnberger Handelshochschule. Er brachte eine Forschungsorganisation mit, die er während seiner Tätigkeit für die deutsche Porzellanindustrie gegründet hatte. Er reorganisierte sie und benannte sie 1925 in Institut für Wirtschaftsbeobachtung der deutschen Fertigwaren um. Vershofen hatte als Delegierter der Deutschen Demokratischen Partei in der konstituierenden Versammlung gesessen, die die neue Weimarer Verfassung geschrieben hatte.[22] Diese Gruppe spiegelte die Spaltung wider, die sich vor dem Ersten Weltkrieg zu Themen der nationalen Einheit quer durch die deutschen Liberalen gezogen hatte. Die Demokratische Partei unterstützte eine verfassungsmäßige Regierung und die rechtsstaatliche Ordnung, war jedoch alles andere als eine Fürsprecherin der freien Marktwirtschaft. Vielmehr hatte sie sich mit der privaten Organisation der Wirtschaft durch Kartelle abgefunden. Vershofens Institut diente dazu, der Industrie Informationen über das Konsumverhalten zu liefern. Das keinesfalls verbraucherorientierte Institut stand ganz im Dienst der Wirtschaft. Vershofen gründete seine

Organisation zu dem Zweck, die Wirtschaft mit Informationen zu füttern, damit sie die Märkte effektiver organisieren konnte. Anhand seiner Berichte konnten Unternehmen die Preise festlegen und gingen nicht das Risiko ein, dies dem freien Markt zu überlassen. Im Grunde hoffte Vershofen, die weitere Kartellisierung der deutschen Wirtschaft zu fördern, indem der Preismechanismus außer Kraft gesetzt wurde.[23]

Vershofen war, genau wie Oppenheimer, ein sehr produktiver Autor. Anders als Oppenheimer, der sich zum Feind sämtlicher etablierter Interessengruppen und Denkrichtungen erklärt hatte, hatte Vershofen hingegen eine Rechtfertigung des Status quo entwickelt. Er veröffentlichte eine breite Palette von Schriften, darunter Romane, Gedichte, wirtschaftliche Analysen und wirtschaftstheoretische Abhandlungen. Weit davon entfernt, amerikanische Verbraucherkonzepte auf Deutschland zu übertragen, war er ein scharfer Kritiker der Grundlagen des amerikanischen Systems. Im Krieg hatte er eine Parabel über das amerikanische Geschäftsgebaren verfasst, in der er die angebliche Unmenschlichkeit der freien amerikanischen Wirtschaft verurteilte.[24] Nach dem Versailler Vertrag versuchte er, mit Hilfe einer überholten Theorie der Außenhandelsbilanz die Inflation in Deutschland zu erklären, und warf sowohl den Vereinigten Staaten als auch Großbritannien vor, den Frieden dazu zu missbrauchen, den Wirtschaftskrieg fortzusetzen, den sie angeblich seit Jahren gegen Deutschland führten.[25]

In der Zeit, als Erhard für ihn arbeitete, veröffentlichte Vershofen zwei theoretische Arbeiten, die Ideen enthielten, die Erhard mit Sicherheit nur widerstrebend akzeptieren konnte. Vershofen stellte die These auf, dass Wirtschaftsverbände und Kartelle für die Produzenten ebenso vorteilhaft wären wie für die Verbraucher, weil sie die Unsicherheit auf dem Markt beseitigten. Er setzte Märkte mit Chaos gleich und verwarf die liberale Theorie vom Wettbewerb. Vershofen schlug eine stabilere Volkswirtschaft vor, die nicht von Smiths unsichtbarer Hand, sondern von der sichtbaren Hand der Industriekartelle und Verbände gelenkt wurde. Diese Verbände würden allen zum Nutzen gereichen, indem sie gewährleisteten, dass keiner Angst haben müsse, bei einer Transaktion übers Ohr gehauen zu werden. Da die Preise unter Aufsicht ständen, sei es ausgeschlossen, dass der angeborene Egoismus der Menschen soziale Unruhen auslöste. Und da das Kollektiv ein Eigenleben habe und über dem Individuum stehe, würden Kartelle und Verbände dazu dienen, die Interessen von Verbrauchern und Produzenten in Einklang zu bringen und damit den sozialen Frieden zu sichern. Vershofen war der Meinung, dass die Zeit des herkömmlichen Laissez-faire-Kapitalismus vorüber sei, weil er zu starke soziale Spannungen hervorgebracht hatte. Er war jedoch ebenso überzeugt, dass der Sozialismus nicht funktionieren konnte. Deshalb sollte die Industrie die Märkte zum Nutzen aller organisieren und nur einer begrenzten Regulierung seitens der Regierung unterworfen sein.[26] Vershofen schrieb auch ein Lehrbuch über Marktstudien, aus dem eindeutig hervorgeht, dass seine Ansichten nichts mit der zeitgenössischen Praxis in Amerika zu tun hatten. Vielmehr war er sehr stark von dem holländischen Marktforscher Ferdinand M. Aspeslagh beeinflusst. Darüber hinaus dachte er, dass der Aufstieg der Konsumwirtschaft, im Gegensatz zu einer mythischen Ausweitung des amerikanischen Einflusses, unvermeidlich sei, weil derzeit überaus produktive, industrielle Strukturen ausgebaut würden. In dem 1940 veröffentlichten Buch finden sich Hinweise, dass Vershofen versuchte, seine eigenen Ideen an die herrschende Kommandowirtschaft der Nazis anzupassen.[27] Kurzum, Vershofen war kein Freund des freien Marktes und des Wettbewerbs. Er wollte allem Anschein nach auch zeitgenössische Strömungen, sei es nun die korporatistische wie in den zwanziger Jahren oder die autoritäre wie in den Dreißigern, rechtfertigen. Dieses Vorgehen, das die spezifischen Merkmale der jeweiligen Theorie einfach ausklammerte, war Erhard zutiefst zuwider.

In einem Roman zeichnete Vershofen ein wenig schmeichelhaftes Bild von einem mittelalterlichen Bezirksbeamten, den er Erhart nannte. Ob dies als versteckte Kritik an seinem Untergebenen gedacht war, ist unklar. Vershofen preist zwar die Bemühungen der Romanfigur, eine lokale Wirtschaft aufzubauen, kritisiert Erhart jedoch auch wegen seiner groben, aufdringlichen Art und wegen seines Mangels an tiefschürfenden Ideen.[28] Vershofen dürfte sich kaum ohne Hintergedanken dazu entschlossen haben, eine Figur in seinen Roman aufzunehmen, deren Name sich vom Namen eines Untergebenen nur durch einen Buchstaben unterscheidet. Da das Buch jedoch sehr weitschweifig und in vielen Teilen verworren ist, und da kein Kommentar Erhards zu der Angelegenheit überliefert ist, bleibt eine gewisse Unsicherheit. Jedenfalls deutet die Episode an, dass das Verhältnis zwischen dem Institutsleiter und seinem intelligenten, jungen Kollegen nicht ungetrübt war.

Doch was immer Vershofen von Erhard gehalten haben mag, er gab seinem Untergebenen schon bald eine Position mit größerer Verantwortung. Im Jahr 1929 arbeitete Erhard an der Gründung der Zeitschrift *Der Markt der Fertigware* mit, die von dem Institut herausgegeben wurde.[29] Das Organ war für die Veröffentlichung der Forschungsergebnisse der Mitglieder der Organisation gedacht. Dass Erhards Name im Impressum genannt wurde, schadete seinen beruflichen Aussichten gewiss nicht.

Anfangs betrachtete Erhard seine Stelle an dem Institut als Sprungbrett für einen akademischen Posten, möglicherweise sogar für eine Professur. Aus diesem Grund verfasste er eine Habilitationsschrift, die Voraussetzung für den Ruf auf den Lehrstuhl an einer deutschen Universität ist. In dieser vermutlich um 1931 verfassten Schrift widmete sich Erhard dem zeitgenössischen Problem der Arbeitslosigkeit. Er führte die Wirtschaftskrise auf die allzu starke Konzentration des Kapitals in der Schwerindustrie zurück. Diese Anhäufung von Vermögenswerten hatten die Unternehmensleiter vorgenommen, um die Effizienz ihrer Unternehmen zu steigern – eine Überproduktion war die Folge. Im

Grunde war der Produktionsapparat nicht auf die Nachfrage abgestimmt gewesen. Laut Erhard konnte das Problem gelöst werden, indem die Kartelle und Monopole zerschlagen wurden, die zu einer allzu starken Kapitalisierung der Unternehmen geführt hatten. Die Regierung hingegen sollte Industriezweige fördern, die Konsumgüter herstellten. Ferner sollte sie zulassen, dass die Preise sich selbst regulieren, und schließlich sollte sie, damit der Missbrauch sich nicht wiederholte, eine Obergrenze für Erträge aus investiertem Kapital festlegen. Mit anderen Worten, die Regierung sollte Unternehmen daran hindern, Unmengen von Bargeld und stillen Reserven zu horten, indem sie die Gewinne über Steuern abschöpfte und diese Mittel an Industriezweige verteilte, die sie unmittelbar zur Deckung des Verbraucherbedarfs verwendeten. Ferner sollte sie Unternehmen daran hindern, ihre Produktionskapazitäten über den Marktbedarf hinaus auszuweiten. Hier plädierte Erhard für einen Mittelweg. Er lehnte die marxistische Lösung ab, die Industrie zu verstaatlichen, wollte ihr aber auch nicht einfach freie Hand lassen. Im Grunde sprach Erhard sich für dieselbe Lösung aus, die er in einer ausgefeilteren und durchdachteren Form dann 1948 dem Land verordnete.[30]

Erhard erinnerte sich, dass seine Habilitation von der Universität in Nürnberg akzeptiert werden sollte, nachdem die ehemalige Handelshochschule zu einer Einrichtung aufgewertet worden war, die Promotionen vornehmen durfte. Um die Zeit, als seine Arbeit planmäßig offiziell geprüft werden sollte, waren jedoch die Nazis bereits an der Macht, und Nürnberg war eine ihrer Hochburgen. Erhard wurde aufgefordert, in die NSDAP einzutreten und sich dem NS-Dozentenbund anzuschließen, was er aber standhaft ablehnte. Das war, laut Erhard, der Grund dafür, dass seine Habilitation nie angenommen wurde. Und deswegen war er auch gezwungen, sich als Berater für Unternehmen und staatliche Institutionen zu betätigen und den Spagat zwischen der Welt der Lehre und der Politik zu wagen.[31] Man könnte jedoch auch vermuten, dass Vershofen mit Erhards Habilitationsschrift nicht ganz zufrieden war. Mit Sicherheit waren damals auch schwächere Habilitationen angenommen worden, weil es nicht an Professoren mangelte, die bereit waren, Arbeiten abzusegnen, mit denen sie auf ideologischer Ebene übereinstimmten.[32]

Nachdem sein Traum von einer Professur gescheitert war, schlug Erhard eine Laufbahn als Experte und Berater im beschränkten Rahmen des Vershofen-Instituts ein. Im August 1931 veröffentlichte er einen Beitrag in *Das Tagebuch,* einer Zeitschrift für aktuelle politische Themen, in dem er anregte, die deutsche Wirtschaft wieder anzukurbeln, indem den Verbrauchern Geld in die Hände gegeben werde. Im Grunde sprach Erhard sich für eine Nachfragepolitik aus, die im Einklang stand mit dem, was später von John Maynard Keynes vorgeschlagen wurde. Erhard schlug diesen Schritt aber nur wegen der verheerenden Krise im Land vor. Er war der Ansicht, dass bei einer solchen Politik in anderen Zeiten das Risiko, die Inflation anzuheizen, allzu groß wäre.[33] Diese erste Veröffentlichung zeigt, dass Erhard bereits in dieser frühen Phase kein Dogmatiker war.

Zu der Zeit, als Erhard seine Habilitation und den ersten Artikel schrieb, steckte Deutschland in einer tiefen Wirtschaftskrise. Das Land war von der Weltwirtschaftskrise stärker betroffen als alle anderen Nationen in Europa. Nur die Vereinigten Staaten hatten einen stärkeren Rückgang der industriellen Produktion zu verkraften gehabt. Die Mitte-Rechts-Regierung von Kanzler Heinrich Brüning versuchte, die Reparationszahlungen zu beenden, und verfolgte eine restriktive Wirtschaftspolitik. Sie leitete ein Programm zur Defizitfinanzierung von Investitionsvorhaben ein, zu dem sie staatliche Unternehmen heranzog, die den Haushalt nicht tangierten. Die Regierung konnte folglich von sich behaupten, sie betreibe eine redliche Finanzpolitik.

Die sozialen Spannungen, die nach der zweiten großen Wirtschaftskrise in einem Jahrzehnt entstanden waren, trugen dazu bei, den Nazis den Weg an die Macht zu bahnen. Erhard hoffte, eine radikale Lösung von Rechts oder von Links zu verhindern.

Wenn er sich in dieser Situation für eine Politik aussprach, die Keynes' Vorschläge vorwegnahm, sollte man sich vor Augen führen, dass er, genau wie Keynes, den Kapitalismus erhalten wollte, wenn auch in modifizierter Form.[34]

Der nächste Zeitschriftenbeitrag Erhards belegte eindeutig seine Ablehnung der Wirtschaftspolitik der radikalen Rechten. Der ehemalige Reichsbankpräsident Hjalmar Schacht hatte mit ultrarechten Politikern eine Allianz geschmiedet. Im Jahr 1932 veröffentlichte er ein Buch, in dem er eine autoritäre Lösung für Deutschlands Wirtschaftsprobleme vorschlug. Im August antwortete Erhard mit einer sarkastischen Demontage von Schachts Ideen. Erhard behauptete, Schachts Vorschläge seien opportunistisch und würden lediglich den Interessen der Großindustrie nutzen, welcher Schacht diene. Erhard wiederholte seine These, dass die Großindustrie ohnehin bereits über zu viel Kapital verfüge.[35] In einem späteren, noch im selben Jahr veröffentlichten Artikel erläuterte er ausführlicher die These, dass der Weg aus der Krise über den Verbraucher führe. Erhard plädierte für kurzfristige Kredite und Subventionen für die Konsumgüterindustrie, um die Produktion von Waren anzuregen, welche die Masse der Bevölkerung kaufen wollte. Das würde die Wirtschaft wieder in Gang bringen. Außerdem rief er die Regierung auf, Maßnahmen zu ergreifen, die den Missbrauch durch Kartelle und Monopole verhinderten, insbesondere durch die Investitionsgüterindustrie.[36]

Die Regierung von General Kurt von Schleicher, die letzte vor Hitler, ernannte Günther Gereke im Dezember 1932 zum Reichskommissar für Arbeitsbeschaffung. Gereke schlug die Verteilung von Subventionen an die Investitionsgüterindustrie vor sowie Ausgaben für öffentliche Aufträge zur Verbesserung der Infrastruktur. Erhard vertrat, im Einklang mit seinen früheren Artikeln und der Habilitationsschrift, in einem 1933 veröffentlichten Beitrag die Ansicht, dass der Plan auf einer völlig falschen Grundannahme beruhe. Die Industrie brauche kein neues Kapital, und staatliche Programme könnten aus der Krise nicht herausführen.

Vielmehr müssten den Verbrauchern und der Konsumgüterindustrie Kredite gewährt werden, um die Wirtschaft wieder anzukurbeln.[37]

Erhards publizistische Bemühungen trugen Früchte. 1933 wurde er eingeladen, in die Geschäftsführung des Vershofen-Instituts einzutreten. Im selben Jahr wurde er zum Chefredakteur der *Wirtschaftspolitischen Blätter der deutschen Fertigwarenindustrie* ernannt – einem zweiten Organ des Instituts. Er übernahm auch mehr Verantwortung in der Verwaltung des Instituts, leitete die Arbeit von rund 80 Marktforschern und vertiefte die Kontakte des Instituts zur Wirtschaft.[38]

Mit Hilfe der neuen Position erweiterte Erhard sein eigenes Beziehungsnetz. Nach Hitlers Machtübernahme im Januar 1933 wurden staatliche Eingriffe in die Wirtschaft verstärkt. Im Grunde erhielten die Nazis das Privateigentum, doch sie verfügten darüber, wie es eingesetzt werden sollte. Die letzten Überreste der freien Marktwirtschaft wurden abgeschafft. Zu diesem Zweck zwang das NS-Regime sämtliche Unternehmen, sich einem Kartell oder Verband anzuschließen, sofern sie das nicht bereits getan hatten. Darüber hinaus ernannten die Nazis unzählige Reichskommissare und Bevollmächtigte für eine ganze Reihe von wirtschaftlichen Aufgaben. Unter ihnen war Carl Friedrich Goerdeler, der Oberbürgermeister von Leipzig, der für die Überwachung der Preise zuständig war. Goerdeler war ein Konservativer mit nationalen und autoritären Ansichten. Als solcher war er anfangs bereit, mit den Nazis zu kooperieren. In seiner Funktion als Kommissar für die Preisüberwachung reiste Goerdeler durch das Land und kam 1934 mit dem Vershofen-Institut und mit Ludwig Erhard in Kontakt. Erhard schloss eine Freundschaft mit ihm, die ein Jahrzehnt lang Bestand haben sollte. Über Goerdeler wurde Erhard später mit General Ludwig Beck bekannt, dem Generalstabschef des deutschen Heeres, der zu einem Gegner Hitlers wurde. Erhard hatte in dieser Phase Gelegenheit, nach Berlin zu reisen, und intensivierte dort seine Beziehung zu Karl Guth, dem

Mann seiner Schwester Rose und Geschäftsführer der gleichgeschalteten Spitzenorganisation der Industrie, der Reichsgruppe Industrie (oder RGI). Erhard lernte auch den Geschäftsmann und späteren Chef der Bundesbank Karl Blessing und den Politologen Theodor Eschenburg kennen, der für das Knopfkartell in dessen Hauptquartier in Berlin arbeitete.[39] Um die gleiche Zeit machte Erhard ebenfalls in Berlin Bekanntschaft mit Alexander Rüstow, der für das Maschinenindustriekartell arbeitete. Das war paradox, weil Rüstow ein vehementer Fürsprecher der freien Marktwirtschaft war. Wenig später emigrierte Rüstow aus Deutschland und übernahm eine Professur an der Universität von Istanbul. Zu Rüstows Freunden zählte der Volkswirtschaftler Wilhelm Röpke, ebenfalls ein Anhänger der freien Marktwirtschaft. Erhard traf Röpke erst 1948 persönlich, er kannte jedoch Röpkes Schriften. Rüstow, der in den meisten Punkten mit Röpke einer Meinung war, schätzte Erhard.[40] In den dreißiger Jahren ließen die Pflichten am Vershofen-Institut Erhard noch genügend Zeit, die Werke anderer Wirtschaftsexperten zu lesen. Er studierte die Veröffentlichungen Emil Lederers und Georg Gotheins, beide links anzusiedeln, und Josef Schumpeters, des klassischen Fürsprechers der freien Marktwirtschaft, dessen Werke Erhard seit Anfang der zwanziger Jahre aufmerksam verfolgte, sowie Walter Euckens, eines Gegners aller Kartelle.[41]

Mitte und Ende der dreißiger Jahre gelang es Erhard, seine berufliche Stellung zu verbessern und seine Ideen weiterzuentwickeln. Im Jahr 1935 half Erhard einen wichtigen neuen Bereich der Aktivitäten des Instituts ausbauen. Er war maßgeblich an der Organisation der Kurse zu Aspekten der Konsumwirtschaft beteiligt, die das Institut künftig einmal jährlich anbot. Als Erster trat Erhards Bekannter Carl Goerdeler als Gastredner auf.[42] Im selben Jahr gründeten Vershofen und Erhard auch die Gesellschaft für Konsumforschung mit Sitz in Berlin, und Erhard wurde ein Mitglied des Vorstands.

Der Sitz in der Landeshauptstadt war bewusst gewählt. Auf

diese Weise hatte das Vershofen-Institut Einblick in die verstärkten Aktivitäten, die im Zuge des Wirtschaftswachstums eingesetzt hatten – eine Folge der von der Regierung forcierten Aufrüstung. Erhard bot sich dadurch die Gelegenheit, wichtige Kontakte zu knüpfen. Er kam mit Führern der Konsumgüter- und Massenindustrie in Verbindung, wie Philipp Reemtsma, dem Leiter des großen Tabakkonzerns und Mitglied der Beratergruppe der Reichsgruppe Industrie, und Wilhelm Rudolf Mann von der IG Farben. Über seinen Schwager Karl Guth lernte er Wilhelm Zangen kennen, den einflussreichen Chef der RGI und Generaldirektor der Mannesmann Röhrenwerke, sowie Rudolf Stahl, den stellvertretenden Chef der RGI und Generaldirektor des Salzdetfurth-Konzerns. Erhard knüpfte auch Kontakte zur Geschäftsführung des großen Berliner Elektrounternehmens Siemens und Halske.[43]

Im Jahr 1936 widmeten sich die »absatzwirtschaftlichen Kurse« dem Thema, Waren von angemessener Qualität zu produzieren, um den Verbraucherbedarf zu decken. Erhard veröffentlichte im Februar auch einen Artikel zu der Rolle von Industrieverbänden als Förderer der Qualitätsproduktion. Er stellte die These auf, dass Kartelle, welche die Qualität verbesserten, geduldet werden könnten. Lediglich Kartelle in der Grundstoffindustrie, in Märkten mit einer geringen Produktdifferenzierung seien schädlich. Kartelle in anderen Branchen hingegen würden den Wettbewerb nicht behindern, sondern sogar fördern, vor allem was die Qualität, allerdings weniger was den Preis betreffe. Erhard argumentierte, dass Kartelle in der Konsumgüterindustrie mit ihren außerordentlich vielfältigen Produktlinien den Wettbewerb ohnehin nicht verhindern könnten. Er erklärte dezidiert, dass staatliche Maßnahmen, um die unternehmerische Initiative zu ersticken, vermieden werden müssten, und plädierte dafür, dem Markt so viel Freiheit wie möglich zu lassen.[44] In dem Artikel bemühte Erhard sich, eine Linie zu finden, die sich mit seinen eigenen marktwirtschaftlichen und kartellfeindlichen Ansichten ebenso vereinbaren ließ wie mit denen seines Arbeitgebers. Wenn überhaupt etwas, so veranschaulicht dieser schwierige Balanceakt, unter welchem Druck Erhard stand. Er beweist zugleich, dass er sein grundlegendes Bekenntnis zur freien Marktwirtschaft nicht aufgegeben hatte.

Im Januar 1937 war der Gastredner bei den Kursen einmal mehr ein Freund Erhards, genauer ein Familienangehöriger. Karl Guth sprach über die Marktordnung, die das NS-Regime geschaffen hatte, und die Schwierigkeiten, Konsumgüter in der daraus resultierenden Geschäftsumgebung zu verkaufen. Erhard veröffentlichte wenige Monate später einen Aufsatz zum gleichen Thema. Im selben Jahr wurde er zum stellvertretenden Leiter des Instituts befördert, die Nummer zwei nach Vershofen. Ungeachtet der weltanschaulichen Differenzen, die zwischen den beiden Männern bestanden, hielt Vershofen doch so viel von Erhard, dass er ihm größere Vollmachten einräumte.

Im Jahr 1938 wurden die Kurse um das Thema »Marktprobleme der gebundenen Wirtschaft« organisiert. Erhards Freund Theodor Eschenburg war der Hauptredner. Der Rest des Jahres wurde auf die Verwaltung der weitreichenden Geschäftstätigkeit sowie die Anpassung an die bedeutsamen Ereignisse verwendet: die ersten aggressiven Schritte der NS-Außenpolitik, der Anschluss Österreichs im März und die Besetzung des Sudetenlandes im Oktober. Mittlerweile trieb das NS-Regime die Aufrüstung massiv voran. Es regelte Löhne und Preise, teilte Arbeitskräfte und Rohstoffe zu, lenkte Investitionen und subventionierte die Herstellung synthetischer Produkte. Gleichzeitig hatte das Regime Deutschland de facto vom internationalen Handel abgeschnitten und stützte sich stattdessen auf bilaterale Handelsabkommen mit Ländern in Südosteuropa. Die Nazis hatten bereits enorme Fortschritte bei der Schaffung einer in höchstem Maße politisierten Kommandowirtschaft gemacht, in der Preise wenig bedeuteten und der Verbraucher eine untergeordnete Stellung einnahm.

Mit Blick auf die Expansion des Dritten Reiches wurden die

nächsten Kurse im Januar 1939 in Wien veranstaltet. Gegenstand war die Rolle Österreichs in der großdeutschen Volkswirtschaft. Erhard hielt einen Vortrag über Absatzprobleme in Österreich, der auf Josef Bürckel, den Reichsstatthalter in Wien, Eindruck machte. Bürckel überredete Erhard, als sein inoffizieller Berater in Konsumgüterfragen zu fungieren. Im August 1940 wurde Bürckel nach Lothringen versetzt. Erhard setzte die Beziehung zu ihm fort und übernahm die Zuständigkeit für die Überwachung der Glasindustrie in der Region. Noch Jahre später hatten die Besitzer der Fabriken Erhards Amtszeit als besonders leger und kollegial in Erinnerung.[45] Erhards Beziehung zu Bürckel, einem hinterhältigen Ränkeschmied und Antisemiten, scheint darauf hinzudeuten, dass Erhard sich mit dem NS-Regime arrangiert habe. Doch weit gefehlt! Erhard hielt es ganz einfach für unwahrscheinlich, dass das NS-Regime in absehbarer Zukunft wieder abtreten würde. Deshalb beschloss er in seiner Rolle als Wirtschaftsexperte, den Rat zu erteilen, den er unter den gegebenen Umständen für den besten hielt.[46] Erhard war nie Mitglied von Bürckels Mitarbeiterstab und weigerte sich weiterhin, in die NSDAP oder in eine andere NS-Organisation einzutreten.

Im Jahr 1939 veröffentlichte Erhard zwei Artikel, die beide sein anhaltendes Interesse an der Verbraucherforschung und seine Schwierigkeiten, sich in der gegebenen Lage zu orientieren, zum Ausdruck brachten. Er steuerte auch ein Kapitel zu einem Buch über Marktforschung bei, das sich im Wesentlichen mit Fachfragen befasste. Ferner schrieb er ein Kapitel für ein Buch, das er mit herausgab und das als Festschrift für Vershofen zu dessen 60. Geburtstag erschien. In diesem Beitrag legte Erhard dar, dass die Preise unter den herrschenden Umständen im Grunde bedeutungslos geworden waren. Deshalb würde schon bald eine Rationierung der Konsumgüter folgen. Er wies ganz richtig darauf hin, dass jeder Plan, den Verbraucherbedarf zu decken, zum Scheitern verurteilt war, weil der Verbraucherbedarf in diesem Umfeld gar nicht bekannt sein konnte. In jedem Fall blieb der Verbraucher in

Erhards Denken der zentrale Faktor der Volkswirtschaft.[47] Dieser Artikel kann als kaum verhohlene Spitze gegen die zunehmend interventionistische Politik des NS-Regimes gewertet werden, ja indirekt auch gegen den Herrn, dem dieses Buch gewidmet war: Vershofen. Erhard blieb in seinem Innern ein überzeugter Verfechter einer freien Marktwirtschaft mit einem funktionierenden Preismechanismus.

Wegen des Krieges mussten die jährlichen Kurse abgesetzt werden. In einer Umgebung, in der jeder Anschein einer freien Wirtschaft verschwunden war, konzentrierte sich Erhard ganz auf die innere Verwaltung des Instituts. Da Vershofen bereits auf das Rentenalter zuging, hoffte Erhard auch, dass er sein Nachfolger werden würde. Erhard fand sogar Zeit, ein Kapitel für ein Buch zu schreiben, das 1942 zu Ehren des Wirtschaftswissenschaftlers Wilhelm Kalveram veröffentlicht wurde. Er diskutierte hier Ideen, die Walter Eucken zum Wesen einer Wirtschaftsordnung und ihrem Stellenwert in der Gesellschaft insgesamt vorgelegt hatte. Er sprach nicht über den freien Markt an sich, nur über die allgemeinere, theoretische Frage der Marktordnung.[48] Erhard bewahrte sich eindeutig sein Interesse an grundlegenden theoretischen Fragen und war zudem von Euckens Anschauungen beeinflusst worden.

Im Sommer 1942, als die deutschen Truppen auf Stalingrad vorstießen, wurde Erhard am Vershofen-Institut bitter enttäuscht. Ihm wurde klar, dass er nicht die Leitung der Organisation übernehmen würde. Stattdessen wurde Erich Schäfer von der Handelshochschule in Leipzig berufen. Offensichtlich löste diese Zurückstellung einen Streit zwischen Vershofen und Erhard aus, in dem die theoretischen und philosophischen Differenzen zwischen den beiden zum Ausbruch kamen. Erhard schied im Oktober 1942 aus. Willy Liebel, der Bürgermeister von Nürnberg und Vorsitzende der Stiftungsverwaltung, die das Institut leitete, reichte eine erfolgreiche Verleumdungsklage gegen Erhard ein, nachdem ihm dessen Kritik an Vershofens Ansichten zu Ohren gekommen war. Zu Erhards Abschied trug maßgeblich bei, dass er sich standhaft weigerte, in eine NS-Organisation einzutreten. Das war offensichtlich vielen ein Dorn im Auge, weil die Partei Erhard und andere bekannte Intellektuelle drängte, sich zu ihr zu bekennen, und weil Vershofen sich weiterhin mit der herrschenden Obrigkeit arrangierte.[49]

Nach seinem Ausscheiden konnte Erhard zwar unabhängiger seine Ansichten äußern, doch er musste auch seinen Lebensunterhalt verdienen. Seine Freunde in der Industrie, insbesondere sein Schwager Karl Guth, der Geschäftsführer der Reichsgruppe Industrie, und Philipp Reemtsma lösten dieses Problem. Die RGI stellte Erhard die nötigen Mittel zur Verfügung, um das Institut für Industrieforschung zu gründen. Die neue Organisation hatte Dienststellen in Berlin, Nürnberg und später Bayreuth und bestand nur aus Erhard und seiner Sekretärin Ella Muhr. Bezahlt wurde Erhard von der Fördergemeinschaft der Deutschen Industrie. Erhard war darüber hinaus zuständig für die Verteilung von Geldern der RGI an andere Organisationen und Einzelpersonen, die Wirtschaftsforschung betrieben, und für die Koordination ihrer Aktivitäten.[50]

Erhard arbeitete auch nach dem Abschied von Vershofen noch für Bürckel. Im Januar 1943 wurde ihm sogar das Kriegsverdienstkreuz zweiter Klasse verliehen, vermutlich auf Empfehlung Bürckels. Im selben Jahr schrieb Erhard eine Studie, die Möglichkeiten skizzierte, die Produktion im Gau Rheinland-Pfalz zu steigern, wo Bürckel Gauleiter war.[51] Derartige Initiativen wurden jedoch zunehmend unrealistisch. Viele hatten bereits erkannt, dass ein deutscher Sieg unwahrscheinlich geworden war. Folglich begann in industriellen Kreisen und in manchen Regierungsabteilungen bereits die Planung einer Nachkriegswirtschaft ohne den Einfluss der NSDAP. Das war riskant, weil es gegen den Führererlass zum Totalen Krieg vom 25. Januar 1942 verstieß, der jede Nachkriegsplanung untersagte. Im Sommer 1943 bat die RGI Erhard, eine Analyse der nötigen Schritte zu verfassen, um die deutsche Wirtschaft zurück zu einer Produktion in Friedenszeiten zu führen. Gleichzeitig war die Industrie an einer von Albert Speer geleiteten Anstrengung der letzten Kräfte beteiligt, mit denen die Niederlage abgewendet werden sollte. Der Rüstungsminister weitete das Kontrollsystem aus, das sein Vorgänger Fritz Todt geschaffen hatte, und verfeinerte es noch, was eine enorme Steigerung der Waffenproduktion ermöglichte. Speer schuf einen zentralisierten Leitungsapparat und delegierte die Vollmacht für die Umsetzung seiner Pläne an leitende Angestellte der Wirtschaft. Ein wesentlicher Grund, weshalb Speers System so erfolgreich funktionierte, war der Umstand, dass es den beteiligten Managern vollkommen vertraut war. De facto war es eine korporatistische Lösung der Produktionsprobleme, die in der besten Tradition der deutschen Industrie stand. Das System verhinderte den Wettbewerb zwischen Unternehmen und kontrollierte die Industrieproduktion, indem Prioritäten festgelegt und Stahl zugewiesen wurde. Überlegungen zur Währungspolitik und zu Preisen waren im Grunde bedeutungslos. Erhard missbilligte dieses System uneingeschränkt.

Erhards Studie für seine Auftraggeber aus der Industrie war im März 1944 abgeschlossen, zu einer Zeit, als die Rote Armee bereits auf Polen vorrückte, die Alliierten die Landung in Frankreich vorbereiteten und alliierte Bomber deutsche Fabriken zerstörten. Die Studie basierte auf den Ideen, die er in seiner Habilitation dargestellt und im Laufe seiner Ausbildungsjahre entwickelt hatte. Sämtliche Kompromisse, die er in seinen Beiträgen in den dreißiger Jahren eingegangen war, warf er nunmehr über Bord. Erhard stellte gleich in der Einleitung klar, in welche Richtung seine Erörterung zielte. Er schrieb: »Ich war und bin der Auffassung, dass die günstigste Methode, den öffentlichen Bedarf zu decken, immer noch die über den Wettbewerb am Markte ist.«[52] Erhard wusste jedoch, dass die Umstände nach einem Krieg, den Deutschland seiner Meinung nach verlieren musste, die sofortige Einführung einer freien Marktwirtschaft erschweren würden.

Folglich schlug er eine schrittweise Abschaffung der staatlichen Kontrollen und eine Einführung des Wettbewerbs vor. Er hoffte ferner, die Last des Krieges gerecht auf das deutsche Volk zu verteilen. Das NS-Regime hatte die Bevölkerung heimlich besteuert, indem es Banken, Versicherungsunternehmen und andere Institutionen gezwungen hatte, Reichsanleihen zu erwerben. Dadurch hatte es die im Umlauf befindliche Geldmenge drastisch gesteigert. Die Folge war ein gewaltiger Schuldenberg des Staates und eine aufgeblähte Geldmenge, de facto eine Inflation, die von Lohn- und Preiskontrollen kaschiert wurde. Erhard schlug als Gegenmaßnahme eine drastische Senkung der Geldmenge vor. Die Regierung sollte an die deutschen Bürger Anleihen ausgeben, die sie über einen längeren Zeitraum hinweg schrittweise zurückzahlen sollten. Zahlungen an die Begünstigten sollten gestaffelt und zeitlich so angesetzt werden, dass sie den am ärgsten vom Krieg betroffenen Familien halfen, die ihre Ernährer verloren, die Zerstörung ihrer Häuser miterlebt oder andere Vermögenswerte eingebüßt hatten. Die Regierung und die Industrie sollten gemeinsam den Übergang von der Überwachung zu einer freien Marktwirtschaft organisieren. Demobilisierte Soldaten sollten Arbeitsplätze in der Konsumgüterindustrie übernehmen, die entsprechenden Betriebe sollten staatliche Kredite erhalten, damit sie die Produktion wieder aufnehmen konnten.

Erhards Hauptziel war die schnellst- und größtmögliche Steigerung der Produktion von Konsumgütern. Das sollte es erleichtern, die vom Krieg verursachten Schäden und die Zerstörung zu überwinden und eine Restrukturierung der deutschen Industrie einzuleiten. Man würde wegkommen von dem hohen Stellenwert der Investitionsgüterindustrie und stattdessen stärker die Verbraucher berücksichtigen. Im Laufe der Zeit entstünde so ein freier Markt, der von der Regierung überwacht würde, um Missbrauch zu verhindern. Mit anderen Worten, Erhard hatte keineswegs den Wunsch, eine Laissez-faire-Politik nach dem Motto »Alles ist erlaubt« einzuführen, wollte sich aber auch deutlich von jeder kollektivistischen Lösung distanzieren. Im Schlusswort zu seiner Denkschrift unterstreicht er dies, wenn er schreibt: »Nie mehr zwar wird der Staat in die Rolle des Nachtwächters zurückverwiesen werden, denn auch die freieste Marktwirtschaft, und gerade diese, bedarf eines Organs der Rechtssetzung und Rechtsüberwachung.«[53] Jedenfalls ließ er keinen Zweifel daran, was Priorität haben sollte: »... das erstrebenswerte Ziel bleibt in jedem Falle die freie, auf echtem Leistungswettbewerb beruhende Marktwirtschaft mit den jener Wirtschaft immanenten Regulativen.«[54]

Erhards Ideen wurden von seinen industriellen Unterstützern skeptisch aufgenommen. Sein Aufruf zu einem freien Wettbewerb irritierte sie eindeutig. Rudolf Stahl und Ferdinand Grünig, der Leiter der Abteilung für Zentralwirtschaftliche Überwachung in der Reichswirtschaftskammer, lasen den Bericht als Erste und hatten gewisse Zweifel. Sie forderten Günther Keiser, den Chef der statistischen Abteilung der Wirtschaftsgruppe Privates Bankgewerbe und Chefredakteur der Zeitschrift *Bankwirtschaft*, auf, Erhards Gedanken zu bewerten. Sie vereinbarten, Erhards Denkschrift so zu überarbeiten, dass wirtschaftliche Themen, insbesondere der Geld- und Finanzpolitik, in einen größeren Rahmen eingeordnet wurden. Erhard verfasste daraufhin im Sommer 1944 eine überarbeitete und gekürzte Version. Keiser schrieb seinerseits eine Studie und legte eine Alternative zu Erhards Konzept vor. Die beiden Aufsätze wurden in einem Kreis von Industriellen unter dem Vorsitz Stahls im Herbst diskutiert.[55]

Stahl und seine Kollegen standen mit mehreren Regierungsbehörden in Kontakt, die trotz Hitlers Verbot an einer Nachkriegsplanung interessiert waren. Über diesen Kanal hörte Otto Ohlendorf, der Leiter der Abteilung für Allgemeine Wirtschaftspolitik im Reichswirtschaftsministerium, Ende Oktober oder Anfang November 1944 von Erhards Ideen. Ohlendorf hatte ein Konzept einer staatlich gelenkten Wirtschaft für die Nachkriegszeit entwickelt, das Privateigentum schützte. Er hatte auch eine der Einsatzgruppen befehligt, die 1941 und Anfang 1942 hinter der einmarschierenden Wehrmacht in die Sowjetunion vorgestoßen waren und 92 000 Juden ermordet hatten. Ohlendorf war von Erhards Gedanken beeindruckt und wollte Näheres darüber wissen. Stahl überredete Erhard, Ohlendorf ein vollständiges Exemplar seiner Denkschrift zu schicken. Am 14. November 1944 leitete Stahl eine neue Denkschrift Erhards an Ohlendorf weiter. Erhard traf sich irgendwann im November anscheinend mit Ohlendorf, um mit ihm über seine Ideen zu sprechen.[56] Auch wenn Ohlendorf und die RGI ihre Nachkriegsplanung bis zum Ende des Dritten Reiches fortsetzten, ist von einem weiteren Kontakt zwischen ihm und Erhard nichts überliefert.

Dieser Kontakt, sowie seine Verbindungen zu Bürckel und zur Wirtschaft, haben möglicherweise verhindert, dass Erhard in den Strudel des gescheiterten Attentats vom 20. Juli auf Hitler durch Oberst Claus Schenk Graf von Stauffenberg und seine Mitverschwörer geriet. Unter den Verschwörern fand sich Erhards Freund Carl Goerdeler. Erhard hatte in den gesamten Kriegsjahren den Kontakt zu dem ehemaligen Preiskommissar gepflegt. Anfang 1944 bat Goerdeler Erhard, als Teil der Planung der Verschwörer für die Ära nach Hitler, die wirtschaftlichen und finanzpolitischen Maßnahmen zu schildern, die notwendig wären, um Deutschland wirtschaftlich zu gesunden. Im Juli schickte Erhard auf dem gewöhnlichen Postweg Goerdeler ein Exemplar seiner Studie über Kriegsfinanzierung. Anfang August schrieb Goerdeler in einem Versteck, weil die Polizei nach ihm fahndete, eine Denkschrift zur Gestaltung Deutschlands nach Hitler, in dem er Erhards Gedanken billigte und ihn namentlich erwähnte. Unmittelbar nach dem gescheiterten Attentat vernichtete Erhard eilig, was er für belastendes Beweismaterial hielt, darunter seine Korrespondenz mit Goerdeler, und traf Vorkehrungen, sich in einem abgelegenen Dorf zu verstecken.[57] Er blieb jedoch unbehelligt und warb bereits Ende des Jahres erneut für seine marktwirtschaftlichen Vorstellungen.

Zwischen der Denkschrift zur Kriegsfinanzierung und der

Vorbereitung der Studie für Bürckel fand Erhard noch Zeit, seine Lektüre wirtschaftlicher Bücher fortzusetzen. Eschenburg machte ihn auf ein neues Buch von Wilhelm Röpke mit dem Titel *Die Gesellschaftskrisis der Gegenwart* aufmerksam, das er auf einer Geschäftsreise in die Schweiz erstanden hatte. Erhard beschaffte sich über verborgene Kanäle ein eigenes Exemplar. Später bekam er auch Röpkes beide nächsten Bücher in die Hände: *Civitas Humana* und *Internationale Ordnung – heute,* veröffentlicht 1944 und 1945.[58] Röpkes Bücher waren keine konventionellen Lehrbücher. Vielmehr waren sie leidenschaftliche, umfassende Wirtschafts- und Zivilisationskritiken, die Deutschland den Weg, einen »dritten Weg«, aufzeigen sollten, den es nach dem Krieg einschlagen musste. Erhard teilte Eschenburg mit, dass er mit den von Röpke im ersten Buch geäußerten Ideen völlig übereinstimme, und sagte ihm später, wie gierig er die anderen beiden verschlungen habe.[59]

Röpke verurteilte die NS-Diktatur und ihren barbarischen Angriff auf die Zivilisation. Er plädierte für freie Märkte und hatte eine romantisch konservative Vision für ein reformiertes Deutschland und Europa. Im Großen und Ganzen schlug er eine Wettbewerbswirtschaft vor, die auf dem Privateigentum beruhte und von einer starken Regierung reguliert wurde. Röpke lehnte das Laissez-faire-Prinzip ab, fürchtete aber ebenso jeden Kollektivismus. Deshalb regte er an, die Regierung als Schiedsrichter einzusetzen, um Auswüchse des Marktes zu verhindern, während sie zugleich den Menschen größtmögliche Freiheit bei der Gestaltung ihres Lebens und der Wirtschaft lassen sollte. Die Regierung sollte dort eingreifen, wo Leid zu lindern war, das durch den wirtschaftlichen Wandel verursacht wurde. Sie sollte das jedoch auf eine Weise tun, die den Preismechanismus nicht stören würde – was Röpke eine »marktkonforme Intervention« nannte – und zudem Monopole und Kartelle auflösen. In Fällen, wo das nicht möglich war, sollte sie deren Aktivitäten sorgfältig überwachen, damit gewährleistet war, dass sie sich so verhielten, als gäbe es in ihren Märkten einen echten Wettbewerb. Einzig die Landwirtschaft sollte hier eine Ausnahme bilden. Sie hatte, nach Röpkes Meinung, einen besonderen Auftrag, solide soziale und kulturelle Werte zu bewahren. Röpke wollte eine Gesellschaft der Kleinproduzenten und zahlreichen Grundbesitzer schaffen. Er bewunderte die Modelle seiner selbst gewählten Heimat, der Schweiz, und das 18. Jahrhundert. Er stellte die These auf, dass jede lebensfähige Gesellschaft auf Hierarchien basiere, auf den ewigen, christlichen Wertvorstellungen und auf der Achtung vor den Eliten, die im Namen des Volkes den Staat leiteten. Röpke schimpfte über Großstädte und den preußisch-deutschen Machtstaat mit seinem Zentrum in Berlin, ja, er ging sogar so weit, dass er die Umwandlung Deutschlands in eine Konföderation forderte. Auf internationaler Ebene plädierte Röpke für freien Handel und die Wiedereinführung des Goldstandards.

Erhard empfand Röpkes Schriften als leidenschaftliche Bestärkung seiner eigenen marktwirtschaftlichen Anschauungen. Dieser Eindruck wurde noch dadurch verstärkt, dass er sie las, während Deutschland unter der absehbaren Niederlage großes Leid erduldete und die Repressionen des NS-Regimes ihren Höhepunkt erreichten. Es wäre jedoch falsch, sofort den Schluss zu ziehen, dass Erhard Röpkes Ideen vollständig und unkritisch übernommen hätte. Die Lektüre der Trilogie Röpkes stärkte Erhards Bekenntnis zur freien Marktwirtschaft, zum freien Handel, zu einer stabilen Währung und zur Rolle einer unparteiischen, dem Gemeinwohl verpflichteten Regierung – eben ein »dritter Weg« zwischen ungebremstem Kapitalismus und Sozialismus. Erhard ignorierte jedoch Röpkes Aufruf, zum Goldstandard zurückzukehren und eine Konföderation an die Stelle der mächtigen, deutschen Zentralregierung zu setzen. Er teilte auch Röpkes Zivilisationskritik nicht und äußerte niemals Ängste vor großen Konzernen oder eine Abneigung gegen große Städte, moderne Technik und Kunst. Wiederum hielt Erhard an einem Kern eigener Anschauungen fest, die er seit seiner Kindheit entwickelt hatte, und akzeptierte Anregungen von anderen, wo sie seiner Ansicht nach passten.[60]

Eine ähnliche Beziehung entwickelte er zu den Anschauungen Walter Euckens. Eucken hatte an der Universität Freiburg eine Gruppe gleich gesinnter Denker um sich geschart. Die Gruppe, die als Ordoliberale oder Freiburger Schule bekannt wurde, traf sich im privaten Kreis, diskutierte über Euckens Ideen und veröffentlichte theoretische Arbeiten in wissenschaftlichen Zeitschriften. Sie konnte wegen der feindseligen Stimmung, die in NS-Deutschland herrschte, ihre Theorien nicht offen propagieren. Wie Röpke, Oppenheimer und sogar Erhard lehnte Eucken einen ungehemmten Kapitalismus ebenso ab wie Kollektivismus. Er forderte einen völlig freien Wettbewerb innerhalb eines von einer starken Regierung vorgegebenen Rahmens. Genau wie die deutschen Liberalen seit mehr als einem Jahrhundert schwebte Eucken, Oppenheimer, Röpke und Erhard keine schwache, passive Regierung vor. In Euckens Fall lag das daran, dass er überzeugt war, dass Märkte weder spontan entstanden, wie der Altliberale Friedrich von Hayek behauptete, noch automatisch funktionierten. Eine Überwachung durch die Regierung war notwendig, um Missbrauch durch mächtige, private Interessengruppen zu verhindern. Eucken bestand insbesondere darauf, dass Monopole, Kartelle und marktbeherrschende Firmen aufgelöst werden müssten, um einen völlig freien Wettbewerb zu gewährleisten, auch wenn er große Firmen nicht als Problem an sich ansah. Eucken hatte moralisch nichts dagegen einzuwenden, dass Unternehmen Gewinne machten, und forderte ein maximales Wachstum als Mittel zur Lösung gesellschaftlicher Probleme. Im Grunde forderte Eucken eine von der Regierung überwachte, auf den Verbraucher ausgerichtete Marktwirtschaft. Sein Werk war nicht mit den zivilisatorischen Kommentaren und dem Romantizismus belastet, der Röpke anhaftete. Erhard verfolgte die regelmäßig erscheinenden Publikationen Euckens und las sein Buch *Grundlagen der Nationalökonomie*.[61] Seine eigenen Anschauungen zur Marktwirtschaft und insbesondere zur Notwendigkeit, die Macht bestimmter Interessengruppen zu brechen, glichen sehr

Wilhelm Röpke

Walter Eucken

Alfred Müller-Armack

stark den Ansichten Euckens, und man könnte durchaus einen Einfluss Euckens konstatieren. Zudem passten seine modernen, eklektischen, kulturellen und sozialen Ansichten besser zu denen Euckens als zu denen Röpkes. Euckens Schriften bestärkten Erhard und veranlassten ihn, die Ideen weiter zu entwickeln, die er von Richter über seinen Vater, von Rieger und von Oppenheimer übernommen hatte.

Dies trifft auch hinsichtlich des Einflusses anderer Mitglieder der Freiburger Schule zu. Erhard kannte die Anschauungen Franz Böhms, eines Juristen, der 1933 ein wichtiges Buch veröffentlichte, in dem er die Auflösung der Kartelle forderte. Er lernte Alfred Müller-Armack kennen, Anfang des Krieges ein Fürsprecher freier, von der Regierung überwachter Märkte. Es ist jedoch unwahrscheinlich, dass Müller-Armack ihn beeinflusste, zumindest nicht in dieser Phase. Müller-Armack war, anders als Erhard, ein christlicher Reformer, der den Markt als ein Instrument ansah, mit dessen Hilfe man Ziele erreichen konnte, die von christlichen Vorstellungen sozialer Gerechtigkeit geprägt waren. Er hatte viel weniger Vertrauen in den Markt als Erhard. Zur gleichen Zeit, als er mit den Gedanken Müller-Armacks und Böhms Bekanntschaft machte, las Erhard weiterhin die Schriften Josef Schumpeters und Max Webers, beide Fürsprecher freier Märkte, allerdings mit er-

heblichen Unterschieden. Mit einem Wort, 1944 ließ sich Erhard nicht in irgendeine Schule einordnen, war jedoch von Euckens und Röpkes Publikationen beeinflusst oder zumindest inspiriert.[62] Er hatte seine eigene Mischung aus Ideen entwickelt, die auf einem liberalen Kern basierten. Er blieb den Vorstellungen eines »liberal eingestellten Kleinbürgers aus dem Haus eines Ladenbesitzers treu«.[63] Der Umstand, dass er nicht, wie Eucken und Röpke, aus einer Familie der Oberschicht stammte, erleichterte es ihm vermutlich, Ideen auszuwählen, die seinen Vorlieben entgegenkamen, und machte ihn immun gegen gesellschaftlichen Anpassungsdruck.[64] Trotz der Katastrophe, die das Land durchmachte, blickte er weiterhin optimistisch in Deutschlands Zukunft.

Erhard war aber keineswegs lediglich das Sprachrohr der Ordoliberalen. Das geht aus den Gedanken hervor, die er in zwei Anfang 1945 in Keisers Zeitschrift *Bankwirtschaft* veröffentlichten Artikeln ausführte. Er präsentierte in komprimierter Form die Konzepte, die er ausführlich in seiner Denkschrift zur Kriegsfinanzierung erörtert hatte. Die Reichsregierung sollte nach seinem Plan Anleihen an das deutsche Volk ausgeben, die sie allmählich über Jahrzehnte hinweg zurückzahlte, um es für die Zwangsanleihen zu entschädigen, die es indirekt dem Staat im Krieg gewährt hatte. Die Anleihen sollten stufenweise nach der sozialen Bedürftigkeit zurückgezahlt werden. Der Schwerpunkt der Wirtschaft sollte mit Hilfe von staatlichen Krediten auf den Konsumgütersektor verlagert werden. Das würde die Behebung der Schäden aus der Kriegszeit erleichtern und die Neuausrichtung der deutschen Wirtschaft in die Wege leiten: ein Kurs, der auf den Verbraucher ausgerichtet war. Die von den Nazis eingeführte Überwachung der Wirtschaft sollte nur schrittweise aufgehoben werden, damit den Menschen der Schock eines abrupten Übergangs erspart blieb. Dieser Wandel sollte zu einer freien Wettbewerbswirtschaft führen, die in erster Linie das Wohlergehen des Verbrauchers im Blick hatte und ganz auf Wachstum setzte. Die Staatsfinanzen sollten ausgeglichen bleiben; damit vermied Erhard die Forderung Keynes', die Verwaltungstätigkeit über das so genannte »deficit spending« zu finanzieren.[65] Hiermit lag eine weitere Erklärung zu dem praktischen Programm vor, das Erhard in unterschiedlicher Form seit Anfang der dreißiger Jahre propagierte. Es war ganz eindeutig kein ordoliberaler Weckruf, sondern ließ sich mit vielen Ideen vereinbaren, die Röpke und insbesondere Eucken vertraten.

Als der Krieg im Mai 1945 mit der totalen Niederlage Deutschlands endete, hielt Erhard sich in Fürth auf. Er hatte Verbindungen, doch in der herrschenden Verwirrung und Unsicherheit war unklar, ob sie ihm tatsächlich nützen würden. Weit wichtiger war die Haltung, die Erhard gezeigt hatte. Er hatte mit den NS-Verbrechen nichts zu tun gehabt und standhaft auch in der Öffentlichkeit marktwirtschaftliche, liberale Anschauungen vertreten. Erhard war vor allem ein unabhängiger Denker. Er hatte nicht dem kulturellen oder gesellschaftlichen Zeitgeist im Wilhelminischen Kaiserreich vor 1914 gehuldigt, in der Tat hatte er keine ausgeprägten politischen Interessen. In der Weimarer Republik war er ebenfalls abseits der wichtigsten Denkströmungen geblieben und hatte den Trend zu verstärkten staatlichen Eingriffen in wirtschaftliche und gesellschaftliche Angelegenheiten ebenso abgelehnt wie die korporatistische Organisation der deutschen Wirtschaft. In den zwölf Jahren des Dritten Reiches hatte er ausdrücklich die Kommandowirtschaft kritisiert und weiter seine Anschauungen vertreten, mit denen er ganz gewiss in Ungnade gefallen wäre. Eben diese Unabhängigkeit, der fehlende Ballast sollten ihm und seinem Land von großem Nutzen sein. Ludwig Erhard hatte eine gute Ausgangsposition, um Einfluss auf die Debatte über die Umgestaltung Deutschlands zu nehmen, die 1945 begann.

Erhard mit seinen Eltern Anfang der zwanziger Jahre

KAPITEL 2

Erhards Ideenwelt

Ludwig Erhard war einzigartig, weshalb es nicht leicht fällt, ihn zu charakterisieren. Er verfügte über eine ökonomische Ausbildung und war in der Politik tätig, betrachtete sich aber nicht als Politiker. Vielmehr verstand er sich als Intellektueller, der die Funktionsweisen der Wirtschaft kennt und daher den Deutschen Rezepte zur Lösung ihrer wirtschaftlichen Probleme anzubieten hat. Über fast fünf Jahrzehnte hinweg hatte er Gedanken entwickelt, die auf den von seinen liberalen und toleranten Eltern vermittelten Werten gründeten. Diese Gedanken bildete er im Lauf seiner Ausbildung und seiner Berufserfahrung weiter aus, doch er veränderte sie nicht grundlegend. Dennoch räumte Erhard selbst bereitwillig ein, er sei kein Theoretiker oder origineller Denker.[1] Mancher machte ihm das zum Vorwurf und versuchte so, seine Leistungen klein zu reden.[2] Doch dieser Kritik muss man sich keineswegs anschließen. Viele namhafte Theoretiker, nicht zuletzt Karl Marx, entwickelten ihre Lehren durch die Weiterentwicklung vorhandener Gedankengebäude. Darüber hinaus garantiert Originalität nicht den Gewinn neuer Erkenntnisse. Anders als Marx und seine Gefolgsleute oder auch die Theoretiker des rechten Spektrums gründete Erhard sein Gedankengebäude auf praktischer Erfahrung und einem Wissen um das menschliche Verhalten. Im Unterschied zu den Genannten waren seine Ideen realisierbar. Und, was noch wichtiger ist: Weder stellten sie für jemand eine Bedrohung dar, noch sahen sie Gewalt vor oder die Vorherrschaft einer bestimmten Gruppe. Erhards Gedanken waren – ungeachtet mancher Unzulänglichkeiten und innerer Widersprüche – dazu angetan, den Lebensstandard aller zu heben und Deutschland zu einem friedlichen Verhältnis zu seinen Nachbarn zu führen.

Erhard verstand sich selbst als unabhängigen Anwalt eines Gedankengebäudes, eines Ideals nicht nur für sein Heimatland, sondern für die Welt. Er entwickelte zwar die wichtigsten Bestandteile seiner Anschauungen nicht selbst, war jedoch seinen Vordenkern auch nicht unterworfen. Eines seiner wichtigsten Persönlichkeitsmerkmale war die Unabhängigkeit, die auch sein Verhältnis zu anderen Ökonomen prägte. Erhard gehörte keiner ökonomischen Schule an und ganz sicher nicht der Freiburger Schule um Walter Eucken.[3] Er bewunderte Euckens Gedanken, war aber der Veranlagung nach viel zu sehr Individualist, als dass er sich in die Rolle eines Gefolgsmannes dieses besonnenen Denkers hätte fügen können. Erhard war eben kein »Parteigänger« im traditionellen Sinne.[4] Er war weder Mitglied einer Berufsgruppe noch einer Interessenvereinigung. Für die Interessen der Verbraucher trat er aus Überzeugung ein, weil er sich der Tatsache bewusst war, dass jeder Bürger auch Verbraucher ist.

Aus dem gleichen Grund war Erhard kein politischer Mensch.[5] Das drückte sich auf zwei Weisen aus: Zum einen betrieb er weder für seine Person noch für seine Gedanken politischen Aktionismus; zum andern war er nicht an der Übernahme politischer Macht interessiert. Erhard betrachtete sich auch hier als Anwalt eines politischen Ideals. Später versuchte er, dieses Ideal im öffentlichen Amt und in seinem Umgang mit Politikern umzusetzen, auf deren Niveau er sich allerdings nicht herabließ. Er ging keine Kompromisse ein, um jemandem zu gefallen oder sich selbst Ansehen oder ein Amt zu verschaffen. Einige Beobachter hielten ihn deshalb für naiv. Welch ein Irrtum! Erhard wusste, worum es in der Politik geht, und lehnte sie aus diesem Grund ab. Besonders erboste ihn, dass Interessengruppen eine gut gemeinte und wohl durchdachte Politik vereiteln können. Ideen, vor allem seine eigenen, sollten über diesen kleinlichen und oft persönlichen Interessen stehen.[6] Diese Überzeugung erklärt weitgehend Erhards Verhalten im Amt. Für sich selbst betrieb er offensichtlich keinerlei Werbung. Doch das war auch nicht sein Ziel. Er umging die Politiker, ignorierte die Parteistruktur und wandte sich in öffentlichen Auftritten direkt ans deutsche Volk. Er verstand sich als Lehrer, der den Deutschen die Vorteile des freien Marktes und der Demokratie nahe brachte. Aus dem gleichen Grund mied er Verwaltungsabläufe: Er weigerte sich, die Unmengen an Memoranden zu lesen, und blieb seinem Büro tagelang fern, während er sich der ihm viel wichtigeren Aufgabe widmete, dem deutschen Volk die Idee der Freiheit zu verkaufen.[7] Als Inhaber eines öffentlichen Amtes war er außerdem überzeugt, wenn er über dem Gerangel um persönliche Vorteile stand, könne er die Wirtschaftssituation in aller Ruhe beobachten und die optimalen politischen Maßnahmen zur Verbesserung der wirtschaftlichen Lage der Deutschen anregen.[8]

Erhards Weigerung, Anhänger einer Schule oder Mitglied einer politischen Partei zu werden, resultierte aus seinem Mangel an persönlichem Ehrgeiz. Am Gipfel seines Erfolges angekommen, sagte er am 21. Juni 1948: »Ich habe keinen politischen Ehrgeiz, und am wenigsten solchen parteipolitischer Art.«[9] Erhard zeigte kein Interesse daran, eine Gruppe loyaler Anhänger um sich herum aufzubauen oder sich an die Spitze einer der existierenden Parteien zu setzen. An persönlichem Ruhm oder Reichtum war ihm nicht gelegen, ja, er misstraute der Macht. Aufschlussreich war, was er im Januar 1962 sagte: »Die Macht ist in meinen Augen immer öde, sie ist gefährlich, sie ist brutal, und sie ist im letzten Sinne sogar dumm.«[10]

Als Intellektueller, als jemand, der in einer Welt der Gedanken lebte, hielt Erhard Gedanken, vor allem die richtigen, für mächtiger als rohe Gewalt. Aus diesem Grund zog er Ideen stets machtpolitischen Überlegungen vor.[11] Er war überzeugt, dass sich die richtigen Ideen am Ende immer durchsetzen werden. Wenn er Recht hatte – und davon war er absolut überzeugt –, würde sich auch alles andere ergeben. Deshalb blieb Erhard so unerschütterlich bei seinen Ideen, wenn sie kritisiert und angezweifelt wurden, und deshalb verwandte er auch so viel Energie und Zeit darauf, sie zu vermitteln. Was aber waren das für Gedanken?

Erhard gehörte zu den zahlreichen Menschen in Deutschland, die nach einem »dritten Weg« suchten. Im Jahr 1945 war er überzeugt, dass er ihn gefunden hatte. Erhard war in erster Linie ein Optimist,[12] er hielt die Menschen für grundsätzlich gut. Er glaubte daran, dass sich die Menschen bei Schaffung eines angemessenen Rahmens wohl verhalten, dass sie einander achten und in Verantwortung und Würde leben würden. Weil er glaubte, dass die Menschen ihre Freiheit klug nutzen würden, zog er die Schlussfolgerung, dass sich die Freiheit immer durchsetzen werde. Dieser Optimismus hatte auch eine psychologische Seite. Erhard verlor in den schlechten Zeiten, in der die nackte Existenz auf dem Spiel stand, nicht das Zutrauen in sich selbst und das deutsche Volk. Instinktiv wusste er, dass viele Krisen durch bloßes Abwarten überwunden werden können. Die meisten seiner Kritiker begriffen das nicht.

Wie andere, die den »dritten Weg« suchten, hatte Erhard Alternativen auf beiden Extremen des ideologischen Spektrums untersucht und verworfen. Er war der Ansicht, dass Marx sich irrte.[13] Erhards Grundüberzeugung zufolge kommt dem Menschen, dem Individuum, eine entscheidende Rolle bei der Gestaltung der Geschichte zu. Marx' deterministische Sicht der Wirklichkeit sei daher falsch. Obgleich Marx eine Utopie auf Erden beschrieb, war Erhard der Meinung, dass dessen Lehren, praktisch umgesetzt, in die Diktatur führen würden. Da er Marx und alle Kollektivisten als Gefahr für die menschliche Freiheit betrachtete, richtete Erhard seine Kritik in erster Linie auf sie. Anhand seines Wissens über die sowjetische Wirtschaft und seiner Erfahrungen im Dritten Reich schloss Erhard, dass Planwirtschaft zum Scheitern verurteilt sei. Dem Staat fehle es schlicht am Wissen, eine ganze

Volkswirtschaft wirkungsvoll zu steuern. Kein einzelner Mensch und auch keine Gruppen von Menschen, egal wie intelligent, wie gebildet sie auch seien, könnten die Bedürfnisse aller Verbraucher vorab kennen und das Gewünschte zur gewünschten Zeit anbieten. Diese Aufgabe übersteige schlicht die menschliche Intelligenz.[14] Außerdem stelle die Planwirtschaft, weil sie die Regierungsmacht, die Polizei und die Armee unter Kontrolle habe, eine Bedrohung für die menschliche Freiheit dar. Weil er sie zugleich für ineffektiv und gefährlich hielt, verwarf Erhard Kollektivismus und Planwirtschaft. Auch an gemischten Wirtschaftssystemen hatte er seine Zweifel, und Staatsunternehmen lehnte er kategorisch ab. Der Staat könne vom Wesen her und aufgrund seiner Interessen nicht als Unternehmer auftreten. Es fehle ihm an Dynamik und Eigeninteresse, und er unterliege zu stark dem Druck von Interessengruppen, als dass er damit Erfolg haben könne.[15] Außerdem würde der Staat versuchen, zum Schaden aller seinen Einflussbereich auszudehnen.

Doch auch den Gegenpol, den unbeschränkten freien Markt, lehnte Erhard ab. Er verfiel nicht auf die irrige Idee, dass eine fehlerhafte Politik durch ihr Gegenteil korrigiert werden könnte. Seine Ablehnung des Laissez-faire-Kapitalismus erklärt sich aus dessen Geschichte, die Erhard bestens kannte. Er war sich bewusst, wie der Kapitalismus in den vergangenen Jahrzehnten missbraucht worden war. Frauen und Kinder waren in den Fabriken ausgebeutet, Unternehmen waren von Geschäftsleuten, die unredliche Profite einstreichen wollten, ausgepresst worden. Und nicht zuletzt waren Verbraucher geprellt worden, indem man ihnen minderwertige Ware angedreht hatte. All das verurteilte er scharf. In seinen Augen handelte es sich bei diesem frühen Kapitalismus um »Freibeutertum«.[16] Doch der »dritte Weg« musste ja auch nicht über ein Laissez-faire führen. Weil Märkte sich nicht selbst schaffen, wollte Erhard, dass der Staat den Markt organisiert. Der Staat solle die Wettbewerbsregeln festlegen und dann das System überwachen, nicht aber selbst daran teilhaben oder versuchen, den Markt zu steuern. Der Markt, wie er Erhard vorschwebte, sollte ohne die Perversionen der frühen industriellen Phase ein Maximum an Verbraucherzufriedenheit herstellen.[17]

Erhard wählte die freien Märkte als Mechanismen zur Bereitstellung von Waren und Dienstleistungen, weil sie das am effektivsten leisten konnten.[18] Nur freie Märkte, so Erhard, könnten die Informationen filtern, die Verbraucher und Produzenten zum beiderseitigen Vorteil zusammenbrächten. Auch beweise die Geschichte, dass Marktwirtschaften schlicht produktiver seien als zentral gesteuerte Wirtschaftsformen. Sie brächten mehr Waren und Dienstleistungen hervor als jede andere ökonomische Organisationsform.

Die Erkenntnis, dass freie Märkte produktiver sind, führte Erhard dazu, Wachstum als Lösung für soziale Probleme zu betrachten. »Es ist sehr viel leichter, jedem Einzelnen aus einem immer größer werdenden Kuchen ein größeres Stück zu gewähren, als einen Gewinn aus einer Auseinandersetzung um eine Verteilung eines kleinen Kuchens ziehen zu wollen, weil auf solche Weise jeder Vorteil mit einem Nachteil bezahlt werden muss.«[19] Eine wachsende Wirtschaft würde die sozialen Bedürfnisse befriedigen und es der Gesellschaft erlauben, ihre eigentlichen Ziele zu verfolgen.[20] Aus dieser Argumentation geht hervor, dass es Erhard nicht um Gleichheit ging. Sein Ziel war es, den Lebensstandard aller Bürger zu heben, und mit Wachstum ließ sich das wirtschaftlich und politisch am einfachsten erreichen. Kurz: Erhard wollte über den materiellen Überfluss soziale Ziele erreichen, zu denen die Gleichheit jedoch nicht zählte.

Das Wirtschaftssystem, das er nach 1948 aufbauen half, bezeichnete Erhard als soziale Marktwirtschaft. Viele Kritiker, vor allem Linke, haben behauptet, dass die Verwendung des Wortes »sozial« in Verbindung mit dem Wort »Markt« einer zynischen Manipulation der Arbeiter zum Wohl der Großindustrie gleichkomme, doch dieser Vorwurf ist gegenstandslos. Erhard war aufrichtig davon überzeugt, dass ein von einer starken Regierung überwachter freier Markt das sozial verantwortungsvollste Wirtschaftssystem sei. Seine Vision einer Marktwirtschaft war sozial, weil sie den Verbrauchern und somit allen nützte.[21] »Die Lösung liegt nicht in der Division, sondern in der Multiplikation des Sozialprodukts«, so Erhard.[22] Bedürftigkeit werde durch Wachstum beseitigt. Ungleichheit werde durch Wachstum irrelevant. Der Markt sei sozial, weil er die Bedürfnisse der Menschen befriedige und ihren Lebensstandard anhebe.[23] Friedrich von Hayek, Theoretiker der freien Marktwirtschaft, fragte Erhard einmal nach diesem Konzept. Hayek berichtet, Erhard habe geantwortet: »Ich hoffe, Sie missverstehen mich nicht, wenn ich von der sozialen Marktwirtschaft spreche. Ich meine, dass der Markt an sich sozial ist, nicht dass er sozial gemacht werden muss.«[24] Erhard konkretisierte diesen Gedanken, indem er betonte, »je freier die Wirtschaft, umso sozialer ist sie auch«.[25] Nur der Markt, so Erhard, könne den Wohlstand gerecht verteilen.[26]

Für Erhard stellte die soziale Marktwirtschaft kein Ziel in sich dar, sondern sie war Teil, und zwar ein unbestreitbar wichtiger, eines größeren Ganzen. »Demokratie«, schrieb Erhard, »und freie Wirtschaft gehören logisch ebenso zusammen wie Diktatur und Staatswirtschaft.«[27] Die freie Marktwirtschaft – in der modifizierten Form der sozialen Marktwirtschaft – sei eine Grundvoraussetzung für die Etablierung der Demokratie in Deutschland. Erhard wusste nur zu gut, dass im Kaiserreich unter Wilhelm II. und im Dritten Reich die Regierungen nicht auf die Bedürfnisse ihres Volkes reagiert und für die Deutschen und viele andere Völker eine Katastrophe heraufbeschworen hatten. Der erste Versuch, in Deutschland ein demokratisches System zu schaffen, war gescheitert. Erhard schrieb dieses Versagen nicht der Schwäche des politischen Systems zu, sondern den Mängeln der Wirtschaftsordnung. In Erhards Augen war die Weimarer Ökonomie nicht frei genug gewesen. Sowohl die Regierung als auch private Gruppen hatten die Freiheit, die für die Deckung der Nachfrage und die Gewährleistung der politischen Freiheit nötig war, untergraben. »Jeder staatliche Dirigismus und jede korporative Lenkung der Wirtschaft bedeutet im Letzten eine Einschränkung der in den westlichen Demokratien verfassungsmäßig garantierten menschlichen Grundfreiheiten und eine Aushöhlung des Rechtes auf freie Entfaltung der Einzelpersönlichkeit.«[28] Freiheit sei unteilbar.[29] Verstöße gegen diesen Grundsatz, sei es durch die Regierung oder eine private Interessengruppe, seien gefährlich und verwerflich. Dennoch sah Erhard wie Eucken die Lösung dieses Problems in einem starken Staat, einem neuen allerdings, der sich anders verhielt als seine Vorläufer.

Erhard war kein Freund des Machtstaates, wie er sich im 19. und 20. Jahrhundert in Deutschland und anderen industrialisierten Ländern herausgebildet hatte. »Wir leiden nicht an zu wenig Staat, sondern wir leiden an zu viel Staat.«[30] Erhard wünschte sich einen Staat, der die Bürger so weit wie möglich in Ruhe lässt. »Wo der Staatsbürger unmittelbar vom Staat angesprochen wird«, so Erhard, »da ist etwas faul.«[31] Der Staat spiele jedoch für ein reibungsloses Funktionieren der Gesellschaft eine wichtige Rolle. Er sei verantwortlich für die Schaffung und Aufrechterhaltung des Marktsystems, für die Überwachung der sozialen Auswirkungen ökonomischer Entwicklungen, für die Sicherstellung von Wohlstand und Stabilität und für die Förderung von Wachstum und freiem Handel.[32] Doch Erhard verfocht nicht etwa das Konzept des »Minimalstaates«. Der Staat übernehme vielmehr eine zentrale Rolle bei der Aufgabe der Marktüberwachung. Der Staat solle nicht selbst unternehmerisch tätig werden, doch er könne eine Infrastruktur bereitstellen, innerhalb derer die Geschäfte florierten.[33] Unter Infrastruktur verstand Erhard, ganz im Sinne Adam Smiths und Walter Euckens, Versorgungsbetriebe, Schulen und die Legislative.

Die ausgewogene Struktur, die Erhard sich vorstellte, sollte ganz im Dienst größerer menschlicher Ziele stehen. Erhard ging davon aus, dass das Ziel wirtschaftlicher Tätigkeit im sozialen Wohlbefinden liege.[34] Wirtschaftliche Tätigkeit sei kein Ziel in sich. Die Anhäufung wirtschaftlicher Güter sollte in Erhards Augen dazu dienen, den Menschen profane Probleme zu ersparen, damit sie erhabenere Ziele anstreben könnten. Die Menschen sollten unabhängig sein und so weit, wie sie wollen, am intellektuellen und kulturellen Leben des Landes teilhaben. Das werde möglich, wenn man sie von zermürbender Armut, monotoner Arbeit und Alltagssorgen entlaste und ihnen Komfort und Sicherheit gebe. Zu erreichen sei all dies über den freien Markt.

Erhard definierte, wie ein Markt funktionieren sollte und was dafür erforderlich war. Zusammenfassend sagte er: »Es gibt keine freie Marktwirtschaft ohne freie Preise.«[36] Für ein funktionierendes Preissystem brauche man Wettbewerb. Erhard erklärte: »Der Wettbewerb ist der Motor und der Preis, d. h. der freie Preis, das Steuerungsmittel der Wirtschaft.«[37] Nur ein freies Preissystem, ein Markt, in dem weder der Staat noch Privatinteressen den Preis festlegen, ermögliche Wachstum und soziale Gerechtigkeit. Erhard wusste, dass das Preissystem den Marktteilnehmern wichtige Impulse gibt und es ihnen erlaubt, dezentral Entscheidungen zu treffen, die am ehesten ihren Bedürfnissen entsprechen. Das Preissystem zwang die Unternehmer, ihre Fehler zu korrigieren und in Fabriken zu investieren, in denen sie Waren herstellen konnten, die die Verbraucher auch wirklich kaufen wollten, und das zu Preisen, die sie zu zahlen bereit waren. Auf diesem Weg sollte Erhards Ziel, das bestmögliche Wohl der Verbraucher, erreicht werden.[38] Politisch war ein freies Preissystem vonnöten, um bei den Menschen Vertrauen in die soziale Marktwirtschaft zu wecken. Es sollte ihnen beweisen, dass die Wirtschaft nicht dem Nutzen einiger reicher Kapitalisten dient und dass sie als Verbraucher durch ihre Kaufentscheidungen die Wirtschaft sogar maßgeblich mitgestalteten.[39]

Damit der Preismechanismus die ihm zugeschriebene Rolle spielen kann, so Erhard, dürfe niemand Einfluss nehmen. Der Staat könne natürlich auch die Preise nicht festsetzen. Aber ebenso wichtig sei es, dass auch Privatgruppen den Preismechanismus nicht zu ihrem Vorteil manipulieren können. Aus diesem Grund war Erhard ein erbitterter Gegner von Kartellen. Ja, nach der Liberalisierung der Wirtschaft im Jahr 1948 betrachtete er den Kampf gegen die Kartelle als seine wichtigste Aufgabe. »Ich halte diese Frage für das Problem Nr. 1«, sagte Erhard 1949.[40] Später bezeichnete er das von ihm eingebrachte Kartellgesetz in einem Brief an Konrad Adenauer als »›Grundgesetz‹ der deutschen Wirtschaft«.[41] Er verurteilte Kartelle ohne Wenn und Aber und verglich sie mit der Planwirtschaft.[42] Er war überzeugt, dass Kartelle verderblich für die Wirtschaft seien, weil sie das Gesamtproduktionsvolumen senken und dem Wohl der Verbraucher schaden würden. Kartelle steigerten künstlich ihren Wirtschaftsanteil und beschnitten den dem Wettbewerb offen stehenden Teil des Marktes. Dies führe zu geringerer Produktionsleistung, höheren Preisen und einer Fehlallokation von Kapital. Anders als die Kartellverfechter war Erhard der Ansicht, dass wirtschaftliche Probleme mit Kartellen schwieriger zu überwinden sind, weil sie die Wirtschaft unflexibler machten. Sie bremsten überdies den technologischen Fortschritt, indem sie wiederum den Wettbewerb beschnitten und die Existenz ineffizienter Produzenten sicherten. Gleichzeitig förderten sie unnötige technische Entwicklungen, elegante Lösungen, die Ingenieuren und Managern gefielen, den Verbrauchern jedoch keinen echten Nutzen brächten. Kartelle, so Erhard, schadeten auch den Mittelständlern. Sie errichteten Barrieren im Markt und erschwerten es neuen Firmen, an Kapital zu gelangen.[43] Kartelle seien ein Angriff auf das Recht auf die freie Verfügung über das Privateigentum. Sie stellten den Versuch einiger weniger dar, mit Hilfe ihrer Eigentumsrechte die Rechte anderer zu beschneiden. Erhard betonte, dass »niemand das Recht haben darf, im Namen der Freiheit die Freiheit Dritter zu beschränken. Niemals darf einer interessengebundenen Gruppe das Recht zugestanden werden, darüber zu entscheiden, was Freiheit ist oder sein soll.«[44]

Erhard war zwar ein strikter Gegner von Kartellen, erkannte jedoch, dass in einigen Wirtschaftsbereichen Wettbewerb nicht jederzeit möglich ist, sodass man bei einem Kartellverbot Ausnahmen zulassen müsse. Wie die meisten Ökonomen räumte er ein, dass es eine Reihe natürlicher Monopole gibt. Diese müsse der Staat regulieren, sodass sie sich verhielten wie im freien Wettbewerb. Erhard ging davon aus, dass auf dem Agrarsektor und, zumindest anfänglich, in den Bereichen Immobilien und Kraftstoff kein freier Markt möglich sei.[45] Bei der Landwirtschaft erkannte Erhard, dass geografische und topografische Faktoren eine Liberalisierung zumindest in den ersten Jahren der Bundesrepublik verhinderten.[46] Er hegte aber die Hoffnung, dass die Landwirtschaft, der Kapitalmarkt und der Wohnungsmarkt eines Tages freigegeben werden könnten. Er setzte sich allerdings nie für die Privatisierung der Post und der meisten Versorgungsbetriebe ein.[48] Und er akzeptierte, dass die Produzenten verpackter Markenprodukte den Ladenpreis festsetzen durften, um zu verhindern, dass Discounter über eine Preissenkung ihr Umsatzvolumen steigern konnten. Zu dieser Haltung sah sich Erhard aus Sorge um die Qualität der Produkte veranlasst. Aus dem gleichen Grund unterstützte er auch das deutsche Handwerk. In beiden Bereichen wich er erheblich von seinen Prinzipien eines freien Markes ab.

Die Ablehnung von Großunternehmen, die rechts von ihm stehende Verfechter des freien Marktes vorbrachten, machte er sich nicht zu Eigen, denn er stand dem Konzept einer Marktmacht skeptisch gegenüber und glaubte nicht, dass sich ein Maßstab dafür formulieren lasse.[49] Von seinem Grundverständnis her lehnte er die bloße Vorstellung einer Konzerndominanz ab. »Es scheint mir ein Bruch der Logik vorzuliegen, wenn ich freien Leistungswettbewerb predige und höchste Anstrengungen und Bewährung fordere, aber das erfolgreiche und sich ausdehnende Unternehmen dann unter der Rubrik ›Wirtschaftliche Macht‹ als gefährlich kennzeichnen wollte.«[50] Solange ein Unternehmen wächst, weil es die Verbraucherbedürfnisse besser befriedigt, sah Erhard keinen Grund für eine Regulierung oder Demontage. Der freie Markt könne nicht funktionieren, wenn die Unternehmer der Belohnung für ihren Erfolg beraubt würden und man ihnen den Anreiz zur Innovation und zur Erfüllung der Verbraucherbedürfnisse nehme. Diese Ausführungen illustrieren, dass Erhard die Verbraucher ins Zentrum seiner Überlegungen stellte. »Unsere Wirtschaftspolitik dient dem Verbraucher, er allein ist Maßstab und Richter in allen wirtschaftlichen Fragen.«[51]

Im Gegensatz zu vielen anderen Regierungsmitgliedern ging es Erhard, als er Minister wurde, nicht vorrangig darum, die Interessen der westdeutschen Wirtschaft zu schützen. Er wollte in erster Linie sicherstellen, dass 50 Millionen westdeutsche Verbraucher den größtmöglichen Nutzen aus der Wirtschaft zogen.[52] Aus diesem Grund versuchte Erhard, den Schwerpunkt der deutschen Wirtschaft auf die Konsumgüterindustrie zu legen.[53] Damit brach er mit der wirtschaftlichen Vergangenheit Deutschlands, wo bis 1945 die Schwerindustrie – Kohle, Eisen, Stahl, Maschinenbau und Chemie – die Wirtschaft beherrscht hatte. Erhard wollte das nicht nur ändern, um den Verbrauchern besser zu dienen und die politische Macht zu erhöhen, sondern auch, um die deutsche Wirtschaft zu entmilitarisieren. Und diese Verlagerung des Schwerpunkts hatte noch eine weitere Dimension. Traditionell hatte man die Wirtschaft in Deutschland als Komplex zur Schaffung von Arbeitsplätzen verstanden. Erhard verschob den Schwerpunkt zum Verbraucher und stellte damit klar, dass Arbeit um ihrer selbst willen bedeutungslos ist und wirtschaftliche Tätigkeit den Zweck hat, Bedarf zu decken. Weil dieser Bedarf nicht unbedingt wirtschaftlicher Natur sein müsse, seien Arbeitsplätze kein Selbstzweck. Diese Sicht der Dinge beunruhigte Arbeitgeber und Arbeiter sowie ihre Vertretungen, die Gewerkschaften, gleichermaßen. Erhard versuchte die Mentalität der Deutschen zu revolutionieren und im Westen des Landes eine Verbraucherorientierung zu erreichen. Eine solche Konsumgesellschaft attackierten Röpke und andere Sozialkritiker jedoch seit Jahrzehnten. Erhard hingegen schwebte genau das vor: eine veränderte Haltung der Deutschen zu sich selbst und ihrem Verhältnis zur westlichen Kultur.

Zum Wandel in der Mentalität und im Lebensstil gehörte unverzichtbar die Streuung von Eigentum. Erhard wollte, dass so viele Menschen wie möglich Besitz erwerben, insbesondere ein Eigenheim.[54] Im Jahr 1961 sagte er, allerdings ohne politisches Feingefühl: »Eigentum macht frei.«[55] Die Deutschen sollten Eigentum erwerben, indem sie sparten, nicht indem sie es als Beihilfe vom Staat erhielten.[56] Möglichst viele Bürger sollten auch Unternehmensaktien besitzen. Erhard sprach sich für eine breite Streuung von Eigentum aus, weil sie große soziale und politische Vorzüge mit sich bringe. Ein Eigenheim vermittle den Menschen das Gefühl, einen Anteil an der Gesamtgesellschaft zu haben und unabhängig zu sein. Dadurch würden sie zu verantwortungsbewussten Bürgern, weniger anfällig für politische Demagogen werden, die schnelle und einfache Lösungen für komplexe Probleme anbieten. Wenn es Menschen mit Besitztum in großer Zahl gebe, trage das zu Wachstum und Stabilität der politischen Demokratie bei – ein zentrales Anliegen nach dem Zusammenbruch der Weimarer Republik und der Gründung der neuen Bundesrepublik. Zudem bildeten diese Eigentümer zumindest ein gewisses Gegengewicht zur Macht der Großindustrie. Kurz: In Erhards Augen war Privatbesitz für die Demokratie unentbehrlich. Und nur wenn Besitz und Vermögen in der Gesellschaft breit verteilt seien, habe die Demokratie in Westdeutschland eine Zukunft.[57]

Auf der Grundlage der Erfahrungen, die er und die Deutschen Anfang der zwanziger und Mitte der vierziger Jahre gemacht hatten, betonte Erhard die Notwendigkeit angemessener Preise und einer stabilen Währung. Diese schützten, so Erhard, die Sparer und verhinderten die mit der Inflation einhergehenden sozialen Unruhen.[58] Auch förderten sie die soziale Fairness, denn unter einer Inflation leide nicht jeder gleichermaßen, und einige profitierten sogar davon.[59] Erhard war das so wichtig, dass er dafür plädierte, »die Währungsstabilität in die Reihe der menschlichen Grundrechte aufzunehmen«.[60]

Ein zentraler Faktor zur Sicherstellung der Währungsstabilität war für Erhard ein ausgeglichener Staatshaushalt. Er war zwar nur in den letzten drei Jahren seiner politischen Karriere für den Regierungshaushalt zuständig, doch er forderte von Anbeginn eine »saubere« und »klare« Finanzpolitik. Nur wenn Steuereinnahmen zur Verfügung stünden, könne der Staat Geld ausgeben.[61] Erhard ging sogar noch weiter und forderte, dass sowohl in der Bundesrepublik als auch in den anderen europäischen Staaten ein ausgeglichener Haushalt Maßstab für die Innenpolitik sei.[62]

Ludwig Erhard war von jeher ein energischer Verfechter des Freihandels. Wie wir gesehen haben, empfahl er Deutschland bereits im März 1944 in seiner Denkschrift zu Kriegsfinanzierung und Schuldenkonsolidierung die Rückkehr zum Weltmarkt. Im Mai 1946 forderte er erneut, den westlichen Zonen den Außenhandel zu gestatten. Dies stärke den Konsumgütersektor und verhindere den Aufstieg einer neuen Diktatur.[63] Eine seiner ersten Initiativen als Wirtschaftsminister war im Herbst 1949 der Vorstoß, Westdeutschland möge die Liberalisierung des Handels innerhalb Europas vorantreiben.[64] Der Freihandel werde dazu beitragen, dass Westdeutschland zu Wohlstand komme, indem er den Import von Gütern, die nicht im Lande hergestellt werden, zulasse und Wettbewerbern den deutschen Markt öffnete, sodass die Preise im Inland möglichst niedrig blieben.[65] Exporte erlaubten es Deutschland auch, Devisen einzunehmen, die man für die Einfuhr von Rohstoffen für die verarbeitende Industrie brauche.[66] Eng mit dem erwünschten Freihandel hing für Erhard die freie Währungskonvertibilität zusammen. Seit den dreißiger Jahren hatten die Regierungen die Währungsbewegungen über die Grenzen hinweg kontrolliert. Das hatte eine Politisierung dieses wichtigen Aspekts internationaler Wirtschaftsbeziehungen zur Folge gehabt. Die Unterordnung ökonomischer unter strategische Erwägungen führte zu höheren Preisen für die Verbraucher und zu internationalen Spannungen. Die freie Konvertibilität von Währungen werde, so Erhard, ein großer Schritt hin zu einem einzigen Markt in ganz Europa und schließlich auf der Welt sein, und zwar zum Nutzen der Verbraucher in Westdeutschland und anderswo.[67]

Diese Ansichten hatten wichtige politische und soziale Implikationen. Erhard strebte offenkundig eine Gesellschaft an, in der das Individuum in Würde und Selbstachtung leben kann.[68] Deshalb wollte Erhard, dass möglichst viele Menschen ein Eigenheim besitzen. Auch seine Forderung nach Freigabe und Deregulierung der Wirtschaft hing mit diesem Aspekt zusammen. Erhard wollte die Menschen von der Tyrannei kleinlicher Beamter befreien. Wie die Bürokratie die meisten Bürger inzwischen knechtete, verdeutlichte er mit folgenden Worten: »Ich finde nichts ungerechter, verabscheuungswerter und menschenunwürdiger, als dass ein Mensch, wenn er ehrlich gearbeitet hat, erst einmal vor einem Schalterbeamten seine Hose lüften muss, um einen Bezugsschein zu bekommen.«[69] Oberstes Ziel von Erhards Wirtschaftspolitik war es, dass die Menschen vor der Willkür der Behörden und privaten Institutionen geschützt würden und ihr Leben in Freiheit und Würde nach eigenem Ermessen gestalten könnten.[70] Er strebte eine Gesellschaft freier Menschen an, die ihre moralische Verantwortung gegenüber der Gesamtgesellschaft akzeptierten.[71]

Aus dieser Sicht heraus lehnte Erhard die Vorstellung einer Verteilungsgerechtigkeit ab. Er geißelte eine Gesellschaft, in der »jeder die Hand in der Tasche des anderen hat«.[72] Er war sich des deutschen »Erbübels«, wie er es nannte, bewusst: Neid und Missgunst gegenüber jedem, der wohlhabender ist.[73] Jedes Eingreifen der Regierung, so fürchtete er, werde weiteren Eingriffen Tür und Tor öffnen und letztlich in die Tyrannei führen.[74] Folglich war Erhard generell gegen staatliche Programme zur Umverteilung des Einkommens.[75] Diese Haltung war eine logische Folge seiner Wachstumspolitik. Allerdings wandte er sich nie gegen die vorhandene Sozialhilfe oder die progressive Einkommenssteuer. Wie wir später sehen werden, setzte er sich auch Mitte der fünfziger Jahre nicht entschieden gegen die Ausweitung des Sozialstaats zur Wehr.

Erhard wollte die Rolle des Individuums in der deutschen Gesellschaft stärken. Dabei war er beleibe kein Gleichmacher. Er propagierte eine Gesellschaft aus freien, sich ihrer Würde bewussten und einander respektierenden Individuen. Aus diesem Grund lehnte er die pluralistische Politik von Interessensgruppen und die Umverteilung von Einkommen ab. Und aus dem gleichen Grund stellte er sich gegen eines der größten Ziele der Arbeiterbewegung: die Mitbestimmung.[76] Er war überzeugt, dass ein System mit einem freien Unternehmertum, einem funktionierenden Markt und Privateigentum nicht vereinbar sei mit einer geteilten Verantwortung bei der Entscheidungsfindung im Unternehmen. Nur der Eigentümer könne die Risiken angemessen abschätzen. Wenn ihm das nicht gelinge, dann habe er, weil er allein die Verantwortung für diese Entscheidungen trage, auch allein die Verantwortung für die Folgen. Erhard wusste, dass der Markt ein Mechanismus ist, der jene Unternehmen begünstigt, die den Bedürfnissen der Verbraucher am besten entsprechen. Wenn die Arbeiter geschäftliche Entscheidungen gemeinsam mit dem Eigentümer träfen, würde dieser Mechanismus außer Kraft gesetzt. Ineffiziente oder inkompetente Firmen würden am Leben erhalten, um Arbeitsplätze zu sichern, was zu einer Verschwendung von Ressourcen und einer Minderung der Verbraucherzufriedenheit führe.

Folglich lehnte es Erhard auch ab, Unternehmer gegen Risiken abzusichern. In der deutschen Wirtschaft gab es eine starke Tradition, nach der man vor den Unwägbarkeiten des Markts entweder den Schutz des Staates oder den von Kartellen und anderen privaten Organisationen suchte. Diese Forderungen fußten auf der christlichen Vorstellung eines »gerechten Preises«, die dazu führte, dass Unternehmen den Verkauf zu Garantiepreisen forderten, mit denen sie ihre Produktionskosten decken konnten. In Erhards Augen war der gerechte Preis Unsinn. Keine Macht auf Erden, sei es eine Kirche oder ein Gremium aus gelehrten Ökonomen, könne einen gerechten Preis festlegen. Der angemessene

Preis werde von den Verbrauchern durch ihre Kaufentscheidungen am Markt gefunden.[77] Erhard bestritt, dass Unternehmer ein Anrecht darauf hätten, ihre Produktionskosten wieder einzufahren. Produktionskosten hätten mit dem Preis, den eine Ware auf dem Markt erzielte, nichts zu tun. Preise würden von der Nachfrage durch die Verbraucher nach bestimmten Waren geregelt. Erhard wandte sich damit auch gegen die traditionalistische und sozialistische Arbeitswerttheorie. Anhänger dieser Theorie behaupteten, dass sich der Wert einer Ware aus der für die Produktion aufgewandten Arbeit ableite. Sowohl Adam Smith als auch Karl Marx wurden Opfer dieser irrigen Annahme. Erhard dagegen folgte Ludwig von Mises in der Überzeugung, dass der Preis einer Ware die Nachfrage nach dieser Ware widerspiegle.[78] Die Unternehmen müssten daher die Herausforderungen des Marktes bestehen und die Wünsche der Kunden befriedigen, um zu überleben.[79]

Dass Erhard den gerechten Preis, den garantierten Erlös der Unternehmer sowie die Arbeitswerttheorie ablehnte, passte zu der Stellung, die er dem Individuum und dem Verbraucher zuschrieb. Doch auch freie Menschen seien Einschränkungen unterworfen. Sie müssten, so Erhard, akzeptieren, dass sie sowohl für sich als auch für die Gesamtgesellschaft Verantwortung trügen.[80] Es sei daher wichtig, dass die Menschen ihre Wünsche nicht als Mitglieder von Interessensgruppen zum Ausdruck brächten – eine Vorstellung, die Eucken entwickelt hatte.[81] In diesem Fall nämlich hingen sie mit ihrem Lebensunterhalt vom Staat ab; dieser beklagenswerte Zustand würde den Markt und die Demokratie ruinieren.[82] »Demokratie ist kein Ausfeilschen von Interessen und bedeutet mehr als das Mit- und Gegeneinander organisierter Gruppen. Demokratie ist auch nicht das Ringen machtvoller Verbände um die Führung im Staate.«[83] Erhard wandte sich damit gegen wichtige Entwicklungen der Demokratie im 20. Jahrhundert. Die pluralistische Politik und die Verteilungsprogramme, die in den USA unter der Regierung Roosevelt üblich wurden und nun drauf und dran waren, auch die Politik in den westlichen Demokratien Europas zu durchdringen, betrachtete er als Hemmschuh für den Aufbau einer gesunden Gesellschaft. Sie verleiteten die Menschen dazu, die Verantwortung abzugeben, eng abgesteckte Eigeninteressen zu verfolgen und die Bedürfnisse der Gesamtgesellschaft zu vernachlässigen.[84] Das verbreitete Modell war seiner eigenen Vision weit unterlegen: der Vision einer Gesellschaft aus vernünftigen Bürgern, die keiner Interessengruppe verpflichtet sind, die ihre eigenen Entscheidungen treffen und daher in Selbstachtung, Gleichheit und Würde leben.[85]

Erhard vertrat demnach das Ideal einer Bürgergesellschaft aus Individuen, zwischen denen der Wettbewerb am Markt, überwacht von einer mächtigen Regierung, als Vermittler wirkt. Sein Ziel war es, die Wirtschaft zu entpolitisieren und die Reichweite politischer Gestaltung zu beschränken. Folglich konzentrierte er sich auf die Innenpolitik. Doch seine nach innen gerichtete Sicht hatte ebenso Bezüge zur Außenpolitik. Auf der Basis seiner fürs Inland entwickelten Konzepte machte Erhard politische Entwürfe auch für die internationale Arena. Grundsätzlich wollte er, dass der freie Markt das Verhältnis zwischen Staaten prägt. Dass es kein Organ gab, das zwischen unabhängigen Staaten die Rolle übernahm, die der Staat innerhalb eines Landes innehatte, bereitete ihm keine Sorge. Wie wir gesehen haben, sprach sich Erhard für einen internationalen Freihandel und die freie Konvertibilität von Währungen aus. Er stellte sich ein System vor, das in allen notwendigen Bereichen autonom war. Er lehnte daher die Gründung großer, mit Bürokratie verbundener internationaler Organisationen ab.[86] Große Bürokratien im Inland schmähte er gleichermaßen. Den Vorstoß, europäische Institutionen zu gründen, die schließlich in ein vereintes Europa münden sollten, betrachtete er folglich mit tiefer Skepsis. Er sah schlicht keine Notwendigkeit für solche Institutionen. Alle Einrichtungen dieser Art wären seiner Ansicht nach zu bürokratisch. Darüber hinaus herrschten zwischen den europäischen Völkern und ihren Ländern so viele Unterschiede, dass eine einzige Wirtschafts- oder Finanzpolitik für den gesamten Kontinent zum Scheitern verurteilt sein müsse.[87] Nicht nur das – jede zentrale europäische Bürokratie würde die Planwirtschaft befördern, die gescheitert war, wo immer man mit ihr experimentiert hatte.[88]

Mit diesen Ansichten stand Erhard im Widerspruch zu einer sehr einflussreichen Gruppe von Regierungsmitgliedern und anderen Politikern. In den Augen dieser Vertreter der europäischen Idee war jede Opposition zum Gemeinsamen Markt oder einem politisch geeinten Europa ein Sakrileg. Gemeinsame Institutionen stellten für sie die einzige Rettung Europas vor der Wiederkehr der Diktatur dar. Auch Erhard lehnte die Tyrannei ab. Er verabscheute den Nationalismus und das Konzept des Kräftegleichgewichts. Doch die Beziehungen zum Ausland waren in seinen Augen kein Ziel in sich. Folglich wandte er sich gegen das traditionelle Konzept, das die deutsche Staatsführung seit Friedrich dem Großen beherrscht hatte und dem Bismarck besonderes Gewicht verliehen hatte: gegen das Primat der Außenpolitik.[89] Erhard orientierte sich vielmehr an der klassischen liberalen Alternative: Freihandel zwischen souveränen Staaten und Dezentralisation der Macht zwischen und in ihnen. Wenn alle Völker frei Waren tauschen könnten, entfiele die Notwendigkeit, ein Gebiet zu erobern, um sich wirtschaftliche Vorteile zu sichern, und die Verbraucher würden überall auf der Welt vom Einfallsreichtum ihrer Mitbürger profitieren. Das mantraartig wiederholte Ideal der europäischen Zusammenarbeit um ihrer selbst willen wurde deshalb von Erhard nicht unterstützt.[90] Er fürchtete sogar, dass die europäische Zusammenarbeit zu einer Beschränkung des Handels führen würde. Die europäische Bürokratie, so Erhard, werde für Waren und Dienstleistungen aus Ländern außerhalb der Organisation Barrieren errichten. Für Deutschland und Kontinentaleuropa sei es jedoch unabdingbar, enge Wirtschaftsbeziehungen zu den USA, Großbritannien und den neutralen europäischen Staaten zu unterhalten. Weil diese Staaten viele Werte, die in Westdeutschland hochgehalten wurden, teilten und weil ihre Mitwirkung am Markt den deutschen Verbrauchern die Vorzüge von mehr Arbeitsteilung brächten, sprach sich Erhard für eine möglichst weite Definition europäischer Institutionen aus, die in der weltweiten Abschaffung von Handelsgrenzen gipfelte.

Mit seiner Kritik zielte Erhard besonders auf Frankreich. Die französische Regierung war nach Erhards Geschmack zu zentralisiert und verließ sich zu stark auf Wirtschaftsplanung. Er war der Ansicht, dass die französische Forderung nach einer »Harmonisierung« der Sozialausgaben und Arbeitskosten nur dazu diente, die eigenen politischen Fehler zu kaschieren und andere dafür zahlen zu lassen. Der Ruf nach »gleichen Startchancen« in ganz Europa sei unrealistisch.[91] Frankreich verfolge sogar eine höchst nationalistische, antiamerikanische Politik, die Westdeutschland schade.[92]

Als Alternative zur Schaffung übernationaler Organisationen forderte Erhard das Subsidiaritätsprinzip in den internationalen Beziehungen. Entscheidungen sollten stets auf möglichst niedriger Ebene fallen, sodass die Herausbildung einer europäischen Zentralbürokratie verhindert würde.[93] Wieder übertrug er seine innenpolitischen Rezepte auf die Außenpolitik, und er betonte besonders, dass Europa kein Planungsprogramm, sondern ein Ordnungsprogramm brauche.[94]

Im Rahmen dieser internationalen Ordnung forderte Erhard, wohl zur Überraschung einiger, die Einrichtung einer Auslandshilfe. Diese Hilfe solle in Form von Geld, technischer Unterstützung und auch, was ebenso wichtig sei, der Beratung zur Schaffung freier Märkte geleistet werden. Erhard wollte die Auslandshilfe dazu nutzen, andere Länder in die Funktionsweisen des freien Marktes einzuführen. Auf diese Weise sollten sie sich von den überkommenen kolonialen Verwaltungssystemen befreien, die Übernahme einer internationalen Bürokratie verhindern und am Wohlstand teilhaben, der durch die dynamische Marktwirtschaft entstehe. Erreicht werde dies wie im Inland über das Wachstum. Ein stetig steigendes Sozialprodukt, unterstützt durch die Teilhabe am internationalen Handel, werde den Lebensstandard aller anheben. Dies wiederum werde es den Menschen erlauben, ein ausgefüllteres Leben zu führen, und es werde zudem Spannungen sowohl auf nationaler als auch auf internationaler Ebene reduzieren.[95]

Bis zum Ende des Zweiten Weltkriegs hatte Erhard wirtschaftliche Prinzipien entwickelt, die ihn für den Rest seines Lebens begleiteten. Wenn er einmal von ihnen abwich, dann nicht, weil er seine Haltung geändert hatte, sondern aus politischer Schwäche und Unsicherheit. Im Zentrum seines Weltbilds stand der Einzelne. Individuen würden ein gutes, einträgliches Leben in Wohlstand führen, wenn sie an den freien Märkten teilhätten. Weil jedoch einige immer ihre Freiheit missbrauchten, war ein starker Staat vonnöten, der ihr Verhalten überwachte und sicherstellte, dass niemand den anderen in seiner Freiheit beschnitt. Folglich hatte der Staat eine überaus wichtige Rolle inne. Erhard war kein Laissez-faire-Liberaler. Er war aber auch kein traditioneller Konservativer. Vor allem aber war er kein Dirigist, kein Anhänger der Planwirtschaft, kein Sozialromantiker, der den Himmel auf Erden schaffen wollte. Erhard war Optimist und gleichzeitig ein nüchterner Intellektueller. Er wollte den Menschen die Freiheit geben, ihr eigenes Potenzial zu verwirklichen, war sich aber stets darüber im Klaren, dass weder Märkte noch Demokratien automatisch funktionieren. Erhard hatte seine eigene Vision eines »dritten Weges« entwickelt. Im Jahr 1945 begann er sie in die Tat umzusetzen.

KAPITEL 3

Durchbruch

1945–1949

Im Mai 1945 brach das Dritte Reich zusammen und ließ eine zertrümmerte Wirtschaft und ein verstörtes Volk zurück. Die Produktion ging gleich aus mehreren Gründen drastisch zurück: Die Verkehrswege und die Kommunikation waren unterbrochen, es herrschte wegen der vielen Menschen auf den Straßen, die vor der Roten Armee flohen oder in ihre Häuser zurückkehren wollten, allgemeines Durcheinander, und weite Teile der Industrie waren durch Artilleriebeschuss, Bombardierungen und Sabotageakte der NS-Schergen zerstört. Im ersten Quartal 1946 produzierte die deutsche Wirtschaft nur noch 28 Prozent der Waren und Dienstleistungen, die sie 1936 hervorgebracht hatte. Da sich bei dieser mageren Ausbeute Engpässe nicht vermeiden ließen, breitete sich im ganzen Land Unterernährung aus. In München, Stuttgart und im Ruhrgebiet erhielten Menschen, selbst Handarbeiter in der Schwerindustrie, nur einen Bruchteil des täglichen Mindestkalorienbedarfs. Erschwert wurde die Lage noch durch den Flüchtlingsstrom aus dem Osten, der die Bevölkerung in Westdeutschland stark anwachsen ließ. In den Jahren 1945 und 1946 nahm die Zahl der Menschen in den westlichen Besatzungszonen um 12 Prozent zu. Selbst wenn Deutschland keine vernichtende Niederlage erlitten hätte, wäre es schwer gefallen, diese Menschen unterzubringen. Da jedoch rund 40 Prozent des früheren Wohnraums wegen Kriegsschäden unbrauchbar waren, war es unmöglich, auch nur der einheimischen Bevölkerung Unterkünfte zu vermitteln.[1]

Die Niederlage veranlasste die Deutschen auch, gründlich darüber nachzudenken, welche Richtung ihr Land in Zukunft einschlagen sollte. Trauer um die Toten und die Zerstörung, die ihre Regierung verursacht hatte, spielte dabei nur eine untergeordnete Rolle. Viele Menschen, die an der Gestaltung Deutschlands nach dem Krieg maßgeblich mitwirkten, hatten mit der Regierung des Dritten Reiches nichts zu tun gehabt und fühlten sich folglich nicht unmittelbar verantwortlich für die Kriegsverbrechen und die Verbrechen gegen die Menschlichkeit des Regimes. Sie wollten jedoch verhindern, dass eine solche Katastrophe sich jemals wiederholte. Deshalb gingen sie unverzüglich daran, Deutschlands Zukunft zu planen und zu organisieren – und das im Wettstreit mit den Alliierten und ihren ideologischen Gegnern. Einer dieser Menschen war Ludwig Erhard.

Die Stimmung in Deutschland unmittelbar nach der Niederlage war ausgesprochen ungünstig für Erhards marktwirtschaftliche Anschauungen. In Deutschland gab es eine lange Tradition antikapitalistischer Ressentiments, die von der verbreiteten Auffassung, die Ära des Kapitalismus sei mit der Weltwirtschaftskrise zu Ende gegangen, noch verstärkt wurde. Viele Deutsche, wenn nicht die Mehrzahl, glaubten, die Großindustrie habe aktiv mit den Nazis kollaboriert. Einige Linke hielten die Nazis gar für Marionetten der Großindustrie. Folglich sprachen sich marxistische und christliche Denker gleichermaßen für eine Abkehr vom freien Markt und Individualismus hin zu Planwirtschaft und Kollektivismus aus.[2] Die Ansichten Eugen Kogons veranschaulichen gut die Haltung, die in den Jahren nach Kriegsende vorherrschte. Der linke, christlich-soziale Journalist Kogon, ein Überlebender des Konzentrationslagers Buchenwald, meinte, eine neue Phase der Geschichte breche an. Für Kogon war das Zeitalter des Individualismus vorüber und der Kapitalismus im Aussterben begriffen. Er zweifelte, dass es den Amerikanern gelingen würde, den Kapitalismus zu retten, und ging davon aus, dass eine sozialistische Herrschaftsform entstehen würde.[3] Für Gemäßigte wie Kogon, ebenso wie für Exponenten des freien Marktes auf der Rechten, wäre es politischer Selbstmord gewesen, wenn sie etwas anderes als eine »soziale« Agenda propagiert hätten. Das vage definierte Wort »sozial« war buchstäblich in aller Munde.[4] Lediglich kollektivistische Lösungen, die den Einzelnen vor dem Wettbewerb schützten, hatten Aussicht auf breite Unterstützung. In vieler Hinsicht kam dies einer Rückkehr der Deutschen zu einer traditionellen Form der Gemeinwirtschaft gleich. Deutschland blickte auf eine lange Geschichte staatlicher Kontrolle oder Lenkung der Wirtschaft im Interesse des Gemeinwohles zurück. Auch wenn das Privateigentum geschützt war, durften die Besitzer nicht einfach damit machen, was sie wollten. Der Staat sorgte dafür, dass sie ihren Besitz auf eine Weise nutzten, die gemeinhin als sozial verantwortlich angesehen wurde. Darüber hinaus beteiligte sich der Staat an der Planung der gesamten Wirtschaft und betrieb selbst Unternehmen, um sicherzustellen, dass soziale Bedürfnisse befriedigt wurden.[5] Diese Haltung stand in einem krassen Gegensatz zu der Anschauung, die in angelsächsischen Ländern vorherrschte, in denen es keine Tradition des staatlichen Paternalismus gab. »Kaum etwas war unter angelsächsischen Geschäftsleuten so verbreitet wie die instinktive Ablehnung staatlicher Eingriffe.«[6] Preisabsprachen und die Aufteilung der Märkte durch private Unternehmen wurden in Deutschland vom Staat sanktioniert und waren tatsächlich seit Jahrhunderten durch ihn koordiniert worden. Deutsche Unternehmenschefs erwarteten, vom Staat gelenkt und geschützt zu werden.

Somit regte sich sowohl wegen der tief verwurzelten Tradition als auch wegen des Ausmaßes der erlittenen Katastrophe sehr starker Widerstand gegen die Gedanken, die Erhard und andere wie Röpke und Eucken propagierten. Im Gegensatz dazu war der noch kaum präzisierte Sozialismus im Nachkriegsdeutschland sehr populär. Staatliche Planung und die »Sozialisierung« der Großindustrie hatten viele Anhänger.[7] Quer durch das politische Spektrum ertönte der Ruf nach einer kollektivistischen Lösung. Die

Sozialdemokraten forderten Planung und staatliche Kontrolle großer Unternehmen. Die neuen christlichen Parteien, die Christlich-Demokratische Union (CDU) und die Christlich-Soziale Union (CSU) in Bayern, setzten sich zum Ziel, den Kapitalismus in die Schranken zu weisen. Selbst die Partei, die der Wirtschaft am engsten verbunden war, die Freien Demokraten (FDP), schwankte beim Thema freie Marktwirtschaft.[8]

Wie zu erwarten, hatte die SPD die weitreichendsten Pläne für die Kollektivierung der Wirtschaft. Die Sozialdemokraten wollten ein planwirtschaftliches System in jeder Verfassung verankern, die für das neue Deutschland geschrieben werden sollte. Sie strebten einen vollständigen Bruch mit der Vergangenheit an, nicht zuletzt ein Ende der kapitalistischen Dominanz in der Wirtschaft. Sie wollten eine starke, politische und wirtschaftlich erfolgreiche Demokratie. Die Regierung sollte Pläne für jede Wirtschaftstätigkeit verfassen und über demokratische Prozesse legitimieren lassen. Dieser Vorstoß fand sich in den Verfassungen der neu gebildeten Länderregierungen wieder, die 1946 und 1947 geschrieben wurden. Die SPD kontrollierte diese Regierungen und entwarf die Verfassungen. Sie enthielten allesamt Bestimmungen zu einer staatlichen Planung der Wirtschaft.[9] Kurt Schumacher, der heldenhafte Führer der SPD, der in den NS-Konzentrationslagern Furchtbares durchgemacht hatte, war überzeugt, Deutschland würde in eine neue Phase seiner Geschichte eintreten.

Schumacher war im Oktober 1914 an der Ostfront in der Nähe von Lodz schwer verwundet worden, hatte seinen rechten Arm verloren und danach heftige Schmerzen ertragen müssen. Er war kurz nach der Entlassung aus dem Krankenhaus in die SPD eingetreten und hatte auf eine Revolution hingearbeitet. Ganz anders als Erhard war Schumacher ein galliger Mensch, den seine kurze Kriegserfahrung zusätzlich verbittert hatte. Er war Kompromissen grundsätzlich abgeneigt und versuchte, seine Widersacher zu überfahren, statt sie zu überzeugen. Im Jahr 1945 war er der Ansicht, das Land stehe unmittelbar vor einer gesellschaftlichen Revolution, die das kapitalistische System abschaffen und einen sozialistischen Staat errichten würde. Damit dies gelang, musste die SPD, nach Schumachers Überzeugung, die Alliierten und die deutschen Kapitalisten und Bankiers besiegen, die bestimmt versuchen würden, die alte Ordnung zu bewahren. Schumacher glaubte an den Klassenkampf, lehnte jedoch den Stalinismus ab. Sein Ziel war es, die Menschen von der Unterdrückung durch die Großindustrie zu befreien und ein demokratisches und sozialistisches Gemeinwesen zu schaffen. Er plädierte für die Verstaatlichung der Schlüsselindustrien und eine Planwirtschaft.[10] Viktor Agartz, ein anderer bekannter Führer der SPD, prägte ebenfalls das Wirtschaftsprogramm der Partei. Agartz wurde von den Briten zum Leiter des Zentralamtes für Wirtschaft in ihrer Besatzungszone ernannt, das seinen Sitz in Minden hatte. Er hoffte, eine zentrale Verwaltung zu schaffen, die die wirtschaftliche Zukunft des Landes planen sollte. Genau wie Schumacher sprach sich auch Agartz für die umfassende Verstaatlichung von Industriezweigen aus.[11]

Erstaunlicherweise, und aus Erhards Sicht bedenklicherweise, befürwortete auch der Hauptgegner der SPD – die CDU und CSU – in den Jahren unmittelbar nach dem Krieg die Verstaatlichung der Wirtschaft. Der Antikapitalismus war vorherrschend in den christlichen Parteien und bei ihren Anhängern. Das hatte mehrere Gründe: die Schärfe der Kritik seitens der Linken, die Notwendigkeit, mit der Linken um die Unterstützung der Wähler zu konkurrieren, und die aufrichtige Überzeugung, dass der Kapitalismus aus moralischer Sicht nicht akzeptabel sei. Folglich hatte sich eine christlich-sozialistische Bewegung entwickelt, die die Unionsparteien stark prägte. Eine christlich-sozialistische Strömung fand die Unterstützung einer breiten Palette politisch engagierter Christen, nicht nur der Aktivisten in der Union. Die christlichen Sozialisten dachten, der Zusammenbruch Deutschlands habe das Ende einer historischen Ära markiert. Sie setzten ihre Hoffnungen auf einen Neuanfang. Jakob Kaiser, ein Führer der CDU in Berlin und der wohl einflussreichste Gegenspieler Erhards, wollte der herkömmlichen, bürgerlichen Gesellschaft das Grab schaufeln. Er glaubte, die kapitalistische Ära werde von einer Phase der Arbeiterdominanz abgelöst, die eine völlig neuartige gesellschaftliche und wirtschaftliche Ordnung schaffen werde. Kaiser glaubte fatalistisch daran, dass die neue Ordnung sozialistisch sein werde. Er und seine Anhänger lehnten jedoch die Vorstellungen eines Klassenkampfes und eines gewaltsamen Sturzes der bestehenden Ordnung ab. Sie strebten eine harmonische, klassenlose Gesellschaft an, in der die Individuen frei und natürliche Ressourcen und Schlüsselindustrien verstaatlicht waren.[12]

Die christlich-sozialistische Agenda war längst nicht so klar umrissen wie das marxistische Programm der SPD. Folglich kam es unter Politikern der Union zu heftigen Debatten über das neue Parteiprogramm. Im Oktober 1945 sprach sich Johannes Albers aus dem Gewerkschaftsflügel der CDU für eine »weitgehende Sozialisierung« der Industrie aus.[13] Auf einer Versammlung in Bad Godesberg im Dezember 1945 verabschiedeten die Christdemokraten eine Resolution, in der es hieß, dass »die Zeiten des wirtschaftlichen Liberalismus … für immer vorüber seien« und dass die Union einen »Sozialismus aus christlicher Verantwortung vertrete«.[14] Der christliche Sozialismus war gleichfalls Teil der Suche nach einem »dritten Weg«, an der auch die SPD sich beteiligte. In dem Kontext der Niederlage und der Besatzung bedeutete dies einen Mittelweg zwischen Stalinismus und Laissez-faire-Kapitalismus. Für Schumacher und für viele christliche Sozialisten bedeutete dies außerdem den Versuch, Deutschland eine Brückenfunktion zwischen Ost und West, sowie zwischen Rechts und Links zukommen zu lassen und damit die Unabhängigkeit Deutschlands und seine einzigartige politische Kultur zu bewahren.[15] Aus demselben Grund lehnte die CDU sowohl den »Wirtschaftsliberalismus« und die »egotistische, kapitalistische Profitwirtschaft« wie auch die »Kollektivwirtschaft« bei ihrer Versammlung in Bad Godesberg ab. Sie forderte, einen »mittleren

Weg zwischen doktrinärem Liberalismus und doktrinärem Sozialismus zu gehen«.[16] Somit entwickelte sich der christliche Sozialismus zwar zu einem Programm, das sich von dem Sozialismus der SPD deutlich abhob, war aber immer noch unvereinbar mit der ganz anderen Vision eines »dritten Weges«, für die Erhard sich einsetzte. In den Jahren 1946 und 1947, als die künftige Gestalt der deutschen Wirtschaft noch völlig unklar war, wollten die christlichen Sozialisten die Wirtschaft auf einer »christlichen« Grundlage reformieren, während sie zugleich den Stalinismus ablehnten. Es ging ihnen weniger um die Umgestaltung der Institutionen als um die Veränderung der Haltungen. Sie waren mittlerweile bereit, die Erhaltung des Privateigentums zu tolerieren, sofern dessen Verwendung massiv von der Regierung beeinflusst wurde. Sie setzten sich für eine Beteiligung der Arbeitnehmer an der Geschäftsführung und an den Selbstverwaltungsgremien der Wirtschaft ein wie die Handelskammern und Industrieverbände. Sie träumten von einer kooperativen Wirtschaft, die das Gemeinwohl förderte. Individualismus betrachteten sie als antisozial und als schädlich für christliche Wertvorstellungen. In einer Mischung aus katholischer Soziallehre und gewerkschaftlichem Antikapitalismus griffen die christlichen Sozialisten den Kern der wettbewerbsorientierten, freien Marktwirtschaft an, die Erhard befürwortete. Sie fürchteten, der Individualismus, den Erhard für unerlässlich hielt, sei als höchstes gesellschaftliches Gut inakzeptabel, weil er die kirchliche Autorität und die soziale Harmonie gefährde.[17]

Diese Denkrichtung gipfelte im Ahlener Programm, das die CDU der britischen Besatzungszone im Februar 1947 verabschiedete. Das Programm hatte Konrad Adenauer, der Führer der CDU in der britischen Zone, geschrieben. Adenauer war kein christlicher Sozialist. Er übernahm jedoch zeitweise christlich-sozialistische Anschauungen, um die Partei für die bevorstehende Wahl im größten Bundesland der Region, in Nordrhein-Westfalen, zu einigen. Er war überzeugt, dass das Programm – und die dahinter stehende Haltung – im Laufe der Zeit verändert werden konnte. Das Ahlener Programm enthielt eine scharfe Verurteilung des Kapitalismus: »Das kapitalistische Wirtschaftssystem ist den staatlichen und sozialen Lebensinteressen des deutschen Volkes nicht gerecht geworden.«[18] Es forderte die »Vergesellschaftung« der Schwerindustrie, eine staatliche Planung der Wirtschaft und ein Mitbestimmungsrecht für Arbeiter. Im Grunde brachte das Programm den christlichen Wunsch zum Ausdruck, zu einer vorkapitalistischen Wirtschaftsform zurückzukehren, in der die Menschen als Angehörige eines sozialen Standes repräsentiert wurden und von einer wohlwollenden Regierung, die nach christlichen Grundsätzen handelte, Fürsorge und Schutz erhielten.[19]

Man könnte nun vorschnell folgern, dass die westlichen Besatzungsmächte für die Umwandlung Deutschlands in einen kapitalistischen Staat nach angelsächsischem Vorbild plädiert hätten. Das wäre jedoch ein Fehler. Die Alliierten waren sich untereinander nicht einig, wie sie mit dem eroberten Deutschland umgehen sollten. Ihre damaligen Regierungen verfolgten in den eigenen Ländern sehr unterschiedliche politische Linien. Und diese Unterschiede spiegelten sich auch in der Besatzungspolitik wider.

Die Sowjets trachteten danach, möglichst große Reparationsleistungen aus ihrer Besatzungszone im Osten herauszuholen, um den Wiederaufbau ihres eigenen, vom Krieg verwüsteten Landes zu beschleunigen. Damit fingen sie an, sobald sie Ostdeutschland besetzt hatten, und sie waren nicht gewillt, sich von den westlichen Alliierten daran hindern zu lassen. Sie begannen auch unverzüglich, die Industrie zu verstaatlichen und das Land neu zu verteilen, und schafften damit de facto Privatbesitz und Wettbewerb ab. Für die Sowjets stellte sich nur die Frage, ob und in welchem Ausmaß es ihnen gelingen würde, Reparationsleistungen aus den westlichen Besatzungszonen zu erhalten. Aus diesen Gründen war die Entscheidung über die künftige Wirtschaftsordnung eigentlich nur im Westen offen. Hier verfolgten die Briten und die Amerikaner deutlich unterschiedliche Ansätze.

Zudem gab es noch Meinungsverschiedenheiten innerhalb der Militärverwaltungen, insbesondere auf amerikanischer Seite. Unmittelbar nach dem Krieg musste die von Winston Churchill geführte britische Einheitsregierung abtreten, weil die Konservativen die Parlamentswahl verloren hatten. Die Labour Party bildete das neue Kabinett unter Clement Attlee. Weil Labour im eigenen Land einen Sozialstaat aufbaute und Schlüsselindustrien verstaatlichte, verfolgten die Behörden in der britischen Besatzungszone eine ähnliche Politik. Wenn in Deutschland ein marktwirtschaftlicher Kapitalismus eingeführt werden sollte, so mussten das folglich die Amerikaner tun. Doch es war nicht klar, ob sie das tun würden.

Die amerikanische Besatzungspolitik wurde in einem Memorandum festgelegt, das die Vereinten Stabschefs im April 1945 gebilligt und an General Eisenhower geschickt hatten. Das oberste wirtschaftliche Ziel, das die Stabschefs formulierten, war es, Deutschland daran zu hindern, einen weiteren Krieg zu beginnen. Die US-Militärverwaltung wollte deshalb die deutsche Wirtschaft dezentralisieren, Rüstungsbetriebe demontieren und die Führungsebene der Wirtschaft entnazifizieren. Der Lebensstandard des deutschen Volkes durfte nicht höher liegen als der seiner Nachbarn. Die Besatzungsregierung sollte dafür Sorge tragen, Hungersnöte und die Ausbreitung von Seuchen zu verhindern, damit keine sozialen Unruhen ausbrachen. Für den Wiederaufbau der deutschen Wirtschaft waren jedoch keine Maßnahmen vorgesehen. Die Deutschen würden sich selbst helfen müssen. Die Amerikaner beteiligten sich an der Wiederherstellung der Infrastruktur wie Schienennetz und Telefon- und Telegrafensystem, weil sie für die Besatzung unerlässlich war. Ferner wollten sie die deutschen Industrieverbände und Kartelle auflösen und die Deutschen aus internationalen Kartellen verbannen. Der Besitz der deutschen Industrie sollte gestreut werden. Das System der Rationierung sowie die Lohn- und Preiskontrollen, die die Nazis dem Land aufgezwungen hatten, sollten fortgesetzt und von

Deutschen unter amerikanischer Aufsicht verwaltet werden.[20] Diese Politik wurde im Wesentlichen von den inoffiziellen Abkommen bestätigt, auf die sich die Alliierten bei der Konferenz von Potsdam im Juli und August 1945 einigten. Die Alliierten vereinbarten, Deutschland als wirtschaftliche Einheit zu behandeln und Reparationen abzuziehen. Sie konnten sich jedoch nicht darauf einigen, wie diese Angelegenheiten genau zu regeln waren.[21] Als Folge ging jede alliierte Besatzungsmacht auf ihre Weise die wirtschaftlichen Probleme in der jeweiligen Besatzungszone an.

Als sich abzeichnete, dass die Deutschen außerstande waren, sich selbst zu ernähren und aus eigener Kraft die Produktion wieder aufzubauen, begannen die Alliierten zu improvisieren. Sie übernahmen selbst die Verantwortung für die Leitung des nationalsozialistischen Systems der Wirtschaftskontrollen, als die Deutschen sich dessen als unfähig erwiesen. Binnen kurzem blühte der Schwarzmarkt und umfasste etwa die Hälfte der Wirtschaftstätigkeit im Land. Gleichzeitig setzten die Alliierten die Demontage von Industriebetrieben fort, zum einen wegen der Reparationen, zum anderen um das deutsche Kriegspotenzial auszuschalten. Die Trennung des Landes in vier Besatzungszonen störte die geografische Aufteilung der Arbeit, die die deutsche Wirtschaft im vergangenen Jahrhundert geprägt hatte. Der industrialisierte Westen, insbesondere die britische Zone, war auf Lebensmittellieferungen aus östlichen Landesteilen angewiesen, die entweder von den Sowjets besetzt oder an Polen abgetreten worden waren. Die amerikanische Zone im Süden produzierte zwar einen Überschuss an Lebensmitteln, konnte jedoch nicht die ausgefallenen Lieferungen aus dem Osten kompensieren. Außerdem konnte sie nicht genügend Fertigwaren produzieren, um den eigenen Bedarf zu decken. Vor 1933 war Deutschland ein wichtiges Exportland von Fertigwaren gewesen. Wegen der Schwäche der einheimischen Wirtschaft und der Beschränkungen für den internationalen Handel durch die Alliierten konnten die Deutschen ihre Exporte nicht wieder aufnehmen und auch keine Rohstoffe oder Lebensmittel importieren. Die Briten versuchten, die Wirtschaft in ihrer Zone zu sozialisieren, und beschlagnahmten im August 1946 die Industrie im Ruhrgebiet und reorganisierten sie. Die Amerikaner versuchten ebenfalls, die Wirtschaft in ihrer Zone zu kontrollieren. Im Laufe des Jahres 1946 erkannten sie jedoch immer klarer, dass die in der Direktive JCS 1067 dargelegte Politik nicht funktionierte. Folglich ging der Befehlshaber der amerikanischen Besatzungszone, General Lucius D. Clay, ein Anhänger der freien Marktwirtschaft, dazu über, die deutsche Wirtschaft unter dem Vorwand wiederzubeleben, dass Hungersnöte und Seuchen verhindert werden müssten, was ja laut Direktive ausdrücklich erlaubt war.[22]

Ende 1946 war somit die Situation in den westlichen Besatzungszonen noch völlig ungeklärt. Die Briten hatten versucht, die Kollektivierung von Industriezweigen in ihrer Zone durchzusetzen, und damit die Produktion unterbrochen und das Leben der Menschen gefährdet, die dort lebten. Die Amerikaner hatten erkannt, dass eine Strafpolitik zum Scheitern verurteilt war. In der alliierten Verwaltung, unter den neuen deutschen politischen Institutionen und insbesondere in der Bevölkerung setzte sich die Erkenntnis durch, dass staatliche Wirtschaftskontrollen nicht funktionierten. Dieser Stimmungsumschwung, so unvollständig er auch war, bot Erhard eine günstige Gelegenheit, und er packte sie beim Schopfe.

Viele Historiker haben den Mythos propagiert, Erhard habe sich selbst nicht verkaufen können. Sie behaupteten, er sei der glückliche Nutznießer von Kräften gewesen, die ihm zur Seite gesprungen wären und ihn an eine prominente Stellung im politischen Leben katapultiert hätten.[23] In Wirklichkeit lässt sich Erhards kometenhafter Aufstieg an die Macht und zu einer prominenten Persönlichkeit viel prosaischer erklären. Gewappnet mit dem Wissen, das er aus eigener Erfahrung gewonnen hatte, mit einem Programm und Ehrgeiz, tat er alles, um sich in den Vordergrund zu drängen. Die Tatsache, dass auch eine gehörige Portion Glück im Spiel war und dass andere ihn dabei unterstützten, ändert an dieser Erkenntnis nichts. Auch andere prominente Politiker profitierten von diesen Kräften. Erhard sah eine Gelegenheit und tat alles in seinen Kräften Stehende, um sie zu nutzen.

Am 18. April 1945 hielt Erhard sich in Fürth-Dambach auf, als Einheiten der 3. US-Armee die Stadt besetzten. Er wohnte bei Freunden, nachdem sein eigenes Haus bei alliierten Bombenangriffen zerstört worden war. Gleich am nächsten Tag wurde Erhard persönlich bei den amerikanischen Militärbehörden vorstellig und bot seine Dienste an.[24] Die Amerikaner erteilten Erhard den Auftrag, die industrielle Aktivität in Fürth wiederaufzubauen und das Landeswirtschaftsamt neu zu organisieren.[25] Er stürzte sich eifrig auf diese Aufgaben. Bereits Ende Mai hatte er ein Memorandum für die US-Behörden geschrieben, in dem er die seiner Ansicht nach notwendigen Maßnahmen empfahl, um die deutsche Wirtschaft insgesamt wieder in Gang zu setzen. Er stellte die These auf, dass eine Währungsreform unabdingbar sei, aber erst durchgeführt werden könne, wenn die Produktion wieder aufgenommen, das Transportwesen funktionsfähig und die wirtschaftliche Einheit Deutschlands wiederhergestellt sei. Solange diese Punkte nicht umgesetzt seien, sei es besser, wenn der Staat die Wirtschaft beaufsichtige, um der Bevölkerung Leid zu ersparen. Letzten Endes müsse, so Erhard, eine Marktwirtschaft eingeführt werden, um dem Land wieder zu Wohlstand zu verhelfen.[26] Kurz nachdem Erhard seinen Plan vorgelegt hatte, wurde er zum »wirtschaftlichen Berater bei der Militärregierung für Mittel- und Oberfranken« ernannt, für die Region, der seine Heimatstadt Fürth und ein großer Teil Nordbayerns angehörte.[27] Erhards Arbeitsstil hatte sich seit seinen Tagen am Vershofen-Institut nicht geändert. Er konzentrierte sich, wie auch später auf verantwortungsvolleren Posten, auf das »große Bild« und überließ anderen die administrative Kleinarbeit. Roland Risse, ein Freund von ihm und späterer Untergebener im Bundeswirtschaftsministerium, besuchte Erhard im Sommer 1945 in Fürth und hat eine sehr anschauliche Schilderung von Erhards Arbeitsweise hinterlassen. Risse schaute in Erhards Dienststelle vorbei und bemerkte auf den ersten Blick, dass Erhard sie auf völlig unorthodoxe Weise leitete. In Risses Anwesenheit wurde Erhard in das Büro eines amerikanischen Offiziers in Nürnberg gerufen, der für die Wirtschaft in der Region zuständig war. Nach seiner Rückkehr berichtete Erhard, was vorgefallen war. Der Offizier hatte ihn gefragt, was mit den Fabriken in der Region geschehen solle, und wollte damit andeuten, dass sie nach und nach wieder an die Arbeit gehen sollten. Erhard entgegnete ganz sachlich, dass er ihnen bereits die Erlaubnis erteilt habe, die Produktion wieder aufzunehmen.[28] Trotz der totalen Niederlage Deutschlands hatte Erhard absolut keine Angst vor den Amerikanern und obendrein eine klare Vorstellung von dem, was zu tun war. Und er scheute sich nicht, auf eigene Verantwortung zu handeln.

Die Amerikaner waren mit Erhards Leistung zufrieden und beschlossen, als es an der Zeit war, eine bayerische Regierung zu bilden, ihn in das Kabinett aufzunehmen. Mitte September 1945 befragten die Amerikaner Erhard kurzfristig, nur um sicherzugehen, dass er die richtigen Ansichten hatte, und ernannten ihn zum Wirtschaftsminister in dem neuen Kabinett, das der Sozialdemokrat Wilhelm Hoegner gebildet hatte. Offenkundig betrachtete die US-Militärregierung Erhard wegen seiner marktwirtschaftlichen Linie als Gegengewicht zu Hoegner. Erhard trat am 22. Oktober 1945 sein Amt an.[29] Ein weiterer Einblick in Erhards Stil ist unmittelbar nach Amtsantritt von einem guten Freund überliefert. Theodor Eschenburg, der 1944 Erhards Denkschrift in Berlin gelesen hatte, besuchte ihn im Dezember in seinem neuen Amt in München. Er hatte Erhard seit Januar nicht mehr gesehen und war nicht auf dem Laufenden, was aus ihm geworden war. In Erhards Büro in der Prinzregentenstraße, mitten im Zentrum Münchens, fiel Eschenburg sofort auf, dass Erhard, anders als in Berlin, jetzt sehr gesprächig war. Er fragte Erhard, ob ihm wegen seiner subversiven Denkschrift ein Leid widerfahren sei. Erhard antwortete trocken: »Gar nichts passiert! Sie sehen ja, ich sitze hier.«[30]

Da in Bayern wegen der vom Krieg verursachten Zerstörung ein Chaos herrschte, Lebensmittel und andere Waren rationiert waren und Deutschland in Besatzungszonen aufgeteilt war, die nicht miteinander Handel treiben durften, konnte Erhard wenig tun, um die wirtschaftliche Aktivität anzuregen. Er war jedoch entschlossen, nicht nur den Mangel zu verwalten. Er tat, was er konnte, und warb für seine Ideen. Im September 1946 nahm er an einem Treffen von Repräsentanten der britischen und amerikanischen Besatzungszonen teil, auf dem der Leiter des Verwaltungsamts für Wirtschaft gewählt werden sollte. Das war ein erster Schritt der Alliierten in Richtung einer Vereinigung der britischen und amerikanischen Zonen. Von den Briten wurde Viktor Agartz für diesen wichtigen Posten vorgeschlagen. Erhard erhob vehement Einspruch gegen ihn, weil er ein Sozialdemokrat, Planwirtschafter und Zentralisierer war. Nachdem Erhard und andere erfolgreich die Ernennung Agartz' verhindert hatten, setzten sie Rudolf Müller auf diesen Posten. Im Januar 1947 wurde Müller jedoch abgesetzt, weil die SPD sämtliche Landesregierungen in der neu gebildeten Bizone übernahm, und Agartz wurde an seiner Stelle ernannt.[31]

In seiner Funktion als bayerischer Wirtschaftsminister wurde Erhard Mitglied des Verwaltungsrats für Wirtschaft in der US-Zone, der im September 1946 von Clay gebildet wurde.[32] Er nutzte dieses Forum und forderte größere deutsche Verantwortung bei der Lenkung der Wirtschaft. Er widersetzte sich amerikanischen Bemühungen, Industriebetriebe in der US-Zone, insbesondere in Bayern, zu demontieren. Am 30. September 1946 schrieb Erhard einen Bericht für die Besatzungsregierung, in dem er von einer Demontage der BMW-Werke abriet. Er hob hervor, dass BMW ein Unternehmen in privatem Besitz sei, das nicht vom Reich kontrolliert worden war. Da die Motorenwerke für die Friedenswirtschaft der Region als Arbeitgeber und als Quelle von

Der bayerische Ministerpräsident Wilhelm Hoegner mit seinem Kabinett, 1945. Rechts hinter Hoegner Wirtschaftsminister Erhard

Exporteinnahmen unverzichtbar seien, sollten zumindest einige Maschinen in den Fabriken gelassen werden.[33] In der Folge bekam BMW von der US-Army Aufträge und erholte sich bald.

Erhard geriet zudem über die Auflösung der deutschen Industriekartelle mit den Alliierten in Streit. Freilich war Erhard ein vehementer Gegner von Kartellen und Monopolen, doch er wollte, dass die Deutschen das Problem selbst lösten. Im Dezember 1946 legten die Amerikaner dem Länderrat den Entwurf eines Kartellgesetzes vor, das sie im Oktober 1945 verfasst hatten.[34] Erhard protestierte in einem Brief gegen dieses Gesetz, den er am 4. Dezember an den Länderrat schickte. Er legte dort gleich zu Beginn den Standpunkt dar, an dem er sich später während der gesamten Debatte um das Kartellrecht orientierte. Er bezweifelte, dass große Unternehmen an sich schon ein Problem wären. Ferner verwarf er das Argument, die deutsche Großindustrie sei die Ursache für die deutsche Aggression im 20. Jahrhundert gewesen.

Er machte deutlich, dass eine Auflösung von Firmen allein wegen ihrer Größe den Anreiz für Innovation und für die Anhäufung von Kapital schwächen würde, und zwar zum Schaden der gesamten Gesellschaft. Seiner Ansicht nach hätte die willkürliche Definition marktbeherrschender Firmen auf der Grundlage des Marktanteils, der Verkaufszahlen oder der Zahl der Beschäftigten denselben kontraproduktiven Effekt. Erhard kritisierte zwar den groben amerikanischen Ansatz, stellte jedoch unmissverständlich klar, dass er selbst ein Gegner jeglicher Kartellbildung war.[35] Als Folge dieses Briefes wurde Erhard von dem Länderrat in einen Ausschuss berufen, der sich mit den folgenden US-Vorschlägen zur Dekartellisierung befassen sollte.[36] Das war der Beginn von Erhards intensiver Beschäftigung mit der Kartellfrage, die bis 1957 anhalten sollte.

Während seiner Amtszeit als bayerischer Wirtschaftsminister schrieb Erhard Beiträge, in denen er um Unterstützung für seine Politik warb. Im Januar 1947 veröffentlichte er einen Aufsatz, in dem er sich für zeitlich begrenzte Wirtschaftskontrollen aussprach, bis die Wirtschaft sich so weit erholt hatte, dass der Einführung einer freien Marktwirtschaft nichts mehr im Wege stand.[37] Gleichzeitig lobte er die Verschmelzung der britischen und amerikanischen Zone zu dem Vereinigten Wirtschaftsgebiet, das allgemein als Bizone bekannt ist, ein Schritt, den er seit April 1946 befürwortet hatte. Er widersetzte sich Schumachers Bemühungen, der Bizone eine starke, zentrale Verwaltung zu geben, und plädierte stattdessen für die Übertragung der Macht auf die Länder. Außerdem setzte er sich vehement dafür ein, das Hauptquartier der Bizone in die amerikanische Besatzungszone zu verlegen, um den Zentralisierungs- und Planungstendenzen des britischen Verwaltungsapparats für die Wirtschaft in Minden entgegenzuwirken.[38]

Als bayerischer Wirtschaftsminister bemühte sich Erhard auch um die Stärkung der Wirtschaft in seinem Land. Er verhinderte, dass die Bezirks- und Stadtverwaltungen und die Bürgermeister ihre jeweiligen Örtlichkeiten wie autonome Kleinstaaten behan-

Erhard mit Vertretern der Alliierten, 1946

delten und Ressourcen zu Lasten anderer für sich horteten. Wiederholt forderte er die Alliierten auf, die Wirtschaftskontrollen zu lockern, damit die Selbstheilungskräfte des Marktes zum Tragen kommen konnten. Sein Ministerium überwachte das Rationierungssystem in Bayern und übernahm die Wirtschaftsplanung. Doch Erhard betrachtete dies als notwendige Übel, die zeitlich befristet waren. Im Mai 1946 veranstaltete er in München eine Messe bayerischer Produkte, die sich für den Export eigneten. Im August organisierte er eine noch größere Handelsmesse, auf der eine breite Warenpalette aus der bayerischen Volkswirtschaft zu sehen war.[39]

Erhard kam seinen öffentlichen Pflichten nach und engagierte sich zugleich tatkräftig in der Politik. Bereits im Dezember 1945 fühlte Dr. Everhard Bungartz von der FDP bei Erhard wegen eines möglichen Eintritts in die Partei vor. Bungartz hatte Erhard während seiner Zeit am Vershofen-Institut in Nürnberg kennen gelernt.[40] Erhard lehnte es, hier ebenso wie später, ab, einer politischen Partei beizutreten. Er trat jedoch in weniger bindende

Organisationen ein, zum einen um Kontakte zur Politik zu pflegen, zum anderen um über wirtschaftliche Themen zu diskutieren. 1946 gehörte er einer Arbeitsgruppe an, die über wirtschaftliche Ideen debattierte. Zu ihren Mitgliedern zählten Professor Fritz Terhalle, der bayerische Finanzminister, Erwin Heschler, ein Mitglied des Münchner Stadtrates, Max Schönwand, ein renommierter Wirtschaftsprüfer, und Professor Adolf Weber von der Universität München.[41]

Diese Kontakte halfen ihm sehr, als das Kabinett Hoegner nach einer Wahlniederlage vom 21. Dezember 1946 abgesetzt wurde.[42] Erhard führte die Amtsgeschäfte stellvertretend weiter, bis die neue Regierung Mitte Januar 1947 antrat. Auf politischer Ebene war er damit arbeitslos. Er hatte als Wirtschaftsminister eine ganz ordentliche Figur gemacht. Seine erste Erfahrung in der Politik erhielt jedoch durch die anschließende Untersuchung gegen ihn einen bitteren Nachgeschmack. Erhard hatte wegen des Mangels an qualifizierten Kräften Schwierigkeiten gehabt, Mitarbeiter für sein Ministerium zu finden, die nicht mit den Nazis kooperiert hatten. Darüber hinaus hatte er Überlegungen der extrem separatistischen bayerischen Politszene stets ignoriert. Generell interessierte sich Erhard stärker für die große politische Linie, statt für Fragen der Verwaltung und Leitung.[43]

Der Staatssekretär Georg Fischer in Erhards Ministerium, ein ernannter Staatsdiener, der nach Erhard an zweiter Stelle stand, war Kommunist und arbeitete gegen Erhard. Heimlich sammelte er Informationen, die ein schlechtes Licht auf Erhards Personalpolitik warfen. Anfang Juni 1946 wurde Fischer von den Amerikanern entlassen und nahm die belastenden Informationen mit. Unmittelbar nach Antritt der neuen Regierung in München forderte die SPD auf der Grundlage von Fischers Dokumenten und anderen Informationen eine Untersuchung von Erhards Amtsführung. Der bayerische Landtag setzte einen Untersuchungsausschuss ein, der die angeblichen Missbräuche in Erhards Ministerium und in den kommunalen und regionalen Wirtschaftsämtern prüfen sollte. Die Untersuchung zog sich bis in den Herbst hin. Als der Ausschuss seine Tätigkeit beendete, bescheinigte er Erhard ein moralisch absolut korrektes Verhalten, kritisierte ihn allerdings dafür, dass er seine Behörde schlecht geleitet hatte.[44]

Erhard hatte zwar kein Amt mehr inne, doch er legte keineswegs die Hände in den Schoß. Er pflegte seine Kontakte zur Politik und beteiligte sich an der Diskussion um Wirtschaftsfragen. Vor seiner Amtszeit als Minister hatte er an der Universität München Volkswirtschaftslehre unterrichtet, und er kehrte jetzt an die Hochschule zurück. Er war Mitglied der »Volkswirtschaftlichen Arbeitsgemeinschaft für Bayern«, der Politiker, Geschäftsleute und Akademiker angehörten, die die wirtschaftliche Entwicklung ihres Landes fördern wollten. Außerdem saß er im »Ausschuss für Wirtschafts- und Finanzpolitik der Münchener Gewerkschaften«. Wegen seiner Kontakte zur Industrie wurde er im Oktober 1947 zum Vorsitzenden der Wirtschaftspolitischen Gesellschaft ernannt, der ersten Industrievereinigung, die ganz Westdeutschland umfasste. Im November wurde er Honorarprofessor für Volkswirtschaftslehre an der Universität München.[45] Inzwischen hatte Erhard jedoch wieder das politische Parkett betreten, wo höhere Aufgaben auf ihn warteten.

Während Erhard seine Kontakte pflegte, war die Diskussion um die Neugestaltung Nachkriegsdeutschlands weitergegangen. Die Beziehungen zwischen den westlichen Alliierten und den Sowjets hatten sich verschlechtert, was die Amerikaner und Briten dazu veranlasste, weitere Schritte zu einer Konsolidierung ihrer Besatzungszonen zu unternehmen und auf eine Währungsreform hinzuarbeiten. Ende Juni 1947 beschloss der von den Alliierten als eine Art Parlament für die Bizone gegründete Wirtschaftsrat, einen Sachverständigenrat zu schaffen, der das Gremium zur bevorstehenden Währungsreform beraten und nach Möglichkeit die Alliierten dazu bewegen sollte, die Reform auf eine für die Deutschen akzeptable Weise durchzuführen. Diese Sonderstelle Geld und Kredit wurde im Sommer mit Genehmigung der Besatzungsbehörden gebildet und traf sich am 10. Oktober zum ersten Mal. Ihre Mitglieder wurden vom Wirtschaftsrat berufen und vom »Bipartite Board« der Besatzungsregierung bestätigt. In Haushaltsfragen war sie dem Direktor der Verwaltung für Finanzen der deutschen Bizone unterstellt und traf sich in Bad Homburg in der Nähe von Frankfurt am Main, wo die Verwaltung der Bizone ihren Sitz hatte. In wirtschaftspolitischen Fragen war die Sonderstelle unabhängig.[46]

Die Amerikaner wollten in den Sachverständigenrat Menschen aufnehmen, die der freien Marktwirtschaft positiv gegenüberstanden. Folglich brachten sie den Namen Erhard als potenziellen Kandidaten ins Spiel. Erhard, Weber und Terhalle aus der Gruppe an der Universität München hatten ihnen Ende Juli 1947 eine Abhandlung über eine Währungsreform überreicht. Außerdem wollten Erhards Freunde in der Industrie sowie Bungartz von der FDP ihn in der neuen Sonderstelle sehen. Bungartz schlug Erhard förmlich dem Wirtschaftsrat vor, der ihn dann in die Sonderstelle berief. In der ersten Sitzung wurde Erhard zum Vorsitzenden ernannt, womöglich weil er der Einzige war, der Zeit hatte, die Aufgabe zu übernehmen.[47] Der Posten war wie geschaffen für Erhard. Er brachte so gut wie keine administrative Arbeit mit sich, bot ihm jedoch ein Forum für weitreichende Diskussionen zu politischen und wirtschaftlichen Themen. Darüber hinaus verfügte er mit dieser Stellung über eine Basis, von der aus er versuchen konnte, die alliierte und deutsche Wirtschaftspolitik zu beeinflussen. Nicht zuletzt konnte er seine Kontakte zu den aufkeimenden politischen Parteien des Landes pflegen.

Die Diskussionen in der Sonderstelle Geld und Kredit geben Einblick in Erhards Ansichten und zeigen deutlich, wie isoliert er war. Sie belegen darüber hinaus, dass Erhard zwar unzählige Alternativen prüfte, aber immer genau wusste, was er wollte, und daraus auch kein Hehl machte. Im Grunde stellte Erhard klar, dass er den Schwerpunkt in der deutschen Wirtschaft auf die Konsumgüterindustrie verlagern wollte, die die Erholung anführen sollte.

Er wollte die Wirtschaft so schnell wie möglich deregulieren und liberalisieren, am liebsten in Verbindung mit der Währungsreform. Walter Eucken riet den Mitgliedern der Sonderstelle am 7. November 1947 genau das Gleiche.[48]

Wie später als Minister im Bundeskabinett, gab Erhard sich keine Mühe, an sämtlichen Sitzungen der Sonderstelle teilzunehmen. Wenn er erschien, wurde die Diskussion jedes Mal besonders interessant, weil viele Mitglieder, z. B. Günther Keiser, sich gegen seine marktwirtschaftliche Orientierung wehrten. Am 12. November gingen die Wogen hoch. Einige Mitglieder regten an, die Rationierung in modifizierter Form auch nach der Währungsreform beizubehalten. Erhard war entschieden dagegen. Er sagte, der Markt eigne sich besser, sämtliche aufkommenden Verbraucherbedürfnisse zu befriedigen.[49] Als Reaktion auf Keisers Vorschlag, zu einer umfassenden Planung der Wirtschaft zurückzukehren, insbesondere jedem Einzelnen ein Minimum an Konsumgütern zuzuweisen, entgegnete Erhard, die Rationierung müsse ganz abgeschafft werden.[50] Die Diskussion wandte sich daraufhin den Bedenken der Sozialdemokraten wegen der ungleichen Einkommensverteilung zu, die nach der Währungsreform entstehen konnte. Einige Mitglieder schlugen sogar vor, Luxusgüter zu besteuern. Erhard hoffte zwar ebenfalls, dass keine allzu großen Ungleichheiten entstehen würden, doch er wollte lieber den Reichen Anreize bieten, ihr Geld in die Industrie zu investieren und damit die Erholung zu unterstützen, als ihren Wohlstand zu besteuern und das Geld bürokratischen Apparaten auszuhändigen, die nichts damit anzufangen wussten.[51] Keiser konterte mit der Forderung, die Bezugsscheine beizubehalten und die Kontrollen fortzusetzen, um Investitionen zu fördern. Erhard lehnte das ab und erklärte, am Investitionsgütermarkt sei überhaupt keine Aufsicht nötig. Eine umsichtige Finanz- und Kreditpolitik werde den Investitionsbedarf des Landes viel besser decken als staatliche Zuwendungen. Überdies hätten momentan die Bedürfnisse der Verbraucher Vorrang.[52] Allgemein wollte Erhard für den

Einzelnen so viel wirtschaftliche Freiheiten wie möglich. Das werde auch eine gerechte und angemessene Verteilung der knappen Ressourcen des Landes bewirken.[53]

Während Erhard sich an den Diskussionen der Sonderstelle beteiligte, machte er sich die Autorität seiner Position zunutze und versuchte, die öffentliche Meinung über Reden und Veröffentlichungen zu beeinflussen. Am 15. November griff er die Demontagepolitik der Alliierten in einem Artikel scharf an, der in der Zeitschrift *Der Wirtschaftsspiegel* abgedruckt wurde. Er erkannte die moralische Verpflichtung Deutschlands, Reparationen zu zahlen, durchaus an. Er lehnte jedoch die Demontage von Industriebetrieben ab, weil dadurch Kapital zerstört werde, das für die wirtschaftliche Erholung dringend gebraucht werde, und weil auf diese Weise staatliche Planung anstelle des freien, organischen Wachstums einer verbraucherorientierten Wirtschaft gefördert werde.[54] Ironischerweise lehnte Erhard Reparationen in Form von Sachleistungen ab und zog Geldzahlungen vor. Die Alliierten hatten sich für den entgegengesetzten Kurs entschieden. Indem sie, wie sie meinten, ihre Lektion aus den Reparationszahlungen nach dem Ersten Weltkrieg gelernt hatten, setzten sie in erster Linie auf Reparationen in Form von Sachleistungen, zum einen durch die Demontage von Fabriken, zum anderen durch Entnahmen aus der laufenden Produktion. Wie Erhard erkannte, wäre es in der völlig anderen Situation nach 1945 für die Alliierten viel günstiger, wenn sie die deutschen Fabriken an Ort und Stelle ließen, damit sie die einheimische Erholung vorantreiben und Exporteinnahmen verdienen konnten, mit denen Lebensmittel- und andere Importe finanziert werden konnten. Letzteres würde wiederum die Belastung der amerikanischen und britischen Steuerzahler mindern, die vor allem 1946 und 1947 deutsche Lebensmittelimporte subventionieren mussten.

In einem am 1. Dezember 1947 in der *Neuen Zeitung* veröffentlichten Artikel, wie der *Wirtschaftsspiegel* eine von den amerikanischen Besatzern gesponserte Zeitung, forderte Erhard die

Alliierten auf, die Währungsreform so schnell wie möglich durchzuführen. Mit der wertlosen Reichsmark gebe es kaum Anreize für die Deutschen, in legalen Jobs zu arbeiten. Hingegen sei die Versuchung groß, sich auf dem Schwarzmarkt zu betätigen. Er betonte außerdem, dass eine erhöhte Produktion, insbesondere von Konsumgütern, unerlässlich sei. Diese höhere Produktion würde ihrerseits wiederum die Dringlichkeit staatlicher Eingriffe verringern.[55] Im Wesentlichen plädierte Erhard für eine Wachstumspolitik, um der Wirtschaft Westdeutschlands aus der Krise zu helfen.

Auf der Sitzung der Sonderstelle vom 14. Januar 1948 wurde die Frage, wie die Regierungspolitik am besten das Wachstum fördern könne, sehr kontrovers diskutiert. Erhard bat die Mitglieder der Gruppe, einen simplen Vergleich anzustellen. Sie sollten versuchen, sich den Schaden vorzustellen, den ein unmittelbarer Übergang zur freien Marktwirtschaft mit sich bringen würde, und sich dann fragen, ob dieser Schaden größer wäre als eine Fortsetzung der Rationierung und der Überwachung. Im Lichte dieses Vergleiches, behauptete er, müsse man zu dem Schluss gelangen, dass eine Marktwirtschaft mit freien Preisen zum gleichen Zeitpunkt wie eine Währungsreform eingeführt werden müsse. Im Sachverständigenrat stimmte ihm niemand zu.[56] Vielmehr war die große Mehrheit der Ansicht, dass die Bewirtschaftung selbst nach der Währungsreform beibehalten werden müsse. Erhard erwiderte, dass keine weiteren Bezugsscheine nötig seien, sobald die Währung umgestellt sei. Man könne direkt das Experiment wagen, den freien Markt einzuführen. Einmal mehr stieß sein Vorschlag auf Skepsis bei den anderen Mitgliedern des Gremiums.[57]

Einen Monat danach lud die Sonderstelle Repräsentanten der Gewerkschaften ein, weil sie ihnen ihre Ansichten darlegen wollte, wie die Währungsreform durchgeführt werden müsse. Erhard bemühte sich, die Delegierten zu beruhigen, indem er Sympathie für ihre Ängste bekundete. Doch er versuchte auch, sie zu überzeugen, dass Freiheit weit stärker ihren Interessen entsprechen würde als Kontrollen und Planung. Die Gewerkschaftsvertreter äußerten den Wunsch, dass die erste Ausgabe der neuen Währung ausreichen sollte, die Arbeiter und ihre Familien zu ernähren. Erhard erklärte, dass die erste Zahlung lediglich dazu reichen würde, den Menschen das Nötigste zu sichern und die Wirtschaft wieder in Gang zu bringen. Damit gaben sich die Gewerkschaftsvertreter nicht zufrieden. Sie waren vor allem daran interessiert, Arbeitsplätze zu erhalten – dies war traditionell die deutsche Gewerkschaftslinie – statt ihren Lebensstandard als Verbraucher zu erhöhen. Deshalb befürworteten sie ein Zwangssparen, um die Kapitalvermögen zu vergrößern – das heißt, mehr Fabriken und Werkzeugmaschinen zu bauen. Erhard lehnte ihren Vorschlag ab. Vielmehr sei es besser, Gelder aus dem Marshallplan und andere Auslandshilfe für den Wiederaufbau der Industrie zu nutzen, nicht für die Expansion, ein Vorgang, der fünf bis zehn Jahre dauern werde, wie er weitsichtig voraussagte. Den Arbeitern sei besser gedient, wenn der Schwerpunkt in der deutschen Wirtschaft auf die Konsumgüterindustrie verlagert werde. Das lasse sich am besten durch die Liberalisierung der Wirtschaft erreichen. Man müsse es nur dem Markt überlassen, Ressourcen zu verteilen. Mit Erhards Worten: »Aber wir müssen die Währungsreform so machen, dass, wenn die Dinge so glatt gehen, man tendenziell und grundsätzlich zur freien Marktwirtschaft übergehen könnte.«[58] Erhard wies darauf hin, dass die Bedürfnisse der Verbraucher so dringend seien und die Marktwirtschaft mit ihren Möglichkeiten, Waren und Prozesse auszutauschen, so flexibel, dass sie weit effektiver arbeiten werde als eine Planwirtschaft. Ein Gewerkschaftsvertreter äußerte die Befürchtung, dass die Marktwirtschaft Ungleichheiten verursachen würde, die einigen Arbeitern schaden würden. Erhard belehrte ihn, er habe freilich erkannt, dass der freie Markt auch einige Nachteile mit sich bringe, doch er ermahnte den Gewerkschafter, dass eine Planwirtschaft das größere Übel sei. Er bot an, Programme zur Unterstützung der Arbeiter einzuführen, etwa um zu gewährleisten, dass sie ein Minimum an Lebensmitteln und Bekleidung erhielten. Er war zu

Zugeständnissen bereit, durchaus nicht dogmatisch, wie er sagte: »Man gibt das Prinzip der freien Preisbildung noch nicht auf, wenn man in gewissen Sektoren die Bewirtschaftung noch aufrechterhält.«[59] Die Gewerkschafter äußerten daraufhin ihre Bedenken zu einem freien Preissystem, weil sie fürchteten, dass Inflation und die Profitgier skrupelloser Kapitalisten ihnen schaden würden. Erhard ermahnte sie erneut, dass das System staatlich festgelegter Preise, das sie gegenwärtig hätten, im Verein mit überhöhten Schwarzmarktpreisen noch schlimmer sei. »Ich behaupte, es gibt in Deutschland im Augenblick nicht einen richtigen Preis. Sie sind alle falsch. Jeder Preis ist falsch, und jede Preisrelation ist falsch.«[60] Erhard versicherte den Gewerkschaftern, dass Preise auf dem freien Markt sich irgendwann stabilisieren und den Wert der Waren und ihrer Arbeit widerspiegeln würden. Danach zeichnete er ein, wie sich herausstellte, sehr zutreffendes Bild von dem, was sich nach der Währungsreform ereignen würde. Erhard sagte voraus, dass die Arbeitslosigkeit steigen würde, sobald die wahren Kosten der Arbeit deutlich würden, doch diese Arbeitslosigkeit sei nur von kurzer Dauer. Er ziehe staatliche Arbeitsprogramme in Betracht, um den Übergang zu lindern. Sobald die Preise sich stabilisiert hätten, erwartete er jedoch einen Anstieg der Produktion und Rückgang der Arbeitslosigkeit.[61]

Die Sonderstelle traf sich auch mit Vertretern der alliierten Besatzungsregierungen, die für die Währungsreform zuständig waren. Am 20. November 1947 kam Edward A. Tenenbaum nach Bad Homburg, um sich über die deutschen Vorstellungen zu informieren.[62] Sie waren sich weitgehend darüber einig, was zu tun sei. Die Sonderstelle, auch Erhard, schlug jedoch vor, mit Blick auf die Verluste vieler Individuen als Folge des Krieges den Lastenausgleich stärker zu berücksichtigen. Sie sprachen sich auch für einen leicht abweichenden Umstellungskurs aus als die Amerikaner. Im Januar 1948 legte Erhard den Alliierten einen Vorschlag zur Währungsreform vor, den »Homburger Plan«. Darin wird eine Verringerung der in der deutschen Wirtschaft kursierenden Kaufkraft im Verhältnis von zwanzig zu eins gefordert.[63] Dieser Plan wurde bei einem Treffen deutscher Währungsexperten mit den Alliierten in Rothwesten im April 1948 zugrunde gelegt, an dem Erhard nicht teilnahm. Er enthielt Bestimmungen zur Verringerung der Kaufkraft und zu einem sehr großzügigen Lastenausgleich. Nach diesem Plan sollten 80 Prozent der flüssigen Vermögenswerte in Liquidationsanteile (eigens eingeführte, unverzinsliche Wertpapiere, die unverkäuflich waren) umgewandelt werden, 15 Prozent in eingefrorene Bankkonten und 5 Prozent in neue Währung. Jeder Deutsche sollte am Tag der Umstellung 50 neue Mark erhalten. Vermögensbesitzer würden auf bis zu 80 Prozent ihrer Kapitaleinkünfte, die sie seit dem 1. Januar 1940 eingenommen hatten, und die Hälfte ihrer anderen Vermögenswerte zugunsten eines Ausgleichskontos verzichten, mit dessen Hilfe die Lasten in Westdeutschland gleichmäßig verteilt werden sollten. Die Alliierten lehnten diesen Plan ab, insbesondere die Ausgleichsbestimmungen, wofür Erhard sie später scharf kritisierte.[64]

Eine der letzten Aktivitäten Erhards als Leiter der Sonderstelle war ein Treffen am 31. März 1948 mit General Clay und General Sir Brian Robertson, dem Chef der britischen Besatzungsregierung. Er machte auf sie großen Eindruck mit seiner Auffassung, dass die Marshallplan-Hilfe mit der Währungsreform verknüpft und die Reform so schnell wie möglich durchgeführt werden solle. Er fürchtete darüber hinaus, dass die Bemühungen der Alliierten, die Kooperation der Sowjets zu erlangen, die Angelegenheit verzögern könnte. Die alliierten Befehlshaber versicherten ihm, dass sie sich von den Sowjets nicht aufhalten lassen würden. Die Währungsreform werde bald umgesetzt werden, was immer die Sowjets täten.[65] Gerade in dieser Phase war Erhard überzeugt, dass sein Plan besser war als der Colm-Doge-Goldsmith-Plan, den die Alliierten übernommen hatten. Besonders stark war ihm daran gelegen, dass gehortete Waren ohne Zwang auf dem Markt angeboten würden. Mit anderen Worten, er wollte, dass der freie Markt einen guten Start hatte, damit Hersteller und Bauern sahen, dass es sich lohnte, für den Markt zu produzieren.[66]

Ereignisse, auf die Erhard nicht einwirken konnte, die er aber aufmerksam verfolgte, verschafften ihm die Gelegenheit, größeren Einfluss auf die wirtschaftliche Zukunft Westdeutschlands zu nehmen. Johannes Semler von der bayerischen CSU war am 24. Juli 1947 zum ersten Direktor der Verwaltung für Wirtschaft, kurz VfW, der Bizone gewählt worden. Semler befürwortete Privateigentum und Marktwirtschaft, war allerdings kein so glühender Verfechter eines freien Preismechanismus und Wettbewerbs wie Erhard. Seiner Ansicht nach war eine lange Phase staatlicher Kontrolle nötig, bevor eine freie Marktwirtschaft möglich wäre. Er kritisierte die Anarchie des Wirtschaftsprozesses unter dem Liberalismus und zog ein Programm der sozialen Ausgewogenheit vor, das über staatliche Lenkung der Wirtschaft erreicht werden sollte. Er wehrte sich zwar gegen direkte staatliche Kontrollen von Unternehmen und plädierte stattdessen für eine gezielte Kreditpolitik, um Investitionen in Kanäle zu lenken, welche die sozialen und politischen Ziele der Regierung in die Realität umsetzten.[67] Semler war ein Patriot mit einem bayerischen Einschlag. Er kritisierte die amerikanischen Lebensmittellieferungen für Deutschland und die alliierten Bemühungen, die deutsche Wirtschaft umzugestalten. In einer Sitzung des CSU-Landesausschusses im Januar 1948 in München machte er seinem Ärger Luft. Semler fühlte sich in dieser Umgebung sicher und nahm kein Blatt vor den Mund. Er bezeichnete die amerikanischen Lebensmittellieferungen verächtlich als »Hühnerfutter«. Die beleidigende Äußerung kam wenig später General Clay zu Ohren. Nachdem er sich versichert hatte, dass Semler tatsächlich dieses Wort gebraucht hatte, und nach Rücksprache mit seinem britischen Kollegen Robertson entließ Clay am 24. Januar Semler.[68] Die Absetzung Semlers fiel zeitlich mit einer Reform der Zweizonen-Verwaltung durch die Alliierten zusammen. Der Wirtschaftsrat wurde auf die doppelte Größe aufgestockt, und ein Länderrat wurde hinzugefügt. An die Stelle des Exekutivrats trat ein Verwaltungsrat. Zur gleichen Zeit, als ein Nachfolger für Semler gesucht wurde, sollte auch ein Oberdirektor des Verwaltungsrats ausgewählt werden. Damit wurde eine Phase intensiver politischer Aktivitäten eröffnet, bei der Erhard eine wichtige Rolle spielte.

Erhard bewarb sich tatkräftig um den Posten des Direktors der Verwaltung für Wirtschaft. Seit Herbst 1947 hatte er mit der FDP geliebäugelt und in einem Gespräch mit Thomas Dehler, dem bayerischen Parteivorsitzenden, durchblicken lassen, dass er, wenn die Partei ihn für den Posten nominiere, eintreten werde. Im Winter 1948 bahnte er eine Beziehung zu Franz Blücher an, dem Vorsitzenden des Ausschusses für Steuer- und Finanzwesen im Wirtschaftsrat und Anführer der FDP-Delegation in dem Gremium. Erhard steigerte mit Hilfe seiner Stellung als Chef der Sonderstelle Geld und Kredit das eigene Ansehen, zugleich diente sie ihm als Plattform, um Kontakt zu den Freidemokraten zu knüpfen. Als der Zeitpunkt für die Nominierung eines neuen Direktors der Verwaltung für Wirtschaft kurz nach dem 20. Februar 1948 näher rückte, reiste Erhard nach Frankfurt, weil er am Ort des Geschehens sein wollte. Er traf sich mit Blücher und einem zweiten FDP-Mann, Viktor Emanuel Preusker, im Hotel Metropol und einigte sich – in einem einzigen intensiven Gespräch – mit den beiden über seine Kandidatur. Es ist nicht bekannt, ob und wenn ja welche Zugeständnisse Erhard machte, doch seine wirtschaftlichen Anschauungen leuchteten den beiden FDP-Männern ein. Preusker setzte sich danach mit Franz Böhm von der CDU in Verbindung, der Erhards Ansichten teilte, und mit Theodor Blank, einem Führer des CDU-Arbeiterflügels. Beide erklärten sich bereit, Erhards Kandidatur innerhalb ihrer eigenen Partei zu unterstützen. Der FDP-Funktionär führte auch ein schwieriges Gespräch mit Erich Köhler, dem Vorsitzenden des Wirtschaftsrats, in dessen Verlauf Köhler widerwillig seine Vorbehalte gegen Erhard beiseite schob und sich bereit erklärte, seine Nominierung zu unterstützen.

Bei Treffen am 1. und 2. März bemühte sich die CDU-Delegation im Wirtschaftsrat, sich auf Kandidaten für die Posten des Direktors der Verwaltung für Wirtschaft und des Oberdirektors des Verwaltungsrats zu einigen. Für den ersten Posten kamen insgesamt acht Männer in Betracht, auch Erhard. Aussichtsreichster Kandidat war Hans-Christoph Seebohm von der Deutschen Partei (DP), der Privateigentum befürwortete, freien Wettbewerb aber ablehnte. Offenbar unterstützte auch Konrad Adenauer, der einflussreiche Chef der CDU in der britischen Zone, Seebohm. Doch Adenauer war bei seiner todkranken Frau in Bonn und konnte deshalb nicht in diese richtungweisende Entscheidung eingreifen. Da die CDU-Delegation sich nicht auf einen Kandidaten einigen konnte, schlug der Kölner Bankier Robert Pferdmenges, ein enger Freund Adenauers, vor, eine Kommission aus Vertretern der FDP und CDU zu bilden, die einen Kompromiss zustande bringen sollte. Die Delegation stimmte zu, und Pferdmenges übernahm selbst den Vorsitz der Kommission. In hitzigen Diskussionen, die bis in die frühen Morgenstunden des 2. März andauerten, stimmte die CDU am Ende zu, Erhard für den Posten des Direktors der Verwaltung für Wirtschaft und Hermann Pünder, ein CDU-Mitglied und Oberbürgermeister von Köln, für den Posten des Oberdirektors zu nominieren. Das war aber keineswegs ein abgemachter Kuhhandel, denn die FDP nominierte später ihren eigenen Kandidaten Hermann Dietrich für den Posten des Oberdirektors des Verwaltungsrates. Am 2. März stimmte die gesamte CDU-Delegation im Wirtschaftsrat dann Erhards Nominierung zu. Er sprach danach zu ihnen und fand zumindest eine gewisse Sympathie für seine wirtschaftlichen Pläne. Als im Wirtschaftsrat später am selben Tag abgestimmt wurde, kam es einmal mehr zu einer hitzigen Debatte, wobei insbesondere die SPD Erhard heftig angriff. Erhard wurde mit allen 40 Stimmen der CDU- und mit allen 8 Stimmen der FDP-Delegation gewählt. Die SPD gab 49 leere Stimmzettel ab, die sie als Nein-Stimmen gewertet wissen wollte. CDU und FDP einigten sich jedoch darauf, dass sie als Enthaltungen gezählt wurden, womit Erhard gewählt war. Dann wurde Pünder von der CDU mit 40 Stimmen zum Oberdirektor gewählt. Der Länderrat bestätigte als Nächstes die Wahl Erhards und Pünders mit 14 zu 2 Stimmen, wobei die CDU fünf Stimmen abgab, die FDP zwei und sieben von abtrünnigen Delegierten der SPD kamen.[69]

Erhard beendete seine Arbeit in der Sonderstelle Geld und Kredit und verlagerte seinen Tätigkeitsbereich von Bad Homburg nach Frankfurt am Main. Offiziell übernahm er am 2. April 1948 seine Pflichten als Direktor der Verwaltung für Wirtschaft. Edmund Kaufmann wurde zu seinem Assistenten ernannt. Wie auch später bei anderen Stellvertretern entwickelte sich eine enge Freundschaft zwischen den beiden Männern. Erhard hatte ein Talent, sich die Loyalität seiner engsten Mitarbeiter zu erwerben. Dem Stab der VfW gehörte auch ein Mitglied der Sozialdemokratischen Partei an: Leonhard Miksch, der viele Ansichten Erhards teilte.[70] Die Verwaltung hatte ferner einen Beirat, der im Januar 1948 eigens für sie geschaffen worden war. Ihm gehörten Neoliberale wie Franz Böhm an, der Erhard zur Wahl auf seinen neuen Posten verholfen hatte, Walter Eucken, Miksch und Alfred Müller-Armack. Zu seinen Mitgliedern zählten ferner die Sozialdemokraten Gerhard Weisser, Hans Peters und Karl Schiller. Otto Heinrich von der Gablentz und Oswald von Nell-Breuning waren christliche Sozialisten, Walter Hallstein und Ludwig Raiser hingegen waren Gemäßigte, die sich mit Erhards Standpunkt anfreunden konnten.[71] Entscheidend war, dass Erhard auf diesem wichtigen Posten nicht allein stand. Er genoss sowohl die moralische Unterstützung wie auch den fachmännischen Rat der Menschen, die seinen grundlegenden Ansatz befürworteten.

Einmal mehr machte Erhard kein Hehl aus seinen Plänen. In einem Gespräch mit den Wirtschaftsministern der Länder am 19. April in Königstein stellte er klar, dass er das Bewirtschaftungssystem lockern werde. Er beabsichtigte, lediglich die Richtlinien festzulegen, und wollte die Regulation der Prozesse dem

Erhard als Direktor der Verwaltung für Wirtschaft, 1948. Vorne links Hermann Pünder, Oberdirektor des Verwaltungsrats

Markt überlassen. Er wollte Industrieverbände nicht fördern und betrachtete sie ganz richtig als Feinde des freien Marktes. Stattdessen sollten staatliche Verwaltungen und freie, unabhängige Unternehmen sich an die Spitze der Wiederbelebung der westdeutschen Wirtschaft stellen. Langfristig strebte er eine freie Marktwirtschaft an. Diese Aufforderung, sich auf den Weg der Freiheit und des Wohlstands zu begeben, wurde von seinen Zuhörern mit Skepsis aufgenommen. Sie waren immer noch Gefangene der deutschen Tradition eines staatlichen Paternalismus.[72] Erhard konnte von ihnen wenig Unterstützung erwarten.

Danach umriss Erhard seine Politik am 21. April 1948 vor einer Vollversammlung des Wirtschaftsrats. In dieser wichtigen Rede zeichnete Erhard ein klares Bild seiner wirtschaftspolitischen Prioritäten und seiner Pläne für die Zukunft. Die Reaktion auf seine Äußerung lässt darauf schließen, dass die Fronten bezüglich der künftigen Wirtschaftsordnung Westdeutschlands bereits gezogen waren. Erhard kam sofort zur Sache und betonte, er wolle der Konsumgüterindustrie die führende Rolle bei der Wiederbelebung der Industrie zuweisen und damit die traditionelle Förderung der Schwerindustrie aufgeben. Er hoffte, die Arbeitsproduktivität durch verbesserte Anreize und eine bessere Lebensmittelversorgung zu steigern. Er hob hervor, dass »der Zweck allen Wirtschaftens nur der Verbrauch sein kann«.[73] Das war ein eindeutiger Bruch mit fertigungs- und beschäftigungsorientierten Prioritäten der Vergangenheit. Erhard stellte eindeutig fest, dass es nicht seine Aufgabe sei, die Kontrollen zu verbessern, sondern sie abzubauen und irgendwann ganz abzuschaffen. Die Währungsreform werde dazu Gelegenheit bieten. Sie müsse auf eine sozial verantwortungsvolle Weise durchgeführt werden, das hieß, dass der Staat Maßnahmen zum Schutz der Schwachen ergreifen musste und dass die Lasten so gleichmäßig wie möglich verteilt werden mussten. Außerdem meinte er damit, dass sich der freie Markt selbst bereits als eine sozial wünschenswerte Maßnahme erweisen werde. Erhard wies darauf hin, dass nur Wachstum des Wohlstands, nicht dessen Umverteilung zu mehr sozialer Gerechtigkeit führen werde. Er deutete an, dass er die wirtschaftliche Verwaltung verkleinern und die Regierung dadurch Geld sparen werde. Erneut unterstrich er seine Absicht, nicht zu den »liberalistischen Wirtschaftsformen historischer Prägung« zurückzukehren. Und er richtete einen Appell an seine Widersacher in der SPD und im Arbeiterflügel der CDU: »Wenn auch nicht im Ziele völlig einig, so ist doch die Richtung klar, die wir einzuschlagen haben – die Befreiung von der staatlichen Befehlswirtschaft.«[74] Mehr Freiheit für den Verbraucher und für den Produzenten werde zu einem höheren Lebensstandard für alle führen. Die Regulierungen, die er einführen wolle, würden Missbrauch verhindern, sie würden jedoch nicht so weit gehen, private Initiative zu ersticken. Staatliche Lenkung der Wirtschaft sei, so betonte er, »einer der weltgeschichtlich tragischen Irrtümer«.[75] Sie könnten ganz einfach nicht weiter in diese Richtung gehen. Stattdessen müssten sie seine Politik einer allmählichen Rückkehr zum freien

Markt und Wettbewerb einschlagen. Er lehnte jeden Egalitarismus ab und warf damit der SPD den Fehdehandschuh hin. Unterschiedliche Leistungen, so erklärte er kühn, sollten sich auch in unterschiedlich hohen Einkommen niederschlagen. Und damit dies eintrete, müsse lediglich das Preissystem funktionieren, auch das Preissystem für Arbeit. Für Erhard und das deutsche Volk bedeutete die Rückkehr zum Preissystem auch die Rückkehr zu Anstand. Er beabsichtigte ferner, möglichst viele Subventionen für die Industrie abzuschaffen.[76] Die Reaktion auf Erhards Rede fiel alles andere als enthusiastisch aus.[77] Sein Plädoyer für Freiheit und Wohlstand wurde von vielen nicht verstanden und von anderen gefürchtet, die nur die bequemen Beschränkungen staatlicher Kontrollen kannten. In der folgenden Debatte versuchte der Arbeiterflügel der CDU, sein Bekenntnis zur freien Marktwirtschaft abzuschwächen und Unterstützung für die Mitsprache der Gewerkschaften im Management zu bekommen.[78] Zu Erhards Zielen und zur wirtschaftlichen Freiheit in Deutschland führte ein steiniger Weg.

Erhard ließ sich weder von der mangelnden Unterstützung noch von der Kritik einschüchtern. In der festen Überzeugung, dass seine Politik richtig war, machte er weiter und begann mit den Vorbereitungen für die Währungsreform, die, wie er wusste, näher rückte. Die Alliierten planten nicht nur die Einführung einer neuen Währung, sie befürworteten auch eine Reduzierung der Wirtschaftskontrollen und der Rationierung. Das Bipartite Control Office (BICO) der alliierten Zweizonen-Verwaltung hatte bereits am 3. Oktober 1947 Anweisungen erteilt, dass Wirtschaftskontrollen auf ein Minimum zu reduzieren seien, und dem Exekutivrat, dem damals höchsten Verwaltungsorgan des Wirtschaftsrats, einen entsprechenden Brief geschickt.[79] Auch wenn Erhard bei seinen Landsleuten auf wenig Unterstützung gestoßen war, so hatte er doch das Wohlwollen der Alliierten, die immer noch die letzten Entscheidungen trafen. Gleichzeitig schwächte sich die christlich-sozialistische Strömung innerhalb der CDU, ungeachtet ihres Widerstands gegen seine Rede vor dem Wirtschaftsrat, deutlich ab. Das Ahlener Programm waren tote Buchstaben, und die Anhänger der freien Marktwirtschaft gewannen in den inneren Parteiausschüssen Einfluss.[80]

In dem Wissen, dass der entscheidende Moment, die Währungsreform, näher rückte, setzte Erhards Behörde ihre Vollmacht bewusst dazu ein, das Horten von Waren zu gestatten, die dann zum Verkauf stehen sollten, wenn die neue Währung eingeführt wurde und, wie von Erhard geplant, die Beschränkungen aufgehoben wurden. Auf diese Weise stiegen die Aussichten auf einen Erfolg der Reform. Erhard missachtete ab sofort auch geltende Bewirtschaftungsvorschriften, weil sie ohnehin wirkungslos waren.[81] Im Mai 1948 ging Erhard daran, ein Gesetz auszuarbeiten, das es ihm erlauben würde, die Preise freizugeben. Leonhard Miksch leistete ihm dabei die größten Dienste und drückte dem endgültigen Gesetzestext seinen Stempel auf. Müller-Armack und Kaufmann kommentierten den Entwurf ebenfalls. Ansonsten wurde er nicht durch die üblichen Hierarchien weitergeleitet, eindeutig ein Versuch Erhards, die ideologische Reinheit des Textes zu bewahren und die Umsetzung zu beschleunigen.[82]

Leonhard Miksch war in den dreißiger Jahren von den Ideen der Neoliberalen beeinflusst worden und hatte seinerseits zu der Entwicklung ihrer Gedanken beigetragen. Er war ein Mitglied des Stabs der Wirtschaftsverwaltung in der britischen Zone in Minden, wo er wiederholt mit Agartz in Konflikt geraten war. Als diese Behörde die Grundlage für die neue Verwaltung für Wirtschaft bildete, zog Miksch gemeinsam mit ihr nach Frankfurt um. Im Januar 1948 schrieb er einen Artikel für den *Wirtschaftsspiegel,* in dem er die These aufstellte, dass der freie Markt besser Ressourcen zuweise als staatliche Planer. Er ging noch weiter und erklärte, Planwirtschaft sei eine Gefahr für die Demokratie, welche die Alliierten und die deutschen Reformer in Deutschland aufbauen wollten. Die Vorstellung einer spontanen Ordnung lehnte er jedoch ab. Der freie Markt komme nicht von sich aus und funktioniere nicht von allein. Eine staatliche Aufsicht sei notwendig. Wie Eucken plädierte er ebenfalls für die Abschaffung von Monopolen oder ihre Überwachung in Sektoren, in denen sie unvermeidlich waren.[83]

Mitte Februar 1948 verfasste Miksch eine Denkschrift für die VfW, in der er die Grundsätze für die Wirtschaftspolitik in der Phase nach der Währungsreform darlegte. Miksch begann mit der Voraussetzung für Wohlstand: »Die Marktpreisbildung soll grundsätzlich wiederhergestellt werden.«[84] Er befürwortete eine Preisobergrenze, um die Verbraucher vor Wucherern zu schützen, lehnte jedoch Mindestpreise ab, in der Erwartung, dass die Preise in dem Maße sinken würden, wie der Markt die Ressourcen effizienter zuwies als zuvor die Planer. Als Folge würde der Lebensstandard der Verbraucher steigen. Um die Schwachen in der Übergangsphase zu schützen, sollte der Staat die Marktpreise für Grundnahrungsmittel, wichtige Konsumgüter, Textilien für die Herstellung von Bekleidung, für Mieten und Waren beaufsichtigen, die in Märkten ohne Wettbewerb angeboten wurden. Der Staat sollte, gemeinsam mit Industrieverbänden, eingreifen, wenn es aus sozialen Gründen notwendig war, um Missbrauch des Marktes zu verhindern. Die Regierung würde ferner die Löhne so stabil wie möglich halten und gegebenenfalls Maßnahmen treffen.[85] Kurz, Miksch schlug einen sozial verantwortlichen Einstieg in die strengen Gesetze des freien Marktes vor.

Während Erhard und Miksch an dem Gesetzestext für die Liberalisierung arbeiteten, drängte Erhard die Alliierten weiterhin, die Wirtschaft zu befreien und die Währungsreform voranzutreiben. Bei einem Treffen mit den Militärgouverneuren am 15. März äußerte Erhard erneut seine Befürchtung, dass die Bemühungen der Alliierten, eine kooperative Beziehung zu den Sowjets aufrechtzuerhalten, die lebenswichtige Reform der Wirtschaft in der Bizone verzögern werde. Er deutete an, dass eine Währungsreform tatsächlich in allen vier Zonen durchgeführt werden könne. Doch eine Reform der Wirtschaftsordnung sei wegen der sowjetischen Ideologie ausgeschlossen. Die Kollektivwirtschaft der östlichen Zone würde die Marktwirtschaft des Westens besiegen, weil sie die Menschen, die ohnehin bereits für die Botschaft empfänglich seien, zu dem Glauben verleiten würde, ihr Heil liege in der passiven Hinnahme eines Plans von oben.[86] Wiederum beruhigten die Alliierten ihn. In einem am selben Tag veröffentlichten Zeitungsartikel argumentierte Erhard einmal mehr, dass eine Währungsreform ohne grundlegende Wende zu einer freien Marktwirtschaft scheitern müsse.[87] Bei einem folgenden Treffen mit den Militärgouverneuren der Bizone sondierte Erhard ein anderes Lieblingsthema von ihm, dass die Deutschen nämlich größeren Einfluss auf die Währungsreform haben sollten. Insbesondere bat er darum, dass es den Deutschen gestattet werde, den Lastenausgleich zu gestalten, der mit der Einführung der neuen Währung einhergehen sollte. Clay teilte ihm daraufhin mit, dass die Alliierten die Währungsreform allein durchführen würden. Die Deutschen würden jedoch selbst das Problem der Entschädigung für Kriegsverluste und für Nachteile regeln, die den Menschen aus der Währungsreform selbst entstünden.[88] Erhard war wegen dieser Neuigkeit sehr erleichtert.

Im Laufe des nächsten Monats mehrten sich die Anzeichen, dass die Währungsreform bevorstand. Erhard informierte die Wirtschaftsminister der Länder über seinen Stab, dass die Rationierung und Kontrollmechanismen aufgehoben würden, sobald die neue Währung eingeführt werde.[89] Zur gleichen Zeit schlossen er und Miksch die Arbeit an dem Gesetz ab, das es ihm gestatten würde, die Preise freizugeben. Dieses »Leitsätzegesetz« war notwendig, weil es Erhard nach der bisherigen Gesetzgebung nicht erlaubt war, die seines Erachtens erforderlichen Maßnahmen durchzuführen. Der Wirtschaftsrat hatte ein Gesetz verabschiedet, das es ihm gestattete, die Rationierung und andere Kontrollmaßnahmen aufzuheben. Auf dieser Grundlage arbeitete Erhards Stab Erlasse aus, die dem schwerfälligen und ineffektiven

Erhard mit Sir Cecil Weir, dem Beauftragten des britischen Militärgouverneurs für Wirtschaftsfragen, bei der Eröffnung der Exportmesse Hannover im Mai 1948

Rationierungssystem ein Ende setzten. Das geltende Preisrecht erlaubte es ihm jedoch nicht, die Preise freizugeben – ein wesentlicher Schritt, wenn der Marktmechanismus tatsächlich greifen sollte. Folglich war das Leitsätzegesetz nötig.[90]

Am 25. Mai 1948 sprach Erhard mit den anderen Direktoren der Zweizonen-Verwaltung in einer regulären Sitzung über den Entwurf für das Leitsätzegesetz. Er stellte klar, dass der Zweck des vorgelegten Gesetzes die Freigabe der Preise sei. Davon ausgenommen sein sollten die Märkte für Lebensmittel, Bekleidung, Mieten und Rohstoffe. Er wollte auch ein Gesetz zur Abschaffung der Kartelle und Monopole vorbereiten und eine Institution gründen, welche die Preise überwachen sollte, die von Oligopolen und von Monopolen erhoben würden, die fortbestehen mussten. Die Löhne sollten stabil gehalten werden, um einer inflationären Lohn-Preis-Spirale vorzubeugen. Mit einer stabilen Währung sollte eine Inflation vermieden werden. Er wollte ferner so viele Subventionen wie möglich abschaffen, weil sie den Wettbewerb verzerrten und Bauern ebenso wie Industrielle korrumpierten. Die Direktoren waren bereit, über Erhards Vorschläge nachzudenken.[91]

Offiziell legte Erhard den Entwurf für das Leitsätzegesetz den Direktoren am 1. Juni 1948 vor. Er schlug auch ein einfacheres Gesetz vor, das seine Befugnis, das Rationierungssystem zu ändern, bestätigen sollte. Die Direktoren verabschiedeten das Gesetz zur Abschaffung der Preiskontrollen (das Leitsätzegesetz), stellten aber das Rationierungsgesetz zurück.[92] Das konnte Erhard jedoch vorerst akzeptieren. Die Hauptsache war, dass das Leitsätzegesetz durchgedrückt wurde. Noch am selben Tag wurde es offiziell dem Wirtschaftsrat vorgelegt. Es forderte die Lockerung der staatlichen Preisaufsicht, allerdings nicht die völlige Abschaffung der Preiskontrollen. Erneut wurden Ausnahmen vorgesehen, um die Schwachen zu schützen, die Vollendung des Wiederaufbauprogramms zu gewährleisten und um den Missbrauch von Engpässen durch Monopolisten zu verhindern. Im Großen und

Ganzen hatte der Entwurf deutliche Ähnlichkeit mit Mikschs Vorschlag im Februar.[93]

Das Leitsätzegesetz wurde am 10. Juni 1948 zum ersten Mal im Wirtschaftsausschuss des Wirtschaftsrats diskutiert. Nachdem Erhard die wichtigsten Bestimmungen des Entwurfs erläutert hatte, griffen die SPD-Vertreter ihn sofort scharf an. Die Sozialdemokraten waren überzeugt, dass eine Freigabe der Preise unter den gegebenen Umständen zu einer Katastrophe führen würde. Sie fürchteten, dass unmittelbar nach der Währungsreform eine massive Deflation eintreten würde, vergleichbar mit der aktuellen Entwicklung in Österreich. Unlogischerweise forderten sie danach Gesetze, die eine Preisobergrenze festlegten. Sie wiesen ferner, recht überzeugend, darauf hin, dass die Löhne, wenn die Preise frei gegeben wurden, gleichzeitig freigegeben werden sollten. Der geplante Spielraum von Lohnerhöhungen um bis zu 15 Prozent sei unzureichend. Die SPD-Vertreter meinten auch, dass der Entwurf in der vorliegenden Form »verfassungswidrig« sei. Dennoch wurde der Entwurf in der ersten Lesung mit sieben gegen vier Stimmen angenommen, wobei die SPD dagegen gestimmt hatte.[94]

Unterdessen hatten die Alliierten beschlossen, die Währungsreform durchzuführen. Erhard und ein paar andere Repräsentanten der deutschen Zweizonen-Verwaltung wurden am Morgen des 15. Juni um 9.30 Uhr in Clays Dienststelle gerufen. Ihr Treffen mit den alliierten Militärgouverneuren wurde wegen Meinungsverschiedenheiten zwischen den Franzosen, Briten und Amerikanern auf 13.45 Uhr verschoben. Endlich tauchten Clay und Robertson auf und teilten Erhard mit, dass die Währungsreform am 18. Juni angekündigt und am 20. Juni durchgeführt werde. Clay fragte die Deutschen, welche Einstiegskriterien ihnen lieber wären. Sie sollten zwischen zwei Optionen wählen: eine sofortige Ausgabe von 60 neuen Deutschen Mark (DM), die sofortige Gutschrift von fünf Prozent der Spareinlagen, weitere fünf Prozent drei Monate später sowie nochmals zehn Prozent, die für einen eventuell späteren Einsatz in Reserve gehalten wurden; oder als Alternative die sofortige Ausgabe von 30 Deutschen Mark, die sofortige Freigabe von acht Prozent der Ersparnisse und zwölf Prozent zu einem späteren Zeitpunkt. Sie hatten acht Minuten, um sich zu entscheiden. Erhard wählte ohne zu zögern die erste Option, weil sie den größten Überschuss an Kaufkraft beseitigte, damit das Preissystem bereinigte und eine günstige Ausgangslage für die Wirtschaftsreformen schuf, die er vorbereitete. Er bewog die anderen Mitglieder der deutschen Delegation, sich seiner Meinung anzuschließen. Clay und Robertson kehrten zurück und hörten sich Erhards Antwort an. Dann verließen sie den Raum, ohne bekannt zu geben, was sie nun konkret tun würden. Am 16. Juni um 9.15 Uhr traf Robertson sich noch einmal mit den Deutschen und teilte ihnen mit, dass die endgültige Entscheidung gefallen sei. Eine modifizierte Form des Plans mit der Ausgabe von 60 Mark werde umgesetzt: Jeder Deutsche sollte sofort 40 Deutsche Mark erhalten und nach zwei Monaten weitere 20 Deutsche Mark. Ferner würden fünf Prozent der Spareinlagen in neue Sparkonten übertragen und den Inhabern sofort zur Verfügung stehen; weitere fünf Prozent würden nach 90 Tagen freigegeben werden. Das übrige Barvermögen der Menschen, die von den Nazis verursachte, überschüssige Kaufkraft, würde vernichtet werden. Erhard war zufrieden, weil 80 Prozent der überschüssigen Kaufkraft, die die Wirtschaft überflutete, sich nun in Nichts auflösen würden.[95] Andererseits blieben ihm nur noch zwei Tage für die Verabschiedung des Leitsätzegesetzes. Er hielt es für möglich, den Entwurf noch durch das deutsche Gesetzgebungsverfahren zu bringen, bezweifelte aber, dass er es durch das bürokratische Labyrinth der Alliierten bugsieren konnte.

Als Nächstes konzentrierte Erhard sich darauf, von dem Wirtschaftsrat die Verabschiedung des Leitsätzegesetzes zu erhalten. Der Entwurf wurde am 17. Juni zur zweiten Lesung im Ausschuss des Wirtschaftsrats vorgelegt. Die SPD erklärte erneut, der Entwurf sei »verfassungswidrig«. Sie schlug außerdem vor, eine Aufsichtsinstanz vorzusehen. Das würde es dem Wirtschaftsrat ermöglichen, ein Auge auf das zu haben, was der ehrgeizige Direktor der Verwaltung für Wirtschaft unternahm. Mit dieser Änderung nahm das Leitsätzegesetz die zweite Hürde.[96] Dann wurde der Entwurf eilig der Vollversammlung des Wirtschaftsrates vorgelegt, die ihn nach einer weiteren hitzigen Debatte in den frühen Morgenstunden des 18. Juni 1948 verabschiedete.[97] Nun musste der Gesetzentwurf noch von dem Länderrat und den Alliierten genehmigt werden, doch dafür blieb keine Zeit mehr. Am 18. Juni gaben die Alliierten ihre Absicht bekannt, die deutsche Währung wie geplant zu reformieren. Die neue Währung, die Deutsche Mark, sollte am 20. Juni ausgegeben und am Tag darauf gesetzliches Zahlungsmittel werden. Erhard beschloss, aufgrund seiner Vollmachten nach geltendem Recht die Rationierung für Haushaltswaren aus Holz und Glas, für Schreib- und Nähmaschinen, Autos, Fahrräder, Reifen, Radios, Uhren, landwirtschaftliche Maschinen, Textilien und Schuhe aufzuheben. Andere wichtige Waren und Dienstleistungen, die knapp waren, darunter Kohle, Eisen, Strom, Gas, Wasser, Kunstdünger, Öl, Mietraum und Kapazitäten im Transportwesen, blieben weiterhin unter Aufsicht. Dann ließ er seinen Pressesprecher Kuno Ockhardt diese Maßnahmen in einer Rundfunkrede am Abend des 20. Juni bekannt geben und andeuten, dass parallel dazu auch die Preise freigegeben würden.[98]

Dieser letzte Schritt hatte zur Folge, dass Erhard am nächsten Tag in Clays Hauptquartier in dem Gebäude der IG Farben in Frankfurt bestellt wurde. Er wurde von Viktor Emanuel Preusker von der FDP begleitet. Schon zuvor hatte auch Clay bereits mit dem Gedanken gespielt, dieselben Maßnahmen durchzuführen, die Erhard jetzt durchsetzte. Am 24. Mai hatte er seinem Wirtschaftsberater William Draper gesagt, dass die Kontrollen abgeschafft werden sollten. Dann hatte Clay wegen dringender Geschäfte die Sache nicht selbst weiter verfolgt. Jetzt hatte Erhard gehandelt. Robertson protestierte bei Clay gegen Erhards Vorstoß. Immerhin war selbst in Großbritannien die Rationierung noch nicht aufgehoben. Erhard stieß auf heftige Kritik von Clays Mitarbeiter, die er jedoch zurückwies. Als Nächstes wurde er in Clays Büro geschickt, wobei er keine Ahnung hatte, dass der Amerikaner mit der Initiative sympathisierte. Clay kritisierte Erhard, weil er ohne Genehmigung der Besatzungsbehörden gehandelt hatte. Erhard zeigte sich von dem Vorwurf der Eigenmächtigkeit unbeeindruckt. Ihm ging es vor allem um die Sache. Clay erkannte, dass die Briten, wenn Erhard vorschriftsmäßig vorgegangen wäre, vermutlich gegen seine Maßnahme ihr Veto eingelegt hätten. Deshalb ging er auf diesen Aspekt nicht ein. Robertson brachte das Thema, nachdem er das Gesicht gewahrt hatte, nie wieder zur Sprache. Was die wirtschaftliche Seite betraf, machte Clay Erhard darauf aufmerksam, dass alle seine Berater gegen Erhards Schritt protestierten, worauf Erhard verschmitzt erwiderte, seine würden ihm ebenfalls davon abraten. Erhard hob hervor, dass er mit der Aufhebung der Rationierung im Rahmen seiner Befugnisse gehandelt habe, was Clay zugestehen musste. Clay beschloss, Erhard das kalkulierte Risiko des freien Marktes wagen zu lassen. Erhard hatte sich durchgesetzt, und die Volkswirtschaft Westdeutschlands bekam eine Chance.[99]

Am selben Tag billigte der Länderrat das Leitsätzegesetz.[100] Und noch am selben Abend hielt Erhard die wohl wichtigste Rede seines Lebens, zugleich die wohl wichtigste in der westdeutschen Nachkriegsgeschichte. Er kündigte das Spiel auf dem freien Markt an, einen Einsatz, bei dem Deutschland, davon war er überzeugt, gewinnen würde. Er präsentierte sich als unabhängiger Wirtschaftsexperte, der nur das Beste für sein Volk wollte.[101] Er sagte seinen Zuhörern, dass »die entschiedene Abkehr vom Prinzip der staatlichen Zwangswirtschaft Voraussetzung des Gelingens der Reform und unserer wirtschaftlichen Gesundung überhaupt ist«.[102] Er ging davon aus, dass die Preise fallen würden, was eine allgemeine Verbesserung des Lebensstandards der Verbraucher mit sich bringen werde. In einer Vorwegnahme der Zukunftsaussichten sagte er: »An Wunder aber vermag ich gerade im Bereich der Wirtschaft nicht zu glauben, und deshalb erachte ich es geradezu als ein soziales Gebot, im Grundsätzlichen mit der Auflösung von Preisbindungen aller Art, dem Wettbewerb und der daraus resultierenden Preissenkung Raum zu geben.«[103] Im Anschluss daran griff er Geschäftsleute an, die von der Befehlswirtschaft profitiert hätten, und nannte sie »Staatsrentner«.[104] Mit seinen Reformen werde diesem Missbrauch ein Ende gesetzt, und die letzte Entscheidung in Wirtschaftsfragen werde dem Verbraucher übertragen. Der freie Markt werde den deutschen Bürgern zum ersten Mal wieder ihre Würde zurückgeben und es ihnen ersparen, sich mit gesichtslosen Bürokraten in finsteren Zimmern um das zu streiten, was ihnen zustehe. Die Einführung des freien Marktes, betonte er, sei Teil der demokratischen Erneuerung Deutschlands.[105]

Der Prozess, den Erhard angestoßen hatte, nahm nun seinen Lauf. Am 25. Juni wurden in der britischen und amerikanischen Zone viele Preise freigegeben. Am 30. Juni genehmigten die Briten und Amerikaner das Leitsätzegesetz, und viele Rationierungsbestimmungen wurden aufgehoben.[106] Die Franzosen führten zwar die neue Währung ein, liberalisierten jedoch nicht die Wirtschaft in ihrer Zone und verurteilten damit die Bewohner zu monatelanger Entbehrung, bis sie ebenfalls Erhards Programm übernahmen. Das so genannte »Leitsätzegesetz nach der Währungsreform« begann mit einer Präambel, in der versichert wurde, dass die Währungsreform das angemessene Verhältnis zwischen Arbeit und Lohn wiederherstellen wollte. Die Bewirtschaftung sollte gelockert und der freie Markt ins Spiel gebracht werden. »Die wirtschaftlichen und sozialen Notwendigkeiten gehen somit Hand in Hand.« Die Liberalisierung des Marktes werde von der Notwendigkeit eingeschränkt, die Schwachen zu schützen, Regierungsprogramme in öffentlichem Interesse durchzuführen und Monopole am Missbrauch von Knappheiten zu hindern. Die eigentlichen Leitsätze wurden in einem Anhang beigefügt. Der erste Leitsatz lautete: »Der Freigabe aus der Bewirtschaftung ist vor ihrer Beibehaltung der Vorzug zu geben.« Die Wirtschaft sollte liberalisiert werden, aber nicht ganz. Der zweite erklärte, dass Lebensmittel und Rohstoffe weiterhin unter Aufsicht ständen. Drittens würden Getreide, Kartoffeln, Fleisch, Kohle, Eisen sowie Stahlpreise und -vorräte nur mit ausdrücklicher Erlaubnis des Wirtschaftsrats freigegeben. Viertens blieben Textilien, Stoffe, Schuhe und Seife weiter rationiert. Fünftens würde die Regierung wenn nötig in die Märkte für Rohstoffe, Halbfertig- und Fertigwaren eingreifen. Sechstens würde sich die staatliche Intervention in den Märkten, in denen weiterhin rationiert wurde, auf ein Minimum beschränken. Eine zweite Gruppe von Leitsätzen legte fest, wie mit den Preisen umzugehen sei. Die Freigabe der Preise war der Kontrolle vorzuziehen. Preise für Hauptnahrungsmittel, Rohstoffe und Mieten würden jedoch weiterhin reguliert werden. Die Regierung konnte lediglich Obergrenzen festlegen und werde die Entwicklung aller freigegebenen Preise beobachten. In einer dritten Gruppe bestimmte das Gesetz, dass in allen nicht regulierten Märkten freier Wettbewerb herrschen solle. Monopole würden, sofern möglich, abgeschafft. Ein Kartell- und Monopolgesetz werde ausgearbeitet. Die Verwaltung für Wirtschaft werde den Kreditmarkt überwachen. Und schließlich würden auch Löhne und Gehälter freigegeben werden. Die Leitsätze markierten ganz eindeutig einen bedeutenden Richtungswechsel in der westdeutschen Wirtschaftspolitik.[107] Sie gaben jedoch keineswegs einer Laissez-faire-Haltung grünes Licht. Die Märkte würden liberalisiert, doch die Regierung behielt umfassende Befugnisse, um die Verteilung der Waren zu kontrollieren und Preise festzulegen. Große Segmente der Wirtschaft blieben unter staatlicher Aufsicht. Es gab keinen freien Markt für Lebensmittel, Mietraum oder Verkehr. Dennoch zeitigte Erhards kühne, aber begrenzte Liberalisierung des westdeutschen Binnenmarkts dramatische Ergebnisse, so dramatisch, dass Uneingeweihte sie für ein Wunder hielten. Die Bürger folgten Erhards Ermahnung nicht und glaubten an übernatürliche Kräfte, was der beste Beweis dafür war, dass seine Politik richtig war.

Kurz nach der Währungsreform und der Marktliberalisierung setzten die Alliierten auch eine Reihe umfassender Steuersenkungen in Kraft, die von zusätzlichen Kürzungen durch den Wirtschaftsrat unterstützt wurden. Mit dem Militärgesetz Nr. 64 senkten die Alliierten die drückenden Steuersätze, die sie 1946 festgelegt hatten. Die Sätze wurden am stärksten für die unteren Einkommensgruppen gesenkt – um mehr als die Hälfte –, doch auch Sätze für mittlere und obere Einkommen wurden etwa um ein Viertel gesenkt. Erhard hatte sogar noch stärkere Senkungen gefordert. Als Zugeständnis fügten die Alliierten Steuerbefreiungen von Einkommen hinzu, die gespart und investiert wurden. In das Gesetz wurden auch beschleunigte Abschreibungsmöglichkeiten für die Wirtschaft aufgenommen, um Investitionen zu fördern. Kurz danach setzte die Zweizonen-Verwaltung Westdeutschlands weitere Steuersenkungen in Kraft, etwa die Befreiung der Überstundenlöhne von der Lohnsteuer. Alle diese Maßnahmen sollten die Bereitschaft der Deutschen, zu arbeiten und zu investieren, erhöhen.[108]

Die Schlacht um die Liberalisierung der deutschen Wirtschaft war mit der Währungsreform, den Steuersenkungen und Erhards Maßnahmen noch nicht gewonnen. Das waren nur die ersten Scharmützel in einer erbitterten Auseinandersetzung, die Erhard noch 18 Jahre lang weiterführen sollte – noch dazu mit immer geringerem Erfolg. In den Wochen nach der Währungsreform und der wirtschaftlichen Liberalisierung erwachte die Wirtschaft in der Bizone zu neuem Leben. Waren tauchten in solchen Mengen in den Regalen auf, wie man sie seit mehr als zehn Jahren nicht mehr gesehen hatte. Die Verkäufer bekamen nun gutes Geld für ihre Waren. Dasselbe galt für die Arbeitsmärkte. Auch wenn die Löhne erst im November 1948 dereguliert wurden, gab die wiederbelebte Marktwirtschaft zutreffender den wahren Wert der Arbeit wieder als ihre überwachte Vorläuferin. Beschäftigte blieben nicht mehr stundenlang ihrem Arbeitsplatz fern, um auf dem Schwarzmarkt Geschäfte zu machen oder bestimmte Waren zu suchen. Der Schwarzmarkt verschwand. Jetzt lohnte sich Arbeit wieder. Nach demselben Muster konnten Arbeitgeber es sich nicht länger leisten, nutzlose oder unproduktive Arbeiter zu behalten. Die Folge war eine Anpassungsphase, in der der Markt den Wert der Waren und Dienstleistungen erst bestimmen musste. Die Preise stiegen und ließen die Löhne weit hinter sich, selbst nachdem sie freigegeben worden waren und nutzlose Beschäftigte entlassen wurden, was wiederum die Arbeitslosigkeit in die Höhe trieb. Diese Entwicklungen riefen massive Kritik an Erhards Politik hervor.

Erhard stand in der Verwaltung der Bizone so gut wie allein mit seiner Überzeugung, dass diese Probleme nur Teil des Übergangs wären und die Menschen schon bald wieder Arbeit bekommen und die Preise fallen würden. Er war sicher, dass die Preise innerhalb von wenigen Monaten akkurat den Mangel an Waren und Dienstleistungen widerspiegeln würden. Die Unzufriedenheit, die sich nach der Aufregung und Verblüffung der Tage unmittelbar nach der Reform ausbreitete, bestärkte Erhard in seinem Wunsch, die Funktionsweise des Marktes Politikern ebenso wie Bürgern zu erklären. Er hoffte, sie alle mit seinem Optimismus und seiner Zuversicht anzustecken. Zu diesem Zweck gebrauchte er die Wendung »soziale Marktwirtschaft« zum ersten Mal in einer Rede vom 17. August 1948 vor dem Wirtschaftsrat.[109] Den Ausdruck »soziale Marktwirtschaft« hatte Alfred Müller-Armack 1946 geprägt. Erhard übernahm diese Formel, weil sie exakt seine Überzeugung wiedergab, dass die Marktwirtschaft sozial sei, und weil sie die Deutschen beruhigen sollte.

Dennoch nahm der Widerstand gegen Erhard zu. Am 16. August hatten die Sozialdemokraten im Wirtschaftsrat ein Misstrauensvotum gegen Erhard beantragt. In der folgenden Debatte forderten sie die Wiedereinführung der Preiskontrollen. Der Antrag wurde mit 47 zu 36 Stimmen abgelehnt. Seitens der CDU erhielt Erhard jedoch allenfalls lauwarme Unterstützung.[110] Angesichts steigender Preise und Arbeitslosigkeit schrieb die Zeitung *Rhein-Echo* am 12. Oktober 1948: »Die Opposition gegen die Erhardsche Wirtschaftspolitik ist in den letzten acht Tagen lawinenartig angewachsen … man rechnet in Frankfurt damit, dass Prof. Erhard unter den Umständen den von allen Seiten gegen ihn vorgebrachten Anschuldigungen nicht mehr lange standhalten können wird.«[111] Erhards Lage wurde so prekär, dass am 28. Oktober sogar die CSU seinen Rücktritt forderte.[112] Auch die Linke startete Anfang November einen massiven Angriff auf ihn. Am 10. November stellte sie einen zweiten Misstrauensantrag. Bei dieser Gelegenheit wechselte Theo Blank die Seite und stärkte dem Direktor für Wirtschaft den Rücken. Die stärkste Unterstützung für die Veränderung kam von der FDP. Erhard gewann mit 51 gegen 43 Stimmen mit einem Vorsprung von nur acht Stimmen.[113] Trotz des Rückschlags riefen die SPD und die Gewerkschaften für den 12. November einen eintägigen Generalstreik aus, um Erhard aus dem Amt zu heben. Am Vorabend ging Erhard in einer Rundfunkrede seinerseits in die Offensive. Er verurteilte den Generalstreik als überflüssig. Er versicherte den Zuhörern, dass die Wirtschaft wachse und dass Arbeitslosigkeit und Preise schon bald wieder fallen würden. Er gab außerdem bekannt, dass er das »Jedermann-Programm« vorbereite, das elementare Konsumgüter zu vernünftigen Preisen auf den Markt bringen werde.[114]

Der Streik fand wie geplant statt, doch Erhard blieb im Amt. Wie stets ließ er sich von Kritik nicht irremachen. Er war überzeugt, dass er Recht hätte, und hatte größtes Vertrauen in seine Fähigkeit, wirtschaftliche Entwicklungen vorauszusagen. Er war seiner Sache so sicher, dass er einwilligte, am 14. November ein öffentliches Rededuell mit Erik Nölting, einem führenden Kopf der SPD, auszutragen. Nölting brachte die bekannten Argumente zu den angeblichen Vorzügen einer staatlichen Wirtschaftsplanung vor und appellierte an den atavistischen Wunsch des Publikums nach Gleichheit. Erhard versicherte, dass eine überwachte Wirtschaft keinen Wohlstand bringen könne. Das hätten sie alle erst vor wenigen Monaten am eigenen Leib zu spüren bekommen. Er erklärte, keine Regierung könne über ein so großes Wissen verfügen, dass sie die Ressourcen so zielstrebig zuweise, dass in jedem Sektor der Wirtschaft der Aufschwung einsetzen werde. Fehler seien unvermeidlich. In der Tat könne keine menschliche Behörde die gewaltige Menge von Daten zusammentragen, geschweige denn effektiv verarbeiten, die man brauche, um eine Volkswirtschaft richtig zu lenken. Nur eine Marktwirtschaft mit dezentraler Entscheidungsfindung könne dies leisten.[115] Angesichts der feindseligen Haltung des Publikums ginge es vermutlich zu weit zu behaupten, dass Erhard das Duell mit Nölting für sich entschieden hatte. Doch es gelang ihm nicht nur, sich zu behaupten, sondern er verschaffte sich den Respekt seiner Zuhörer, selbst der hartgesottenen Widersacher unter ihnen, und er legte seine Argumente denjenigen dar, die bereit waren nachzudenken. Dennoch hielt das Trommelfeuer von den Linken unvermindert bis in den Sommer 1949 an, als die Regierung der neuen Bundesrepublik Deutschland Gestalt annahm. Kurt Schumacher, der leidenschaftliche Führer der SPD, ging sogar so weit, Erhards Verwaltung für Wirtschaft als »Instrument des Klassenkampfes von oben« zu geißeln. Schumacher behauptete, dass als Folge von Erhards Politik »die Armen ärmer und die Reichen reicher gemacht« würden.[116]

Erhard legte keineswegs die Hände in den Schoß und wartete darauf, dass der Markt seine Arbeit tat. Er verfolgte in Übereinstimmung mit dem Markt eine politische Linie, die ihn in eine sozial verträgliche Richtung lenkte und den Deutschen beibringen würde, wie sie sich in einer marktwirtschaftlichen Umgebung verhalten sollten – etwas, das sie seit 1936, als die Nazis die Löhne und Preise eingefroren hatten, nicht mehr getan hatten. In einem Memorandum vom 3. Dezember 1948 zum Preisanstieg erklärte Erhard, es sei aus sozialen und politischen Gründen notwendig, die Inflation zu stoppen. Die staatliche Festsetzung von Höchstpreisen hatte keine Wirkung gezeigt. Das Problem war seiner Ansicht nach die Tatsache, dass Einzelhändler die Preise allzu stark heraufsetzten. Sie nutzten die vorübergehenden Knappheiten aus, um hohe Gewinne zu machen. Als Antwort erlaubte Erhard es den Herstellern, für Produkte mit Markennamen Handelspreise festzusetzen. Gleichzeitig dürfe die Regierung aber keine Mindestpreise festlegen, weil die Produzenten sonst keinen Anreiz mehr hätten, zu rationalisieren und die Einsparungen an die Verbraucher weiterzugeben. Er erkannte zudem, dass Mindestpreise nur Monopole begünstigen würden – ein rotes Tuch für ihn. Deshalb schlug er vor, auf eine alte deutsche Geschäftspraxis zurückzugreifen: die Preisbindung, allerdings nach Anpassung an die aktuellen Gegebenheiten.[117] In Reden und Artikeln, die den deutschen Bürgern im Winter und Frühjahr 1949 präsentiert wurden, versicherte Erhard ihnen mehrfach, dass es nicht zu einer Rezession kommen werde, selbst wenn die Preise allmählich zurückgingen. Die Wirtschaft stelle sich ganz einfach auf die neue Situation ein.[118]

Erhard wollte mit Hilfe einer dreigleisigen Strategie die Preise bremsen: das Jedermann-Programm, die Veröffentlichung von Listen, die faire Preise aufzählten, und die Kooperation mit der Bank deutscher Länder (BdL) bei der Beschränkung der Kredite.[119] Wie Erhard bereitwillig zugab, war das Jedermann-Programm nicht seine eigene Idee gewesen. Es war bereits anderswo, beispielsweise in Großbritannien, angewandt worden. Er übernahm es als vorbeugende Maßnahme, um den Menschen mit starren Einkommen in der Übergangsphase zu einem stabilen Preissystem zu verhelfen. Das Programm schuf ein geschütztes Marktsegment durch die Festlegung von Preisen und Preissenkungen für wichtige Konsumgüter. Es trat im September 1948 in Kraft und umfasste die Zuteilung von Rohstoffen an Unternehmen, die zur Kooperation bereit waren und ihre Fertigwaren zu Preisen anboten, die von der Regierung als gerecht angesehen wurden. Das widersprach natürlich Erhards Philosophie, doch er betrachtete es als ein vorübergehendes Übel zum Schutz der Schwachen und zur Erziehung der Bürger. Waren wie Kleidung, Schuhe und Küchengeräte wurden zu Preisen angeboten, die zwar über den Kosten lagen, damit den Herstellern ein gewisser Gewinn garantiert war, doch weit unter den Preisen, die auf vielen Märkten galten, wo Mangel herrschte.[120] Die Warenpalette, die in das Programm aufgenommen wurde, passte sich an die jeweilige Situation an. Das Programm lief schließlich 1951 aus, als die Preise sich stabilisiert hatten und die Wirtschaft blühte.

Die »Preisspiegel« hingegen waren von Erhard dazu gedacht, die Verbraucher dazu zu erziehen, Waren nicht einfach zu einem beliebigen Preis zu kaufen, sondern sich in den Läden umzusehen. Die deutschen Verbraucher waren es gewohnt, Waren zu dem angebotenen Preis und in der Qualität einfach zu akzeptieren. Unter den neuen, freieren Rahmenbedingungen gab es große Preis- und Qualitätsunterschiede. Wenn die Käufer von ihrer Freiheit bei der Wahl Gebrauch machten, dann konnten sie günstiger einkaufen und die Produzenten dazu bringen, die Waren anzubieten, die sie sich wünschten, und das zu den Preisen, die sie für angemessen hielten. Mit anderen Worten, Erhard versuchte, die Bürger dazu zu bringen, den Preismechanismus zu ihrem Vorteil zu nutzen und den Produzenten auf diesem Weg ihre Vorlieben mitzuteilen. Erhard arbeitete auch mit der Bank deutscher Länder zusammen, die von den Alliierten geschaffen worden war, um die Geldpolitik der Landesbanken aufeinander abzustimmen. Die BdL, der Vorläufer der Bundesbank, war ein erklärter Feind der Inflation. Mit verschiedenen Mitteln versuchte sie, die Wirtschaft zu einem Wachstum ohne Inflation anzuregen, dazu zählten etwa die Steuerung der Geldmenge, die für Darlehen an Unternehmen und Verbraucher zur Verfügung stand, sowie Veränderungen bei den Zinssätzen und der Mindestreserve der Banken. Die BdL war bemerkenswert erfolgreich und stand Erhard treu zur Seite.

Wegen seiner Politik, die Rolle des Staates in der Wirtschaft zu reduzieren, geriet Erhard mehrfach in Konflikt mit den alliierten Besatzungsbehörden. Auch wenn insbesondere die Amerikaner von ihrer Anschauung her die freie Marktwirtschaft befürworteten, setzten sie in der Praxis ein beträchtliches Maß an Planung um und verlangten, dass die deutschen Behörden genauso vorgingen. Diese Tendenz zur Planung war nicht zuletzt eine Folge der militärischen Mentalität, die großen Wert auf Kontrolle und auf das Meiden jeden Risikos legte, sowie des Einflusses der Anhänger des New Deal in der amerikanischen Besatzungsregierung. Die Briten favorisierten Planung, weil sie ihre eigene Wirtschaft damals eifrig sozialisierten. Erhard widersetzte sich ihrem Versuch, ihre Planungsverfahren in der britischen Zone einzuführen.[121] Er widersetzte sich auch weiterhin der Demontagepolitik der Alliierten. Er schloss sich einer Gruppe Reparationsbeamter an, die sich in Königstein traf und am 13. August 1949 eine Resolution verabschiedete, in der Demontagen verurteilt wurden. Danach schickte er einen Brief an die Ministerpräsidenten, in dem er ihre Haltung zu dem Thema unterstützte. Nach seinem Rat sollte die neu geschaffene Bundesrepublik sich weigern, irgendwelche neuen wirtschaftlichen Verantwortungen zu übernehmen, solange die Demontagen fortgesetzt wurden. Außerdem sollten die Deutschen selbst entscheiden, welche Maschinen und Anlagen den Alliierten gemäß den Bedingungen der Reparationen ausgehändigt wurden.[122] Erhard griff auch die Bürokratie der Joint Export Import Agency wegen der »Dollarklausel« an, die den deutschen Außenhandel einschränkte, und wegen der endlos langen Laufzeiten.[123]

Zum heftigsten Zusammenstoß Erhards mit den Alliierten kam es jedoch als Folge ihrer Bemühungen, den Deutschen zu helfen. Nach Erhards Einschätzung gingen sie auf eine Weise ihren Geschäften nach, die kontraproduktiv war und die Tendenz zur staatlichen Planung verstärkte, statt den Markt zu liberalisieren. In diesem Punkt hielt er die alliierten Planer für ebenso gefährlich wie die SPD. Insbesondere kritisierte Erhard den bürokratischen Aufwand des Marshallplans. Er begrüßte die von den Amerikanern über die Economic Cooperation Administration (ECA) des Marshallplans angebotene Hilfe, verwünschte jedoch den bürokratischen und interventionistischen Ansatz.[124] In der Tat versuchten die SPD und die Gewerkschaften, mit Hilfe des Marshallplans wieder eine staatliche Planung in der deutschen Wirtschaft einzuführen.[125] Um den Alliierten entgegenzukommen, schlug Pünder, der Leiter der deutschen Zweizonen-Verwaltung, die Schaffung einer besonderen Behörde für den Marshallplan vor. Erhard erhob dagegen Einspruch und argumentierte, Fragen des Marshallplans könnten hinlänglich von seiner Behörde geklärt werden.[126] Er vereitelte diesen neuerlichen Vorstoß in Richtung Planung und die Erweiterung der deutschen Bürokratie. Die Alliierten forderten die deutsche Verwaltung auch auf, einen Wirtschaftsplan für 1948 aufzustellen. Erhard vermied es, mit Pünders Rückendeckung, einen detaillierten Plan abzugeben. Sie betrachteten ihre Antwort lediglich als Richtlinien, die wenn nötig an die aktuellen Entwicklungen angepasst werden konnten.[127] Den Alliierten den Anschein von dem zu geben, was sie wollten, jedoch ohne inhaltliche Substanz, kostete Erhard und seine Mitarbeiter viel Anstrengung, die für andere Aufgaben besser hätte genutzt werden können.

Erhard erhielt am 1. Juli 1948 Gelegenheit, seine Kritik direkt dem amerikanischen Sondergesandten für Europa, William Averell Harriman, vorzutragen. Erhard sagte Harriman, die Lieferungen nach dem Marshallplan seien außerordentlich wichtig für die Steigerung des Angebots an Konsumgütern für das deutsche Volk. Sie allein seien jedoch unzureichend. Er appellierte an Harriman, den deutschen Handel mit dem Rest Europas freizugeben, damit die Preise in den westlichen Zonen gesenkt, die Beschäftigung im deutschen Maschinenbau erhöht und der Lebensstandard verbessert werden konnten. Ferner sei es den Deutschen dann möglich, Devisen einzunehmen, um ihre Importe zu bezahlen. Harriman ging nicht näher auf Erhards Äußerungen ein. Er sagte einfach, der beste Weg, den Wert der Deutschen Mark zu sichern, sei, den Deutschen Exporte zu erlauben.[128] Das war von Erhards Standpunkt aus gewiss ein Hoffnungsschimmer, doch Harriman hatte sich so orakelhaft geäußert, dass Erhard es nicht wagen konnte, in irgendeiner Form in Aktion zu treten.

Gut einen Monat später erhielt Erhard eine weitere Gelegenheit, seine Ansichten den Amerikanern nahe zu bringen. Er sprach mit Tracy S. Voorhees, dem stellvertretenden Minister für die US-Army. Dieses Treffen verlief aus Erhards Sicht günstiger, weil sich ein echtes Gespräch entwickelte. Nachdem Erhard die Bedeutung der Mittel aus dem Marshallplan unterstrichen hatte, äußerte er seinen Wunsch, sie flexibel einzusetzen, das heißt, ohne sich an einen strengen Plan halten zu müssen, auf den man sich Monate im Voraus geeinigt hatte. Ja, die Effektivität des Programms könne sogar gesteigert werden, indem man die Verfahren vereinfache und beschleunige. Geschwindigkeit, so betonte er, sei für den Erfolg unerlässlich. Voorhees stimmte Erhard zu und versprach, seine Empfehlungen anzusprechen, wenn er sich mit Repräsentanten der alliierten Militärbesatzung und dem ECA-Verwalter Paul Hoffman traf.[129]

Erhard vertrat auf einem Treffen mit den alliierten Besatzungsbehörden am 13. August im IG Farben-Gebäude nochmals energisch seinen Standpunkt. Er sagte, die VfW bereite pflichtgemäß einen Wirtschaftsplan für 1952 vor, um die Anforderungen der Marshallplan-Behörden zu erfüllen. Doch er, das sagte er ganz offen, sei kein Freund von Planung, schon gar nicht, wenn er keine Kontrolle über die Umsetzung seiner Pläne habe. Er fügte hinzu, er könne bis 1952 keinen ausgeglichenen Plan für den Außenhandel des Landes aufstellen. Es gebe zu viele Unsicherheiten und Beschränkungen wegen der alliierten Vorschriften. Er forderte eine größere Flexibilität bei den Hilfslieferungen und wollte einen stärkeren Einfluss der Deutschen auf sie. Sir Gordon Macready, der Vorsitzende des Wirtschaftskontrollrats der Bizone,

Erhard als Direktor der Verwaltung für Wirtschaft, 1949

sagte ihm genauso unverblümt, dass solche Veränderungen unmöglich seien.[130]

Später, als die deutsche Wirtschaft wuchs und der Kalte Krieg sich verschärfte, kamen die Alliierten auf Erhards Auffassung zurück. Am 10. Februar 1949 stellte das BICO vage Richtlinien für die Wirtschaftsplanung unter dem Marshallplan auf, die Erhard, zur Enttäuschung der SPD, beträchtlichen Handlungsspielraum ließen. Das BICO hatte die Weisheit von Erhards Ansatz erkannt.[131] Doch das war nur ein Teilsieg, und obendrein ein befristeter.

Die ständigen Streitigkeiten schadeten Erhards Beliebtheit bei den Alliierten, vor allem bei den Engländern. Ein britischer Beamter, Con O'Neill, bezeichnete Erhard als eine »unnachgiebige Persönlichkeit« und bemerkte, dass »ihre Kritik ihn anscheinend relativ wenig berührt«. Er sei ein Mann »mit einem scharfen, aber bemerkenswert engstirnigen Verstand ..., dem es völlig an jedem politischen Gespür fehle ... ganz ohne Taktgefühl oder Verhandlungsgeschick, und häufig verdirbt er sogar ein gutes Anliegen, indem er es auf eine zugleich wehmütige und aggressive Weise vorbringt. … Wie der dicke Junge, dem er körperlich so sehr ähnelt, bittet er unablässig um mehr, und wenn er es bekommt, scheint er den Spender nicht mit Dankbarkeit, sondern mit Verachtung anzusehen.«[132] Christopher Steel, ein Berater Robertsons, schrieb: »Er ist ein widerlicher, fetter und tyrannischer Deutscher, und es würde mir Freude machen, ihn scheitern zu sehen, aber nicht auf Kosten der Erholung des Westens.«[133] Bemerkenswerterweise hielten ihn die meisten Deutschen, die um 1948, als diese Kommentare geschrieben wurden, oder auch zuvor und danach mit Erhard zu tun hatten, für einen höflichen Menschen, mit dem man sehr gut auskommen könne, für jemanden, der Konflikten eher aus dem Wege ging. Die Reaktion der Briten auf ihn mag auf seinen fortwährenden Kampf um die Wahrung der deutschen Autonomie und gegen die Kontrollen zurückzuführen sein, die die Alliierten seiner unlängst liberalisierten Wirtschaft auferlegen wollten.

Erhard stritt mit den Alliierten auch über ein Thema, das er selbst für äußerst wichtig hielt: die Abschaffung der Kartelle und die Regulierung der Monopole. Bekanntlich wurde die amerikanische Besatzungsregierung von der JCS-Direktive 1067 angewiesen, Kartelle und Monopole aufzulösen und die Kontrolle über die deutsche Wirtschaft zu dezentralisieren. Die Dekartellisierungsbeamten, die mit der US-Militärregierung nach Deutschland gekommen waren, teilten die Antitruststimmung, die seit der »Progressive Era« um die Jahrhundertwende die amerikanische Wirtschaftspolitik geprägt hatte und von den Anhängern von Roosevelts New Deal fortgeführt worden war. (Die Bewegung der »Progressivisten« erreichte wohl 1912 mit der Gründung der Progressive Party durch Theodore Roosevelt ihren Höhepunkt. Die Macht großer Konzerne war ihnen seit den 1880ern ein Dorn im Auge. A. d. Ü.) Aufgrund der Ideen der Theoretiker Louis Brandeis und Thurman Arnold waren die Trustgegner in der US-

Militärverwaltung (OMGUS) überzeugt, dass große Unternehmen in jedem Fall schädlich wären. Zudem waren sie überzeugt, dass die deutschen Kartelle sich in den zwanziger und dreißiger Jahren verschworen hatten, die Rüstungsbegrenzungen des Versailler Vertrags zu umgehen und die amerikanischen Verteidigungsvorbereitungen zu verhindern oder zu verzögern. Sie behaupteten, die deutschen Kartelle hätten in Deutschland einen viel zu großen Sektor für Schwerindustrie aufgebaut, der auf massive Exporte angewiesen war. Nachdem auch durch die Schaffung internationaler Kartelle keine Exportmärkte mehr erschlossen werden konnten, habe die deutsche Großindustrie Hitler an die Macht gebracht und seinen Aggressionskrieg gelenkt, um Deutschland die Märkte und Rohstoffe zu verschaffen, die die organisierte Großindustrie dringend brauchte. Folglich müssten Kartelle, Monopole und marktbeherrschende Unternehmen in Deutschland aufgelöst werden. Das Potsdamer Abkommen verlangte die Dezentralisierung der deutschen Wirtschaft und autorisierte die amerikanischen Trustgegner, ihre Ziele zu verfolgen.[134]

Die Alliierten hatten schon früh angefangen, die in Potsdam erklärten Ziele zu realisieren. Im November 1945 beschlagnahmten sie den großen Chemiekonzern IG Farben, das gesamte Bankvermögen, und sie setzten die Geschäftsleitung ab. Sie demontierten Fabriken, die mit der Waffenproduktion zu tun hatten.[135] Die Briten lösten das Rheinisch-Westfälische Kohlesyndikat auf, das größte in Deutschland, das die Produktion und Vermarktung der im Ruhrgebiet abgebauten Steinkohle lenkte. Die Produktion von Kohle und Koks wurde von den Stahlunternehmen abgekoppelt, und eine neu gegründete, alliierte Behörde sollte die Schwerindustrie der Region leiten.[136] Die großen Banken in der US-Zone wurden ebenfalls aufgelöst.[137]

Während die Alliierten ihre Ziele vorantrieben, schickten sich auch die neuen deutschen Behörden in den westlichen Zonen an, die Kartelle und Monopole streng zu beaufsichtigen oder abzuschaffen. Der Landtag für die amerikanische Zone in Stuttgart beauftragte einen Ausschuss aus Neoliberalen unter Paul Josten damit, einen Gesetzentwurf auszuarbeiten, nach dem Kartelle aufzulösen und marktbeherrschende Unternehmen zu zerschlagen waren. Franz Böhm gehörte dem Ausschuss an.[138] Zur gleichen Zeit bereitete auch das Zentralamt für Wirtschaft in Minden, das für die britische Zone zuständig war, unter Mitwirkung von Leonhard Miksch ein Kartellgesetz vor.[139] Die so genannte Decartelization Branch der US-Militärverwaltung bereitete ihren eigenen Gesetzentwurf vor, den sie im Dezember 1946 Clay und Robertson vorlegte.[140] Erhard lehnte diesen Entwurf bekanntlich ebenso ab wie Clay.[141] Die Briten und Amerikaner änderten ihren Entwurf und erließen, ohne Rücksprache mit den Deutschen, am 12. Februar 1947 ein Kartellgesetz. Ihr Ziel war es, eine neuerliche deutsche Aggression dadurch zu verhindern, dass die Großindustrie in Deutschland zerschlagen wurde. Übermäßige Ballungen wirtschaftlicher Macht sollten aufgelöst und eine Durchführungsbehörde geschaffen werden. Monopole, Kartelle, Konzerne, Syndikate, Trusts und Verbände, die dazu dienten, den Handel einzuschränken, wurden abgeschafft. Lediglich öffentliche Einrichtungen wie die Deutsche Reichsbahn, die Reichspost und Strom-, Gas- und Wasserversorger waren ausgenommen.[142]

Nicht lange danach änderte sich die Politik der Alliierten, insbesondere der Amerikaner, gegenüber Deutschland. Der Schwerpunkt sollte künftig auf der Hilfe beim Wiederaufbau der deutschen Wirtschaft liegen, damit die Belastung für amerikanische und britische Steuerzahler gesenkt und der Westen in der sich zuspitzenden Konfrontation mit der Sowjetunion gestärkt wurde. Diese Politik wurde in der Direktive JCS 1779 formuliert, die am 11. Juli 1947 an Clay geschickt wurde. Die Direktive enthielt Bestimmungen, die ein Verbot von Kartellen forderten.[143] Jedoch auch dieser Aspekt der alliierten Politik wurde kaum ein Jahr später geändert. Im März 1948 wies Clay seine Untergebenen an, ihren Feldzug gegen die deutsche Großindustrie zu bremsen. Seiner Meinung nach, und nach der des Pentagons und des State Departments, war der Feldzug bereits zu weit gegangen und gefährdete die deutsche Wirtschaft und die Fähigkeit des Westens, sich selbst zu verteidigen.[144] Im August wies das BICO den Wirtschaftsrat an, eine Behörde zu schaffen, die der Bipartite Decartelization Commission unterstellt sein und den Alliierten bei der Dekartellisierung der deutschen Industrie helfen sollte.[145] Erhard lehnte diese Initiative ab und argumentierte, dass die vorgeschlagene Behörde innerhalb seiner Verwaltung für Wirtschaft geschaffen werden und er für die Dekartellisierung zuständig sein sollte. Die Deutschen verschleppten die Nominierung der Ausschussmitglieder und des Leiters fast ein Jahr lang.[146] Erhard sagte auch einem Untersuchungsausschuss, den das U.S. War Department auf Druck des Kongresses hin ins Leben gerufen hatte, dass deutsche Kartelle und Konzerne keineswegs die Verantwortung für die beiden Weltkriege trügen. In Wirklichkeit hätten die Nazis die Konzerne benutzt.[147]

Die Alliierten gingen zum Teil auf die Forderungen Erhards und der Deutschen ein. In einer Direktive vom 29. März 1949 beauftragten die Alliierten den Wirtschaftsrat mit der Ausarbeitung eines Entwurfs für ein Kartellgesetz. Die Zustimmung des Wirtschaftsrats und des Länderrats zum einen und der Alliierten zum anderen vorausgesetzt, sollte es die von den Briten und Amerikanern verabschiedeten Gesetze von 1947 ersetzen. Die Alliierten behielten sich die Zuständigkeit für die Entflechtung vor.[148] Aus Erhards Sicht war diese Entwicklung zu begrüßen. Damit hatte er die Gelegenheit, ein Gesetzeswerk zu gestalten, das er selbst für außerordentlich wichtig hielt. Der Entwurf für ein Kartellrecht, den der Ausschuss unter Josten ausgearbeitet hatte, bekam nun größere Bedeutung. Erhard gefiel die dezidiert kartellfeindliche Haltung, die das Gremium eingenommen hatte, doch er lehnte den Versuch ab, marktbeherrschende Unternehmen aufzulösen. Darüber hinaus war der Josten-Entwurf an die Presse durchgesickert und hatte einen Sturm der Kritik ausgelöst. Da der Übergang von der Zweizonen-Verwaltung zur Bundesrepublik bereits absehbar war, aber auch mit Blick auf seine eigenen Bedenken, meinte Erhard, dass er es nicht wagen konnte, die Zustimmung der Legislative zu dem Josten-Konzept zu beantragen. Folglich ließ er den Entwurf im Sommer 1949 fallen und beauftragte seinen Stab, ein neues Kartellrecht auszuarbeiten. Leider kam er damit in Konflikt mit den Alliierten. Vor allem die Amerikaner wünschten, dass das neue Kartellrecht verabschiedet wurde, bevor die Bundesrepublik ins Leben gerufen wurde. Die Folgen waren mehrere heftige Auseinandersetzungen zwischen den Alliierten, allen voran den amerikanischen Beamten für die Dekartellisierung, und Erhard im Frühjahr und Sommer 1949. Die Lage wurde so ernst, dass die Briten den Deutschen vorwarfen, den Prozess absichtlich zu verzögern.[149]

Während Erhard sich mit den Alliierten herumstritt, hielt er nach einer soliden innenpolitischen Basis für seine Politik Ausschau. Ihm war mittlerweile klar geworden, dass die FDP, auch wenn sie mit seinen Idealen übereinstimmte und ihm zu einer einflussreichen Position verholfen hatte, ganz einfach zu klein war. Sie bot ihm keine ausreichend starke Basis für die Erreichung seiner politischen Ziele. Deshalb pflegte er seine Kontakte zu den Unionsparteien. So kam es, dass er eine Beziehung zum Führer der CDU in der britischen Zone und einflussreichsten Politiker im CDU-Lager anbahnte: zu Konrad Adenauer.

Adenauer war von 1917 an Oberbürgermeister von Köln gewesen, bis er Anfang 1933 von den Nazis abgesetzt wurde. Von den Amerikanern, die im März 1945 die Stadt befreit hatten, war er für kurze Zeit wieder zum Bürgermeister ernannt worden. Die Briten lösten dann die Amerikaner ab, da Köln in ihrer Besatzungszone lag. Wenig später setzten sie Adenauer wegen Inkompetenz ab. Daraufhin widmete er sich ganz dem Aufbau einer neuen christlichen Partei, die Lutheraner und Katholiken in einem Kampf gegen den Sozialismus vereinen und Deutschland auf der Grundlage christlicher Wertvorstellungen wiederbeleben sollte. Adenauer war ein tüchtiger Organisator und ein skrupelloser Anwalt seiner Partei, der großes Ansehen genoss. Trotz seines fortgeschrittenen Alters (er war 72 Jahre alt, als die Währungsreform und die Liberalisierung durchgeführt wurden), war er die zentrale Figur in der CDU. Adenauer unterstützte Privateigentum und Marktwirtschaft. Er war jedoch kein begeisterter Anhänger des freien Marktes. Er wollte die staatliche Kontrolle der Wirtschaft beenden, um ihre Produktivkräfte freizusetzen und auf diese Weise Wohlstand zu schaffen. Er lehnte große Konzentrationen von Reichtum ab und sprach sich für eine möglichst breite Verteilung von Vermögen aus. Vor allem wollte er, dass möglichst viele Arbeiter ein Eigenheim erwerben konnten. Da er jedoch in erster Linie an der politischen Macht interessiert war, war Adenauer durchaus zu Interventionen in der Wirtschaft bereit. Er plädierte für eine Mischform, in der der Regierung viele Unternehmen, wie Versorgungsbetriebe, gehörten, sie aber in anderen Bereichen mit der Wirtschaft kooperierte. Wie er schon als Bürgermeister von Köln bewiesen hatte, nahm er, wenn nötig, auch ein großes Haushaltsdefizit in Kauf, um öffentliche Projekte zu finanzieren.[150] Diese pragmatische, um nicht zu sagen opportunistische Haltung ermöglichte es Adenauer, mit Erhard zusammenzuarbeiten, insbesondere in dieser entscheidenden Gestaltungsphase. Es bedeutete jedoch auch, dass ein späterer Konflikt zwischen den beiden fast unvermeidlich war. Wenn man die völlig verschiedenen persönlichen Stile der beiden Männer berücksichtigt, werden die erbitterten Auseinandersetzungen Ende der fünfziger und Anfang der sechziger Jahre verständlich.

Vor allem seit Erhards Ernennung zum Direktor der Verwaltung für Wirtschaft nahm Adenauer verstärkt Notiz von ihm. Über seine politischen Beziehungen verschaffte er sich Informationen über Erhards wirtschaftliche Anschauungen und seine Maßnahmen als Wirtschaftsminister in Bayern. Die erste überlieferte Äußerung Adenauers zu Erhard stammte vom 2. Mai 1948. In einem Brief an Maria Meyer-Sevenich schrieb Adenauer: »Bei Herrn Erhardt *[sic!]* habe ich gesagt, dass Herr Erhardt von vielen als außergewöhnlich tüchtig bezeichnet werde, aber Mangel an Verwaltungserfahrung habe. Er solle deswegen einen für Verwaltungsfragen geeigneten Staatssekretär bekommen.«[151] Darin spiegelte sich eindeutig der Streit um Erhards Amtszeit in München wider, und die Äußerung lässt bereits Adenauers Bedenken zu Erhards Verwaltungspraktiken als Minister in den Fünfzigern erahnen.

Die erste Kontaktaufnahme zwischen den beiden erfolgte in einem Telefongespräch im April 1948. Keiner der beiden sprach strittige Themen an. Adenauer schrieb dann am 20. Mai 1948 einen Brief an Erhard. Wiederum mied Adenauer die großen Themen. Offenbar begegneten sie sich zum ersten Mal in Frankfurt anlässlich eines Treffens der CDU/CSU-Delegation im Wirtschaftsrat. Auch hier handelte es sich um eine erste Tuchfühlung ohne nennenswerte Ergebnisse.[152] Kurz danach versuchte Adenauer erstmals, auf Erhards Politik Einfluss zu nehmen. Da er fürchtete, dass die steigenden Preise bei den bevorstehenden Wahlen in Nordrhein-Westfalen die Wähler in die Arme der SPD treiben würden, appellierte er am 9. August 1948 an Erhard, Maßnahmen gegen Wucherer einzuleiten.[153] Adenauer machte gleich zu Beginn seiner Beziehung zu Erhard seine Prioritäten deutlich, die in den fünfziger Jahren wiederholt Gegenstand heftiger Auseinandersetzungen mit Erhard waren. Ihm ging es viel mehr um die Erringung und Wahrung der politischen Macht als um die theoretische Reinheit der Wirtschaftspolitik.

Die christlichen Unionsparteien waren in Wirtschaftsfragen tief gespalten. Adenauer fürchtete, dass sie, wenn sie ihre Meinungsverschiedenheiten nicht beilegen konnten, bei den ersten Wahlen zum Parlament der neuen Bundesrepublik Deutschland schlecht abschneiden würden. Er ging davon aus, dass diese Wahlen im Frühjahr 1949 stattfinden würden. Deshalb mussten die christlichen Parteien unbedingt ihre Streitigkeiten ausräumen. Zu diesem Zweck trafen sich am 8. und 9. Januar 1949 die politischen Führer der Christdemokraten in Königswinter am Rhein. Adenauer eröffnete das Treffen mit einer langen Rede, in der er schilderte, wie angreifbar CDU und CSU wegen ihrer Uneinigkeit und Desorganisation waren. Trotz Adenauers Appell brachen tiefe Gräben zwischen den Wirtschafts- und Arbeiterflügeln der Parteien auf. Erhard kam am zweiten Tag zu dem Treffen und warb in einer flammenden Rede für seine marktwirtschaftlichen Maßnahmen, die er erneut als soziale Marktwirtschaft bezeichnete. Ganz offen identifizierte er sich mit der CDU und CSU. Er schlug eine Resolution vor, in der die Union sich ausdrücklich zugunsten der sozialen Marktwirtschaft aussprach und sich von staatlicher Planung verabschiedete. In der folgenden Diskussion lehnte Johannes Albers, ein Führer des linken Flügels der CDU, gemeinsam mit prominenten Persönlichkeiten wie Heinrich von Brentano, dem späteren Außenminister, Erhards Resolution ab. Einmal mehr unterstützte jedoch der Gewerkschaftsführer Theodor Blank Erhard. Den Ausschlag gab schließlich, dass ihn auch Adenauer unterstützte. Erhards Resolution wurde verabschiedet. Die CDU/CSU hatte sich deutlich hinter Erhard und die soziale Marktwirtschaft gestellt, Erhard hatte sich seinerseits zur CDU bekannt.[154]

Er betrachtete sich als unabhängige Persönlichkeit, die sich auf Wirtschaftsfragen spezialisiert hatte. Adenauer konnte das akzeptieren, weil es zugleich hieß, dass Erhard seine dominierende Stellung innerhalb der christlichen Parteien nicht in Frage stellen würde. Adenauer versuchte jedoch auch, Einfluss auf die Wirtschaftspolitik zu nehmen. Am 12. Februar 1949 schrieb er an Friedrich Holzapfel, einen Verbündeten in Frankfurt, und bat ihn, Erhard unter Druck zu setzen. In dem Brief wird erneut Adenauers kurzfristige, auf die Wahlen ausgerichtete Perspektive deutlich: »Ich darf ganz offen sein und Ihnen sagen, dass Herr Erhard sicher vorzügliche Eigenschaften hat, dass er aber gern dazu neigt, gepackt von der Fülle der Ideen, die er in sich trägt, sich etwas schnell einer neuen Aufgabe zuzuwenden. Die Aufgabe ›Preise und Löhne‹ ist aber die vordringlichste, und Sie müssen ihn mit eisernen Ketten an die Aufgabe während der nächsten Monate festbinden.«[155]

Da in vielen Ländern Wahlen und, noch wichtiger, die Wahl zum ersten bundesweiten Parlament, dem Bundestag, näher rückten, drängte die CDU der britischen Zone darauf, eine klare Plattform für die Partei zu schaffen. Zu diesem Zweck wurde am 24. und 25. Februar 1949 ein weiteres Treffen in Königswinter veranstaltet. Erhard umschrieb in einer Rede seine Politik ausführlich und griff die SPD scharf an. Er begann damit, dass gerade staatliche Planung zu den Problemen geführt hätte, mit denen die deutsche Wirtschaft nunmehr zu kämpfen habe. Die Lösung heiße Freiheit. Insbesondere müssten die Preise frei sein, damit die Wirtschaft wachsen könne und damit eine gerechte Verteilung des Wohlstands eintrete. Er verkündete, die soziale Marktwirtschaft sei der einzige Weg zu wirtschaftlichem Aufschwung. Wiederum erläuterte er, dass er damit keine Rückkehr zu einem primitiven Liberalismus meine, sondern eine Wirtschaftsordnung, in der die Regierung den Wettbewerb überwache. »Die Planwirtschaft«, rief Erhard aus, »ist das Unsozialste, was es überhaupt gibt, und nur die Marktwirtschaft ist sozial.«[156] Der Anteil des Volksvermögens, der dem Verbrauch gewidmet werde, sei in einer Marktwirtschaft stets größer. »Jede Planwirtschaft beruht auf der Vorstellung, dass irgendeine Behörde so weise sein kann und dass sie einen so großen Apparat hat mit Statistiken usw., dass es möglich ist, besser als das Volk selbst zu entscheiden, was dem Volke frommt. ... Was da herauskommt, ist vollendeter Unfug im wirtschaftlichen Sinne. Und was auf der sozialen Ebene herauskommt, ist nicht Harmonie, sondern das ist das Chaos und die Tyrannei. ... Wem das Wohl des Volkes am Herzen liegt, der darf nicht Planwirtschaft, sondern muss die soziale Marktwirtschaft mit allen Fasern seines Herzens herbeisehnen.«[157] Erhard führte seinen Zuhörern vor Augen, dass die Wirtschaft den Bedürfnissen der Verbraucher dienen müsse. Folglich sei es überhaupt nicht nötig, Investitionen in die Schwerindustrie zu fördern, die traditionelle deutsche Linie, die viele Anwesende im Raum unterstützten. Stattdessen solle der Konsumgütersektor ausgeweitet werden. Das würde nicht nur die wahre Nachfrage befriedigen; es würde auch die Demokratisierung der deutschen Gesellschaft einen großen Schritt voranbringen. Um das zu erreichen, sollte den Bürgern erlaubt werden, so zu sparen, wie es ihnen am günstigsten erschien. Erhard behauptete: »Deshalb gibt es nur ein vernünftiges und gerechtes Mittel, das den Sparer auch wirklich in den Genuss seines Konsumverzichtes kommen lässt, und das ist die freie Spartätigkeit, die freie Kapitalbildung. Hier zeichnen sich die marktwirtschaftlichen Grundsätze als die sozial gerechtesten ab.«[158] Genau wie Adenauer wollte auch Erhard, dass Kleinsparer, insbesondere Arbeiter, ein kleines Vermögen erwarben, damit sie auch an der Gesellschaft teilhatten, eine Beteiligung, die sie nie zuvor gekannt hatten. Er beruhigte auch alle jene, die fürchteten, die Wirtschaft könne überhitzen, und meinten, es gebe eine Grenze für das Wachstum. In einer Marktwirtschaft gebe es keine Wachstumsgrenze, sagte er ihnen. Das Potenzial für die Schaffung von Wohlstand sei unbegrenzt.

Viele Zuhörer ließen sich von Erhards Rede mitreißen. Andere hatten jedoch ihre Zweifel. Adenauer griff in dieser gespannten Situation ein. Unmittelbar nach den letzten Worten Erhards stellte Adenauer lakonisch fest, »dass die Prinzipien, die Herr Erhard uns dargelegt hat und nach denen er arbeitet und handelt, wirklich gute Prinzipien sind«.[159] Danach wurde ein Ausschuss unter Franz Etzel ernannt, der gemeinsam mit Erhard seine Äußerungen in ein Parteiprogramm ummünzen sollte. Nachdem der Ausschuss im Frühjahr diese Aufgabe erledigt hatte, nahm die Partei am 15. Juli 1949 förmlich das neue Programm an. Das Programm, das als Düsseldorfer Leitsätze bekannt wurde, erklärte, dass das Ziel der CDU-Wirtschaftspolitik ein freies Volk sei, in einer Ordnung, die ein Höchstmaß an wirtschaftlichem Nutzen und sozialer Gerechtigkeit mit Absicherungen für die Schwachen verspreche. Die Verbraucher konnten souverän entscheiden, und es sollte sich ein echter Wettbewerb um ihre Gunst entfalten. Die Regierung sollte ein geordnetes Geldsystem gewährleisten, um eine Inflation zu verhindern. Auf diese Weise könnten mit Hilfe des Preismechanismus Waren effektiv und gerecht zugewiesen werden. Der Staat würde die wirtschaftliche Ordnung errichten und bewahren, die Rechte des Einzelnen schützen und den Wettbewerb fördern. Ferner würde er über die Geld-, Handels-, Steuer-, Investitions- und Sozialpolitik intervenieren, Kartelle verbieten und Monopole überwachen sowie für die Überwachung der Geldmenge sorgen. Das Programm unterstrich die Auffassung, dass unternehmerische Freiheit im Verein mit unternehmerischer Verantwortung der Gesellschaft insgesamt zugute komme. Die Regierung werde sich nicht in die Aushandlung von Arbeitsverträgen einmischen. Die Leitsätze erwähnten mit keinem Wort Sozialhilfeprogramme oder die Umverteilung von Vermögen.[160] Sie waren Ausdruck von Erhards Konzept, ein Wirtschaftswachstum über den freien Wettbewerb als Weg zur Lösung sozialer Probleme anzusehen. Erhards Version des »dritten Weges« war von der CDU formal als eigene politische Linie übernommen worden. Die CDU hatte sich damit zur sozialen Marktwirtschaft bekannt, und Erhard hatte sich zur CDU bekannt, auch wenn er nicht in die Partei eintrat.

Die Akzeptanz der Düsseldorfer Leitsätze und der Wahlkampf zum ersten Bundestag markierten zugleich den Höhepunkt der Beziehung zwischen Erhard und Adenauer. Adenauer war nüchtern und arbeitete viel besser in geschlossenen Sitzungen. Erhard hingegen war ein begabter Redner, der eine Botschaft zu verkünden wusste. Er wurde schon bald zum beliebtesten Wahlkämpfer der CDU. Das machte Adenauer Kopfzerbrechen, er nahm sich vor, seinen wertvollen Bundesgenossen so bald wie möglich in die Schranken zu weisen.[161] Erhard trat im Wahlkampf ebenso häufig mit der FDP auf wie für die CDU. Seine Entscheidung, unter dem Banner der CDU statt der FDP für den Bundestag zu kandidieren, war problematisch und enttäuschte seine Freunde bei den

Freidemokraten. Doch Erhard hatte erkannt, dass die CDU eine viel geeignetere Ausgangsbasis für die Verwirklichung seiner Vision bot als die kleine FDP. Folglich trat er als Direktkandidat für die CDU in dem Wahlkreis Ulm/Heidenheim im damaligen Bundesland Württemberg-Baden an. Bei den Bundestagswahlen vom 14. August 1949 wurde er mit 40 Prozent der Stimmen in seinem Bezirk gewählt. Eine neue Phase seiner politischen Laufbahn hatte begonnen.

KAPITEL 4

Zwischen Wissenschaft und Politik

1949–1953

Die Behauptung, Ludwig Erhard habe nach 1948 den Rest seiner Karriere in der Defensive verbracht, enthält durchaus ein Körnchen Wahrheit. Zumindest gelang ihm kein weiterer Durchbruch mehr. Er erreichte einiges, jedoch nichts mehr in der Größenordnung der Liberalisierung des Marktes vom Juni 1948. Zudem musste er eine Reihe schwerer Rückschläge hinnehmen. Der Grund dafür liegt auf der Hand: Erhard blieb isoliert. Nur sehr wenige Menschen in der deutschen Öffentlichkeit – und, was noch wichtiger ist, wenige Politiker – akzeptierten seine ökonomischen Vorstellungen, ja, die meisten verstanden sie nicht einmal. Besonders schwer wog, dass er innerhalb der CDU nie eine Mehrheit hinter sich hatte. Adenauer unterstützte Erhard nur, wenn alles glatt lief. Traten Probleme auf, änderte er unverzüglich seinen Kurs. Erhard trieben seine Überzeugungen. Adenauer dagegen ließ sich von kurzfristigen innenpolitischen Überlegungen leiten, mit fortschreitenden Jahren jedoch auch von außenpolitischen. Erhard, der eigentlich seinen Weg weiterverfolgen wollte, verbrachte daher einen Großteil seiner Zeit damit, den Boden, den er bereits erobert hatte, zu verteidigen. Einer seiner Mitarbeiter im Wirtschaftsministerium sagte Jahre später: »Wir hatten auch danach sehr oft den Eindruck, dass achtzig Prozent unserer Arbeitsenergie darauf gerichtet werden musste, Unfug zu verhüten.«[1]

Bei der Bildung des ersten Bundeskabinetts arbeitete Erhard eng mit Adenauer zusammen. Es war keine einfache Aufgabe.

Eine starke, von Karl Arnold aus Nordrhein-Westfalen, Peter Altmeier aus Rheinland-Pfalz und Christian Stock aus Hessen angeführte Gruppierung am linken Flügel der CDU wollte eine große Koalition mit der SPD bilden. Weil aber ein demokratisches System auf die Wahl zwischen Parteien mit unterschiedlichen politischen Ansichten angewiesen ist und weil die CDU und ihre Partner eine, wenn auch kleine, Mehrheit erlangt hatten, war es widersinnig, eine große Koalition zu bilden, wenn sich Westdeutschland zu einer lebensfähigen Demokratie entwickeln sollte. Adenauer lehnte eine große Koalition mit der SPD ab, weil er mit seiner Partei die neue Regierung bilden wollte und weil er die SPD für unchristlich hielt. Erhard unterstützte Adenauer, allerdings aus ganz persönlichen Motiven. Seine Wirtschaftsphilosophie war völlig unvereinbar mit den kollektivistischen Idealen der SPD. Durchaus zutreffend stellte er fest, dass eine Stimme für die CDU in den vorangegangenen Wahlen eine Stimme für seine Wirtschaftspolitik war. Eine Koalition mit der SPD war für ihn daher unvorstellbar. Damit lagen die beiden führenden Figuren der CDU, Adenauer und Erhard, auf einer Linie. Adenauer bediente sich Erhards und seiner klaren Absage an eine große Koalition, um sich selbst an die Macht zu manövrieren.

Als Adenauer in den ersten Kabinettsverhandlungen zum Ausdruck brachte, dass er Erhard als Wirtschaftsminister haben wollte, willigte Erhard gerne ein. Er erhoffte sich eine für alle wirtschaftspolitischen Fragen zuständige Position, doch Adenauer hatte nicht die Absicht, einem seiner Minister Macht und Prestige abzutreten. Er wollte Erhard und alle anderen Minister seinem Willen unterwerfen; sie sollten keine eigenen Ziele verfolgen, sondern Adenauer dienen. Als deutlich wurde, dass Erhard mit der Regierungsbeteiligung der CDU Wirtschaftsminister werden würde, ging die SPD freiwillig in die Opposition. Diese Entscheidung hatte weitreichendere Folgen, als es Schumacher damals ahnte. In Bonn traf sich Adenauer am 19. August 1949 mit seinen engsten politischen Verbündeten und gewann ihre Unterstützung für die Berufung Erhards. Einen Tag später reisten Adenauer und Erhard nach Frankfurt am Main, um weitere Kabinettsverhandlungen zu führen. Sie trafen den CSU-Vorsitzenden und bayerischen Ministerpräsidenten Hans Ehard sowie weitere Vertreter Bayerns. Schnell willigten sie ein, dass Adenauer Kanzler und Erhard Wirtschaftsminister werden solle; Theodor Heuss sollte das Amt des Bundespräsidenten übernehmen. In diesem und den folgenden Gesprächen gab es keinerlei Widerstand gegen Erhards Nominierung.

Adenauer schloss nun seine vorbereitenden Manöver ab. Am 21. August 1949 lud er rund 30 prominente Persönlichkeiten aus CDU und CSU in sein Haus in Rhöndorf ein. Adenauer und Erhard betonten gemeinsam, eine Koalition mit der SPD komme nicht in Frage. Adenauer unterstützte ausdrücklich Erhards Politik der sozialen Marktwirtschaft. Die Anwesenden waren sich einig, dass Erhard Wirtschaftsminister und Adenauer Kanzler werden solle, und trafen ihre Wahl für die übrigen Kabinettsposten. Wie das erste Bundeskabinett aussehen sollte, stand somit bereits vor der konstituierenden Sitzung des Bundestags fest. Nur um sicherzugehen, dass aus den Bundesländern keine Überraschungen mehr kamen, trafen sich Erhard und Adenauer am Monatsende mit den Ministerpräsidenten, den Landesparteivorsitzenden und den Parlamentspräsidenten der Bundesländer, um ihnen ihre Politik zu erläutern. Wieder lehnte Erhard die Bildung einer großen Koalition ab und griff die SPD aufs Schärfste an. Nach einer Reihe weiterer Winkelzüge wurde Erhard am 20. September 1949 zum Bundeswirtschaftsminister der ersten Regierung Adenauer ernannt. Für die erste Legislaturperiode nahm er sich vor, die Konvertibilität der D-Mark durchzusetzen, um den freien Handel zu erleichtern, die Kapitalbildung und den Wiederaufbau der Industrie voranzutreiben und ein Kartellverbotsgesetz zu verabschieden.[2]

Bei der Durchsetzung seiner legislativen Ziele stieß Erhard auf erhebliche Schwierigkeiten. Zum Teil lag das daran, dass sich sein Verhältnis zu Adenauer änderte. Gleich nach der Regierungsbildung pochte Adenauer auf seine Macht. Er achtete Erhard zwar als Ökonomen, hatte aber, wie wir gesehen haben, Zweifel an seiner Fähigkeit, ein Amt zu führen, und er hatte keinerlei Hemmungen, ihn politisch zu benutzen. Erhard dagegen bewunderte Adenauer, weil er seine soziale Marktwirtschaft unterstützte und ihm zu politischer Popularität verholfen hatte. Ihm war zunächst nicht bewusst, dass Adenauer in erster Linie Pragmatiker war. Der Kanzler war nicht bereit, zugunsten der Philosophie des freien Marktes Abstriche an seiner Macht hinzunehmen oder die politische Zukunft des Kabinetts zu gefährden. Adenauer pochte darauf, dass Erhard sich ihm unterstellte und sein Ministerium nach seinen Vorgaben leitete. Dies trübte schon bald das Verhältnis zwischen den beiden Männern. Erhard akzeptierte nur widerwillig, dass er lediglich einer von mehreren Ministern im Kabinett war, die sich allesamt Adenauers Diktat zu beugen hatten.

Einer der auffälligsten Unterschiede zwischen Erhard und Adenauer war ihre Arbeitsweise. Adenauer huldigte einem soliden Fleiß. In Köln und später in der CDU reüssierte er, nicht weil er ein besonders genialer Kopf gewesen wäre, sondern weil er sorgfältig die Akten studierte und sich gründlich vorbereitete, ehe er ans Werk ging. Er verstand es meisterhaft, widerstrebende Parteimitglieder zu umwerben und sich ihre Unterstützung zu sichern. Kurz: Adenauer hatte seine Karriere auf harter Arbeit, Detailversessenheit und einer gewissen Rücksichtslosigkeit begründet. Erhard war ein völlig anderer Mensch. Kuno Ockhardt, der 1948 das Presseamt der Sonderstelle Geld und Kredit unter Erhard bekleidete, sagte: »Das Einmalige an dieser Zusammenarbeit war, dass Ludwig Erhard kein Mann von Befehlen oder Aufträgen war; er äußerte Wünsche, gab Anregungen und ließ jeden für sich und auch gemeinsam seine Tätigkeit ausüben.«[3]

Im Gegensatz zu Adenauer scheute Erhard die Schreibtischarbeit und machte einen weiten Bogen um Memoranden. Er interessierte sich für die grundlegenden theoretischen Fragen zur

Weichenstellung in der Wirtschaft und überließ seinen Mitarbeitern die Büroarbeit, die detaillierten Berichte, Memoranden und Mitarbeiterbesprechungen. Er kümmerte sich nicht um die Vorbereitung von Programmen, Studien und Organisationsplänen. Seine Philosophie führte ihn weg von diesen Dingen. Erhard hatte weder Neigung noch Begabung für das Mikromanagement, das er für nutzlos hielt. Da er die Freiheit des Individuums schätzte, waren Pläne in seinen Augen überflüssig. Planwirtschaft führte seiner Ansicht nach in den wirtschaftlichen Ruin; daher sah er auch keine Notwendigkeit, solche Pläne selbst auszuarbeiten, und er machte einen Bogen um die technokratischen und ökonomischen Methoden des Berichtens und Planens. Wenn die Planwirtschaft an den Problemen der deutschen Wirtschaft schuld gewesen war, warum sollte er sie dann fortsetzen? Erhard wollte die Planung auf ein Minimum reduzieren und den einzelnen Haushalten und Unternehmen erlauben, selbst zu planen. Erhards Kritiker verstanden – damals wie heute – nicht, dass seine angebliche Inkompetenz und Trägheit Ausdruck seiner Philosophie waren. Die Planwirtschaft war das Problem, nicht die Lösung. Erhard nutzte daher seine Zeit viel lieber dafür, die Botschaft des freien Marktes in die Öffentlichkeit zu tragen, als über Akten zu brüten.[4]

Erhard war nicht der Typ des politischen Schacherers, der für den Aufbau einer soliden Regierungsmehrheit notwendig ist, während Adenauer diese Kunst meisterhaft beherrschte. Er war nicht einmal Mitglied der CDU. Nicht, dass er die Hinterbänkler der Partei verachtete – er interessierte sich schlicht nicht für sie, weil sie in seinen Augen zu kleinkarierte Ansichten vertraten. Außerdem wollte er sich seine politische und geistige Unabhängigkeit bewahren. Das führte dazu, dass er mit Adenauer immer wieder in Konflikt geriet. Dabei ging es stets darum, dass Erhard in einer Kabinettssitzung eine Politik scheinbar billigte oder tolerierte, die er später in der Öffentlichkeit kritisierte. Auch griff er öffentlich seine Kabinettskollegen an, was Adenauer besonders missfiel. Adenauer war mehr an Kabinettsdisziplin gelegen und daran, dass zumindest der Anschein innerer Harmonie gewahrt wurde, als daran, im philosophischen Sinne »Recht« zu haben.[5]

Dieses eigentümliche Verhalten Erhards erklärt zu einem großen Teil, warum er seine legislativen Ziele nicht erreichte. In Verhandlungen mit Widersachern machte er häufig um der Harmonie willen Zugeständnisse oder redete Differenzen zwischen ihm und seinen Gesprächspartnern klein. Diese meinten nun, Erhard habe ihre Position übernommen, was keineswegs zutraf. In für ihn nebensächlichen Punkten gab Erhard darüber hinaus tatsächlich oft nach, um den philosophischen Kern seines Programms zu bewahren. Auch das führte zu Missverständnissen, Verzögerungen und Rückschlägen. Alles in allem erkannten Gegner und Freunde schnell, dass Erhard bei einem Streit nicht auf seinen Ansichten beharrte, und schlossen daraus, dass er zum Kompromiss bereit sei, wenn er mit entschlossener Opposition konfrontiert wurde.[6]

Dieses Verhalten Erhards änderte sich nie. Doch er erkannte bald, dass er und Adenauer vom Wesen her verschieden bis zur Unvereinbarkeit waren. Seinem Staatssekretär Ludger Westrick sagte er einmal, Adenauer sei ein Mann mit gotischem Temperament, während er eher dem Barock zuneige.[7]

Als Erhard Wirtschaftsminister wurde, war er mit einer ganzen Reihe neuer Herausforderungen konfrontiert. Als Mitglied von Vershofens Institut, als Wirtschaftsminister von Bayern und als Direktor der Verwaltung für Wirtschaft in der Bizone hatte Erhard bereits mit internen bürokratischen Aufgaben zu tun gehabt. Doch das war nichts verglichen mit den erbitterten Kämpfen, die im Bundeskabinett stattfanden. Adenauer hatte sein Kabinett nicht nach funktionalen Gesichtspunkten zusammengestellt; vielmehr sollte es die politische Machtverteilung innerhalb der Koalition widerspiegeln. Einige von Erhards Kollegen, etwa der bayerische Finanzminister Fritz Schäffer, waren Meister der Intrige und der sturen, eigennützigen Gegenwehr. Sie ergötzten sich an Memorandumsschlachten und Zuständigkeitsrangeleien, die Erhard verabscheute. Er musste daher eine ganze Reihe lästiger Kämpfe ausfechten, um seine Autorität als Minister zu wahren.

Seine erste Enttäuschung erlebte Erhard in Zusammenhang mit seinem Bekannten Franz Blücher von der FDP. Um die FDP in den Koalitionsverhandlungen zufrieden zu stellen, schuf Adenauer ein Ministerium für die Angelegenheiten des Marshallplans, weil er Blücher eine Stellung verschaffen und Erhard die Flügel stutzen wollte. Außerdem ernannte er Blücher zu seinem Vizekanzler. Erhard war verstimmt, weil er nun nicht für den Kontakt zur Economic Cooperation Administration (ECA) verantwortlich war, dem Amt in Paris, das den Marshallplan umsetzen sollte. Er argumentierte völlig zutreffend, dass es großen Einfluss auf die Entwicklung seiner sozialen Marktwirtschaft haben würde, wie der Marshallplan realisiert wurde. Das traf umso mehr zu, als die Alliierten eine umfassende Planwirtschaft forderten, die Erhard ablehnte. Daher schrieb Erhard am 24. November 1949 einen Brief an Adenauer, in dem er seine Meriten und seine ökonomische Kompetenz noch einmal betonte. Dies, so meinte er, müsse Adenauer überzeugen, ihm die Verantwortung für den Marshallplan zu übertragen oder doch zumindest Blücher dem Wirtschaftsministerium zu unterstellen.[8] Aus politischen Gründen jedoch geschah nichts dergleichen.

Erhard musste sich stattdessen auch noch gegen den Vorstoß Blüchers zur Wehr setzen, einen Kabinettsausschuss für die Koordination der Wirtschaftspolitik zu bilden, den selbstverständlich Blücher leiten sollte. Erhard befürwortete zwar prinzipiell die Einsetzung eines solchen Ausschusses, doch den Vorsitz wollte er selbst übernehmen. Die beiden Minister stritten so heftig miteinander, dass Adenauer vorerst einschritt. Erhard versicherte Adenauer, er allein sei in der Lage, die soziale Marktwirtschaft zu verwirklichen.[9] Diese Behauptung war durchaus begründet. Blücher repräsentierte das von der FDP unterstützte, organisierte Unternehmertum. Die Unternehmer wiederum waren Gegner des freien Wettbewerbs. Auch andere Kabinetts- und CDU-Mitglieder waren durchaus bereit, zur Planwirtschaft zu greifen, um soziale Ziele zu erreichen und das Einkommen umzuverteilen – beides war Erhard ein Gräuel, unvereinbar mit seinem Verständnis der sozialen Marktwirtschaft.[10]

Vor allem aber musste Erhard einen heftigen Disput mit Finanzminister Fritz Schäffer über die Verantwortlichkeit für die Geld- und Kreditpolitik führen. Im November 1949 ging Erhard zum Angriff über. Er argumentierte, wieder völlig zutreffend, dass seine Ziele nur zu erreichen seien, wenn er die Geld- und Kreditpolitik gestalten könne. Zinssätze und Wechselkurse seien wichtige Instrumente, um die Wirtschaft auf Wachstumskurs zu bringen sowie freie Preise und freien Handel durchzusetzen. Diese Haltung fand überwältigende Unterstützung. Der Wirtschaftsminister war traditionell für diese Bereiche zuständig. Der Präsident der Bank deutscher Länder, Wilhelm Vocke, unterstützte daher Erhards Forderung. Auch eine Gruppe einflussreicher Politiker innerhalb der Koalition, der so genannte Niederbreisiger Kreis, stand hinter ihm, darunter Hugo Scharnberg und Franz Etzel von der CDU, Viktor Emanuel Preusker und Hans Ilau von der FDP sowie Christian Kuhlemann von der DP. Auch die Mehrheit des Bundestags und des Bundesrats unterstützte Erhard. Dennoch zögerte Adenauer. Er war der Ansicht, dass das Wirtschaftsministerium kaum mit den Aufgaben fertig wurde, die es bereits zu schultern hatte, ganz zu schweigen von der zusätzlichen Last, die Erhard übernehmen wollte. Das Gerangel zog sich daher über zwei Jahre hin. Schließlich, im März 1952, nachdem Westdeutschland 1950 und 1951 eine Wirtschaftskrise durchlaufen hatte, übertrug Adenauer Erhard die Verantwortung über das Geld- und Kreditwesen.[11]

In den Monaten nach der Wahl sah sich Erhard einer Reihe von Problemen gegenüber, die sich unmittelbar auf seine wirtschaftlichen Ambitionen auswirkten und darüber hinaus illustrierten, wie wenig Unterstützung er hatte. Die Art, wie Erhard diese

Erhard und Adenauer mit den drei westlichen Hohen Kommissaren. Links außen John McCloy (USA), in der Mitte Sir Ivonne Kirkpatrick (Großbritannien) und ganz rechts André François-Poncet (Frankreich), im September 1950 in Bonn

Probleme anging, bescherte ihm Kritik aus allen Bereichen des politischen Spektrums. Ende 1949 und Anfang 1950 bremste eine Inflation die westdeutsche Wirtschaft, während die Arbeitslosenrate unerfreulich hoch blieb. Erhard war sich sicher, dass sich dieses Problem durch das Wirtschaftswachstum nach und nach erledigen würde. Doch die Alliierten waren skeptisch. Die ECA und die Alliierte Hohe Kommission warfen Erhard vor, dass er nicht genug gegen die Arbeitslosigkeit unternehme. Am 19. April 1950 äußerte der Hohe Kommissar, der US-Amerikaner John J. McCloy, schwere Vorbehalte gegen Erhards Politik.[12] Adenauer, dem an einem guten Verhältnis zu den Besatzungsmächten gelegen war, schloss sich der Kritik an. Seine Zweifel an Erhard wurden so groß, dass er den Rat externer Fachleute einholte. Adenauer unterhielt intensive Kontakte zu Geschäftsleuten, etwa seinem langjährigen Freund Robert Pferdmenges oder dem Direktor der

Deutschen Bank, Hermann Josef Abs. Diesmal jedoch wandte er sich an den namhaften Wirtschaftsprofessor Wilhelm Röpke, dessen Zeitungsartikel er besonders erhellend fand. Röpke untersuchte die westdeutsche Wirtschaftspolitik und die wirtschaftliche Entwicklung und reichte Adenauer im April 1950 einen Bericht ein, in dem er Erhards Ansatz leidenschaftlich verteidigte. Röpke stützte Erhards Forderung nach einer Zuständigkeit für das Geld- und Kreditwesen und betonte, die Verantwortung für die Wirtschaftspolitik müsse in den Händen des Wirtschaftsministers liegen. Die wirtschaftliche Erholung in der Bundesrepublik sei, so Röpke, in erster Linie auf Erhards Liberalisierung der Märkte zurückzuführen. Eine Währungsreform ohne Freigabe der Preise hätte nicht ausgereicht. Röpke bezeichnete Erhards Politik als »großartigen Erfolg«.[13]

Doch das Trommelfeuer der Kritik machte es Erhard selbst mit Röpkes prominenter Unterstützung schwer, sich durchzusetzen. Erhard wollte die Verantwortung über das Geldwesen haben, weil er die Deutsche Mark für überbewertet hielt. Der hohe Wert der D-Mark hinderte die deutschen Unternehmen am Abschluss von Exportverträgen und erhöhte im Ausland die Preise für deutsche Importe. Aufgrund dieser beiden Faktoren hatte es die Bundesrepublik schwer, ihre Außenhandelsbilanz auszugleichen. Erhard wollte daher die D-Mark abwerten. Gestützt wurde seine Forderung dadurch, dass die Briten Anfang September 1959 beschlossen, das Pfund Sterling um 30 Prozent abzuwerten. Erhard schlug für die D-Mark 20 Prozent vor. Die Franzosen protestierten mit Unterstützung der Amerikaner, weil eine so massive Abwertung ihren Exportfirmen einen Wettbewerbsnachteil bringen würde. Am 24. September 1949 werteten die Deutschen die D-Mark um 20,7 Prozent ab. Die D-Mark war nun 23,8 US-Cent wert, ein Dollar lag bei 4,20 DM. Erhard war damit vollkommen zufrieden.[14] Dieser Schritt hatte allerdings einen Nebeneffekt. Um der Furcht vor steigenden Brotpreisen zu begegnen, sicherte Erhard den westdeutschen Bauern Hilfen zu und bewies damit einmal mehr, dass er mit seiner Ablehnung staatlicher Eingriffe in den Markt durchaus nicht immer konsequent war.[15]

Ein heikler Punkt war für Erhard in den Monaten der Regierungsbildung auch die Arbeitslosigkeit. Als sich die Unternehmen an die neue Situation mit einer harten Währung gewöhnt hatten und um den wahren Wert der Arbeit wussten, stieg mit dem Ansturm von Flüchtlingen aus der Sowjetzone nach Westdeutschland die Arbeitslosenrate an. Als Erhard im September 1949 sein Amt übernahm, betrug sie 8,8 Prozent, im Februar 1950 lag sie bereits bei 13,5 Prozent.[16] Diese Entwicklung stieß bei der SPD und der ECA auf heftige Kritik. Die Alliierten fürchteten, die Arbeitslosigkeit könnte zu Unruhen führen, die in einer sozialen Revolution gipfelten. Erhard war daher gezwungen, ein Arbeitsmarktprogramm zusammenzuschustern. Anfang 1950 schnürte er ein Paket aus vorhandenen Programmen, das den Wohnungsbau, den Aufbau der Deutschen Bundesbahn und Bundespost, eine Stützung des Exports sowie Hilfen für kleine und mittlere Unternehmen einschloss. Die Bank deutscher Länder erleichterte die Kreditaufnahme, um den Geldfluss in die deutsche Wirtschaft zu erhöhen. Erhard hatte diese Maßnahmen zunächst abgelehnt, ihnen aber dann widerstrebend zugestimmt, um die seiner Überzeugung nach kurze Krise zu überwinden und Konflikte mit den Alliierten zu vermeiden. So wurden zwei Arbeitsbeschaffungsprogramme beschlossen, eines im Februar, ein zweites im Juni 1950. Von den insgesamt 1,5 Milliarden DM, die für die beiden Programme veranschlagt waren, wurden nur 950 Millionen tatsächlich in den Haushalt eingestellt.[17] Auch dies illustriert, dass Erhard so wenig wie möglich unternahm, weil er überzeugt war, dass der Markt die Geldmittel weit effektiver einsetzen könne als der Staat und das Problem sich in Kürze von allein lösen werde. Unter den Alliierten und den Deutschen einschließlich Adenauers herrschte dagegen die tiefe Überzeugung vor, dass man kurzfristigen Wirtschaftsproblemen mit staatlichen Maßnahmen begegnen könne. Bevor jedoch die Programme Wirkung zeigen konnten und die vom Koreakrieg ausgelöste Belebung zum Tragen kam, begann die Arbeitslosenquote schon wieder zu sinken.[18]

Auch ein zweites Arbeitsmarktthema bereitete Erhard Probleme. Die Gewerkschaften unter dem nationalen Dach des von Hans Böckler geleiteten Deutschen Gewerkschaftsbundes wollten in der Unternehmenspolitik gern ein Wörtchen mitreden. Dieser Wunsch entsprang ihrer Überzeugung, dass Arbeit Werte schaffe. Seit den zwanziger Jahren hatten die Gewerkschaften auf dieses Ziel hingearbeitet und bereits einige Fortschritte in Richtung paritätische Mitbestimmung gemacht. Infolge des Zusammenbruchs der deutschen Währung und des Schwenks in der Regierungspolitik Ende 1923 und Anfang 1924 war die Entwicklung jedoch ins Stocken geraten. Nun erholte sich die Wirtschaft, die Gewerkschaften fürchteten einen wachsenden Einfluss der Unternehmer und wandten sich diesem Thema wieder zu. Erhard lehnte die Mitbestimmung ab. Die Eigentümer mussten seiner Ansicht nach zur Gründung und zum Ausbau ihrer Unternehmen Risiken auf sich nehmen und sollten daher auch die alleinige Kontrolle haben. Er leugnete die, wie man sie später bezeichnete, *stakeholder rights*, ja die bloße Vorstellung, dass neben den Eigentümern noch andere Ansprüche geltend gemacht werden könnten. Erhard hielt die Mitbestimmung für unvereinbar mit dem freien Markt.[19] Doch Adenauer stellte christliche und politische Überlegungen über die wirtschaftliche Vernunft und handelte am 11. Januar 1951 einen Kompromiss mit Böckler aus. Adenauers Ziel war es, den sozialen Frieden zu sichern und zumindest einen Teil der Arbeiterschaft von der SPD auf seine Seite zu ziehen. Im Mai wurde ein Mitbestimmungsgesetz verabschiedet, das den Arbeitern fünf Sitze im Vorstand der Kohle- und Stahlunternehmen garantierte. Erhard lehnte dieses Gesetz ebenso ab wie später dessen Ausweitung auf andere Industrien. Im Jahr 1952, als auch die Arbeiter anderer Sektoren ein Recht auf Mitbestimmung bekamen, wurde er jedoch erneut überstimmt.[20]

Erfolgreicher war Erhard bei der Umsetzung seiner Ideen auf

dem Gebiet der Steuerpolitik – gegen den hartnäckigen Widerstand von Finanzminister Fritz Schäffer. Schäffer war in erster Linie an einem ausgeglichenen Haushalt gelegen, ein Ziel, das Erhard aus vollem Herzen unterstützte. Doch dass Schäffer auch die Staatseinnahmen steigern wollte, missbilligte Erhard scharf. Schäffer versuchte eine Rücklage zu bilden, um den Staat für wirtschaftlich unsichere Zeiten zu wappnen und irgendwann in der Zukunft den Aufbau einer bundesdeutschen Armee zu finanzieren. Erhard hielt dies für unnötig vorsichtig und fürchtete, das Anhäufen eines Überschusses werde das knappe Kapital aus der Industrie abziehen.

Zwischen 1949 und 1951 war die Steuerpolitik des Bundes darauf ausgerichtet, die Selbstfinanzierung der Unternehmen zu fördern, um Investitionen zu erleichtern. Als die Wirtschaft 1951 bis 1953 erstarkte, förderte der Bund durch eine differenzierte Besteuerung von Unternehmensgewinnen die Außenfinanzierung, also die Erleichterung der Aufnahme von Darlehen sowie den Verkauf von Aktien und Obligationen.[21] Ein im August 1949 erlassenes Gesetz regelte, wie die Unternehmen ihre Aktiva in den neuen, durch die Währungsreform notwendig gewordenen Bilanzen aufführen mussten. Das Gesetz erlaubte es ihnen, das Betriebsvermögen niedriger zu bewerten und rasch abzuschreiben, sodass Geld für Investitionen frei wurde und die effektiven Vermögenssteuern sanken. Im April 1951 senkte das Bundeskabinett die Einkommenssteuer, doch leider legte die Alliierte Hohe Kommission ihr Veto ein. Schäffer schlug nun vor, die Mehrwertsteuer auf Luxusgüter anzuheben, um die Einnahmen zu steigern. Erhard widersprach ihm nicht; der Vorschlag wurde im Kabinett angenommen und später als Gesetz verabschiedet. Im Juni 1951, als die Furcht vor einer Überhitzung der Volkswirtschaft wuchs, wurden die Unternehmenssteuern und die Umsatzsteuer angehoben. Nach der Verabschiedung mehrerer Gesetze über Hilfen für Rentner, Kriegsversehrte und andere soziale Gruppen stiegen die Staatsausgaben an. Im Oktober wollte Schäffer neue Verbrauchssteuern einführen, um ein Haushaltsdefizit zu verhindern. Erhard widersprach, es bestehe keine Notwendigkeit, den Konsum zu drosseln. Das Kabinett billigte jedoch Schäffers Vorschlag und verabschiedete die Steuererhöhung. Dass die Wirtschaft wuchs, die Arbeitslosenquote fiel und die Inflation niedrig blieb, stärkte Erhards Position. Er konnte daher das Kabinett im Juni 1953 überzeugen, die Einkommenssteuer um 15 Prozent zu senken. In den vorangegangenen drei Jahren hatten Erhard und Schäffer mit Hilfe zahlreicher Ausnahmen bei der Besteuerung von Unternehmen und Arbeitnehmern Anreize zum Sparen und Investieren gegeben. Das Lastenausgleichsgesetz beispielsweise, das Menschen helfen sollte, die infolge des Krieges und der Währungsreform Immobilien und Eigentum verloren hatten, sollte Flüchtlingen aus dem Osten und vielen anderen eine Steuererleichterung bringen. Diese Steuernachlässe zur Ankurbelung der Wirtschaft führten trotz der Verbrauchssteuererhöhungen Schäffers zu einer guten Verdoppelung der Investitionen zwischen 1950 und 1955.[22] Die Westdeutschen verzeichneten eine der höchsten Sparraten aller westlichen Industrieländer. Dies war umso erstaunlicher, als die deutschen Sparer in jüngerer Zeit gleich zweimal ihr Kapital verloren hatten: 1923 und noch einmal 1948. Ein besseres Zeichen für das Vertrauen der Westdeutschen in die neue Regierung und in Erhards Politik ist kaum vorstellbar.

Großen Erfolg konnte Erhard auch bei der Liberalisierung des internationalen Handels verbuchen. Zwischen Herbst 1949, als die Bundesregierung ins Amt kam, und Juni 1950, als der Koreakrieg seine Bemühungen unterbrach, gelang es Erhard, die Zollbarrieren für den deutschen Handel erheblich zu reduzieren. Erhard und seine Mitarbeiter brachten die Verhandlungen zu den bilateralen Freihandelsvereinbarungen voran und bemühten sich um die Mitgliedschaft in multilateralen Handelsorganisationen. Erhard unterstützte außerdem den Ausbau des Osthandels innerhalb der Grenzen, die Adenauer außenpolitisch gesetzt hatte. So forderte Erhard Steuererleichterungen für Unternehmen, die Ge-

Schaufensterdekoration Anfang der 1950er Jahre

schäfte in den Ostblockstaaten tätigten. Schäffer und die Alliierten hielten diesen Schritt für diskriminierend. Ein Ausschuss prüfte die Angelegenheit, was zu einer langen Verzögerung führte. Erhard setzte sich im Oktober 1950 überdies für die Bildung eines Ostausschusses im Bundesverband der Deutschen Industrie (BDI) ein, um den Handel mit dem Osten zu fördern. Er sah im Osthandel nicht nur die Wiederaufnahme traditioneller Geschäftsbeziehungen, sondern hoffte auch, auf diesem Weg in der Bundesrepublik benötigte Waren zu bekommen, ohne die knappen Dollarreserven anzugreifen.[23] Gegen den Osthandel sprachen die Spannungen zwischen der Sowjetunion und den Alliierten ebenso wie das Bestreben der Bundesrepublik, auf internationalem Parkett als einziger Vertreter deutscher Interessen aufzutreten und Ostdeutschland zu isolieren. Geschäfte mit der DDR hätten diese Politik natürlich unterlaufen. Daher entwickelte sich der Handel mit dem Osten nicht in dem Ausmaß, wie Erhard sich das wünschte. Dennoch hatte Westdeutschland bis zum Frühjahr 1950 bereits 60 Prozent der Waren für den ungehinderten Grenzverkehr freigegeben, und Erhard wollte diesen Anteil weiter steigern.

Die schwierige, jedoch relativ überschaubare Situation wurde durch den Ausbruch des Koreakrieges kompliziert. Der nordkoreanische Angriff auf Südkorea am 25. Juni 1950 zog eine Reihe von Ereignissen nach sich, die gravierende Auswirkungen auf die westdeutsche Wirtschaft hatten. Die Alliierten wollten nun das Steuer wieder übernehmen; das gefährdete Erhards Reformen und die soziale Marktwirtschaft. Gleichzeitig wurden deutsche Waren stärker nachgefragt, sodass die deutsche Wirtschaft schneller wuchs. Diese Entwicklung wurde durchaus mit Skepsis betrachtet. In der Bundesrepublik fürchteten viele, das rasante Wirtschaftswachstum könne aus dem Ruder laufen und Inflation und soziale Unruhen auslösen. Erhard war sich dieser Gefahren bewusst. Ihm wäre es lieber gewesen, wenn die Wirtschaft ohne kriegsbedingte Marktverzerrungen gewachsen wäre.

In Westeuropa löste der Koreakrieg Panikkäufe aus, weil die Menschen fürchteten, dass der Angriff der Kommunisten in Fernost nur ein Vorspiel zu einem sowjetischen Überfall auf Westdeutschland sein könnte. Diese Befürchtungen wurden von der Behauptung der Amerikaner geschürt, der nordkoreanische Angriff sei Teil eines weltumspannenden, von Moskau koordinierten Versuchs, die freie Welt zu unterwerfen. Gleichzeitig hoben die USA und ihre Alliierten ihre Verteidigungsausgaben an, um die militärischen Operationen in Korea zu unterstützen. Das führte zu einer spürbar steigenden Nachfrage nach Rohstoffen und Industrieerzeugnissen. Bei bundesdeutschen Unternehmen gingen so viele Aufträge ein, dass die Preise für Rohstoffe, Energie und Arbeit stark stiegen. All dies führte zu einem deutlichen Preisanstieg. Dadurch wuchsen in Westdeutschland die Exporte und in noch stärkerem Maß die Importe. Dies wiederum veranlasste die Alliierten, die SPD und viele Mitglieder der Regierungskoalition, staatliche Intervention in Form von Preiskontrollen und der Zuteilung von Produktionsmitteln zu fordern. Es entstand, wie ein FDP-Bundestagsmitglied es ausdrückte, ein »Hunger nach Programmen«.[24]

Erhard war sich über die Gefahren ebenso wie über die Chancen, die sich aus der Situation ergaben, völlig im Klaren. In einem Memorandum an seine Mitarbeiter im Wirtschaftsministerium, das er Mitte September 1950 verfasste, umriss er weit blickend die Zukunft. Aus Furcht vor der Inflation würden Forderungen laut werden, die Wirtschaftsordnung zu ändern. Die Lösung der westdeutschen Probleme bestehe jedoch darin, die Exporte um mindestens die Hälfte zu steigern. Dies werde einen Preisanstieg im Inland und Schwierigkeiten mit der Zahlungsbilanz verhindern. Langfristig sei es das wichtigste Ziel, eine Rückkehr zur Planwirtschaft zu verhindern und den freien Markt zu schützen. Dies erfordere Flexibilität.[25] Selbst an diesem Punkt sah Erhard keine Notwendigkeit für eine Steuerung der kurzfristigen wirtschaftlichen Entwicklungen. Lediglich eine stabile und angemessene Wirtschaftsordnung wollte er gewährleisten. Die Verteilungsprobleme werde der Markt selbst lösen.[26] In den letzten Monaten des Jahres 1950 stieg die Produktion dramatisch an, und die Arbeitslosigkeit ging zurück. Die Exporte schossen in die Höhe, doch das Gleiche galt für die Importe,[27] was zu einer Zahlungsbilanzkrise führte.

Nur wenige Wochen zuvor, am 1. Juli 1950, war eine neue Organisation gegründet worden, um den europäischen Staaten in Sachen Devisen unter die Arme zu greifen. Die Europäische Zahlungsunion (EZU) sollte gegen die mangelnde Konvertibilität von Währungen angehen, indem sie bei der Bereinigung von Salden aus dem internationalen Handel zwischen den europäischen Ländern half. Dies sollte den Handelsverkehr zwischen den 17 Mitgliedsstaaten fördern und verhindern, dass sie mit den USA und anderen Ländern Handel trieben, die ihre Salden in Dollar ausglichen.[28] Eines der anhaltendsten Probleme der ersten Nachkriegsjahre war die Dollarknappheit der europäischen Staaten, die sich daraus ergab, dass keine Waren und Dienstleistungen an die USA verkauft werden konnten. Dies wiederum erschwerte den Einkauf bei US-Firmen und führte zur »Dollarlücke«. Das Problem ergab sich aus der Rückständigkeit vieler europäischer Exporteure in den Bereichen Technik und Management, aber auch aus den amerikanischen Importbeschränkungen und den US-Bestimmungen, nach denen alle Transaktionen in Dollar abgewickelt werden mussten. Die EZU wollte den Handel fördern und kämpfte gegen die Dollarknappheit und die fehlende Konvertibilität aller Währungen, die Folge des Protektionismus vieler Staaten war. Für jedes Land wurden die Salden monatlich abgerechnet. Außerdem erhielten die Mitglieder einen Kreditrahmen, der ihnen über die Zeit half, in der nicht alle Salden bereinigt werden konnten. Einige Länder häuften auf ihren EZU-Konten hohe Summen an, andere verschuldeten sich tief. Die Bundesrepublik Deutschland war eines der Länder, die in Rückstand gerieten. Das westdeutsche Handelsdefizit war seit Anfang 1950 mit dem Wirtschaftswachstum zurückgegangen. Doch im Sommer 1950 begann es wieder anzusteigen und erreichte im letzten Quartal seinen Höhepunkt. Westdeutschland hatte eine Außenhandelsquote von 320 Millionen Dollar und eine multilaterale Kreditlinie von 200 Millionen Dollar. Im Frühherbst lief das Land Gefahr, seine Quote zu übersteigen.[29]

Die Verantwortlichen auf alliierter und westdeutscher Seite reagierten nur langsam auf diese Veränderungen. Wie wir gesehen haben, war sich Erhard des drohenden Problems wohl bewusst. Die neue Situation rechtfertigte nach seinem Dafürhalten nicht die Abkehr von seiner freien Marktordnung, doch er war bereit, Maßnahmen zu ergreifen, um ein Überhitzen der Wirtschaft zu verhindern. Im Sommer 1950 vereinbarte er mit Wilhelm Vocke von der Bank deutscher Länder eine Kreditrestriktion, um der Bundesrepublik durch weiterhin stabile Preise einen Exportvorteil zu verschaffen.[30] Die BdL begann nun die Geldmenge zu verknappen, indem sie die Mindestreserve für Banken zum 1. Oktober 1950 anhob. Gleichzeitig ging die ECA von einer Politik der Wirtschaftsankurbelung zu einer der Restriktion über. Zwei Wochen später begrenzte die BdL die Importe, indem sie den Unternehmen, die im Ausland kaufen wollten, abverlangte, auf ihre Bestellungen 50 Prozent Vorauszahlung in ausländischer Währung zu leisten. Gleichzeitig verschärfte sie die Kreditbedingungen weiter. Die Alliierten fürchteten zusehends, dass Westdeutschland sein Außenhandelskontingent übersteigen könnte; die Folgen wären Inflation, Importbeschränkungen und soziale Unruhen. Am 20. Oktober 1950 beauftragte die EZU daher den Briten Alec Cairncross und den Schweden Per Jacobsson mit einer Untersuchung der westdeutschen Wirtschaftspolitik. Einen Monat später reichten sie einen Bericht ein, in dem sie Erhards Linie stützten und die Meinung vertraten, dass sich das Problem mit der Zeit von allein lösen werde. Erhard hätte es selbst nicht besser formulieren können. Weil aber die Alliierten Befürchtungen hegten und Taten sehen wollten, griff nun Adenauer ein. Auf seine Initiative nahmen er und Erhard am 26. Oktober an einer Sitzung des Zentralbankrats der Bank deutscher Länder teil. Auf dieser Sitzung zeigte sich Adenauer erneut uneins mit seinem Wirtschaftsminister. Erhard und die Direktoren der Bank sprachen sich für eine Anhebung der Zinssätze aus, um eine Überhitzung der Wirtschaft zu verhindern. Adenauer hielt die Arbeitslosigkeit für das größere Problem und erhob Einspruch.

Mitte November 1950 war das bundesdeutsche Zahlungsbilanzproblem akut geworden. Die Alliierten und nun auch Adenauer befürchteten das Schlimmste. Erhard dagegen blieb gelassen. Er war überzeugt, dass das Problem mit Hilfe der EZU und des Wirtschaftswachstums in Deutschland, insbesondere im Exportbereich, gelöst werden würde. Am 14. November gewährte die EZU der Bundesrepublik eine Kreditverlängerung, um ihr über die unausgeglichene Zahlungsbilanz zu helfen. Im Gegenzug mussten die Deutschen zu Erhards Enttäuschung der EZU einen Plan zur Wirtschaftsstabilisierung vorlegen. Erhard reichte schon

Ende November sein Programm ein. Die EZU erweiterte daraufhin das Außenhandelskontingent und gewährte der Bundesrepublik bis Ende April 1951 einen Kredit von 120 Millionen Dollar.[31]

Erhard sah während dieser Zeit nie Anlass zur Panik und konzentrierte sich darauf, zu bewahren, was er in den letzen beiden Jahren entwickelt hatte. In einer Rede am 22. Oktober 1950 auf dem CDU-Parteitag versicherte Erhard, die Kredit- und Importrestriktionen seien temporär und dienten dem Schutz der sozialen Marktwirtschaft.[32] Vier Tage später stellte Erhard in einem internen Memorandum für das Wirtschaftsministerium eine Strategie mit vier staatlichen Eingriffen vor. Er sprach sich für eine Erhöhung der Abschreibungssätze für Exporteure aus, eine Steuersenkung auf Gewinne aus Exportgeschäften, eine Erhöhung des Umsatzsteuerfreibetrages und eine Unterstützung der Unternehmen durch Senken oder Vorstrecken der Devisensteuer. Schäffer lehnte alle vier Maßnahmen ab; Erhard dagegen hielt sie für notwendig, um der Bundesrepublik über ihr Devisenproblem zu helfen. Auch sollte die Exportindustrie seiner Ansicht nach ihren Schwerpunkt verlagern. Er zeichnete eine Art Landkarte für die späteren Exporterfolge Westdeutschlands und forderte eine stärkere Konzentration auf Konsumgüter, die erstklassige Preise erzielen könnten. Diese höherwertigen Waren würden die Exporteinkünfte und Unternehmensgewinne steigern, mehr Arbeitsplätze schaffen und eine größere wirtschaftliche Stabilität bringen. Erhard wollte, dass das Land seine Exporte verdoppelte, und bot den Unternehmen staatliche Hilfe an.[33] Dem Kabinett präsentierte er seine Politik am 7. November. Blücher unterstützte ihn, doch Schäffer, der um keinen Preis Steuereinnahmen verlieren wollte, lehnte die Maßnahmen ab.[34]

Mit der Verlängerung der EZU-Kredite und der Ausweitung der westdeutschen Exporte wollte Erhard das Devisenproblem in den Griff bekommen. Doch das erwies sich als falsch. Die Importe wuchsen so schnell, dass die Bank deutscher Länder Mitte Februar 1951 Erhard mitteilen musste, der EZU-Kreditrahmen sei praktisch erschöpft. Dies zwang Erhard und die BdL erneut zum Handeln. Widerstrebend drehte Erhard die Liberalisierung des Handels zurück, indem er einige Produkte wieder auf die Sperrliste setzte. Anfang März legte Erhard der aus dem Marshallplan hervorgegangenen Organisation für europäische wirtschaftliche Zusammenarbeit (OEEC) einen überarbeiteten Stabilisierungsplan vor. Die OEEC hieß im Juni den Plan gut und half den Westdeutschen bei der Steigerung ihrer Exporte und der Beschränkung ihrer Importe. Bis Ende März 1951 hatte Westdeutschland bei der EZU ein Defizit von 451 Millionen Dollar angehäuft.[35] Die sich verschärfenden Zahlungsbilanzprobleme zogen eine Krise in der westdeutschen Kohleindustrie nach sich. Erhard hatte diesen Bereich für nicht so heikel gehalten – ganz im Gegensatz zu den Alliierten und Adenauer.

Die Kohleproduktion war im Zuge von Erhards Reformen im Juni 1948 nicht liberalisiert worden. Vor allem die Ruhrkohleindustrie blieb unter alliierter Kontrolle. Die andere große Kohleregion an der Saar stand unter französischer Verwaltung. Die Kohlepreise waren gebunden, sodass nur geringe Gewinne gemacht und kaum Investitionen getätigt wurden. Die Alliierten setzten die Produktionsmengen fest und forderten von den Westdeutschen bestimmte Kohlemengen als Reparationsleistung. Gleichzeitig wollten die Alliierten die Schwerindustrie an der Ruhr umstrukturieren, indem sie Unternehmen auflösten und den Kohleabbau von der Eisen- und Stahlproduktion trennten. Infolgedessen gab es in der Bundesrepublik keinen freien Markt für die wichtigste Energiequelle: die Kohle. Daraus resultierte eine Kohleknappheit, die wiederum die Eisen- und Stahlproduktion einschränkte. All dies illustrierte geradezu klassisch die in Erhards Augen unvermeidlichen Folgen der Planwirtschaft. Die Schuld für die Kohleknappheit wurde jedoch Erhard in die Schuhe geschoben.

Erhard strebte nach einer kurzfristigen Lösung des Problems, indem er die Alliierten um eine Reduzierung der Kohlelieferungen an sie um 15 Prozent bat. In einem Treffen am 9. Dezember 1950 konnte er jedoch nur eine Senkung um fünf Prozent erreichen, was zur Überwindung der Krise nicht ausreichte. Mittlerweile waren die Lieferungen an Privathaushalte stark zurückgegangen, und einige Fabriken mussten wegen Brennstoffmangels die Produktion einstellen, sodass soziale Unruhen drohten. Erhard schlug vor, seine Politik der Förderung von Investitionen in der Konsumgüterindustrie zu modifizieren, indem er die Verbraucher besteuerte und einen Investmentfonds für die Sektoren Kohle, Eisen und Stahl bildete. Das Kabinett lehnte diesen Plan ab, während sich Erhard gegen direkte Subventionen aussprach.[36] Nun stattete ihn das Kabinett mit einer Macht aus, die er gar nicht wollte. In einem am 9. März 1951 verabschiedeten Gesetz wurde Erhard ermächtigt, Rohstoffe zu rationieren. Adenauer regte derweil an, dass die Industrie selbst die Umverteilung des Kapitals in der Schwerindustrie vornehmen solle. Erhard lehnte es zwar prinzipiell ab, die Durchführung öffentlicher Aufgaben privaten Organisationen zu übertragen, doch in diesem Fall ließ er der Industrie den Vortritt. Auch wenn es den freien Markt einschränkte, so argumentierte er, so sei es immer noch besser, wenn das Unternehmertum seine Probleme selbst löse, als wenn der Staat interveniere. Er war zuversichtlich, dass die von den Unternehmen ergriffenen Maßnahmen nicht von Dauer sein würden. Daher stimmte er am 9. März der Ernennung Otto A. Friedrichs von der Phoenix AG als Rohstoffberater der Bundesregierung zu. Am 15. März traf sich Adenauer mit den Industrieführern, um zu sondieren, zu welchen Maßnahmen sie bereit waren. Im April legte die Industrie Adenauer über ihre Spitzenorganisation, den BDI, einen Plan vor. Man wollte eine Organisation gründen, die Kapital von der Konsumgüterindustrie zu den Kohle-, Eisen- und Stahlproduzenten verlagern sollte. Erhard ließ seinen eigenen Sparplan schnell fallen und unterstützte diesen Plan. Durch diesen privaten Mechanismus wurde schließlich eine Milliarde D-Mark umverteilt. Die Ironie wollte es, dass die Gelder aufgrund von

Verzögerungen beim BDI und anderen Organisationen, die zunächst Streitigkeiten unter ihren Mitgliedern schlichten mussten, erst im Sommer 1952 flossen. Besonders heftig wehrten sich die Konsumgüterproduzenten. Der BDI und seine Verbündeten wollten sich in ihrem Handeln überdies auf ein Gesetz stützen, das jedoch erst am 18. Januar 1952 verabschiedet wurde. Die Ironie lag nun darin – und Erhard war sich dessen sehr wohl bewusst –, dass diese quasistaatlichen Maßnahmen erst griffen, als der Engpass bei der Produktion von Kohle bereits überwunden war.[37]

Der Engpass und die Umverteilung von Kapital durch Unternehmensmechanismen war für alle Beteiligten eine Niederlage. Die Maßnahmen kamen zu spät, um sich auf die Krise, die sie lösen sollten, überhaupt auszuwirken. Der Rückgriff auf traditionelle kooperative Maßnahmen durch die Industrie war für Erhard, der ja versuchte, die Wirtschaft völlig von Absprachen zu befreien, ein schwerer Rückschlag. Und es überrascht nicht, dass Erhards gleichzeitiges Bemühen, Kartelle gesetzlich zu verbieten und die Macht marktbeherrschender Unternehmen zu begrenzen, bei der Industrie auf heftigen Widerstand stieß und auch bei Adenauer wenig Unterstützung fand. Der Verlauf dieser Krise bewies jedoch einmal mehr Erhards Behauptung, dass eine Planwirtschaft, egal ob durch den Staat oder private Organisationen, ineffektiv ist. Es mangelte ihm lediglich an politischem Geschick, diesen philosophischen Sieg auch zu seinem Vorteil zu nutzen. Ja, der Sieg verwandelte sich für ihn in eine politische Niederlage. Sein Vorstoß, in Westdeutschland einen wirklich freien Markt zu schaffen, wurde gebremst, und die soziale Marktwirtschaft wich in der Praxis einen weiteren Schritt von dem Ideal ab, das er gemäß seiner Theorie hatte erreichen wollen.[38]

Die Auseinandersetzungen um die Devisen- und Kohleproblematik führten dazu, dass die Alliierten und insbesondere die Amerikaner massiv gegen Erhards Politik des freien Marktes vorgingen. Dies wiederum löste eine ernsthafte Konfrontation zwischen Erhard und Adenauer aus. Dass die Amerikaner den Angriff gegen Erhard anführten, war nicht weiter überraschend. Ihre eigene Regierung hatte seit Anfang der dreißiger Jahre immer häufiger in die amerikanische Wirtschaft eingegriffen. Roosevelts *New Deal*, die wirtschaftlichen Steuermechanismen, die im Zweiten Weltkrieg eingeführt worden waren, um die Produktion zu steigern, sowie Trumans *Fair Deal* hatten den freien Markt in den USA Beschränkungen unterworfen. Zum Teil war das auf den wachsenden Einfluss von »Sozialingenieuren« unter den so genannten »Liberalen« in den USA zurückzuführen, die man in Deutschland als gemäßigte Sozialdemokraten bezeichnet hätte. Darüber hinaus herrschte in allen Lebensbereichen die technokratische Sichtweise vor, alle menschlichen Probleme seien grundsätzlich lösbar. Erhard war dieses Denken ein Gräuel.

Im September 1950 teilte Erhard in einer Rundfunkansprache den deutschen Radiohörern mit, dass er philosophische und politische Angriffe auf die soziale Marktwirtschaft für bedrohlicher halte als steigende Rohstoffpreise.[39] Die Alliierten setzten derweil ihren Dauerbeschuss fort. Mitte Oktober kritisierte die Alliierte Hohe Kommission Erhards Politik in Sachen Außenhandelsbilanzdefizit.[40] Erhard verteidigte seine Position in einem Zeitungsartikel, indem er darauf verwies, dass die Planwirtschaft gescheitert war, wo immer man es mit ihr versucht hatte. Nur »primitive Gemüter« könnten die Lösung der aktuellen Probleme in einer umfassenderen Planung sehen.[41] In einer weiteren Rundfunkansprache äußerte er unverhohlen Zweifel daran, dass die Preiskontrollen, die die Amerikaner ihrer eigenen Wirtschaft auferlegt hatten, Wirkung zeigen würden. Er hoffe aus Loyalität, dass sie Erfolg hätten, doch er sei skeptisch.[42] Erhard war keineswegs eingeschüchtert.

Nun feuerten die Amerikaner eine gewaltige Salve auf Erhard ab. Am 6. März 1951 schrieb John J. McCloy, der amerikanische Hohe Kommissar für Deutschland, Adenauer einen Brief, in dem er die Bundesrepublik aufforderte, eine Verwaltung zur Wirtschaftssteuerung aufzubauen, um die Produktion von Kriegsgerät und verwandten Gütern zu erhöhen. Insbesondere forderte er die Zuteilung knapper Güter und die Kontrolle strategisch wichtiger Handelswaren sowie importierter, für die Verteidigung benötigter Rohstoffe. Außerdem verlangte er die Erstellung von Prioritätenlisten für den Import lebenswichtiger Waren und den Export von für die NATO-Verteidigung wichtigen Gütern. Er forderte die Bundesregierung auf, die Versorgung der Besatzungstruppen mit höchster Priorität zu sichern. Und schließlich sollten die Deutschen das Kreditvolumen im Inland reduzieren, damit ausschließlich wichtige Projekte durchgeführt wurden.[43] Adenauer reagierte umgehend und plante Maßnahmen, um die Forderungen der Alliierten zu erfüllen. Erhard unterstützte zwar den Krieg der Alliierten in Korea, gab aber seine wirtschaftlichen Ideale nicht so schnell auf. In einer Bundestagsdebatte zur Wirtschaftskontrollgesetzgebung der Regierung am 14. März verteidigte Erhard die freie soziale Marktwirtschaft. Basisdemokratische Rechte wie die Freiheit, sich selbst einen Arbeitsplatz auszusuchen und sein Geld nach eigenem Gusto auszugeben, müssten bewahrt werden. Ferner behauptete er kühn, dass die Engpässe, über die sich die Alliierten beschwerten, ihren eigenen Kontrollen zuzuschreiben seien. Er räumte ein, dass die Regierung Maßnahmen werde ergreifen müssen, doch seien diese zeitlich befristet. In klarem Widerspruch zu dem Geiste, der aus McCloys Brief sprach, vertrat er die Ansicht, dass der Krieg lediglich eine unerwünschte Unterbrechung darstelle und die Prinzipien des freien Marktes unbedingt zu verteidigen seien.[44] Adenauer war vor den Kopf gestoßen.

In den folgenden Tagen schusterte Erhards Ministerium in Zusammenarbeit mit anderen Ministerien und Adenauers Kanzleramt eine Antwort an McCloy zusammen. Am 27. März 1951 schickte man ihm einen detaillierten Plan. Darin wurde auch auf das Gesetz verwiesen, das Erhard das Recht zur Intervention in Wirtschaftsfragen gab – ein Privileg, das er weder wünschte noch ausübte. Man erwähnte die Bildung eines Bundesamtes zur Überwachung der Warenströme in der westdeutschen Wirtschaft und die Einsetzung eines interministeriellen Ausschusses für die Koordination der Wirtschaftspolitik. Man wolle Prioritätenlisten einführen, um die Importe zu kontingentieren und Kredite zu beschränken. Die Handelsliberalisierung solle zurückgefahren und ein Rangsystem etabliert werden, um die angemessene Versorgung der alliierten Besatzungstruppen in Westdeutschland sicherzustellen.[45] Bemerkenswert an diesem Brief ist, dass er eher kosmetischer als substanzieller Natur war. Die meisten Maßnahmen waren entweder bereits angelaufen oder aber geplant. Erhard war McCloys Schlag geschickt ausgewichen. Er tat so wenig wie möglich und wartete ab, dass der Markt die Probleme von selbst löste.[46] Mit Adenauers Attacken umzugehen, erwies sich als schwieriger.

Adenauer zweifelte an Erhards Kompetenz als Organisator. Er stand schon seit Ende 1949 Erhards Wirtschaftspolitik und Methoden zunehmend skeptisch gegenüber. Als ein Entwurf zum Kartellgesetz, den Erhards Ministerium vorbereitete, an die Presse durchsickerte, sah sich Adenauer veranlasst, persönlich an Erhard zu schreiben: »Ich habe nicht den Eindruck, dass Ihr Ministerium organisatorisch so gestaltet und personaliter so besetzt ist, dass eine ruhige und Ihnen und den Intentionen der Bundesregierung entsprechende Fortführung der Geschäfte gewährleistet ist, wenn Sie abwesend sind.«[47] Adenauer griff Erhard nicht direkt an, doch da Erhard oft unterwegs war, war klar, was er meinte.

Am 17. Oktober 1950 griff Adenauer das Thema der häufigen Reisen Erhards in einer offenen Kabinettssitzung erneut auf, während Erhard in Italien weilte. Ein hochrangiger amerikanischer Offizier in der Alliierten Hohen Kommission, so Adenauer, habe ihm mitgeteilt, dass Erhard nicht den Erwartungen der Alliierten in puncto Dekonzentration und Dekartellisierung entspreche. Die Mitglieder der Kommission forderten Adenauer auf, seine Position zu erläutern, da sie das Vertrauen in Erhard verloren hätten. Daraufhin beauftragte Adenauer Schäffer, die Geschäftsführung des Wirtschaftsministeriums zu überprüfen.[48] Auf dem Höhepunkt der Devisen- und Kohlekrise teilte Adenauer dann dem Bundesausschuss der CDU mit, er gedenke diese Probleme mit allen erforderlichen Mitteln zu lösen.[49] Damit distanzierte er sich klar von Erhard. Wenig später schrieb er an Heuss, die optimistischen wirtschaftspolitischen Voraussagen des Ministers Erhard seien nicht eingetroffen. Sein Ministerium habe die wirtschaftspolitische Entwicklung nicht genügend übersehen und die notwendigen Gegenmaßnahmen nicht getroffen.[50] Am Monatsende tat er Erhard seine Unzufriedenheit direkt kund. Er forderte den Wirtschaftsminister auf, in seinen öffentlichen Äußerungen vorsichtiger zu sein. Auch war er der Meinung, dass Erhard gegenüber dem Engpass bei der Kohleproduktion zu optimistisch sei, und er kritisierte abermals die Ineffizienz des Wirtschaftsministeriums.[51]

Ende Februar 1951 wurde Adenauer schließlich aktiv. Er wollte jemanden ins Wirtschaftsministerium schleusen, der dessen Effizienz steigern und ein Auge auf Erhard haben sollte. Deshalb ernannte er Ludger Westrick zu Erhards Staatssekretär. Westrick blickte auf eine lange und erfolgreiche Karriere in der Industrie zurück, war bei der Vereinigte Aluminium AG gewesen und Finanzdirektor bei der Deutschen Kohlenbergbau-Leitung. Dabei hatte er sich den Ruf der Verlässlichkeit und Diskretion erworben.[52] Zu Adenauers Pech war Westrick von Erhard beeindruckt, obgleich er sich der Schwächen seines neuen Chefs durchaus bewusst war. Westrick wurde ein loyaler Mitarbeiter Erhards und weigerte sich, Adenauer Bericht über ihn zu erstatten.

Nun wandte sich Adenauer wieder der Bildung eines Kabinettsausschusses für die Koordination der Wirtschaftspolitik zu. Am 16. Februar 1951 informierte er das Kabinett, dass er einen Koordinationsausschuss für Wirtschaftsfragen gründen wolle. Den Vorsitz solle Friedrich Ernst übernehmen, ein Berliner Bankier, der bereits Kritik an Erhards Politik geübt hatte. Mit diesem Schritt wollte Adenauer Erhards Macht schmälern und in die Hände eines Mannes verlagern, dem er vertraute. Das Kabinett begrüßte Adenauers Idee, bezweifelte aber, dass Ernst der richtige Kandidat für den Vorsitz war. Erhard betonte, es sei ein Fehler, einem vom Kanzler bestellten Unabhängigen die Autorität über einen Minister des Kabinetts zu geben. Adenauer akzeptierte dieses Argument und ernannte Ernst als Bürochef für Wirtschaftsfragen im Bundeskanzleramt. Ernst verschwand bald wieder von der Bildfläche.

Nun empfahl Adenauer, Blücher zum Vorsitzenden des Kabinettsausschusses zu ernennen. Erhard lehnte auch diesen Vorstoß ab und schlug im Gegenzug Adenauer selbst als Ausschussvorsitzenden vor.[53] In einem Brief an Erhard akzeptierte Adenauer am 4. März 1951 Erhards Vorschlag.[54] Da Adenauer nur selten an den Ausschusssitzungen, die in Blüchers Ministerium stattfinden sollten, teilnehmen wollte, hätte künftig Vizekanzler Blücher meist den Vorsitz übernommen. Bei diesem Arrangement blieb es zwei Wochen lang.

Dann hielt Erhard eine Rede vor der Industrie- und Handelskammer in Frankfurt am Main, in der er seinen Anspruch auf die alleinige Zuständigkeit für die Bundeswirtschaftspolitik geltend machte. Dies veranlasste Adenauer zu einem denkbar bissigen und kritischen Brief. Er begann: »Ihr ganzes Verhalten ist unmöglich. Ich muss Ihnen mein ernstes Befremden aussprechen.« Er ließ Erhard wissen, kein Minister habe das Recht, die Regierungspolitik oder andere Minister öffentlich zu kritisieren. Er machte Erhard für die Wirtschaftsprobleme des Landes verantwortlich und warf ihm vor, den Engpass bei der Kohle nicht vorhergesehen zu haben, bei der Dekartellisierung zu versagen und sein Ministerium mangelhaft zu führen. Aus diesem Grund habe er Erhard auch die Verantwortung für das Geld- und Kreditwesen sowie den Vorsitz über den Koordinationsausschuss vorenthalten. Er wies Erhard an, sein Wirtschaftsministerium neu zu organisieren, mehr Zeit in seine Aufgaben als Minister zu investieren und sich in seinen Reden stärker zurückzuhalten.[55] Dies war auch der Moment, in dem Adenauer Westrick zum Staatssekretär ernannte.

Erhard verschwendete keine Zeit mit Selbstrechtfertigungen. Es ist wirklich beachtlich, dass er nicht umgehend zurücktrat. Adenauer hatte nicht nur das Vertrauen in ihn verloren, sondern ihn auch beleidigt. Erhard aber harrte auf seinem Posten aus, weil er überzeugt war, dass seine Politik richtig und er der Einzige sei, der sie zum Erfolg führen könne. In einem Brief, den er Adenauer noch am gleichen Tag schrieb, bestritt Erhard, für undichte Stellen verantwortlich zu sein oder in der Öffentlichkeit irgendetwas Neues gesagt zu haben. Er forderte noch einmal die Zuständigkeit für das Geld- und Kreditwesen und beschuldigte Schäffer als Verursacher des Problems. Er bot Adenauer den Rücktritt an, wenn er das wünsche. Doch er erinnerte den Kanzler daran, dass er über eine unübertroffene Kompetenz in Wirtschaftsfragen verfüge und über ein Konzept, das mit Sicherheit Erfolg haben werde.[56] Am darauf folgenden Tag, kurz vor einer Kabinettssitzung, griff Adenauer Erhard verbal an. Erhard weigerte sich, zurückzutreten und seine Politik zu ändern, und blieb der Sitzung fern. Adenauer ruderte zurück und bestand nicht weiter auf Erhards Rücktritt. Auf der Kabinettssitzung wurde nun formal der Ausschuss für die Koordination der Wirtschaftspolitik eingerichtet. Erhard sprach sich in einem Brief an Adenauer dagegen aus. Als der Ausschuss am 19. April 1951 zum ersten Mal tagte, war auch Erhard anwesend.[57]

Zu diesem Zeitpunkt hatte sich die Situation bereits dramatisch verändert. Erhard hatte Recht behalten. Sowohl die Wirtschaft im Ganzen als auch die Exportzahlen im Besonderen waren rasch gewachsen. Der Industrieproduktionsindex war von 107 (1936 = 100) im zweiten Quartal 1950 auf 137 im zweiten Quartal 1951 geklettert. Er nahm weiter rapide zu und erreichte Ende 1953 die Marke 160. Die Arbeitslosenrate fiel, da der Bedarf nach Arbeitskräften rasant stieg. Im zweiten Quartal 1951 wurde die Außenhandelsbilanz positiv. Innerhalb weniger Jahre entwickelte sich Westdeutschland von einem der größten Schuldner in der EZU zu einem der größten Gläubiger und häufte einen gewaltigen Außenhandelsüberschuss an.[58] Im Oktober 1951 trat die Bundesrepublik im Zuge dieser verbesserten Situation dem Allgemeines Zoll- und Handelsabkommen (GATT) bei. Gleichzeitig lockerte die Bank deutscher Länder ihre Geldpolitik. Im Januar 1952 kehrte Erhard zur Handelsliberalisierung zurück. Bereits zum April 1952 gelangten 77 Prozent der Waren zollfrei über die deutschen Grenzen.[59]

Trotz seiner Erfolge in den Bereichen Handel, Devisen und Investitionen lagen noch schwierige Aufgaben vor Erhard. Das Kartellverbot, eines der wichtigsten Gesetzesvorhaben, das für ihn höchste Priorität hatte und für die Umsetzung seiner wirtschaftlichen Ideale unumgänglich war, stieß auf heftigen Widerstand. Für Erhard war, wie schon dargestellt, das Kartellverbot die Grundvoraussetzung für den Aufbau eines freien Marktes, in dem die Verbraucher von ihren Kaufentscheidungen maximal profitieren. Die Alliierten hatten ein Gesetz verkündet, das Kartelle verbot und die Entflechtung marktbeherrschender Konzerne vorsah. Die Westdeutschen wurden aufgefordert, ein eigenes Gesetz zu verabschieden, um das alliierte Statut zu ersetzen. Dieser Vorgang hatte bereits vor der ersten Regierungsbildung begonnen. Erhard verwarf jedoch den ersten Entwurf Jostens und anderer Neoliberaler. Nun begann die Entwurfsphase zu einem Gesetz, das auch eine Chance hatte, verabschiedet zu werden, und das gleichzeitig Erhards Wünschen entsprach. Was die Größe seiner Aufgabe, insbesondere innerhalb der Koalition, betraf, gab sich Erhard keinen Illusionen hin. »Ich stehe allein«, sagte er.[60]

Die Arbeit an dem neuen Entwurf begann Anfang Oktober 1949 und war gegen Ende des Monats beendet. Die erste Version sah noch kein strenges Kartellverbot vor. Erhard skizzierte seinen Mitarbeitern in einem Memorandum vom 4. November daher noch einmal seine Vorstellungen. Es sei »höchste Zeit«, so Erhard, das Kartellverbotsgesetz in den Bundestag einzubringen. Er ziehe den Josten-Entwurf mit seinem rigorosen Kartellverbot einem Gesetz vor, das sich lediglich gegen den Missbrauch von Kartellen wende. Nur die politischen Realitäten hätten ihn gezwungen, es zurückzuziehen. Nun wolle er einen Entwurf, der ein Kartellverbot vorsehe und gleichzeitig der Opposition den Wind aus den Segeln nehme. Er schloss: »Ich halte diese Frage für das Problem Nr. 1 und werde mich deshalb auch persönlich stark darum bekümmern.«[61]

Die Industrie wehrte sich umgehend und heftig. Am 17. November 1949 traf sich Erhard mit Vertretern der Großindustrie, um die Kartellfrage zu diskutieren. Erhard bat sie um Mithilfe beim Entwurf der Kartellgesetzgebung. Die Industrievertreter kritisierten Erhards Ideen und führten alle Argumente ins Feld, die sie auch in den folgenden sieben Jahren vorbringen sollten. Sie warnten Erhard vor einer dogmatischen Umsetzung seiner Theorien. Sie zögen die Gesetzeslage vor der NS-Zeit vor, als der Staat lediglich strafrechtlich gegen Kartelle vorgehen konnte, wenn sie ihre Position missbrauchten. Die Missbrauchsdefinition war vage gewesen. Die Vertreter der Wirtschaft behaupteten, Kartelle schützten kleine und mittlere Unternehmen – ein in Deutschland gängiges Argument. Kartelle seien darüber hinaus notwendig, um die internationale Wettbewerbsfähigkeit des Landes zu verbessern; auch dieses Argument klang stichhaltig, weil es in die Zeit passte. Sie lehnten die staatliche Regulierung von Kartellen rundum ab und bezeichneten die Landwirtschaft, die Erhard im Juni 1948 nicht den Gesetzen des freien Marktes unterworfen hatte, als Modell dafür, wie mit der produzierenden Industrie zu verfahren sei. Kartelle seien grundsätzlich positiv zu bewerten, weil die Industrie ihre Position nur in Ausnahmefällen missbrauche. In solchen Fällen, in denen die Selbstregulierung misslinge, könne die Regierung eingreifen. Die Wirtschaft wollte also nach eigenem Gusto den Wettbewerb beschränken können. Erhard blieb hartnäckig bei seiner Position und erinnerte seine Gesprächspartner daran, dass Kartelle den Markt verzerren. Der Entwurf, den sein Ministerium vorbereite, werde auf den Prinzipien des freien Marktes fußen. Handelsbeschränkungen würden die Ausnahme sein, nicht die Regel. Er werde nur einem Gesetz auf der Grundlage dieser Regeln zustimmen. Die Industrievertreter flüchteten sich nun in das Argument, sie seien aufgrund ihrer Eigentumsrechte in der Lage, nach eigenem Ermessen Verträge abzuschließen, auch solche zur Wettbewerbsbeschränkung. Erhard antwortete, diese Lösung sei politisch nicht möglich. Der bundesdeutsche Markt müsse frei sein, und um dies zu erreichen, müsse das Gesetz alsbald verabschiedet werden.[62]

In diesem Gespräch wurden die Fronten abgesteckt. Die Industrie wollte gar kein Kartellgesetz oder, wenn es denn eins geben musste, eine lose Regelung, die Kartelle zuließ und nur ihren Missbrauch verbot. Den Industrievertretern gingen die Eigentumsrechte über die freien Märkte. Erhard dagegen wollte Kartelle völlig eliminieren. Die Zerschlagung marktbeherrschender Unternehmen interessierte ihn weniger; er wollte einen Markt mit Wettbewerb und einem funktionierenden Preismechanismus. Er teilte durchaus die Ansicht, dass die Eigentumsrechte geschützt werden müssen, allerdings nicht auf Kosten der Verbraucher. Erhard sprach sich daher für Märkte mit einer starken Konkurrenz aus. Nun hatte sich also die bemerkenswerte Situation ergeben, dass sich Erhard gegen seine Verbündeten aus den Unternehmen stellte, um seine soziale Marktwirtschaft durchzusetzen. In den meisten Fragen war er gemeinsam mit diesen Partnern gegen die SPD, gegen die Gewerkschaften und sogar gegen die Alliierten angetreten. Es ist daher wenig überraschend, dass die Industriellen konsterniert waren, als Erhard ihren Bemühungen, den Markt zu ihren Gunsten zu beschränken, seine Unterstützung verweigerte.

Erhard war sich durchaus dessen bewusst, dass den Politikern der Koalitionsparteien jegliches Verständnis für seine Politik fehlte. Die FDP war auf einer Linie mit den Unternehmern, ebenso wie viele CDU- und CSU-Mitglieder. Für den Arbeiterflügel der CDU waren die Unternehmerorganisationen Ansprechpartner, wenn es darum ging, der Wirtschaft größere soziale Verantwortung zu übertragen. Erhard wendete daher viel Mühe und

Zeit auf, um sich die Unterstützung der breiten Öffentlichkeit und Konrad Adenauers zu sichern. Dass Adenauer enge Verbindungen zu den rheinisch-westfälischen Industriellen hatte, erschwerte Erhard seine Aufgabe. Kurz nach seinem Treffen mit den Industrievertretern erläuterte Erhard Adenauer seine Position zum Kartellgesetz in einem Brief. Er betonte die Vorteile eines freien, auf Wettbewerb begründeten Marktes und machte keinen Hehl aus den Schwierigkeiten, die noch vor ihnen lagen. Dennoch war er entschlossen, ein rigides Kartellgesetz zu verabschieden. Er schrieb: »Es ist umgekehrt meine Aufgabe, die Menschen auch gegen ihre Einsicht zu ihrem Glück zu zwingen.«[63] Öffentlich versicherte er den Bürgern, dass das Gesetz, dessen Entwurf seine Mitarbeiter ausarbeiteten, auf Deutschland zugeschnitten sei und nicht stumpfsinnig die amerikanische Praxis übernehme. Es setze sich jedoch auch vom sozialistischen Ansatz der Briten ab und von den Planwirtschaftsmethoden, die in Frankreich üblich seien.[64]

Erhards Leute arbeiteten an der dritten Version ihres Entwurfs, als er diese Worte äußerte. Diese Version basierte auf deutschen Traditionen und Einsichten sowie Ideen der Ordoliberalen, berücksichtigte aber auch die Erfahrungen in den USA und anderswo und übernahm Bestandteile neuer internationaler Regelungen, beispielsweise aus der Havanna-Charta.[65] In der Kabinettssitzung vom 10. Januar 1950 setzte Adenauer die Verabschiedung des Kartellgesetzes an die erste Stelle der Tagesordnung.[66] Ein Gesetzentwurf, der nunmehr fünfte, wurde dem Kabinett am 13. Januar vorgelegt. Das darin vorgesehene Kartellverbot kam dadurch zustande, dass Kartelle vor Gericht nicht mehr durchsetzbar waren; marktbeherrschende Firmen sollten der staatlichen Überwachung unterliegen. Der Entwurf wurde zur Kommentierung an die betroffenen Ministerien übersandt.[67] Nun forderten viele Minister Ausnahmen zum Verbot. Das Verkehrsministerium bat darum, die Deutsche Bundesbahn auszunehmen. Das Landwirtschaftsministerium forderte, die Landwirte auszusparen. Das

Finanzministerium bat um eine Ausnahme für Banken und Versicherungsgesellschaften. Das Arbeitsministerium wollte die Gewerkschaften verschonen. Gleichzeitig forderte die SPD, das Gesetz so schnell wie möglich in den Bundestag einzubringen. Der SPD-Beschluss wies eine bemerkenswerte Ähnlichkeit zu Erhards Vorstellungen auf und nahm bereits die stillschweigende Allianz Jahre später bei der Verabschiedung des Kartellgesetzes vorweg.[68]

Erhard und seine Mitarbeiter rieben sich nun in einer Reihe von Sitzungen mit Ministerial- und Unternehmensvertretern auf, die eine Abschwächung des Kartellverbots forderten. In der Öffentlichkeit wurde Erhards Position durch eine Rede des französischen Hohen Kommissars André François-Poncet geschwächt. François-Poncet brachte die Vorliebe der französischen Regierung für Wirtschaftsplanung zum Ausdruck und sprach sich für eine einem Gesamtplan folgende Koordination der Produktion und des Warenabsatzes in ganz Europa aus. Den freien Markt gebe es nicht mehr, und für die Festlegung der Produktion seien Kartelle durchaus nützlich.[69] Einige Wochen später signalisierten dann die Briten, dass sie einem Verbot keinesfalls zustimmen würden. In einer Sitzung mit Erhards Mitarbeitern stellten sie klar, dass sie sogar ein Gesetz akzeptieren würden, das Kartelle zur Pflicht mache.[70] Kurz gesagt: Allein die Amerikaner unterstützten das Kartellverbot, doch auch sie lehnten Erhards Methoden ab.

Am 18. Februar 1950 trafen sich Erhards Mitarbeiter mit Vertretern des amerikanischen Kartellamtes. Roland Risse informierte die Amerikaner, dass Erhard jetzt auch die Landwirtschaft vom Kartellverbot ausnehmen wolle. Die Amerikaner lehnten dies ab, weil es bereits zu viele Ausnahmen gebe: das Transportwesen, die Banken und die Gewerkschaften. Amtschef Grant Kelleher forderte Erhard auf, den mächtigen Gruppen, die Druck auf ihn ausübten, die Stirn zu bieten; wenn er zu viele Ausnahmen zulasse, sei das Gesetz wertlos.[71] Einen Monat später versuchte Erhard den Amerikanern in einer Sitzung die Ausnahmen begreiflich zu machen. Er bekräftigte sein Bekenntnis zum freien Markt, wies aber darauf hin, dass in Deutschland andere Bedingungen herrschten als in den USA. Die Amerikaner warnten Erhard, dass zu viele Ausnahmen die Umsetzung des Kartellverbots erschweren würden.[72] Die Skepsis der Amerikaner hinterließ bei Erhard wohl Wirkung, denn im Mai leitete er einen Richtungswechsel ein. Er vertrat nun eine härtere Position, ohne allerdings zu den Idealen des ersten Josten-Entwurfs zurückzukehren. Kartelle sollten nun ganz verboten werden. Damit das Gesetz auch eine Mehrheit fand, ließ er allerdings Ausnahmen für Export- und technische Rationalisierungskartelle zu. Außerdem erklärte er sich bereit, den Produzenten eine Wiederverkaufspreisbindung zu erlauben, wie sie in den USA üblich war. Marktbeherrschende Firmen sollten reguliert, und ein Bundeskartellamt sollte eingerichtet werden.[73]

Nun fuhr die Industrie stärkere Geschütze gegen Erhards Kartellgesetz auf. Der Vorsitzende des Bundesverbandes der Deutschen Industrie Fritz Berg teilte Erhard am 22. Juni 1950 schriftlich mit, er lehne den Kurs des Wirtschaftsministers ab. Er verlieh erneut seiner Sorge Ausdruck, dass Erhard unkritisch die Kartellprinzipien der USA auf die völlig anderen Bedingungen in der Bundesrepublik anzuwenden versuche. Berg beharrte darauf, man müsse den Unternehmen gestatten, Absprachen zur Marktaufteilung zu treffen, um zu verhindern, dass wenige große Konzerne entstünden. Er schloss mit einer Sympathiebekundung für das französische Kartellgesetz.[74] Erhard schrieb zurück, er wolle entgegen Bergs Befürchtungen verhindern, dass die Amerikaner ihm über ihre Alliierte Hohe Kommission ihr eigenes Kartellgesetz aufnötigen könnten. Er bat den BDI, seine Verhandlungsposition nicht weiter durch öffentliche Kritik zu schwächen. Während Berg seinen Angriff gegen Erhard fuhr, befand sich auf Anregung Otto Friedrichs vom BDI eine von Erhard berufene Kartellkommission in den USA, um die dortige Kartellgesetzgebung in der Praxis zu studieren. Sie kam später zu dem Schluss, dass sich nur wenige Teile des amerikanischen Gesetzes oder seiner Organisation auf westdeutsche Verhältnisse übertragen ließen.[75]

Erhards Kartellabteilung im Wirtschaftsministerium rang noch mit einem neuen Entwurf, und aus dem Justizministerium war ein Entwurf zum Wettbewerbsrecht in Umlauf, da wurden die Amerikaner ungeduldig. Am 11. Juli 1950 fragten die Alliierten Adenauer, wann der Kartellgesetzentwurf fertig sei.[76] Als sie nicht umgehend Antwort erhielten, schickten sie den Deutschen Richtlinien zur Ausgestaltung eines solchen Gesetzentwurfs. Diesen Vorgaben zufolge sollte das Gesetz darauf abzielen, zu große wirtschaftliche Machtkonzentrationen aufzulösen, um sowohl in der Bundesrepublik als auch international freie Märkte zu schaffen und zu verhindern, dass die Wirtschaft die Demokratie gefährde. Solange Westdeutschland nicht solch ein Gesetz verabschiede, würden die Alliierten weiter ihre eigene Gesetzgebung gegen Kartelle, Monopole und marktbeherrschende Unternehmen anwenden. Auch die Mitgliedschaft in Unternehmerverbänden sollte den Alliierten zufolge freiwillig sein, und diese Verbände sollten nach demokratischen Prinzipien geführt werden. Jeder, der unternehmerisch tätig werden wolle, solle dies tun können, ohne sich Qualifikationsprüfungen unterziehen oder andere Hürden nehmen zu müssen. Den Deutschen könne, so die Hohen Kommissare, die Verantwortung für Dekartellisierung und Dezentralisierung erst übertragen werden, nachdem sie bewiesen hätten, dass sie die Prinzipien der Alliierten anerkannten und die erforderlichen Gesetze verabschiedeten.[77]

Mitte September traf sich Erhard erneut mit den amerikanischen Vertretern für die Dekartellisierung. Wieder versuchte er die vielen Ausnahmen zum Kartellverbot zu rechtfertigen, die in dem neuen Gesetzentwurf enthalten waren. Die Amerikaner lehnten die Ausnahmen mit deutlichen Worten ab und wiesen auch das Argument zurück, das Kartellverbot habe in den USA zur Konzentration in der Industrie geführt. Erhard warb bei den Amerikanern eindringlich um Verständnis für seine Position. Er versuche, gegen eine mächtige Opposition dem freien Markt in Deutschland den Weg zu ebnen. Prinzipiell stimme er mit den

Amerikanern überein, doch in der Praxis könne er nicht alles auf einmal durchsetzen. Es werde Zeit und einen Mentalitätswandel bei seinen Landsleuten erfordern, um Kartelle vollständig zu eliminieren. Jeder Versuch der Amerikaner jedoch, ihm ihr eigenes Gesetz aufzunötigen, werde die Situation nur verschärfen.[78]

Vertreter der Kartellabteilung im Wirtschaftsministerium arbeiteten zusammen mit dem Justizministerium einen neuen Entwurf aus, den sie am 17. Oktober mit den Alliierten diskutierten. Die Reaktion der Alliierten war ein Schock für sie: Sie kamen zu dem Schluss, die Ausnahmen im Gesetz wögen schwerer als das kraftlose Verbot. Die Rechte der Verbraucher würden auf diese Art nicht geschützt.[79] Wenig später feuerte der BDI eine weitere Salve auf Erhard ab. Er veröffentlichte eine Resolution, in der es hieß, das geplante Gesetz werde die Industrie diskriminieren, den Unternehmergeist schwächen, die soziale Marktwirtschaft gefährden und in Deutschland eine andere Situation schaffen als in den übrigen europäischen Ländern, die lediglich den Kartellmissbrauch bestraften. Der BDI warnte Erhard, das Gesetz werde eine gewaltige Bürokratie hervorbringen und das Unternehmertum gefährden. Er forderte ein Gesetz, das nicht Kartelle, sondern nur deren Missbrauch bestrafe.[80] Im Januar 1951 traf sich Erhard mit BDI-Vertretern, um auf ihre Befürchtungen einzugehen. Er wiederholte seine prinzipielle Ablehnung von Kartellen, sagte aber zu, bestimmte Ausnahmen zuzulassen, und versprach, den BDI zu Rate zu ziehen, bevor der Entwurf im Bundestag eingebracht wurde.[81]

Nach so vielen Verzögerungen und Ausnahmen verloren die Amerikaner schließlich die Geduld und schickten der Regierung Adenauer einen eigenen Kartellgesetzentwurf.[82] Erhards Team arbeitete mittlerweile den 14. Entwurf aus. Adenauer wartete noch einmal zwei Monate, bevor er einschritt. Im Juli 1951 teilte er dem Kabinett mit, er wolle das Kartellgesetz so schnell wie möglich im Bundestag einbringen. Damit wollte er verhindern, dass die SPD die Initiative ergriff oder das amerikanische Recht in

Deutschland zum Tragen kam. Doch dann beging er den Fehler, einen Ausschuss zu berufen, der die konkurrierenden Entwürfe eines völligen Verbots oder einer Missbrauchsregelung begutachten sollte. Die Folge war ein weiterer Stillstand.[83] Kurze Zeit später lehnten die Alliierten den jüngsten Entwurf von Erhards Mitarbeitern ab. Bissig kritisierten sie, die Alliierte Hohe Kommission habe »den Eindruck, dass das Gesetz eher der Zulassung von Kartellen als ihrem Verbot« diene.[84]

Erhard saß mit seiner Initiative fest. Er stand aus allen Richtungen unter Beschuss, hatte nicht einmal Adenauers Unterstützung und kam seinen Widersachern in Deutschland zu weit entgegen. Obwohl er viel Zeit und Mühe investiert hatte, lief er Gefahr, dass eines seiner wichtigsten Gesetzesvorhaben scheiterte. Erhard setzte sich daher zur Wehr, als aus dem Kabinett weitere Rufe nach Ausnahmen laut wurden, und er beschloss, die Flucht nach vorn anzutreten.[85] Am 7. November 1951 präsentierte er dem Kabinett einen Entwurf, seinen 15., dem es zustimmte. Sodann schickte er den Entwurf an die Alliierte Hohe Kommission. Die Alliierten reagierten mit einem eigenen Entwurf, der in zahlreichen wichtigen Punkten von Erhards Entwurf abwich. Es folgten Verhandlungen, in denen Erhard und seine Mitarbeiter erreichten, dass die Alliierten den meisten Formulierungen des deutschen Gesetzes zustimmten. Ende Januar 1952 waren die letzten Differenzen ausgeräumt, und die nunmehr siebzehnte revidierte Version des Gesetzes wurde dem Kabinett zur Genehmigung vorgelegt, die es am 22. Februar 1952 erteilte.[86] Nun ging das Gesetz zunächst in den Bundesrat. Nachdem dieser darüber diskutiert und Änderungen eingebracht hatte, billigte er es am 15. Mai. Schließlich wurde das Gesetz am 13. Juni im Bundestag eingebracht. Die erste Lesung fand am 26. Juni statt. Danach ging das Gesetz in den Vermittlungsausschuss, wo es bis zum Februar 1953 liegen blieb.

Unter Federführung des BDI und seines streitbaren Chefs Fritz Berg kam es zu einer öffentlichen Kampagne gegen das Kartellgesetz, während Bergs Freunde im Bundestag eine Verzögerungstaktik anwandten. Erhard reagierte mit einem offenen Brief an Berg, in dem er die Einwände der Industriellen widerlegte. Erhard stellt zunächst seine grundsätzliche Position dar, dass ein freier Markt ein sozialer Markt sei. Wenn die Unternehmen freie Märkte ablehnten, seien sie unsozial. Sodann stellte er zehn Thesen auf.

1. Es gibt keinen freien Markt ohne freie Preise und freien Wettbewerb.
2. Der Versuch, Marktschwankungen mittels Kartellen auszugleichen, kann nur in Planwirtschaft und im Untergang des freien Unternehmertums enden, das Berg zu schützen meinte.
3. Kartelle schaden dem Markt, indem sie den Zusammenbruch schwacher Unternehmen verhindern.
4. Die Preise sind zwar auf dem freien Markt stärkeren Schwankungen ausgesetzt als auf einem regulierten, erreichen dafür aber eher ein vernünftiges und stabiles Niveau.
5. Ohne Marktwirtschaft gibt es kein freies Unternehmertum.
6. Preisbindungen ziehen die paritätische Mitbestimmung nach sich und führen dazu, dass die Eigentümer die Herrschaft über ihre Firmen verlieren.
7. Der Marktpreis ist der einzig faire. Er lässt sich nicht errechnen, weder von Vertretern des Staates noch der Industrie.
8. Das Kartellverbot ist daher die logische Folge.
9. Der Anspruch, mit Hilfe der Vertragsfreiheit den freien Wettbewerb zerstören zu können, ist grotesk.
10. Ein Kartellverbot zieht nur eine umfangreiche Bürokratie zu dessen Durchsetzung nach sich, wenn die Industrie systematisch und in großem Stil gegen das Gesetz verstößt.[87]

Berg zeigte sich von Erhards Logik unbeeindruckt. Ihm ging es vorrangig darum, die Position der Industrie durchzusetzen. Er stützte seine Argumentation auf eben den Punkt, den Erhard ablehnte, nämlich dass auf der Basis der Vertragsfreiheit und der Eigentumsrechte freie Märkte beschränkt werden dürften. Mit anderen Worten, die Freiheit einiger weniger, die über Eigentum verfügen, solle dazu eingesetzt werden, die Freiheit anderer, die weniger oder nichts besitzen, zu beschneiden. Berg warf Erhard vor, er sei eine Marionette der Alliierten. Freie Preise, so Berg, führten nicht unbedingt zu einer besseren Wirtschaftsleistung, und »soziologische Funktionen«, die er nicht weiter spezifizierte, setzten bisweilen die Notwendigkeit freier Preise außer Kraft. Weiter rechtfertigte er Kartelle mit dem Hinweis auf staatliche Eingriffe in die Wirtschaft, die unnötige Schwankungen hervorriefen, sowie auf die marktverzerrende Wirkung staatlicher Unternehmen. Unternehmer bräuchten Sicherheit, um ihr Geschäft solide aufzubauen. Dafür seien Kartelle notwendig. Darüber hinaus behauptete Berg, Kartelle berechneten die gleichen Preise und verhielten sich genauso, wie wenn der Markt frei wäre, weil ständig die Gefahr bestehe, dass neue Teilnehmer am Markt auftauchten und Kartellprodukte durch ähnliche Waren ersetzt würden. Kartelle schützten mittlere Unternehmen, um die sich ein Mythos der Effizienz und Innovation gesponnen hatte. Ein Missbrauchsgesetz schütze diese Unternehmen und nütze gleichzeitig den Verbrauchern. Außerdem übernähmen Kartelle die sozial wichtige Rolle, Arbeitsplätze zu erhalten. Kartelle glichen, so Berg, wirtschaftliche Schwankungen aus und ermöglichten es den Unternehmen, die Arbeitnehmer zu behalten, die sie in schlechten Zeiten eigentlich nicht bräuchten. Damit blieben die Arbeiter von der Straße und lägen dem Sozialstaat nicht auf der Tasche, was der Wahrung des sozialen Friedens diene.

Berg brachte sodann das vielsagende Argument vor, das Gesetz diskriminiere die Fertigungsindustrie. Durchaus zutreffend wies er darauf hin, es seien so viele Bereiche von der Liberalisierung 1948 ausgenommen und durch Ausnahmen in dem eingebrachten Gesetz geschützt, dass von dem Gesetz praktisch nur noch die Fertigungsunternehmen betroffen sein würden. Berg appellierte außerdem an Adenauer, indem er Kartelle als Instrumente der europäischen Integration bezeichnete. Schließlich

Erhard auf einer Mitgliederversammlung des BDI mit dessen Präsidenten Fritz Berg, 1961

warnte er für den Fall einer Verabschiedung vor einer überbordenden Kontrollbürokratie. Er regte stattdessen ein Gesetz an, das Kartellen eine Registrierung vorschrieb und eine staatliche Überwachung vorsah. Kartelle, die ihre Position missbrauchten, indem sie den Handel unangemessen beschränkten, sollten aufgelöst werden können.[88] Bergs Brief war eine klare Kampfansage an Erhard: Er stellte die Macht des privaten Kapitals gegen die Macht der gewählten Regierung.

Der BDI flankierte Bergs Vorstoß und wollte Adenauer direkt beeinflussen. Guido Ziersch, Wettbewerbsexperte beim BDI, schrieb am 13. Januar 1953 an den Kanzler. Anschließend traf sich Berg mit Adenauer und bat ihn darum, das Kartellgesetz fallen zu lassen.[89] Erhard schrieb daraufhin an Berg und wiederholte seine Argumente, allerdings ohne Erfolg.[90] Die Freunde des BDI im Bundestag spürten, dass die Alliierten ihre Kontrolle über die Bundesrepublik lockerten, und versuchten daher, die Diskussion über Erhards Kartellgesetz in die Länge zu ziehen. Gleichzeitig forderte der BDI von Erhard zusätzliche Zugeständnisse. Als er in einigen Punkten nachgab, erhob der BDI neue Forderungen.[91] Die Strategie ging auf.

In diesem entscheidenden Moment begannen die Amerikaner ihre ablehnende Haltung gegenüber Kartellen zu revidieren. Sie hatten Erhard erhebliche Schwierigkeiten bereitet, waren aber mögliche, wenngleich nicht ganz einfache Verbündete gegen Berg gewesen. Ab November 1952 zogen die Amerikaner ihre Einwände nach und nach zurück, zunächst die gegen die Preisabsprachen, dann die gegen die zahlreichen Ausnahmen. Im März 1953 fragten sie Erhard, ob er die Verantwortung dafür übernehme wolle, die Kartellstatuten der Alliierten anzuwenden. Er lehnte ab. Im April informierten die Amerikaner schließlich Erhard, dass sie die Statuten nun auch nicht mehr umsetzen wollten. Diese Haltung ergab sich aus neuen Zielsetzungen, Budgetkürzungen und der Erwartung, dass die Bundesrepublik in naher Zukunft größere internationale Souveränität erhalten werde. Erneut fragte man Erhard, ob er ihre Kartellgesetzgebung durchsetzen wolle, doch er lehnte abermals ab.[92] Nun stellten die Alliierten, insbesondere die Amerikaner, ihren Druck auf Erhard ein. Die nächsten Bundestagswahlen nahten, und Erhard spürte, dass er keinen Rückhalt für die Verabschiedung des Gesetzes hatte. Da er überdies selbst mit den vielen Ausnahmen unzufrieden war, beschloss er, seinen Entwurf zurückzuziehen.[93] Erhard hatte eine gravierende Niederlage erlitten.

In seinen Augen war er an der wichtigsten Aufgabe gescheitert. Dafür gab es eine Reihe von Gründen. Erhard stieß auf massive Ablehnung sowohl von Seiten derjenigen, die meinten, er gehe zu weit, als auch jener, die glaubten, er gehe nicht weit genug. Einerseits hatte er es mit der traditionellen deutschen Wettbewerbsfeindlichkeit zu tun, andererseits musste er sich mit den unbewiesenen und höchst zweifelhaften Kartelltheorien der Amerikaner herumschlagen. Doch Erhard beging auch politische Fehler. Er verließ sich zu stark auf seine Fähigkeit, die öffentliche Meinung zu seinen Gunsten zu beeinflussen und gegen die erbitterte Ablehnung der Industrie in Stellung zu bringen. Er vertraute zu sehr der Macht der Argumente. Und er verstand es nicht, die Amerikaner und den BDI gegeneinander auszuspielen. Obendrein fehlte ihm die klare Unterstützung Adenauers, und die Zeit lief ihm davon. Nun wollte er es in der folgenden Legislaturperiode noch einmal versuchen.

Erhard glaubte fest an den freien Markt, an das freie Spiel der Preismechanismen, an die Deregulierung und die dezentrale, auf Privatbesitz und Grundeigentum gestützte Planung. Doch wie er schon vor Kriegsende wiederholt gesagt hatte, wollte er keinen Nachtwächterstaat. Die schlichte Rückkehr zum Laissez-faire lehnte er ab. Er unterstützte staatliches Handeln im Einklang mit dem Markt, um sozial wünschenswerte Ziele zu erreichen. Die Schwierigkeit lag, wie er wohl wusste, in der Definition dessen, was sozial wünschenswert ist. Da das Gemeinwohl von Natur aus unerreichbar ist, bleibt einem nichts anderes übrig, als nach den eigenen, von der Zweckmäßigkeit beeinflussten Prioritäten zu entscheiden, was getan werden muss.

Erhard ging es da nicht anders als denjenigen, die er kritisierte. Im Ergebnis umfasste Erhards soziale Marktwirtschaft daher ein erstaunlich hohes Maß an Staatsausgaben, staatlicher Intervention und Regulierung sowie an staatlichen Unternehmen.[94] Zum Teil lag das an Erhard selbst, zum Teil an Faktoren außerhalb seines Einflussbereichs.

Bereits im Oktober 1949 regte Erhard im Kabinett an, die West-Berliner Wirtschaft mit 199 Millionen D-Mark zu subventionieren.[95] Adenauer und Schäffer meldeten zwar Bedenken an, doch das Kabinett stimmte zu. Zwischen Dezember 1949 und August 1951 verabschiedete oder erneuerte die Regierung sieben Gesetze, die Subventionen und andere Formen der Wirtschaftshilfe an diverse soziale Gruppen und Industrien vorsahen.[96] In Reaktion auf den schlimmen Wohnungsmangel infolge der

Erhard beim Richtfest für die 8,5-millionste Wohnung des Bundes während der Rede des Wohnungsbauministers Paul Lücke, 1965

Kriegsschäden verabschiedete die Regierung mit Erhards Unterstützung ein Wohnungsbaugesetz, das Millionen in den Bau von Wohnungen und Eigenheimen für Familien mit geringem Einkommen steckte. Der Staat griff damit massiv in den Wohnungsmarkt ein und beherrschte ihn alsbald – eine Situation, die Erhard billigte. Die Wohnungsknappheit nach dem Krieg wurde dank dieser staatlichen Anstrengungen überwunden – nicht mit Hilfe des freien Marktes. Zwischen 1950 und 1960 entstanden 5,7 Millionen Wohnungen. Mehr als die Hälfte davon, 3,2 Millionen, baute der Staat für Familien mit geringen Einkommen.[97] Die Mieten für alle Wohnungen, staatliche ebenso wie solche privater Bauherren, wurden vom Staat festgelegt – eine Politik, die immer zu Engpässen führt und private Investitionen verhindert. Als Erhard am 29. August 1950 dem Kabinett den Haushaltsplan für das Jahr 1951 präsentierte, setzte er sich beredt für die Subventionierung des Handwerks ein und wurde von Adenauer begeistert unterstützt. Darüber hinaus forderte Erhard zusätzliche Gelder für die Wissenschaftsförderung und die Subventionierung der verlustreichen Kohlebergwerke.[98] Im Februar 1952 trat Erhard im Kabinett sogar dafür ein, den Exportfirmen weiter reichende Garantien gegen Verluste aus Preisschwankungen zu gewähren.[99] Diese Maßnahme war zwar Teil seines Vorhabens, die westdeutschen Exporte zu steigern und damit die Zahlungsbilanz des Landes zu verbessern, stand jedoch sicher nicht in Einklang mit seinen Ansichten zum Preismechanismus.

Zusätzlich zu diesen Maßnahmen gab Erhard Gesetzen, die in der ersten Regierung Adenauer Schritt für Schritt den Wohlfahrtsstaat ausweiteten, seine Stimme – oder er opponierte doch zumindest nicht gegen sie. Dazu zählten Entschädigungen für diejenigen, die im Krieg Besitz verloren hatten, und, damit zusammenhängend, Versuche, die Lasten der Kriegskosten zu verteilen. Diese Maßnahmen waren zwar moralisch durchaus gerechtfertigt, doch passten sie keineswegs zur Philosophie des freien Marktes. Weitere Hilfen gingen an Familien mit Kindern, Landwirte, Flüchtlinge und die Nutzer öffentlicher Verkehrsmittel. Die Bundesregierung betrieb die Eisenbahnen, die nationale Fluglinie, das Telefonsystem und das Telegrafennetzwerk, die sie allesamt subventionierte. Keines dieser Unternehmen konnte seine Betriebskosten aus eigenen Einnahmen decken, vom Investitionsaufwand ganz zu schweigen. Staatsunternehmen stießen 70 Prozent der Aluminiumproduktion und etwa die Hälfte der Zinkproduktion aus. Das staatliche Volkswagenwerk deckte 40 Prozent der deutschen Automobilherstellung ab. Aus diesem Grund hatte die Bundesrepublik Deutschland eines der höchsten Steuerniveaus der westlichen Welt.[100] Im Jahr 1950 lag der Anteil des Bruttosozialprodukts, den der Staat über Steuern einnahm, höher als in den USA oder in irgendeinem europäischen Land einschließlich Großbritanniens.[101] Nur während der Aufrüstung im Zweiten Weltkrieg war der Staatsanteil am Volksvermögen höher gewesen.[102] Ja, in den ersten vier Jahren der Regierung Adenauer war er sogar noch angewachsen. Mitten in der Koreakrise hatten sich die Sozialausgaben erhöht. Im Bundeshaushalt 1951 mit einem Volumen von 20,8 Milliarden DM waren 6,3 Millionen, also 36,5 Prozent, Sozialausgaben[103] – eine Folge des explosionsartigen Wirtschaftswachstums. Diese vermeintlich paradoxe Entwicklung erlaubte es der Regierung, ihre Ausgaben zu erhöhen und gleichzeitig ihren Anteil sowohl am Sozialprodukt als auch an den Steuersätzen stabil zu halten. Das Wachstum hob, wie Erhard es vorausgesagt hatte, das gesamte Niveau an und löste die armutsbedingten Probleme. Erhards Wachstumsprogramm ermöglichte somit die Ausweitung des Wohlfahrtsstaates. Das wirft die Frage auf, die viele Kritiker im Nachhinein stellen: Gab es tatsächlich ein »Wirtschaftswunder«, und wenn ja, wodurch wurde es ausgelöst?

Der Hauptverfechter der These, dass es überhaupt kein Wirtschaftswunder gegeben habe, ist Werner Abelshauser. In einer Reihe wegweisender Arbeiten, die in den siebziger und achtziger Jahren erschienen, vertrat er die Ansicht, dass die Währungsreform, Erhards Liberalisierung der Verbrauchermärkte und der Marshallplan keine Auswirkungen auf die deutsche Wirtschaft hätten. Abelshausers These wurde seit ihrem ersten Erscheinen von vielen weiteren Autoren erörtert.[104] Wenn Abelshauser und seine Anhänger Recht haben, so schmälert das Ludwig Erhards Bedeutung enorm. Ja, Erhard wird gar zu dem Hanswurst, als den ihn Volker Hentschel in seiner ehrgeizigen Biografie porträtiert.[105] Abelshauser zufolge gab es in den westlichen Besatzungszonen bereits vor den Reformen im Juni 1948 ein Wirtschaftswachstum. Im Herbst 1947 setzte laut Abelshauser in der westdeutschen Wirtschaft eine Wachstumsphase ein, die erst Mitte der sechziger Jahre nachließ. Dieses Wachstum war möglich, weil die Kapitalanlagegüter im Westen nicht in dem Umfang vom Krieg geschädigt worden waren, wie zunächst angenommen. Die Bombardierungen durch die Alliierten hatten die Werkzeugmaschinen nicht umfassend und irreparabel zerstört. Die Wiederaufnahme einer umfangreichen Produktion scheiterte vielmehr in erster Linie an der Zerstörung der Transportwege. Abelshauser zufolge war mit der Beseitigung dieser Schäden die größte Hürde zur wirtschaftlichen Erholung genommen. Darüber hinaus stand der deutschen Wirtschaft, zum Teil als Folge der Zuwanderung von Flüchtlingen, ein großes und wachsendes Reservoir gut ausgebildeter und hoch motivierter Fachkräfte zur Verfügung. Westdeutschland war reich an Humankapital. Die westdeutsche Wirtschaft trat daher in eine Wiederaufbauphase ein, die an den langfristigen historischen Wachstumstrend anknüpfte. Abelshauser gründet seine Argumentation auf die von Franz Jánossy durchgeführte Langzeit-Trendanalyse. Danach kehrte die westdeutsche Wirtschaft nach Krieg und Niederlage lediglich zu ihrem normalen Wachstumspfad zurück. Anfangs seien die Wachstumsraten höher gewesen als im historischen Schnitt, weil man die Schäden reparieren und gegenüber den anderen westlichen Volkswirtschaften aufholen musste. Dieser anfängliche Wachstumsschub der Wiederaufbauphase habe bis Mitte der sechziger Jahre angedauert. Dann habe sich das Wachstum erheblich verlangsamt, und die Wirtschaft sei zu ihren historischen Wachstumsraten zurückgekehrt.[106]

Abelshausers Analyse enthält eine Reihe von Ungereimtheiten, die es unmöglich machen, sie zu akzeptieren. Die Bedeutung von Erhards Reformen, so unvollkommen sie auch gewesen sein mögen, ist nicht zu leugnen. Abelshausers Schätzungen des Gesamtausstoßes, die er auf die Stromproduktion stützt, enthalten zahlreiche Fehler, die sie unbrauchbar machen.[107] Die Produktionszahlen belegen tatsächlich, dass die westdeutsche Wirtschaft 1947 wuchs. Niemand, auch Erhard nicht, behauptete damals das Gegenteil. Das Problem war, dass nur ein langsames Wachstum vorhanden war. Außerdem war es nicht absehbar, dass sich das Wachstum beschleunigen oder überhaupt fortsetzen würde. Das lag vor allem an dem vom staatlichen Kontrollapparat verschuldeten Durcheinander. Doch nach den Reformen begann die Wirtschaft auf höherem Niveau zu wachsen und behielt dieses Tempo bis Ende der fünfziger Jahre bei. Das lag daran, dass infolge der neuen, stabilen Währung und der Liberalisierung der Märkte sowohl die Privathaushalte als auch die Unternehmen effektiv planen konnten und verlässliche Marktdaten, und zwar mit klaren und stabilen Preisen, zur Verfügung standen. Darüber hinaus gab es nun einen Anreiz, am legalen und offenen Markt zu partizipieren. Die sowjetische Zone Deutschlands, wo ebenfalls eine Währungsreform durchgeführt wurde, erlebte im gleichen Zeitraum kein vergleichbares Wachstum. Das lag an der völlig anderen, auf staatlicher Kontrolle basierenden Wirtschaftsordnung. Wenn der Wachstumstrend für das Vorkriegsdeutschland gegolten hatte, so hätte er auch für das gesamte Nachkriegsdeutschland gelten müssen. Doch das war offenbar nicht der Fall. Auch die französische Zone wies nicht das explosionsartige Wachstum auf wie die britische und amerikanische, weil die Franzosen zwar die neue Währung einführten, zunächst aber weder die Preise freigaben noch die Rationierung aufhoben. Als sie es schließlich taten, wuchs die Wirtschaft auch in ihrer Zone rasch. Erhards Liberalisierung war der entscheidende Faktor.

Auch Jánossys Theorie hatte Schwächen, die er später selbst einräumte. Sie gründet auf die Annahme, dass der entscheidende Wirtschaftsfaktor die Arbeit ist, und hier vor allem die Qualifikation. Diese Arbeitswerttheorie liegt auch den marxschen Analysen zugrunde, und man weiß schon lange, dass sie unhaltbar ist. Selbst Jánossy räumte ein, dass Veränderungen der Wirtschaftsordnung erhebliche Auswirkungen auf die Wirtschaftsleistung haben können. Er verwies auf das Beispiel des auch nach Abschluss des Wiederaufbaus andauernden Wachstums in Japan. Abelshauser übernahm Jánossys Theorie unkritisch und ignorierte die Einschränkungen, die Jánossy später machte. Theoretisch und praktisch besteht keine Veranlassung, Abelshausers Analyse zu akzeptieren, da weder die verwendeten Daten noch die Theorie, auf die er seine Interpretation gründet, einleuchten.

Wenn wir uns auf klassische Marktanalysen stützen – sei es in der von Adam Smith entwickelten Originalform oder in der seiner Nachfolger von David Ricardo bis Alfred Marshall oder aber in der modifizierten Form österreichischer Ökonomen wie Ludwig von Mises oder Friedrich von Hayek –, so gelangen wir zu einer für Erhard vorteilhaften Schlussfolgerung. Der klassischen liberalen Theorie zufolge ziehen eine stabile Währung, niedrige Steuern und eine Rückführung der Regulierung ein Wirtschaftswachstum nach sich, weil der für Investitionen zur Verfügung stehende Anteil des Volksvermögens wächst. Die gleichfalls wachsende Zuversicht der Investoren und Unternehmer führt dazu, dass sie Firmen gründen oder bestehende erweitern. Weil die Preise verlässlichere Rückschlüsse auf die Verbraucherwünsche zulassen, können Investoren und Manager besser auf die Nachfrage in der Bevölkerung reagieren. Die Alliierten und Erhard sorgten gemeinsam etwa zur gleichen Zeit für eine solide Währung, gaben viele Preise frei und senkten die Steuern. Dies sorgte erwartungsgemäß für Wirtschaftswachstum. Andere Volkswirtschaften haben zu anderen Zeiten auf ähnliche Anreize entsprechend reagiert. Wie wir sehen werden, verlangsamte sich, anders als Abelshauser es darstellte, das Wachstum Ende der fünfziger und Anfang der sechziger Jahre nicht, weil die westdeutsche Wirtschaft zu einem imaginären Langzeittrend zurückkehrte, sondern weil die Last der Sozialausgaben, der Steuern und der staatlichen Intervention so groß geworden war, dass sie ein Wachstum verhinderte. Der »Steuerkeil« verbreiterte sich, wodurch das Geld für Investitionen knapp wurde. Gleichzeitig stieg der Lohnanteil in der Wirtschaft an und beschnitt weiter die für Investitionen zur Verfügung stehenden Geldmittel. Es bedarf keiner obskuren Theorie, um zu erklären, was Ende der vierziger und in den fünfziger Jahren mit der westdeutschen Wirtschaft geschah. Es bedarf auch keiner »Trendlinie« oder eines anderen intellektuellen Konstrukts. Bestimmte Maßnahmen durch bestimmte Menschen waren für das explosionsartige Wachstum ebenso verantwortlich wie für sein Verebben. Ludwig Erhard ebnete dem Wirtschaftswachstum gemeinsam mit den Alliierten den Weg. Wie er selbst sagte, war der Aufschwung kein Wunder. Er war die logische Folge einer Politik, die er und die Währungsreformer der Alliierten im Voraus gut durchdacht hatten. Dass Erhards Reformen unvollständig blieben und dass sie einen langen Rattenschwanz an staatlicher Planung, Regulierung und Bürokratie nach sich zogen, beweist nicht, dass es keinen Aufschwung gab oder dass Erhard nicht die treibende Kraft war. Es beweist lediglich, dass weniger staatliches Handeln tatsächlich größeres Wachstum brachte.

KAPITEL 5

Gefahren des Wohlstands

1953–1957

Schumpeters Wachstumstheorie mag zwar keine hinreichende Erklärung für den Wirtschaftsboom bieten, den die Bundesrepublik nach den Reformen vom Juni 1948 erlebt hatte, doch eine andere Theorie Schumpeters erklärt zumindest das, was als Nächstes geschah. Der Boom ermöglichte die Ausweitung des Wohlfahrtsstaates durch Adenauer und dieselbe CDU, die Erhard unterstützte. Parallel dazu veränderte das explosionsartige Wachstum der fünfziger Jahre nach und nach die Haltung der Westdeutschen. Die Menschen hatten immer stärker das Gefühl, dass die Notwendigkeit, etwas zu opfern, geringer geworden sei, dass Wettbewerb schlecht, Armut unnötig und Ungleichheit falsch sei. Sie verlangten von der Regierung, dass sie etwas gegen die sozialen Probleme unternahm und den Menschen mehr Freizeit gewährte. Schumpeter hatte schon 1942 angedeutet, dass der marktwirtschaftliche Kapitalismus und die Demokratie die Saat für ihre eigene Zerstörung säten.[1] Menschen gewöhnen sich so sehr an die Vorzüge des freien Marktes, dass sie diese irgendwann für selbstverständlich halten, Missbrauch treiben und sie letzten Endes aufs Spiel setzen. Ganz ähnlich wenden die Menschen sich von politischer Freiheit ab und autoritären Regierungsformen zu, um Trugbildern wie wirtschaftlicher Gleichheit und sozialer Gerechtigkeit nachzujagen. Das Ergebnis sind Diktatur und Armut oder, wie ein anderer liberaler Ökonom es nannte, Knechtschaft.[2] Erhards wirtschaftlicher Erfolg brachte einen Wandel in der geistigen Atmosphäre in Westdeutschland mit sich und gefährdete seine

Errungenschaften. Es fiel dem Wirtschaftsminister immer schwerer, eine weitere Liberalisierung zu erreichen. Nimmt man dazu Adenauers Neigung, den vom Aufschwung geschaffenen Wohlstand zu Wahlkampfzwecken zu missbrauchen, so wird einem klar, dass Erhard einen außerordentlich schweren Stand hatte. Genauso wichtig waren Erhards zunehmende Schwierigkeiten, seine Botschaft der Freiheit zu vermitteln, weil er sich selbst nicht im Klaren war über den gesellschaftlichen Wandel, den seine Reformen ausgelöst hatten.

Erhard stürzte sich in den Wahlkampf für die Bundestagswahl vom 6. September 1953. Seine Auftritte bei zahlreichen Kundgebungen im ganzen Land lockten jedes Mal große Massen an. Aller Wahrscheinlichkeit nach verstanden seine Zuhörer nicht ganz, was seine Botschaft vom freien Markt genau bedeutete. Sie ließen sich jedoch von seinem Optimismus anstecken und assoziierten ihn mit dem wieder errungenen Wohlstand des Landes. Erhard war der beliebteste Politiker in der Regierungskoalition, und zwar in ganz Westdeutschland. Unterstützt wurde er darin durch das Wohlwollen, das ihm weite Teile der Presse entgegenbrachten. Das Wirtschaftsministerium arbeitete eng mit den Zeitungen zusammen, die die Schritte des Ministers bekannt gaben und seine Gedanken verbreiteten. Erhard zählte, neben Adenauer, zu den ersten westdeutschen Politikern, die die Ergebnisse von Meinungsumfragen für die Feinabstimmung ihrer Reden nutzten. Inoffiziell sammelte sich eine Gruppe von Wirtschaftsjournalisten und Bundestagsabgeordneten um Erhard und half ihm bei der Verkündung seiner Botschaft. Sie trafen sich zunächst mit ihm zum Mittagessen, um über marktwirtschaftliche Konzepte zu diskutieren, und gingen allmählich dazu über, gemeinsam seine Ideen der deutschen Öffentlichkeit nahe zu bringen. Unter der Hand wurden sie von anderen Angehörigen des Pressekorps die »Brigade Erhard« genannt, eine Anspielung auf die Marinebrigade Ehrhardt, die beim Kapp-Putsch von 1920 eine wichtige Rolle gespielt hatte. Ferner wurde Erhard von der Aktionsgemeinschaft Soziale Marktwirtschaft unterstützt, die Geschäftsleute, Journalisten und Akademiker im Mai 1952 mit dem Ziel gegründet hatten, marktwirtschaftliche Anschauungen zu propagieren. Die Gruppe gab die Zeitschrift *Die Waage* heraus, in der sie Erhards politische Maßnahmen mit einfachen Worten erklärte, die auch den mit den Feinheiten der Wirtschaftstheorie nicht vertrauten Lesern verständlich waren.[3] Alle diese Initiativen unterstützten Erhard bei seinem Vorhaben, die westdeutschen Bürger in Sachen Marktwirtschaft und Demokratie zu erziehen.[4] Wie zuvor identifizierte Erhard sich nicht allzu stark mit einer bestimmten Partei. Vielmehr sah er sich als Anwalt einer Reihe von Ideen. Die Beliebtheit dieser Ideen schien durch den Sieg bestätigt, den die CDU/CSU bei der Wahl errang. Der Stimmenanteil der Partei stieg von 31 Prozent im Jahr 1949 auf 45,2 Prozent. Dieser Sieg ermöglichte es Adenauer, aus einer Position der Stärke heraus eine Koalition mit der FDP und zwei kleineren, rechten Parteien zu bilden. Erhard war, trotz der Unruhen von 1951, der Einzige, der für den Posten des Wirtschaftsministers in Betracht gezogen wurde.

Mitte der fünfziger Jahre erlebte die westdeutsche Wirtschaft einen spektakulären Boom. Sowohl die Binnen- wie auch die Exportnachfrage stiegen rasant an. Die Folge waren durchweg hohe jährliche Wachstumsraten, mit einem Höhepunkt von zwölf Prozent im Jahr 1955. Dieses explosionsartige Wachstum senkte die Arbeitslosigkeit rasch, weil die Wirtschaft so viele Arbeitsplätze schuf, dass fast alle eine Beschäftigung fanden, die Arbeit suchten, ob sie nun schon seit Jahren in Westdeutschland lebten oder aus dem Osten geflohen waren. Der Boom hatte 1955 die ersten Anwerbungen ausländischer Arbeitskräfte zur Folge. Die ersten »Gastarbeiter« kamen aus Italien. Der Zustrom von Ausländern, insbesondere aus der Türkei, schwoll schon bald zu einer Flut an. Für das anhaltende Wachstum der westdeutschen Wirtschaft waren diese Arbeitskräfte unverzichtbar. Mitte 1955 weckte das rasche Wirtschaftswachstum bei den Politikern die Angst vor einer

Inflation. Deshalb ergriffen Erhard und die Bank deutscher Länder eine Reihe von Maßnahmen, um das Wachstum zu bremsen, die Wachstumsraten 1956 und 1957 waren deutlich niedriger. Ende der fünfziger Jahre wuchs nur die japanische Wirtschaft schneller. Die Bundesrepublik Deutschland konnte bis 1961, als sie von Frankreich überholt wurde, die höchsten Wachstumsraten aller europäischen Volkswirtschaften vorweisen.[5] Die Inflation blieb während des gesamten Zeitraums niedrig.

Der großartige Erfolg, den die westdeutsche Volkswirtschaft verzeichnen konnte, bedeutete keineswegs, dass es keine Auseinandersetzungen um die Wirtschaftspolitik gegeben hätte. Die Industrie war in der Frage, wie man auf den Boom zu reagieren habe, anderer Meinung als Erhard und die Bank deutscher Länder, und Adenauer stellte sich an die Seite seiner Freunde in den Chefetagen vieler Unternehmen. Kurz nach der Aufstellung des neuen Kabinetts gab Erhard einen Bericht über die Wirtschaftslage heraus, mitsamt seinem Rezept für eine Besserung der Lage. Er stellte fest, dass die Wirtschaft momentan ungewöhnlich stark wachse. Das führte er auf die massiven Verbraucherausgaben zurück. Ferner wies er darauf hin, dass die Leistung der westdeutschen Wirtschaft sehr stark von wirtschaftlichen Entwicklungen in den USA abhänge. Deshalb müsse man diese Entwicklungen genau verfolgen. Im Anschluss daran kritisierte er die allzu starke Regulierung des Wohnungsmarktes und empfahl die Integration in die soziale Marktwirtschaft, indem der Wohnungsmarkt liberalisiert wurde. Ein Schritt in diese Richtung, so Erhard, wäre die Liberalisierung des Kreditmarktes. Er plädierte dafür, dass die Regierung für Anleihen künftig nicht länger einen festen Zinssatz von fünf Prozent vorschreiben sollte; er glaubte jedoch nicht, dass es in absehbarer Zeit möglich sein würde, die Aufsicht über die Mieten oder Zuschüsse für Mieter abzuschaffen – politische Gründe würden dagegen sprechen.

In seinem Bericht rief Erhard die Regierung ferner auf, die Steuern zu senken. Er schlug vor, die doppelte Besteuerung von

Wertpapiererträgen zu beenden, um auf diese Weise den Kapitalmarkt zu beleben. Erhard behauptete, dass die besten Ergebnisse auf dem Kapitalmarkt im Allgemeinen durch eine möglichst geringe Einmischung der Regierung erzielt würden. Die beiden wichtigsten Gesetze, die es der Regierung gestatteten, den Kapitalmarkt zu regulieren, sollten seiner Ansicht nach bis Ende 1953 abgeschafft werden. Ferner sollten die Steuern generell gesenkt werden. Die progressive Besteuerung der Einkommen sollte verringert und die Steuerlast von den direkten auf indirekte Steuern verlagert werden. Erhard wies darauf hin, dass eine Vereinfachung des Steuerwesens zugleich die Verwaltungskosten senken und den Wettbewerb anregen würde.

Ferner legte er großen Wert darauf, dass sein Kartellgesetz verabschiedet werde. Darüber hinaus wollte er Importbeschränkungen aufheben. Er rechnete damit, dass die beiden Maßnahmen den Wettbewerb im westdeutschen Binnenmarkt stärken würden, was wiederum den Verbrauchern zugute käme. Auf internationaler Ebene wollte er Verhandlungen über die Liberalisierung der Landwirtschaft aufnehmen, ein weiterer Sektor, der im Zuge der Reformen vom Juni 1948 nicht in den freien Markt integriert worden war.

Und schließlich schlug Erhard vor, einige heilige Kühe der Regierung zu schlachten. Er bezweifelte, ob die Regulierung des Verkehrsmarktes, einschließlich der Aufteilung des Marktes zwischen der Deutschen Bundesbahn und den Spediteuren, sinnvoll sei. Seiner Ansicht nach sollte das Tarifsystem der DB liberalisiert, die Vorzugsbehandlung, die sie seitens der Regierung erhielt, abgeschafft und darüber hinaus begriffen werden, dass ihr Monopol auf dem Transportmarkt über Land vorbei sei. Im Übrigen müsse endlich eingesehen werden, dass ein solches Monopol ohnehin nicht wünschenswert sei. Insbesondere wollte er, dass die DB-Preise sich nicht mehr am Gemeinwohl orientierten. Er glaubte nicht, dass die Notwendigkeit, die Ausweitung der Streitkräfte zu finanzieren, irgendwelche Sondermaßnahmen erforderlich machten, die wiederum die Freiheit des Marktes einschränkten. Zuletzt forderte er die freie Konvertierbarkeit der Mark, unabhängig davon, was andere Länder mit ihren Währungen taten, und die Senkung der Zölle.[6]

Erhard diskutierte über seine Einschätzung und Empfehlungen in der Kabinettssitzung am 4. November 1953. Er sagte seinen Kollegen, dass er eine Abschwächung des Booms in den Vereinigten Staaten keineswegs fürchte. Die westdeutsche Wirtschaft sei solide und könne jeden Rückgang in Amerika verkraften. Dann hob er hervor, dass der Kapitalmarkt unbedingt neu geordnet werden müsse, und sagte ein Wirtschaftswachstum von 4,5 bis 7 Prozent voraus, eher mehr als weniger.[7]

Da die Wirtschaft rasch, ohne Ansteigen der Inflation wuchs und die Arbeitslosigkeit schnell zurückging, gab es keine Diskussionen über die Wirtschaftspolitik der Regierung. Im Juli 1954 versicherte Erhard Adenauer, dass alles in Ordnung sei. Er sah keine Notwendigkeit für eine Stimulierung der Konjunktur, wie es einige Freunde des Kanzlers in der Wirtschaft vorgeschlagen hatten. Er ergriff die Gelegenheit beim Schopf, gegen die Politik der Interessengruppen vom Leder zu ziehen, und ermahnte Adenauer, Sinn und Zweck der sozialen Marktwirtschaft sei ein ständiges Wachstum mit einem Minimum an staatlicher Einmischung. Er werde die Wirtschaft mit Hilfe der Geld-, Kredit-, Handels-, Steuer- und Kapitalpolitik in die richtige Richtung lenken.[8] Im Herbst erreichte Erhard ein wichtiges Ziel: Das Steuerrecht wurde grundlegend reformiert. Es wurde nicht nur vereinfacht, zudem wurden die Sätze gesenkt.[9] Anfang 1955 sah Erhard keine größeren Probleme auf die Wirtschaft zukommen. Die Preise zogen allmählich an, doch die Senkung der Einfuhrzölle würde eine spürbare Inflation verhindern. Erhard verringerte zudem die staatlichen Ausgaben im Bausektor und hob in Zusammenarbeit mit der Bank deutscher Länder die Zinssätze an.[10] Dennoch entstand durch das schnelle Wachstum eine starke Nachfrage nach Arbeitskräften. Das hatte wiederum einen Anstieg der Löhne und die Gefahr einer Inflation zur Folge. Im Frühjahr 1955 entwickelte sich die Wirtschaftspolitik deshalb zum Streitthema. Erhard kritisierte sowohl die Gewerkschaften, weil sie Lohnerhöhungen forderten, die den Produktivitätszuwachs überstiegen, als auch die Arbeitgeber, weil sie solche Erhöhungen gewährten. Er hatte auch ernste Bedenken wegen der Fünf-Tage-Arbeitswoche, eine Hauptforderung der Gewerkschaften. Erhard wies darauf hin, dass Fabriken wöchentlich eine gewisse Anzahl von Stunden in Betrieb sein müssten, damit Investitionen in den Maschinenpark amortisiert werden konnten. Mit Blick darauf, dass nur wenige Deutsche bereit waren, nachts oder auch nur in der Spätschicht zu arbeiten, fürchtete er einen allgemeinen Rückgang der Produktion. Erhard widersetzte sich auch der Forderung der Gewerkschaften, eine Arbeitszeitverkürzung dürfe keinen entsprechenden Lohnabschlag nach sich ziehen. Er übersah dabei, dass die Produktivität langfristig so rasch gesteigert werden konnte, dass solche Forderungen der Gewerkschaften tatsächlich finanzierbar waren, obwohl sie kurzfristig eine Erhöhung der Preise nach sich zogen. Erhard plädierte dafür, dass mehr Frauen ins Berufsleben wechselten, um die Nachfrage nach Arbeitskräften zu decken. Er meinte, das könne durch die Produktion von neuen, arbeitssparenden Haushaltsgeräten erreicht werden, durch die sie mehr Zeit für die Arbeit außer Haus hätten. Er schlug vor, die Abschreibung solcher Geräte von der Einkommensteuer der Familie zu erlauben.[11]

Im Herbst 1955 machten sich viele Kommentatoren, Unternehmensleiter und Politiker, an erster Stelle Adenauer, allmählich Sorgen, dass die Wirtschaft zu schnell wuchs, ja dass die Gefahr einer Inflation und all ihrer schädlichen Nebenwirkungen drohte. Erhard war jedoch nicht davon überzeugt, dass dieses Risiko wirklich existierte. Er schlug vor, mit Vertretern der Gewerkschaften und der Arbeitgeberverbände zu sprechen und sie zu maßvollen Lohnsteigerungen zu überreden – ein Vorgang, der »Seelenmassage« genannt wurde. Er wiederholte, das Ziel der sozialen Marktwirtschaft bleibe die erhöhte Produktion von Konsumwaren und verstärkter Wettbewerb. Doch er wollte zugleich allzu hohe Schwankungen der Konjunktur verhindern. Deshalb regte er ein Elf-Punkte-Programm zur Stabilisierung der Preise an, das in erster Linie die Senkung der Verkaufssteuern, Senkung der Zölle, die Liberalisierung des Handels, einen Abbau der staatlichen Bauinvestitionen, die Anwerbung von ausländischen Arbeitskräften sowie die Verabschiedung seines Kartellverbots und eines Gesetzes gegen Wucherei beinhaltete.[12] Die anderen Minister sahen in dem Boom eine günstige Gelegenheit, die Ausgaben zu steigern. Insbesondere der Verkehrs- und der Wohnungsbauminister beantragten zusätzliche Gelder. Erhard reagierte mit der Forderung, ihre Ausgaben zu senken.[13]

Im Januar 1956 akzeptierte Erhard endlich, dass die Konjunktur sich überhitzt hatte, und ergriff Gegenmaßnahmen. Er führte das rasche Wachstum und die Preissteigerungen auf die allzu hohen Tarifabschlüsse zurück. Allerdings war er außerstande, derartige Lohnerhöhungen durch direkte Eingriffe zu verhindern.[14] Vielmehr musste er es auf Umwegen versuchen. Erhard unterstützte den Vorschlag der BdL, die Zinssätze ein weiteres Mal zu erhöhen. Adenauer widersetzte sich dieser Politik, weil er fürchtete, dass die Industrie Schaden nehmen werde, und außerdem hoffte er, dass die boomende Wirtschaft und die hohe Beschäftigung die Koalition bei der nächsten Wahl begünstigen würden. Adenauer forderte, die Bank deutscher Länder unter die Aufsicht der Regierung zu stellen, ungeachtet des Risikos einer Inflation, die ein solcher Schritt mit sich brachte.[15] Dann griff der Kanzler seinen Wirtschaftsminister an. Er warf Erhard vor, seine Politik nicht effektiv mit Finanzminister Fritz Schäffer, der BdL und den Landesbanken zu koordinieren. Als Nächstes griff er wiederum das alte Thema der Unfähigkeit Erhards in der Verwaltung und der fehlenden Effizienz des Wirtschaftsministeriums auf. Zuletzt erklärte er, er könne in Erhards Politik keine klare, konsequente Linie erkennen.[16] Nur vier Tage danach, am 21. März, kam Adenauer erneut auf den Angriff zu sprechen. In der wohl schmerzlichsten Kritik, die Erhard sich jemals anhören musste, warf er dem Wirtschaftsminister vor, die mit dem Wohlstand einhergehenden Probleme nicht erkannt zu haben, wie sie Wilhelm Röpke beschrieben hatte. Er sagte auch, Erhard solle seine Reisen einschränken und sich stärker auf seine Pflichten als Minister konzentrieren. Adenauer bedeutete ihm, er solle das Wirtschaftsministerium stärken, und fragte sich laut, ob es nicht ein Fehler gewesen sei, Erhard die Zuständigkeit für das Geld- und Kreditwesen zu übertragen. Adenauer äußerte Zweifel, dass die Inflation wirklich ein Problem sei, und lehnte die von Erhard vorgeschlagene Steuersenkung ab.[17]

Erhard antwortete am 11. April mit einem langen, harschen Brief. Er kritisierte Adenauer, weil dieser seine Wirtschaftspolitik untergrabe, und er machte darauf aufmerksam, dass es »für die Wirtschaftspolitik kein allgemeingültiges Rezeptbuch noch einen Fahrplan gibt, nach dem sich der Gang der Ereignisse bestimmen ließe«.[18] Er werde Maßnahmen ergreifen, sofern es die Lage erfordere, und zwar in Übereinstimmung mit den Grundsätzen der sozialen Marktwirtschaft. Er bemühe sich, ein Maximum an Handlungsfreiheit für die Regierung zu bewahren. Adenauer missverstand dies als Inkonsequenz, dabei war es in Wirklichkeit eine flexible Politik in Übereinstimmung mit seinen marktwirtschaftlichen Grundsätzen. Daraufhin warnte Erhard Adenauer, dass dessen Bereitschaft, mehr Geld auszugeben, um Wählerstimmen zu gewinnen, zu einer Inflation führen werde. Ferner wies er darauf hin, dass seine vielen Reisen zu öffentlichen Vorträgen nötig seien, um den Menschen die Funktionsweise des freien Marktes zu erklären. Nicht zuletzt hätten sie dazu beigetragen, dass die soziale Marktwirtschaft ein so großer Erfolg geworden sei.[19] Im Grunde ließ Erhard Adenauer wissen, dass er sich nicht in Angelegenheiten einmischen solle, von denen er nichts verstand. Der Brief verschaffte Erhard nur eine kleine Verschnaufpause und änderte Adenauers Auffassung gewiss nicht. Tatsächlich erklärte Adenauer am 15. Mai 1956 in einer Kabinettssitzung: »Wirtschaft ist nur eine Funktion der gesamten Politik.«[20] Ganz eindeutig waren weitere Auseinandersetzungen mit dem Kanzler zu erwarten.

Gemäß Adenauers Wunsch traf Erhard sich mit Finanzminister Schäffer und dem Chef der Bank deutscher Länder, Wilhelm Vocke, am 7. Mai 1956 in Bonn, um die Politik aufeinander abzustimmen. Sie waren sich einig, dass man die Konjunktur ein wenig abkühlen müsse, und sprachen sich dafür aus, die Zinssätze zu erhöhen, Regierungsausgaben zu reduzieren und Einfuhrzölle zu senken. In einer Presseerklärung, in der sie diese Maßnahmen ankündigten, deuteten sie an, dass sie künftig regelmäßig zusammenkommen und über die Wirtschaftspolitik diskutieren würden. Adenauer kochte vor Wut angesichts dieser Entwicklung. Am 16. Mai dementierte er vor der Presse, dass derartige Treffen erneut stattfinden würden, und verurteilte die Maßnahmen, auf die Erhard, Schäffer und Vocke sich geeinigt hatten. Vor allen Dingen kritisierte er Erhards Wunsch, die Zölle zu senken.[21]

Hinter den Kulissen operierte Erhards Widersacher bei der Diskussion um das Kartellrecht, Fritz Berg vom Bundesverband der Deutschen Industrie. Erhard hatte ein gespaltenes Verhältnis zum BDI und seinem Präsidenten. Einerseits waren sie Verbündete gegen die SPD und sprachen sich beide für Steuersenkungen und Wirtschaftswachstum aus. Andererseits waren sie erbitterte Gegner, wenn es um die freie Marktwirtschaft und staatliche Anregungen der Wirtschaft ging. Erhard war besonders aufgebracht darüber, dass Adenauer in seiner Abwesenheit Berg und andere Wirtschaftsgrößen zur aktuellen Wirtschaftspolitik zu Rate zog. Erhard hatte den Eindruck, als sei Adenauer sich nicht darüber im Klaren, dass diese Männer nur ihre eigenen Interessen verfolgten. In der Kabinettssitzung vom 5. Oktober 1955 kritisierte Erhard offen Adenauer, weil er mit Berg sprach, und verurteilte scharf den überaus starken Einfluss des BDI-Präsidenten auf die Politik des Kanzlers. Adenauer entgegnete lahm, dass er keineswegs mit

Bergs Ansichten übereinstimme; er wolle lediglich eine zweite Meinung hören.[22] In Wirklichkeit war Adenauer darauf bedacht, eine wichtige Gruppe der Wählerschaft nicht zu vergraulen, die der CDU Wahlkampfgelder spendete. Tatsächlich arrangierte er für den 18. Mai 1956 ein Treffen mit Berg und Pferdmenges, um über Erhards Initiativen zu diskutieren.[23]

Erhard legte seine Wirtschaftspolitik am 17. Mai 1956 dem Kabinettsausschuss für Wirtschaft vor. Hauptziel war es, den Wert der Währung zu stabilisieren. Erhard sagte den Ministern, dass er die reale Gefahr einer Inflation sehe. Er schlug Maßnahmen zur Senkung der Investitionen und Konsumausgaben vor. Die Kreditvergabe sollte eingeschränkt, die Abschreibungsmöglichkeiten gesenkt, der staatliche Wohnungsbau um 10 Prozent gekürzt werden. Die Steueranreize für das Sparen hingegen sollten verbessert werden. Während Erhard die Nachfrage bremste, beachtete er jedoch auch die andere Seite der Medaille: das Angebot an Waren. Er beabsichtigte, das Warenangebot für westdeutsche Verbraucher zu steigern. Zu diesem Zweck schlug er eine Senkung der Zölle um 30 Prozent vor sowie die völlige Abschaffung von Einfuhrbeschränkungen auf viele Waren. Er wollte Subventionen für Importe und Investitionen beschränken. Außerdem wollte er die Gewerkschaften und die Arbeitgeber überzeugen, die Lohnerhöhungen zu begrenzen, und er wollte mehr ausländische Arbeitskräfte ins Land holen. Die Leute sollten angehalten werden, bis zum Alter von 68 Jahren zu arbeiten. Schließlich warnte er vor den schädlichen, inflationären Folgen der erhöhten Staatsausgaben, die für 1957 geplant waren. Diese »Wahlgeschenke« hätten aller Wahrscheinlichkeit nach ein Haushaltsdefizit zur Folge und würden seine Maßnahmen zur Begrenzung der Inflation untergraben.[24] Am nächsten Tag nahmen Erhard und Schäffer an einem Treffen des Zentralbankrates teil, dem politischen Entscheidungsgremium der BdL, wo man sich dazu entschloss, den Diskontsatz anzuheben. Erhard rechtfertigte öffentlich diesen Schritt, obwohl er wusste, dass er Adenauer gegen sich haben würde. Am 19. Mai gab die BdL die Anhebung des Diskontsatzes bekannt, und zwar auf 5,5 Prozent.[25] Historisch gesehen, war das nicht hoch, doch es war hoch genug, Proteste seitens der Industrie auszulösen.

Erhard war der Meinung gewesen, er habe Adenauers Wunsch nach einer stärkeren Koordinierung der Wirtschaftspolitik entsprochen und verfolge eine Politik, die mit Sicherheit zum Erfolg führen werde. Desto stärker hatte ihn Adenauers Kritik vom 16. Mai getroffen. Am 22. Mai verteidigte er sich in einem Brief an Adenauer und schrieb, die rüde Kritik des Kanzlers an seinen Steuersenkungen habe ihn gekränkt. Er behauptete auch, ihm sei der Einfluss des BDI auf Adenauers Kommentare nicht entgangen. Er machte deutlich, dass seiner Meinung nach Adenauers öffentliche Kommentare der Volkswirtschaft und der Regierung schadeten, und ließ durchblicken, dass er zum Rücktritt bereit sei.[26] Adenauer antwortete noch am selben Tag. Er lehnte dasselbe Projekt ab, das er noch vor wenigen Wochen gefordert hatte, nämlich eine Koordinierung zwischen dem Wirtschafts- und Finanzminister und der Bank deutscher Länder. Er klagte, dass er während seiner gesamten Amtszeit noch niemals derart von seinen Untergebenen übergangen worden sei. Er verlangte, dass er im Voraus in jeder wichtigen wirtschaftlichen Maßnahme, die seine Minister beabsichtigten, zu Rate gezogen werde.[27] Adenauer setzte am folgenden Tag, dem 23. Mai, dann seinen Angriff in aller Öffentlichkeit fort. Er hielt vor der Jahresversammlung des BDI im Kölner Gürzenich, dem Kongresszentrum der Stadt, eine große Ansprache, in der er sarkastisch Erhards Wirtschaftspolitik kritisierte und offen für die Industrie Partei ergriff.[28] Am 24. Mai attackierte Adenauer Erhard im Kabinett. Er kritisierte die Anhebung der Zinssätze ebenso wie die Senkung der Zölle. Er äußerte offen seine Sorge, dass seine Autorität untergraben werde. Erhard hielt sich dieses eine Mal nicht zurück. Er kritisierte Adenauers Gürzenich-Rede scharf und hob hervor, dass er stets loyal zum Kanzler gestanden habe, aber unter keinen Umständen eine Politik vertreten werde, von der er wisse, dass sie der Volkswirtschaft schade.

Erhard mit Bundeskanzler Adenauer

Adenauer gab nicht nach. Er verurteilte Erhards und Schäffers Konsultationen mit Vocke und sagte, Berg habe ihn gebeten, den Unternehmen zu helfen. In einem hitzigen Wortwechsel bot Erhard schließlich seinen Rücktritt an.[29] Da Adenauer jedoch den Wert Erhards für die Koalition bei den anstehenden Wahlen genau kannte, nahm er dieses Angebot nicht an.

Erhard ließ sich von Adenauer keineswegs einschüchtern. In der nächsten Kabinettssitzung verteidigte er einmal mehr seine Politik. Er erklärte, die Nachfrage nach Waren wie auch nach Arbeitskräften übersteige derzeit das Angebot, und deshalb drohe eine Inflation. Er werde versuchen, sowohl das Management wie auch die Arbeitnehmer zu maßvollen Lohnerhöhungen zu bewegen. Um dies den Gewerkschaften zu erleichtern, werde er Sorge dafür tragen, dass der Anstieg der Lebenshaltungskosten gebremst werde. Die beste Maßnahme sei es, hob er hervor, die Zölle zu senken und insbesondere den Zoll auf Heizöl abzuschaffen. Der Landwirtschaftsminister Heinrich Lübke forderte Preiskontrollen für die Nahrungsmittelindustrie, um die Gewinnspannen der Bauern zu erhöhen. Erhard erinnerte ihn, dass direkte, polizeilich durchgesetzte Preiskontrollen schon in der Vergangenheit nicht funktioniert hätten und auch in Zukunft wirkungslos seien. Weit effektiver sei es, unterstrich Erhard, den Agrarmarkt zu liberalisieren.[30] Auf einer Kabinettssitzung am folgenden Tag sprach Erhard sich vehement für eine Begrenzung der Staatsausgaben aus. Der Landwirtschafts-, Verkehrs- und Wohnungsbauminister widersprachen ihm unverzüglich. Als es jedoch zur Abstimmung kam, setzte Erhard sich durch.[31]

In den folgenden Wochen verteidigte Erhard standhaft sein Programm zur Abschwächung der Konjunktur, indem die Zinssätze erhöht, Zölle gesenkt und Staatsausgaben eingeschränkt wurden. Sich den hartnäckigen Rufen der Industrie nach Unterstützung zu widersetzen, erwies sich jedoch als schwierig. In der Kabinettssitzung vom 19. Juni musste er einen Rückschlag hinnehmen. Erhard wollte die beschleunigten Abschreibungsmöglichkeiten für die herstellende Industrie beenden, die man den Betrieben Anfang der fünfziger Jahre gewährt hatte. Er wollte den Satz nur um ein Viertel senken, und das nur vorübergehend. Doch Adenauer wehrte sich dagegen und verteidigte die Interessen seiner Freunde im BDI und anderswo in der Industrie. Darauf folgte ein weiterer heftiger Zusammenstoß zwischen dem Kanzler und dem Wirtschaftsminister. Schäffer und der Minister für wirtschaftliche Zusammenarbeit Franz Blücher unterstützten beide Erhard. Dann gab Erhard aus unerfindlichen Gründen nach. Er verzichtete auf die Senkung des Abschreibungssatzes.[32] Man kann lediglich Vermutungen anstellen, weshalb Erhard seinen Standpunkt änderte. Zweifellos war sein Bestreben, Konflikte zu vermeiden, insbesondere im Kabinett, ein Grund dafür. Doch womöglich hat er auch selbst gezögert, die Kosten der Industrie zu steigern, weil er im Allgemeinen für Steuersenkungen und Wirtschaftswachstum war. Jedenfalls war dieser Rückzieher nicht der einzige, den Erhard bei wichtigen Themen Mitte der fünfziger Jahre machte.

Erhard gab am 22. Juni 1956 vor dem Bundestag einen

Überblick über die Wirtschaftspolitik der Regierung. Er wies darauf hin, dass die Zinssätze drei Mal angehoben worden seien. Er hatte zwei Mal die Zölle gesenkt, einige Verkaufssteuern gemindert, die Gebühren für Ferngespräche ermäßigt und die staatlichen Bauinvestitionen verringert. Er verurteilte die kurzsichtige Politik eines unbegrenzten Wirtschaftsaufschwungs, die von der Industrie, und unlängst von Adenauer in der Gürzenich-Rede vom Mai, befürwortet wurde. In der Zukunft wollte er weiterhin die Nachfrage und Investitionen beschränken, Importe fördern, nichts unternehmen, um Exporte anzukurbeln, zu moderaten Tarifabschlüssen aufrufen und ausländische Arbeitskräfte nach Westdeutschland locken. Die Regierung sollte Haushaltsdefizite vermeiden.[33] Ende Juli konnte Erhard dem Wirtschaftsausschuss im Kabinett mitteilen, dass die Konjunktur sich leicht abschwäche. Er mahnte jedoch, es sei noch zu früh, seine Maßnahmen zu lockern, und wies die Forderungen einiger Unternehmen zurück, die Wirtschaft wieder anzukurbeln.[34]

Bis zum Ende des Jahres schwächte die Konjunktur sich spürbar ab, auch wenn die Wirtschaft immer noch munter wuchs. Die Suezkrise im Herbst hatte nicht zu Panikkäufen geführt, und Erhard hatte seine Landsleute aufgefordert, sie sollten sich keine Sorgen machen.[35] Im Januar 1957 konnte Erhard behaupten, dass seine Maßnahmen Wirkung zeigten. Auch wenn die Preise immer noch stiegen, kletterten sie nicht mehr so schnell. Überdies lag die Inflation in der Bundesrepublik niedriger als in allen anderen Industrieländern.[36] Das verschaffte Westdeutschland einen Vorteil auf den Exportmärkten. Erhards Bemühungen, ein allzu starkes, inflationäres Wachstum zu verhindern, hatte Erfolg gehabt. Er hatte die Angriffe seitens der Industrie und Adenauers abgewehrt und die wirtschaftliche Ordnung bewahrt, die er 1948 geschaffen hatte. Doch er war außerstande, daraus Kapital zu schlagen. Obwohl er wegen seiner Fähigkeiten als Wirtschaftsexperte und Politiker als Gewinner aus der Auseinandersetzung um die kurzfristige Wirtschaftspolitik hervorgegangen war, gelang es ihm nicht, weitere Siege bei seinem Streben nach der Reform der westdeutschen Volkswirtschaft zu erringen.

Erhards Scheitern als Reformer zeigte am deutlichsten die Initiative, der er selbst die größte Bedeutung beimaß: das Gesetz gegen restriktive Handelspraktiken, das Kartellgesetz. Er wusste, dass er einen einsamen Kampf gegen mächtige Interessengruppen ausfocht, ausgerechnet gegen jene Kreise, die von seiner Liberalisierung profitiert hatten. Doch er war überzeugt, dass die Zerschlagung der Kartelle so vorteilhaft für die westdeutschen Bürger sei, dass sie und ihre Repräsentanten im Bundestag ihn unterstützen würden, wenn es endlich zu der entscheidenden Abstimmung kommen sollte. Er glaubte, die Öffentlichkeit werde die Sonderinteressen zurückweisen. Allerdings machte er sich auch hier keine Illusionen, wie schwierig die vor ihm liegende Aufgabe werden würde. In einer Rede vor einem Treffen des Deutschen Industrie- und Handelstags im April 1955 erklärte er: »Um es ganz deutlich zu sagen: Wir sind auf dem falschen Wege. Ich werde nicht müde werden, für die Marktwirtschaft zu kämpfen. Aber ich stehe da allein.«[37]

Unmittelbar nach der Wahl hatte Erhard bereits einen überzeugenden Standpunkt zur Kartellfrage skizziert. Am 16. September 1953 hatte er in einer Rede an seiner Alma Mater, der Nürnberger Handelshochschule, die Themen erneut energisch vertreten, die er seit Kriegsende verfochten hatte. Er erklärte, Wettbewerb und ein funktionierendes Preissystem seien lebenswichtige Voraussetzungen für eine freie Wirtschaft. Sie würden es ermöglichen, das Ziel sämtlicher wirtschaftlicher Tätigkeit zu verfolgen, nämlich den Verbrauchern ein Maximum an Vorteilen zu verschaffen. Er bestritt, dass die Wirtschaft ein Anrecht auf einen bestimmten Preis habe oder auch nur darauf, die Produktionskosten zu decken. Folglich bestehe auch keine Notwendigkeit, Kartelle zu bilden. Er verurteilte Kartelle als »Fremdkörper in der Marktwirtschaft«.[38] Das Argument der Fürsprecher von Kartellen, sie hätten das Recht, sich nach Belieben zusammenzuschließen, widerlegte er mit dem Hinweis, die Freiheit der einen dürfe nicht dazu missbraucht werden, die Freiheit anderer zu beschränken.[39]

Berg wies Erhards Argumente zurück. Am 2. Oktober wiederholte er die Behauptung, die Besitzrechte könnten als Grundlage dafür betrachtet werden, dass die Unternehmen den Markt nach Belieben ohne staatliche Einmischung organisieren dürften. Ein unbeschränkter Wettbewerb werde nur allen schaden und ins Chaos führen, wohingegen die industrielle Selbstverwaltung, einschließlich der Verhinderung von Missbräuchen durch die Industrie selbst, allen zugute kämen.[40] Berg schlug Adenauer auch privat vor, einen Arbeitsausschuss zu bilden, um die Meinungsverschiedenheiten zwischen dem BDI und Erhard auszuräumen.[41] Auf Drängen Adenauers hin nahm Erhard den Vorschlag an.[42] Die Folge war ein Zeitverlust von über einem Jahr.

Nach diesem Zugeständnis ging Erhard wieder zum Angriff über und kritisierte die Kartellbewegung am 19. November 1953 in einer Rede vor der Aktionsgemeinschaft Soziale Marktwirtschaft in Bad Godesberg. Er machte einige außerordentlich bissige Bemerkungen über Unternehmer, die den freien Wettbewerb scheuten.[43] Anfang Dezember schoss Berg bei einem Treffen der Handelskammer in Hagen zurück. Berg versicherte erstaunlicherweise, die Phase des raschen Wirtschaftswachstums sei vorüber. Er sah eine neue Phase des verstärkten Wettbewerbs, welche die Existenz vieler Unternehmen bedrohe. Dann griff er scharf jene Wirtschaftstheoretiker an, die behaupteten, Kartelle würden der Volkswirtschaft schaden. Seiner Meinung nach hatten sie keine Ahnung von der realen Geschäftswelt. Sie hatten keine Ahnung von dem Kampf aller gegen alle, den die Umsetzung ihrer akademischen Hirngespinste auslösen würde. Bergs Kritik gipfelte in der These, Preiswettbewerb sei keineswegs immer positiv. Verblüffenderweise erklärte er, er werde zu einem Rückgang des Konsums führen. Laut Berg herrschte gegenwärtig eine Wettbewerbskrise, die ein Chaos auf den Märkten geschaffen habe und starke ebenso wie schwache Unternehmen ruiniere. Berg und der

BDI wollten eine Regierungspolitik, die mittelständische Betriebe schützte, die sich, nach seiner Einschätzung, im Besitz der Mittelschicht befanden. Mit anderen Worten, er wollte, dass die Regierung eine Sozialpolitik anstelle einer Wirtschaftspolitik verfolgte, die seine eigene Gruppe schützte. Im Folgenden argumentierte er, der Preiswettbewerb sei obsolet. Er müsse eingeschränkt werden. Wettbewerb solle sich auf die Qualität der Produkte, Dienstleistungen und des technischen Fortschritts konzentrieren. Er und der BDI wollten einen geordneten Binnenmarkt ohne zerstörerische Kräfte. Anders ausgedrückt, er wollte Schutzmaßnahmen für existierende Unternehmen. Diese würden untereinander dann kooperieren und technische Fortschritte entwickeln, welche die Verbraucher ihrer Meinung nach wünschten, und zwar zu Preisen, die die Verbraucher ihrer Ansicht nach zahlen sollten. Auf diese Weise würden sie ihre eigene soziale Stellung bewahren.[44]

Drei Tage später warnte Erhard Adenauer, dass Berg und seine Freunde einmal mehr versuchten, das Kartellgesetz zu torpedieren. Ihre Argumente, versicherte er dem Kanzler, seien jedoch falsch. Das Kartellgesetz werde allen Westdeutschen zum Vorteil gereichen. Darüber hinaus basiere es auf Gedanken, die in Deutschland entwickelt worden und auf die Gegebenheiten hierzulande zugeschnitten seien. Es sei kein primitiver Versuch, der Bundesrepublik amerikanische Praktiken aufzuzwingen. Das Kartellgesetz sei »das Kernstück der sozialen Marktwirtschaft«.[45] Adenauer war von Erhards Logik nicht überzeugt. Noch im selben Monat traf er sich mit Berg, der für seine Vorstellungen von koordinierten Märkten warb und sich für die Aushandlung eines Kartellrechts aussprach, das den Interessen der Industrie entsprach.[46]

Die Gespräche mit der Industrie begannen am 14. Januar 1954. Die Delegation des Wirtschaftsministeriums wurde von Erhard angeführt, unterstützt von Alfred Müller-Armack, den Erhard im Oktober 1952 zum Leiter der Abteilung für wirtschaftspolitische Grundsatzfragen ernannt hatte. Müller-Armack vertrat in diesen Verhandlungen und später bei Gesprächen über die Bildung der Europäischen Wirtschaftsgemeinschaft geschickt Erhards Position. Erhard eröffnete die Sitzung mit einem schwerwiegenden, taktischen Fehler. Er pflichtete Berg bei, dass eine Steuerreform, die eine Senkung der Sätze beinhaltete, Vorrang vor dem Kartellgesetz haben müsse. Offenbar hoffte Erhard, dass er, indem er der Industrie etwas gab, was sie sich wünschte, zumindest ihr Stillhalten in puncto Kartellgesetz erreichen würde. Er hatte sich getäuscht. Berg und seine Freunde strichen munter Erhards Geschenk ein und stellten sich dann bei dem Kartellgesetz quer. Sie kamen überein, dass die gegenwärtige Version des Kartellgesetzentwurfs dem Kabinett vorgelegt werden solle, um den Ratifizierungsprozess zu beschleunigen. Unterdessen sollten beide Parteien über mögliche Änderungen sprechen.[47] Berg verstand dies falsch und ging davon aus, dass der Entwurf erst dann dem Kabinett vorgelegt werden sollte, wenn die vom BDI gewünschten Änderungen vorgenommen waren. Erhard hingegen tat genau das, was er angekündigt hatte, und legte am 25. Januar 1954 den Entwurf dem Kabinett vor. Berg kam das falsche Gerücht zu Ohren, dass der Entwurf schon in Kürze im Kabinett diskutiert werde, und er telegrafierte Erhard eine Protestnote. Er wollte den Entwurf noch ändern, bevor er innerhalb der Regierung diskutiert wurde. Guido Ziersch traf sich dann mit Adenauer und erläuterte einmal mehr, dass der BDI für ein Gesetz plädiere, das lediglich den Missbrauch von Kartellen verbiete. Das Kabinett billigte den Entwurf am 17. Februar und machte damit den Weg frei, es an den Bundesrat weiterzuleiten. Berg schickte Adenauer ein Telegramm und protestierte empört, dass man der Industrie keine Gelegenheit gegeben habe, ihre Meinung zu äußern. Er behauptete, er sei persönlich beleidigt worden. Daraufhin ordnete Adenauer an, dass der Entwurf nicht an den Bundesrat weitergeleitet werde und dass der Arbeitsausschuss die noch bestehenden Meinungsverschiedenheiten zwischen der Industrie und dem Wirtschaftsministerium ausräumen solle – eine eindrucksvolle

Demonstration des Einflusses der Industrie.[48] Erhard beschwerte sich, dass die Regierung ihre Gesetze doch nicht erst dann verabschieden könne, nachdem der BDI sie gebilligt habe. Ein solches Vorgehen würde die repräsentative, verfassungsmäßige Regierung unglaubwürdig machen.[49] Berg und Erhard trafen sich zwar am 5. März mit Adenauer, doch keiner von beiden rückte von seinem Standpunkt ab. Sie vereinbarten lediglich, die Gespräche im Arbeitsausschuss fortzusetzen.[50]

Die eigentlichen Verhandlungen wurden in dieser Phase seitens des Wirtschaftsministeriums von Müller-Armack geführt. Sie bieten einen aufschlussreichen Einblick in die undemokratischen Haltungen der Industrie. Auf einer Sitzung am 20. März 1954 legte ein Repräsentant der Industrie Müller-Armack kurz dar, inwiefern der Preismechanismus von begrenztem Nutzen sei, weil er nicht immer zu dem »soziologischen, richtigen Preis« führe.[51] Um soziale Spannungen zu vermeiden, müsse es folglich den Unternehmen gestattet werden, die notwendigen Anpassungen der Preise vorzunehmen, und nicht der Regierung. Daraufhin wiederholten die BDI-Vertreter alle bekannten Argumente, insbesondere, dass mit dem Kartellgesetz doch nur realitätsferne Professoren, die keine Ahnung hätten, wie die Wirtschaft in Wirklichkeit funktioniere, versuchten, der deutschen Volkswirtschaft amerikanische Anschauungen überzustülpen. Müller-Armack, als einer der »realitätsfernen« Professoren, die die Konzepte hinter der sozialen Marktwirtschaft entwickelt hatten, bestritt, dass es sich hier lediglich um die Übertragung amerikanischer Vorstellungen in eine deutsche Form oder die unverfälschte Übernahme der Theorien der Freiburger Schule handle. Er wies sämtliche wirtschaftlichen Argumente des BDI zurück und bekräftigte einmal mehr die Entschlossenheit der Regierung, die Märkte zu liberalisieren.[52]

Erhard antwortete in aller Öffentlichkeit auf das vom BDI vorgebrachte Argument, der Verband sei besser geeignet, den sozialen Frieden zu erhalten als die Regierung. Er tat das in einem Forum, wo er sicher sein konnte, dass seine Ideen Gehör finden würden, nämlich auf der Jahrestagung des BDI selbst. Wie schon 1948 im Fall der öffentlichen Debatte mit Nölting war Erhard einmal mehr bereit, in die Löwengrube zu steigen und sich tapfer seinen erbittertsten Gegnern zu stellen. Erhard erklärte rundheraus, der Staat sei verantwortlich für die Volkswirtschaft, die Unternehmer hingegen für ihre Unternehmen. Der Staat lege die wirtschaftlichen Grundregeln fest, an die die Wirtschaft sich halten müsse. Der Staat überwache den freien Wettbewerb. Er forderte ein Wirtschaftswachstum, das den Fabrikbesitzern ebenso zugute komme wie ihren Beschäftigten. Er schloss mit den klingenden Worten: »Der Boden, auf dem wir stehen, ist die Freiheit.«[53]

Unterdessen hatten Adenauers Berater im Bundeskanzleramt erkannt, welches Spiel der BDI spielte. Sie berichteten Adenauer, dass die vom BDI gewünschten Änderungen das Verbot von Kartellen aushebeln werde, das die Basis des Entwurfes sei. Sie vermuteten zu Recht, dass der BDI weitere Änderungen vorschlagen, zugleich aber an seinem Widerstand gegen das Gesetz festhalten werde, ganz gleich, welche Zugeständnisse Erhard auch mache. Der BDI verfolgte ganz offensichtlich den Plan, möglichst viele Zugeständnisse zu erreichen und dann zu erklären, der Entwurf der Regierung unterscheide sich so sehr von dem ursprünglich vorgelegten, dass es für alle Betroffenen einfacher sei, den Entwurf gar nicht erst zu verabschieden, sondern zu dem Gesetz von 1923 zurückzukehren. Falls dies scheitern sollte, wollten sie die Gespräche in die Länge ziehen, in der Hoffnung, dass die Legislaturperiode wieder einmal endete, bevor der Entwurf verabschiedet werden konnte.[54] Erhard versuchte Adenauer zu überzeugen, dass die Haltung des BDI Deutschland schade und dass der BDI nur eine Minderheit der westdeutschen Unternehmen repräsentiere. Er war überzeugt, dass man im Bundestag eine Mehrheit für den Entwurf finden werde, und fügte hinzu, dass die Briten ebenfalls Kartelle untersagt hätten. Am Ende äußerte er sein Mitleid für die vielen Unternehmensführer, die Kartelle aus Achtung vor der Tradition und aus Angst um die eigene Konkurrenzfähigkeit unterstützten und dabei ganz übersähen, dass eine wettbewerbsorientierte Wirtschaft doch ihre Rettung sei.[55]

Berg meldete sich kurz danach am 6. Juli 1954 in einem Brief an Adenauer zu Wort. Er wiederholte, dass in einer modernen Volkswirtschaft der Wettbewerb von den Unternehmen selbst geordnet werden solle. Mit einer erstaunlichen Arroganz teilte er danach dem Kanzler mit, dass die Verabschiedung des Gesetzentwurfes, da er nicht mit den Vorstellungen der Industrie übereinstimme, einen gewaltigen Regulierungsaufwand für das geplante Bundeskartellamt nach sich ziehen werde, und ließ damit eindeutig durchblicken, dass die Industrie sich um das Verbot von Kartellen gar nicht scheren werde.[56] Gleich am nächsten Tag ermahnte Erhard den Kanzler, falls der BDI bekomme, was er wünsche, so werde das zu einer Zerrüttung der Demokratie in Westdeutschland führen.[57] Zwei Tage später gab Erhard dem Kabinett eine Zusammenfassung der Kartellrechtsdebatte, in der er seinen Standpunkt bekräftigte. Er unterstrich, dass die deutsche Wirtschaft es sich nicht zutraue, in einem fairen Wettbewerb zu bestehen. Sie kenne lediglich halsabschneiderische Methoden. Er bekräftigte die Rolle des Staates als Bewahrer des Gemeinwohls, etwas, wozu keine private Organisation imstande sei. »Die ungehinderte Entfaltung der unternehmerischen Initiative«, erklärte er, »hat allerdings dort eine Grenze, wo die Rechts- und Lebenssphäre anderer Bevölkerungsschichten berührt werden und wo eine wirtschaftliche Machtstellung (und gegebenenfalls auch Marktstellung) nicht mehr durch individuelle unternehmerische Leistung, sondern durch kollektive Absprachen und künstlich gesetzte Machtpositionen errungen werden will.«[58] Es sei die Aufgabe der Regierung, die Schwachen, also jene mit wenig oder keinem Besitz, jene, denen keine großen Organisationen mit einem Werbebudget, Lobbyarbeitern und direktem Draht zum Kanzler zur Verfügung standen, gegen diejenigen zu schützen, die alle diese Vorteile hatten.

An diesem kritischen Punkt erfuhr Erhard willkommene Rückendeckung aus Wirtschaftskreisen selbst. Eine große Gruppe Unternehmer traf sich am 17. Juli 1954 auf dem Petersberg und verabschiedete eine Resolution, die Erhards Kartellgesetz unterstützte. Unter den anwesenden Firmen waren berühmte Namen wie Klöckner, Robert Bosch und Salamander.[59] In den wieder aufgenommenen Gesprächen im Arbeitsausschuss kehrte der BDI unterdessen zu seiner alten Strategie zurück, auf Zeit zu spielen. Adenauers Geduld war allmählich erschöpft. Er warnte Berg, die Verzögerungen müssten ein Ende nehmen, und forderte ihn auf, in bester Absicht mit Erhard zu verhandeln.[60] Berg ignorierte die Ermahnung des Kanzlers. Die Gespräche im Arbeitsausschuss zogen sich in die Länge. Häufig erschien Berg persönlich, äußerte mehrfach seine Kompromissbereitschaft und forderte unablässig neue Zugeständnisse. Um des lieben Friedens willen und um den Gesetzentwurf endlich dem Parlament vorzulegen, machte Erhard weitere Zugeständnisse. Er tröstete sich mit dem Gedanken, dass er zumindest den Kern des Verbots von Kartellen bewahrt hatte, doch er erkannte zunehmend, dass er den Kampf verlor. Erhard und Berg vereinbarten, dass er den Entwurf der Regierung ohne die von dem Arbeitsausschuss ausgehandelten Änderungen dem Kabinett vorlegen werde. Dann konnten der BDI und seine Verbündeten diese Änderungswünsche in den Sitzungen des Wirtschaftsausschusses des Bundestages vorbringen. Die Regierung wollte keine Einwände erheben.[61] Diese Vorgehensweise war notwendig, weil der Bundesrat die Vorlage ja bereits 1953 verabschiedet hatte. Erhard hoffte, auf diesem Weg den Entwurf direkt in den Bundestag einbringen zu können. In Abwesenheit Adenauers billigte das Kabinett am 19. Januar 1955 den Entwurf.[62] Dann ging er in den Bundestag, wo er zum ersten Mal am 24. März diskutiert wurde, nach einer Verzögerung von mehr als zwei Monaten. In einer leidenschaftlichen Rede appellierte Erhard an die Abgeordneten, keine weiteren Änderungen vorzunehmen; man habe bereits genug geändert. Viel zu viele Ausnahmen vom Kartellverbot seien in den Entwurf aufgenommen worden. Er machte kein Hehl aus seiner Ablehnung jeder Form von Kartellbildung. Dann griff er abermals den Kern des Standpunktes der Industrie an. Er betonte, dass allein der Staat verantwortlich sei für den Erhalt des Wirtschaftssystems, für die Überwachung der sozialen Auswirkungen wirtschaftlicher Ereignisse, für die Sicherung von Wohlstand und Stabilität und für die Bewahrung der nationalen Wettbewerbsfähigkeit und den Zugang zu den Weltmärkten. Er versicherte leidenschaftlich, dass die unternehmerische Freiheit durch die Menschenrechte eingeschränkt werde, und lehnte die wirtschaftliche Ausbeutung der Schwachen durch die Starken ab. Erhard schloss: »Der freie Wettbewerb ist … ein Grundelement unserer demokratischen und ökonomischen Ordnung und darf deshalb durch private Organisationen nicht ausgeschaltet werden.«[63]

Noch während Erhard sprach, bereitete die Industrie jedoch den entscheidenden Schlag gegen den Gesetzentwurf vor. Eberhard Günther, Erhards Mitarbeiter im Wirtschaftsministerium, der für das Kartellrecht zuständig war, brachte in Erfahrung, dass die Industrie beabsichtigte, den Entwurf zum Scheitern zu bringen, indem er nicht über den Ausschuss hinauskam. Ein rivalisierender Entwurf, der eher den Vorstellungen der Industrie entsprach, sollte von einem Abgeordneten aus Bayern eingebracht werden. Falls dieser scheitern sollte, würde man über den von Erhard vorgeschlagenen Gesetzestext diskutieren, aber gemächlich, in der Absicht, ihn mit dem Ende der Legislaturperiode sterben zu sehen. Unmittelbar vor den anstehenden Bundestagswahlen wollten Verbündete des BDI dann einen Gesetzentwurf durchbringen, der das für die Industrie überaus günstige Kartellrecht von 1923 wieder in Kraft setzte.[64] Über ihre Verbindungen verhinderte die Industrie auch bis Oktober eine Diskussion des Kartellgesetzes im Ausschuss – volle sechs Monate lang. Unterdessen erreichte der BDI ein Ziel. Mit der Verhandlung über die volle innere Souveränität für die Bundesrepublik konnten die Alliierten nicht länger einfach ihre Kartellgesetze durchsetzen. Aus patriotischen Gründen lehnte Erhard dies ebenfalls ab, bis sein eigener Gesetzentwurf verabschiedet wurde.[65]

Im Wirtschaftsausschuss des Bundestages kam die Debatte über Erhards Kartellgesetz nur schleppend und mühsam voran. Unzählige vom BDI geforderte Ausnahmen wurden in den Gesetzestext aufgenommen. Andere Abschnitte hingegen wurden sogar verstärkt, insbesondere die Passagen zu marktbeherrschenden Firmen. Die Änderungen veranlassten Berg, Erhard in einem Brief sein Missfallen über die Richtung auszudrücken, in die sich der Entwurf im Ausschuss entwickelte.[66] Im Juli 1956 kam das Kabinett überein, dass die Verabschiedung des Kartellgesetzes im kommenden Jahr oberste Priorität haben sollte.[67] Adenauer wurde regelrecht wütend. Da der Gesetzentwurf offenbar von der SPD stärker unterstützt wurde als von den Koalitionsparteien, fürchtete er, das Ansehen der Regierung könne Schaden nehmen. Er fürchtete auch, dass ein weiteres Scheitern des Gesetzentwurfes die Aussichten der Koalition bei den Bundestagswahlen im September 1957 schmälern würde. Deshalb wies er die Fraktionsführer der CDU an, Unterstützung für den Entwurf anzuordnen und dafür zu sorgen, dass er verabschiedet wurde. Mit Adenauers Rückendeckung ging der Gesetzentwurf dann durch den Wirtschaftsausschuss und wurde am 3. Juli 1957 endlich vom Bundestag verabschiedet. Da im Nachhinein so viel geändert worden war, musste der Bundesrat den Text noch einmal beraten. Wiederum drängte Adenauer auf eine rasche Diskussion, und am 19. Juli stimmte der Bundesrat für den Entwurf. Ende Juli wurde das Gesetz von Bundespräsident Theodor Heuss unterzeichnet und trat am 1. Januar 1958 in Kraft.

Der Gesetzestext, der am Ende verabschiedet wurde, enttäuschte Erhard bitter. Er legte zwar den Grundsatz fest, dass Kartelle illegal waren; doch von diesem Verbot wurden so viele Ausnahmen zugelassen, dass das Gesetz längst nicht so wirkungsvoll war, wie er es sich erhofft hatte. Die Zahl der Kartelle in Westdeutschland nahm tatsächlich nach der Ratifizierung des Gesetzes zu, nachdem sie nach 1945 als Folge der Maßnahmen der Alliierten, insbesondere der Amerikaner, zurückgegangen war. Später wurde das Gesetz durch einige Änderungen wirkungsvoller. Langfristig nahm der Wettbewerb in der westdeutschen Wirtschaft zu, doch Erhard war ganz eindeutig gezwungen gewesen, viele Kompromisse einzugehen.[68] Er erreichte so wenig, weil die organisierte Industrie noch sehr mächtig war und direkten Zugang zu Adenauer hatte. Außerdem fand sich weder in der westdeutschen Bevölkerung noch im Bundestag eine Mehrheit für eine stark wettbewerbsorientierte Volkswirtschaft. Die Unterstützung für die soziale Marktwirtschaft war eher schwach und fußte nur auf dem Wohlstand, den sie den Menschen gebracht hatte, nicht auf einem tieferen Verständnis ihrer Grundsätze. Noch wichtiger war: Erhard hatte nie die Unterstützung Adenauers. Der Kanzler warf lediglich sein Gewicht in die Waagschale, um weitere Peinlichkeiten zu vermeiden. Was möglich war, wenn Adenauer ein Gesetzesvorhaben mit ganzer Kraft unterstützte, zeigte sich am Rentenreformgesetz, das fast zeitgleich, aber viel schneller verabschiedet wurde. Viele Beobachter vermuteten eine heimliche Verbindung zwischen den beiden Gesetzentwürfen. Der Industrie gefiel weder das eine noch das andere. Sie leistete jedoch keinen großen Widerstand gegen die Rentenreform. In der Tat hielt der BDI beim Rentengesetz praktisch still, dabei würde der Gesetzesvorstoß ihn immerhin Milliarden an zusätzlichen Abgaben kosten. Es lässt sich nicht beweisen, aber viele zeitgenössische Beobachter mutmaßten, dass Adenauer den größten Teil der Zugeständnisse beim Kartellgesetz an den BDI als Gegenleistung für das Stillhalten beim Rentengesetz gemacht hatte.[69]

Erhard spielte Mitte der fünfziger Jahre bei der Diskussion um die Reform des westdeutschen Rentensystems keine führende Rolle. Er verfolgte die Debatte jedoch aufmerksam, weil das Ergebnis sich sehr stark auf seine Wirtschaftspolitik auswirken würde, und zwar aus zwei Gründen: Falls eine Reform durchgesetzt würde, die die Staatsausgaben drastisch erhöhen würde, so hätte das erhebliche Auswirkungen auf die Wirtschaft. Wenn die Leistungen substanziell erhöht würden und der Wohlfahrtsstaat ausgeweitet würde, dann wäre das zudem ein Schlag für Erhards Bestreben, eine Gesellschaft aus freien, selbstbewussten Bürgern zu schaffen. Mit Blick auf die Zusammensetzung des Kabinetts mussten in der Rentendebatte der Minister für Arbeit und Sozialordnung Anton Storch und der Finanzminister Fritz Schäffer die führenden Rollen spielen. Erhard würde zwar daran beteiligt werden, doch er stand nicht im Zentrum der Diskussion. Überdies war er ja, wie gesehen, vollauf damit beschäftigt, sein Kartellgesetz durch das Gesetzesverfahren zu manövrieren. Er wandte sich keineswegs gegen ein soziales Sicherungsnetz, setzte aber andere Prioritäten.[70]

Die Bundesrepublik hatte ein Sozialsystem geerbt, das bereits zur Zeit des Zusammenbruchs des NS-Regimes existiert hatte. Es hatte sich seit den achtziger Jahren des 19. Jahrhunderts entwickelt, nachdem Bismarck das Konzept einer staatlich subventionierten Sozialversicherung eingeführt hatte. Unter dem Zeitdruck der alltäglichen Geschäfte hatte die Regierung Adenauer sich einzelne Mängel in dem System vorgenommen und versucht, den Bedürfnissen Rechnung zu tragen, die durch den verlorenen Krieg und die Teilung des Landes entstanden waren. Das Ergebnis waren ein Sammelsurium an Gesetzen und erhöhte Staatsausgaben.[71] Adenauer kannte die Ungereimtheiten und Komplikationen im sozialen Sicherungssystem der Bundesrepublik ganz genau. Er wollte ein umfassendes Sozialsystem schaffen und zugleich vermeiden, dass die Initiative und Verantwortung des Einzelnen gelähmt oder vermindert wird.[72] In seiner Eröffnungsansprache zum zweiten Bundestag hatte Adenauer der Reform des Sozialsystems oberste Priorität eingeräumt. Wie Adenauer war auch Erhard der Meinung, dass eine gründliche Reform des Systems notwendig sei. Er sprach sich dafür aus, denjenigen Beistand zu gewähren, die ihn brauchten, lehnte aber eine generelle Steigerung der Leistungen ab. Erhard unterstützte auch Adenauers Wunsch nach einer beschleunigten Lösung des Problems.[73]

Storch unternahm danach nichts. Er widersetzte sich Adenauers Wunsch, das gesamte Sozialversicherungssystem zu reformieren, und plädierte stattdessen einfach für eine Erhöhung der Rentenzahlungen. Storch wollte insbesondere die Renten an das Wirtschaftswachstum und die Preissteigerungen anpassen. Erhard lehnte diesen Gedanken ab. Er unterstützte eine grundlegende Sozialreform, wehrte sich aber gegen eine automatische Anpassung. Er wollte die Auszahlungen der Leistungen außerdem nach dem Bedarf richten. Ebenso wichtig war: Er lehnte es ab, Selbstständige zu zwingen, sich am staatlichen System zu beteiligen. Er fürchtete, diese Zwangsmaßnahme würde ihren unternehmerischen Elan hemmen.[74]

Adenauer hingegen wollte zwar das Sozialversicherungssystem rationalisieren und die Leistungen erhöhen, fürchtete aber auch, dass das Land sich zu einem Wohlfahrtsstaat entwickle, mit allen negativen Konsequenzen, die damit verbunden waren. Er brachte diese Befürchtung in einem Brief an alle Minister vom 16. Januar 1955 zum Ausdruck. Seiner Ansicht nach sollte »der Staat nur da helfend eingreifen, wo die Kräfte des Einzelnen bzw. einzelner Gemeinschaften nicht ausreichen. Jede andere Politik führt dazu, dass bei dem Einzelnen der Wille zur Selbsthilfe immer mehr erlahmt und die gesamte Verantwortung für seine Existenz auf den Staat abgewälzt wird. Einer solchen Entwicklung sollte mit allen Mitteln durch die Wiederbelebung der Selbsthilfekräfte des Individuums und der Gesellschaft entgegengewirkt werden.« Der Kanzler fuhr fort: »Es ist die wesentliche Aufgabe der kommenden Sozialreform, durch die Neuordnung des Sozialleistungsgefüges die Tendenz zum Versorgungsstaat auf dem Gebiete der sozialen Leistungen zumindest aufzuhalten.«[75] Adenauer forderte seine Minister auf, ihm bis Ende Februar ihre Ansichten darzulegen. Er wollte eine Liste der bestehenden Leistungen, die der Staat gewährte, und der Forderungen nach neuen Leistungen.

Erhard konnte der Meinung des Kanzlers mit Sicherheit zustimmen. Auch er machte sich Sorgen über den zunehmenden Einfluss des Staates und über die Art und Weise, wie dies die Eigeninitiative der Bürger erstickte. Er antwortete Anfang Mai öffentlich auf Adenauers Ideen sowie Ende Mai, mit drei Monaten Verspätung, in einem Brief an den Kanzler. Gleichzeitig legte er einen Aufsatz vor, in dem er die nach seiner Auffassung grundlegenden Ideen beschrieb, die das Sozialversicherungssystem prägen sollten. In einer öffentlichen Rede am 6. Mai in München erklärte Erhard, dass er die freien Menschen der Mittelschicht vor einem Identitätsverlust und dem Abgleiten in den Kollektivismus schützen wolle. Doch er kritisierte auch jene Mitglieder der Mittelschicht, die in kollektiven Vereinbarungen ihre Sicherheit suchten. In seinen Augen gruben sie sich ihr eigenes Grab. Danach deutete er an, dass die Regierung ohnehin bereits zu viel tue, um Chancengleichheit zu gewährleisten. Die Regierung könne nicht die natürlichen Begabungen der Menschen ändern. Er schloss mit der Warnung an seine Zuhörer, dass die Gefahr des Kollektivismus desto größer sei, je mehr Gesetze ihr Leben regeln würden.[76]

In seinem Brief an Adenauer vom 24. Mai 1955 baute Erhard diese Grundgedanken aus. Er sagte dem Kanzler, dass auch er das Abgleiten Westdeutschlands in einen Wohlfahrtsstaat fürchte, der sich nur dadurch am Leben erhalte, dass er den verschiedenen Wählerschaften Vergünstigungen zukommen lasse. Er führte die Rufe nach staatlicher Hilfe auf den Wunsch der Menschen zurück, die im Krieg erlittenen Verluste auszugleichen, und auf Reste nationalsozialistischen Gedankenguts. Er fuhr fort: »Die Entwicklung zum Versorgungsstaat wird nicht unwesentlich auch durch den deutschen Hang zu übersteigertem Ordnungsdenken, zum Gesetzesperfektionismus und das darauf beruhende Vordringen des Staates in immer weitere private, kulturelle und wirtschaftliche Bereiche gefördert.«[77] Er forderte die Senkung sämtlicher Zuwendungen. Er sprach sich dafür aus, den Menschen, die wirklich in Not waren, zu helfen, wehrte sich aber gegen ein Zwangssystem, dem auch Freiberufler angehören sollten. Auf die Bewahrung der Freiheit unabhängiger Berufe legte Erhard großen Wert: »Wenn das Sicherheits- und Rentendenken alle Schichten und Berufszweige erfasst haben wird, das heißt, wenn jeder für jeden steuert, dann wird die Einsicht zu spät kommen, dass man damit die gesellschaftliche Ordnung zerstört und dabei niemand etwas gewonnen hat. Das Ende ist die staatliche Zwangsbürgerversorgung und der Untergang eines Volkes in der fragwürdigen Harmonie wachsender Armut.«[78]

Um dieselbe Zeit präsentierte Erhard dem Arbeitsminister Storch einige Ideen, wie die Sozialreform durchgeführt werden solle. Er hob hervor, dass er sich für die Angelegenheit interessiere, weil die Regierung alljährlich 20 Milliarden DM für Sozialleistungen ausgebe. Das habe beträchtliche Auswirkungen auf die Volkswirtschaft. Er stellte den Grundsatz auf, dass die Sozialreform nicht das Wirtschaftswachstum oder Produktivitätszuwächse einschränken dürfe. Wie sie am Ende auch aussah, sie musste zur freien Marktwirtschaft passen. Insbesondere sprach Erhard sich dafür aus, die Opfer von Arbeitsunfällen zu rehabilitieren, damit sie wieder an die Arbeit zurückkehren konnten und nicht zu staatlichen Rentnern wurden. Am meisten Kopfzerbrechen bereitete ihm jedoch der langfristig gesehen gewaltige Anstieg der Ausgaben ohne gesicherte Finanzierung. Er argumentierte, dass kein Geld aus dem allgemeinen Steueraufkommen in das Rentensystem geleitet werden sollte. Es sollte ausschließlich über direkt vom Lohn abgezogene Beiträge der Beschäftigten finanziert werden. Lediglich eine bescheidene Reserve sollte angelegt werden, um Konjunkturschwankungen auszugleichen. Er hatte Angst, dass eine große Reserve denjenigen eine zu große Marktmacht verleihen würde, die für die Anlage des Geldes zuständig waren. Überdies bestand er darauf, dass das neue System nur für Arbeitnehmer gelten dürfe, den Selbstständigen hingegen müsse es freigestellt bleiben, sich selbst abzusichern. Er wollte sowohl die Prämien als auch die Leistungen so bemessen, dass die Menschen einen Anreiz hatten, zu arbeiten. Die monatlichen Beiträge sollten nicht so drückend und die Leistungen nicht so großzügig bemessen sein, dass es vernünftig wäre, eine bezahlte Stelle zu kündigen und stempeln zu gehen. Er akzeptierte die Vorstellung, dass künftige Generationen die Verantwortung hatten, jenen zu helfen, die unter dem Krieg gelitten hatten. Und schließlich ging er davon aus, dass das Sozialprodukt künftig steigen werde. Damit wäre es möglich, ein System zu finanzieren, das nach den von ihm ins Auge gefassten Richtlinien organisiert war.[79]

Nachdem Erhard seinen Standpunkt dargelegt hatte, konzentrierte er sich darauf, das Kartellgesetz durch den Bundestag zu bringen und die neue Gefahr der Schaffung einer supranationalen europäischen Wirtschaftsbehörde abzuwehren, die den freien Handel ersticken würde. Adenauer hingegen hatte es mit der Sozialreform eilig. Am 13. Juli 1955 griff er die von Storch ursprünglich 1954 angeregte Idee auf, dass ein Ministerausschuss über die Sozialreform diskutieren solle. Adenauer erklärte, dass er zumindest die Grundzüge der Reform noch in dieser Legislaturperiode formuliert haben wolle. Das würde der Koalition einen wichtigen Vorteil im Wahlkampf verschaffen. Er berief Erhard, Schäffer und Storch in das neu geschaffene neunköpfige Gremium.[80] Im Laufe der nächsten Wochen wehrte sich Storch erfolgreich gegen Adenauers Idee, eine umfassende Reform des Sozialversicherungssystems durchzusetzen, mit dem Argument, ein solches Ziel sei zu kompliziert und deshalb zu zeitaufwändig. Stattdessen gelang es Storch, den Prozess auf eine Rentenreform einzuengen, insbesondere auf die Alterssicherung. Er wollte die Leistungen deutlich erhöhen.

Der nächste Wendepunkt bei der Auseinandersetzung um die Rentenreform kam im Dezember 1955. Adenauer war von seinem Sohn auf Wilfried Schreiber von der Universität Bonn und dessen Vorstellungen zur Altersrente aufmerksam gemacht worden. Paul

Adenauer ließ dem Kanzler die Kopie eines Memorandums von Schreiber zukommen, in dem dessen Plan beschrieben wurde. Adenauer war so beeindruckt, dass er Schreiber einlud, seine Gedanken dem Ministerausschuss zur Sozialreform vorzutragen. Schreiber beschrieb ein Schema, nach dem die Renten automatisch an die Änderung des Lebensstandards angepasst werden sollten. Er schlug vor, die soziale Absicherung von dem Rentensystem abzukoppeln, weil die Renten auf einem Generationenvertrag beruhen würden, während die Sozialhilfeleistungen lediglich momentane Zahlungsverpflichtungen seien. Deshalb sollte die gegenwärtige Arbeitergeneration Abgaben zur Finanzierung der Renten jener Generation zahlen, die bereits im Ruhestand war. Mit anderen Worten, er plädierte für Beiträge, die direkt vom Lohn abgezogen wurden. Diese Finanzierungsmethode würde, neben der Anpassung der Leistungen, auch die alten Menschen in die Gesellschaft integrieren und nicht nur verhindern, dass sie Hunger leiden mussten. Er hatte keine Bedenken, was die Finanzierung eines solchen Systems in konjunkturschwachen Zeiten anging, weil die Regierung einfach Schulden machen würde, um es in Gang zu halten. Schreiber warnte zum Abschluss, dass die Sozialreform ohne weiteres außer Kontrolle geraten und sich zu einem unbegrenzten Versorgungsstaat auswachsen könnte, den Adenauer fürchtete.[81] Erhard reagierte in der folgenden Diskussion positiv auf Schreibers Bemerkungen. Andere Mitglieder hatten angeregt, einen Kapitalfonds zur Stützung des Rentensystems aufzulegen, anstelle der laufenden Beitragszahlungen, die Schreiber vorgeschlagen hatte. Erhard unterstützte Schreiber und wies darauf hin, dass ein größerer Einbruch der Wirtschaft unwahrscheinlich sei. Das System müsste deshalb in der Lage sein, sich selbst zu finanzieren. Er wiederholte jedoch seine Warnung, Selbstständige nicht in das System aufzunehmen. Darüber hinaus betonte er wiederum, dass die Leistungen nicht so hoch angesetzt werden dürften, dass den Menschen die Bereitschaft zum Arbeiten und Sparen genommen werde.[82]

Schreiber ging in einer Denkschrift, die er am 31. Dezember 1955 abschloss, auf die Einwände ein, die in der Ausschusssitzung angesprochen worden waren. Zu Erhards Einwänden führte er aus, er freue sich, dass Erhard seine Finanzierungsmethode befürworte und die ethische Rechtfertigung anerkenne, dass die Generationen sich gegenseitig helfen sollten. Er hielt es jedoch immer noch für notwendig, die freien Berufe zu integrieren, und verlängerte den Zeitraum für die Anpassung der Leistungen auf alle drei Jahre.[83] Schreiber war überzeugt, dass sein Plan moralisch gesehen verantwortungsvoll und fiskalisch solide sei; zudem werde er das Überhandnehmen des Versorgungsstaates verhindern. Er sprach sich selbstverständlich nicht für die Sozialisierung der westdeutschen Volkswirtschaft aus. Nachdem sein Plan das Gesetzgebungsverfahren durchlaufen hatte, förderte er jedoch genau diesen Trend.

Erhard erkannte rasch, dass Schreibers Vorschlag, die Leistungen automatisch an die Entwicklung des Lebensstandards anzupassen, sie folglich gegebenenfalls entsprechend anzuheben, eine große Gefahr für die Wirtschaftsordnung darstellte. In der nächsten Sitzung des Ministerausschusses im Januar 1956 griff er diesen entscheidenden Punkt an. Erhard stimmte zu, dass Rentenzahlungen regelmäßig angepasst werden sollten, aber nicht automatisch. Er fürchtete, dass eine automatische Anpassung der Renten an die Wirtschaftsentwicklung die inflationären Auswirkungen der Lohnerhöhungen noch steigern würde, die die Gewerkschaften für die Arbeitnehmer ausgehandelt hatten. Ein Automatismus werde unter Umständen nicht nur die Auswirkungen der Inflation berücksichtigen, sondern dazu benutzt werden, sie vorwegzunehmen, und damit die Inflation zusätzlich anheizen.[84] Erhard wiederholte seine Kritik auf der nächsten Sitzung des Ausschusses im Februar. Er fürchtete, dass die massive Anhebung der Rentenzahlungen, die Schreibers Reform nach sich ziehen würde, den Verbrauch ohne eine entsprechende Produktionssteigerung anregen würde, was wiederum eine Inflation auslösen würde. Er schlug außerdem

Änderungen bei der Grundlage für die Berechnung der Leistungen vor, mit dem Argument, die Annahme von 33 Jahren Beitragszahlungen durch jeden Arbeiter sei unrealistisch niedrig. 40 Jahre seien vorzuziehen. Die Renten, so argumentierte er, dürften nicht zwei Drittel des Nettoeinkommens des Arbeitnehmers übersteigen. Erhard regte auch an, den Begriff »dynamische Rente« für die Anpassung der Leistungen fallen zu lassen. Adenauer stimmte zu und schlug stattdessen »Produktivitätsrente« vor.[85]

Auf massiven Druck seitens Storch und verschiedener Interessengruppen hin willigte Adenauer ein, dass Angestellte ebenfalls in das Rentenversicherungssystem aufgenommen wurden. Ihre Beiträge sollten in einem hohen Maße die Wahrung der Liquidität gewährleisten. Erhard war dagegen. Doch bevor er etwas unternehmen konnte, gab die Regierung bereits ihre Entscheidung bekannt.[86] Daraufhin griff Erhard auf der nächsten Sitzung des Ministerausschusses die Rentenanpassung mit noch größerem Eifer an. Es gelang ihm, die tatsächliche Entwicklung der Produktion zur Grundlage für die Anpassung zu machen. Damit war der Erhalt der realen Kaufkraft der Renten gewährleistet, aber sie stiegen nicht jedes Mal an, wenn die Gewerkschaften einen günstigen Tarifabschluss erzielten. Zudem würden die Leistungen nur alle fünf Jahre angepasst, und erst nach einem Beschluss des Kabinetts. Ein »Sozialrat«, den Storch in den Plan eingefügt hatte, hatte nicht länger das letzte Wort bei den Rentenanpassungen. Erhard hätte den Sozialrat ganz abgeschafft, weil er fürchtete, dass er sich womöglich zu einem Wirtschaftsrat entwickelte.[87] Ein derartiges Organ hatte bereits in der Weimarer Republik existiert und sich als wirkungslos erwiesen. Dennoch hatte Erhard einiges erreicht. Die Selbstständigen waren nunmehr ganz bestimmt von der Beteiligung ausgeschlossen, auch wenn Angestellte ebenso sicher eingeschlossen waren. Die neue Berechnungsmethode für die Rentenanpassung verringerte die Gefahr drastisch, dass das System die Inflation anheizte. Nichtsdestotrotz würde es sehr teuer werden. Erhards Sieg war nur von kurzer Dauer. Am 23. Mai 1956 wurde in der vollen Kabinettssitzung die Anpassung der Renten unter Berücksichtigung der Inflation teilweise wieder eingeführt. Das Kabinett behielt jedoch die letzte Entscheidungsgewalt in dieser Angelegenheit, und der Anpassungszeitraum wurde auf fünf Jahre festgelegt.[88] Es war keine vollständige, aber eine wichtige Niederlage.

Im Oktober 1956 zog Erhard wiederum öffentlich gegen die Rentenreform zu Felde. Er ließ eine Denkschrift in der CDU-Fraktion kursieren, in der er die Abänderung der Rentenanpassung kritisierte und behauptete, dass sie die Inflation schüren werde. Im Grunde eröffnete Erhard die Debatte vom Mai neu. Adenauer wollte das unbedingt verhindern. Aus seiner Perspektive wurde die Zeit bis zu den nächsten Bundestagswahlen unangenehm kurz. Er kritisierte Erhard, weil er sich nicht unterordnen wollte, und Schäffer und Storch, weil sie ihre schwerwiegenden Meinungsverschiedenheiten nicht beilegten.[89] Doch Erhard gab nicht klein bei. Er erinnerte Adenauer drei Tage später in einem Brief, dass er von Anfang an gegen die Bindung der Renten an Änderungen irgendwelcher nomineller Kennzahlen protestiert hatte. Er schlug erneut vor, dass sie an inflationsbereinigte Preise angepasst werden.[90] Erhards Kritik wurde von Schäffers Vorschlag am 17. Oktober 1956, den Regierungsplan grundlegend zu überarbeiten, überschattet. Merkwürdigerweise unterstützte Erhard den Finanzminister nicht direkt. Vielmehr verfolgte er seine eigene Linie und wehrte sich gegen die sozialen und wirtschaftlichen Gefahren, die der vorgeschlagenen Reform innewohnten, ignorierte aber Schäffers Bedenken aus fiskalischer Sicht.[91] Offenbar war ihm nicht in den Sinn gekommen, dass der Widerstand gegen den Gesetzentwurf gestärkt werden könnte, wenn es gelang zu zeigen, dass die Rentenerhöhung einen massiven Anstieg der Staatsausgaben zur Folge haben und möglicherweise ein Haushaltsdefizit nach sich ziehen würde. Vermutlich hatte Erhard erkannt, dass Adenauer sich nicht um Haushaltsdefizite scherte. Außerdem war er wohl überzeugt, dass die Wirtschaft so stark war, dass sie kurzfristig in der Tat die erhöhten Ausgaben verkraften konnte.

Was immer der Grund gewesen sein mag, Erhard hielt jedenfalls an seiner unabhängigen Kritik fest. Dabei unterlief ihm einmal in aller Öffentlichkeit ein Fauxpas. In einer Rede vor Vertretern der Versicherungsbranche am 25. Oktober in Köln erklärte Erhard, er habe persönlich dafür gesorgt, dass das »größte Gift«, die automatische Anpassung der Renten, aus dem Gesetzentwurf entfernt worden sei. Stattdessen würden Renten nur bei Bedarf angepasst und lediglich im Einklang mit dem realen Produktivitätszuwachs – das heißt, sie würden abgewertet. Er sagte ferner, dass die Leistungen lediglich dem Existenzminimum entsprechen und die dringendsten Notfälle abdecken würden.[92] Adenauer reagierte sofort. Am 26. Oktober schickte er Erhard zwei Briefe, einen offiziellen und einen privaten, in dem er schonungslos mit dem Wirtschaftsminister ins Gericht ging. Adenauer teilte Erhard mit, dass er, wenn er wirklich gesagt habe, lediglich das nackte Existenzminimum werde durch das Rentensystem gesichert, Unrecht gehabt habe, und zwar was die moralische Ebene und was den Inhalt des Gesetzentwurfs angehe. Außerdem habe er der Regierung ernsten politischen Schaden zugefügt. Die CDU werde sich offiziell von seinen Äußerungen distanzieren.[93]

Erhard hatte seinen Einfluss überschätzt. Tatsächlich blieb die Bindung der Renten an die aktuellen Preise im Gesetzestext. Hugo Scharnberg, ein Führer der privaten Versicherungsbranche, wies Erhard in einem Brief darauf hin, den er am selben Tag geschrieben hatte wie Adenauer seine beiden bissigen Sendschreiben. Scharnberg wies Erhard auf den Absatz in dem Entwurf hin, der die Nichtanpassung der Renten an das Preisniveau enthielt. Danach kritisierte er Erhard, weil er innerhalb der CDU nicht genügend tat, um mehr Rückhalt für seine eigene Position zu bekommen, und weil er keine konsequente Linie verfolgte. Scharnberg hielt ihm vor, dass er öffentlich Teile des Plans kritisiert habe, die er im Kabinett aber mitgetragen habe, und dass er jetzt beab-

Erhard auf einer Asienreise 1958 bei der Besichtigung der Shwedagon-Pagode in Rangun, Burma

sichtige, in einer kritischen Phase der Diskussion nach Südafrika zu reisen. Erhard musste daraufhin eine Pressekonferenz geben, in der er erklärte, er sei missverstanden worden, und die Bindung an den Preisindex sei in Wirklichkeit im Gesetzestext geblieben.[94] Das war nicht das erste Mal, dass man Erhard Inkonsequenz, mangelndes Engagement für die Parteiarbeit und übermäßige Reisetätigkeit vorwarf. Adenauer hatte schon zuvor dieses Verhalten gerügt. Nun hatte dies ein Bündnispartner Erhards aus der Wirtschaft getan.

Adenauer war besonders ungehalten über Erhards Verhalten, weil er im Begriff war, das Rentenreformgesetz durch die Legislative zu peitschen. Am 23. Mai 1956 hatte er den Entwurf dem Bundesrat zur Prüfung geschickt. Unter Umgehung des üblichen parlamentarischen Verfahrens reichte er den Gesetzentwurf dann im Bundestag ein, bevor er von der Länderkammer gebilligt worden war. Vom Bundesratspräsidenten wurde er deshalb freilich kritisiert, doch das Gesetz ging seinen Weg. Das Rentenreformgesetz wurde vom Bundestag am 21. Januar 1957 verabschiedet und zwei Wochen später vom Bundesrat. Am 23. Februar wurde es vom Bundespräsidenten unterschrieben und trat rückwirkend zum 1. Januar 1957 in Kraft.

Dieses Gesetz war ein wichtiger Wendepunkt in der sozialen und finanzpolitischen Geschichte der Bundesrepublik. Wie Erhard vorhergesagt hatte, brachte es eine massive Steigerung der Staatsausgaben und der Abgaben mit sich. Die Leistungen für erwerbstätige Arbeiter erhöhten sich um 65 Prozent, für erwerbstätige Angestellte um 71,9 Prozent. Von 1955 bis 1958 stiegen die Renteneinnahmen um 75,9 Prozent oder in absoluten Zahlen von 2,9 Milliarden auf 5,1 Milliarden DM. Im gleichen Zeitraum stiegen die tatsächlichen Rentenzahlungen von 2,19 Milliarden auf 4,82 Milliarden DM bzw. um 120,1 Prozent.[95]

Ein Hauptziel Adenauers war es, die deutsche Gesellschaft von Ost nach West umzuorientieren. Vor allen Dingen wollte er dauerhaft die alte Todfeindschaft zwischen Deutschland und Frankreich beenden. Adenauer war bereit, für dieses Ziel sehr viel zu opfern, selbst wirtschaftliche Vorteile. Er war auch bereit, sein Ziel über kleine Schritte zu erreichen, falls ein großer Durchbruch sich als unmöglich erweisen sollte.[96] Im Nachspiel des Ersten Weltkrieges hatte Adenauer mit dem Gedanken eines eigenständigen Rheinlandes innerhalb des vereinten Deutschlands geliebäugelt. Noch ernsthafter hatte er für die Idee einer Verschmelzung der Schwerindustrie an der Ruhr und in Frankreich geworben oder zumindest dafür, die Möglichkeiten einer engeren Kooperation auszuloten. Er hoffte, dass ein solches Arrangement erheblich zur Normalisierung der Beziehungen zwischen den beiden Staaten beitragen würde. Gleichzeitig war Adenauer als Oberbürgermeister von Köln jedoch nicht in der Position, seine Ideen in die Tat umzusetzen, und die Mehrheit der Franzosen hatte ohnehin nichts für sie übrig. Nunmehr, in den fünfziger Jahren, herrschten völlig andere Rahmenbedingungen. Adenauer war der Regierungschef eines westdeutschen Staates, und die Franzosen schlugen ein Abkommen vor, das sehr stark dem Projekt glich, das ihm 30 Jahre zuvor vorgeschwebt hatte.

Ende 1949 und Anfang 1950 wurde Westdeutschland in einen Prozess hineingezogen, der die wirtschaftliche und im Anschluss daran die politische Integration Westeuropas zum Ziel hatte. Das Petersberger Abkommen von 1949 hatte eine internationale Behörde geschaffen, die die Schwerindustrie im Ruhrgebiet beaufsichtigte. Dann schlug Anfang 1950 Jean Monnet, ein französischer Geschäftsmann und Staatsdiener mit großer internationaler Erfahrung, dem französischen Außenminister Robert Schuman ein Projekt vor, das die Kohle- und Stahlindustrie in Nordwesteuropa, das Ruhrgebiet eingeschlossen, miteinander verknüpfen sollte. Schuman übernahm Monnets Idee und legte sie Adenauer vor, der wiederum rasch das Entwicklungspotenzial erkannte und den Plan akzeptierte. Das führte am 18. April 1951 unmittelbar zu der Gründung der Europäischen Gemeinschaft für Kohle und Stahl, der Montanunion. Im Hintergrund hatte sich aus dem Marshallplan ein weiterer Vorstoß in Richtung europäische Zusammenarbeit und Integration entwickelt. Wesentlicher Bestandteil des Plans war nicht zuletzt die amerikanische Forderung gewesen, dass die Europäer auf eine wirtschaftliche und politische Vereinigung hinarbeiten sollten. In diesem Zuge war die Organization for European Economic Cooperation (OEEC) gegründet worden, deren Mitglied Westdeutschland unmittelbar nach Gründung der Bundesrepublik wurde.

Anfangs billigte Erhard diese Bemühungen. Er ging davon aus, dass sie den Abbau der Zollschranken und die Entfaltung der internationalen Arbeitsteilung erleichtern würden. Erhard wollte ein föderales Europa, kein zentralisiertes. Er sah keine Notwendigkeit für supranationale bürokratische Apparate, die sich in die wirtschaftlichen und politischen Angelegenheiten der Mitgliedsstaaten einmischten. Er hielt den Freihandel und die freie Konvertierbarkeit der Währungen für völlig ausreichend. Der Markt werde den Rest des Integrationsprozesses übernehmen. Letzten Endes werde er einen einzigen, großen europäischen Markt mit einer einzigen Währung herbeiführen.[97]

Das Scheitern des Projektes einer Europäischen Verteidigungsgemeinschaft in der französischen Nationalversammlung im August 1954 leitete eine neue Phase bei den Bemühungen ein, Europa zu integrieren. Erhard hoffte, die wirtschaftliche Integration werde trotz der französischen Entscheidung fortgesetzt werden.[98] Doch mittlerweile hatte er auch seine Zweifel an den französischen Motiven und Methoden. Er argwöhnte, dass die Franzosen eigentlich keine Integration unter gleichen Partnern wollten. Stattdessen wollten sie, dass andere Länder ihre Politik übernahmen. Erhard lehnte explizit die französische Politik einer staatlichen Lenkung der privaten Industrie ab. Die Franzosen hatten ein System namens *»planification«*, also systematische Planung, entwickelt, nach dem die Regierung die wirtschaftliche Entwicklung des Landes plante und Unternehmen in die von ihr beschlossene Richtung lenkte. Sie wählte so genannte nationale *»champions«* aus, Unternehmen, die die Entwicklung bestimmter Technologien anführen oder unter staatlicher Leitung in selektierte Märkte vorstoßen sollten. Erhard lehnte dies als Verstoß gegen die Regeln der freien Marktwirtschaft ab. Niemand, nicht einmal der am besten ausgestattete bürokratische Apparat konnte vorhersehen, welche Unternehmen oder Technologien am Ende als Sieger dastehen würden. Das konnte nur der Markt. Erhard überraschte es keineswegs, dass die französischen Versuche, ihre wirtschaftliche Entwicklung zu kontrollieren, massive Haushaltsdefizite und unzählige technische Fehlschläge nach sich gezogen hatten. In einer Rede, die er im Dezember 1954 in Paris hielt, skizzierte er seine rivalisierende Vision eines integrierten Europas aus souveränen Staaten mit freien Bürgern. Ihre Volkswirtschaften sollten über freie Märkte mit frei konvertierbaren Währungen sowie einem Minimum an Planung und Bürokratie integriert sein. Erhard nannte dieses Modell »funktionale Integration«.[99] Das französische Gegenkonzept wurde als »strukturelle Integration« bekannt. Die beiden Konzepte wurden mit parallelen Visionen für die politische Integration verknüpft: der atlantischen, die Erhard befürwortete, und der von den Franzosen und von Adenauer gewünschten gaullistischen, wie sie später genannt wurde. In der Bundesrepublik Deutschland wurden um diese beiden Konzepte, die sich in innenpolitischen, aber auch in personellen Fragen unterschieden, Koalitionen geschmiedet.

Erhards Äußerungen in Paris waren als Antwort auf den Vorstoß westeuropäischer Mächte Ende 1954 gedacht gewesen, dem Integrationsprozess neues Leben einzuhauchen. Im Oktober und November hatten sich Repräsentanten neun europäischer Staaten in London getroffen und darüber beraten, was sie im Zuge der französischen Ablehnung eines europäischen Verteidigungssystems unternehmen sollten. In Paris wurde daraufhin eine Vereinbarung getroffen, die Bundesrepublik in westliche Verteidigungsbündnisse einzubinden und nach Möglichkeiten zu suchen, die europäischen Volkswirtschaften stärker zu integrieren. Nach vielen Vorgesprächen trafen sich die Außenminister der westeuropäischen Staaten Anfang Juni 1955 in dem sizilianischen Messina und kamen überein, auf die Schaffung eines gemeinsamen europäischen Marktes und eine europäische Organisation hinzuarbeiten, die die Entwicklung der Atomenergie fördern sollte.

Erhard war über die Richtung, welche die Gespräche nahmen, überhaupt nicht erfreut. Er fürchtete, dass die Integration bestimmter Märkte, etwa der Märkte für Kohle und Stahl oder für Atomenergie, die Schaffung eines großen freien Marktes, der sämtliche Industriezweige in Westeuropa umfasste, verzögern werde. Er fürchtete ferner, dass der Prozess unnötig bürokratisch werde und in Richtung staatlicher Planung und Kontrolle tendiere – jene Schreckgespenster, die er seiner Meinung nach 1948 in Westdeutschland gebannt hatte.[100] Im Prinzip unterstützte Adenauer Erhard. Doch er glaubte zu Recht, dass die Schaffung einer großen Freihandelszone lange Zeit in Anspruch nehmen werde. Viel schneller wäre es zu bewerkstelligen, und damit auch viel besser, unverzüglich die Integration bestimmter Märkte voranzutreiben, wenn nötig in einer begrenzten Zahl von Ländern.[101] Damit war die Bühne bereit für den nächsten Schritt in der westdeutschen Europapolitik und für eine weitere Auseinandersetzung zwischen dem Bundeskanzler und seinem Wirtschaftsminister. Am 6. Juli 1955 kam es zum Zusammenstoß. In einer Kabinettssitzung äußerte Erhard einmal mehr seine Meinung zur Integration bestimmter Branchen. Adenauer konterte, dass selbst so unvollkommene Maßnahmen im Namen der europäischen Integration nötig seien.[102] Der Prozess müsse vorankommen. Der »europäische Gedanke« an sich sei entscheidend.

Trotz der eindeutigen Ablehnung seiner Linie durch den Kanzler setzte Erhard seinen Kampf gegen die Entwicklung fort, die sich zu einem mächtigen Trend ausgewachsen hatte. Erhard verurteilte öffentlich die bürokratische Richtung, in die sich die europäische Integration bewegte. Er forderte freie internationale Märkte für Waren, Dienstleistungen und Währungen, weil sie billigere, schnellere und humanere Instrumente für die europäische Integration seien. Zollsenkungen im Rahmen des Allgemeinen Zoll- und Handelsabkommens (GATT) und die Ausdehnung der Europäischen Zahlungsunion würden mehr erreichen als eine neue Organisation mit nur wenigen Mitgliedern. Er äußerte zunehmende Befürchtungen, dass Europa sich zu einem kleinen Staatenblock entwickeln werde, der sich zu seinem eigenen Schaden von dem Rest der Handel treibenden Welt, auch von den Vereinigten Staaten und Großbritannien, abriegle.[103] Einfach ausgedrückt, weniger Bürokratie würde zu einer stärkeren Integration und mehr Wohlstand führen. Ende 1955 und Anfang 1956 richtete Erhard seine Kritik in erster Linie gegen EURATOM, eine von Jean Monnet initiierte Organisation, die die Entwicklung der Atomenergie in ganz Europa koordinieren sollte. Erhard war inzwischen gegenüber jedem Konzept, das von Monnet stammte, zutiefst misstrauisch. Er hielt den Franzosen für einen unverbesserlichen Planer, der von dem Gedanken besessen war, die staatliche Aufsicht über die Wirtschaft zu stärken. Er dachte außerdem, dass die Franzosen mit Hilfe von EURATOM eine echte wirtschaftliche Integration bremsen würden. Erhard schlug dem Kabinett vor, zuerst den Gemeinsamen Markt zu schaffen, und dann ein Instrument für die Zusammenarbeit in Fragen der Atomenergie. Adenauer überfuhr ihn mit dem Einwand, dass man endlich Fortschritte erzielen müsse.[104] Das veranlasste Erhard, am 11. April 1956 Adenauer einen langen Brief zu schicken, in dem er ausführlich seine Ansichten zur europäischen Integration darlegte. An dem Kurs, den die europäische Integration eingeschlagen hatte, ließ er kein gutes Haar. Er stellte Adenauer gegenüber klar, dass nicht unbedingt jede Integration auch eine gute Integration sei. Teillösungen würden lediglich die westeuropäische Volkswirtschaft zerstückeln und mehr schaden als nutzen. Teillösungen würden ferner die Schaffung des Gemeinsamen Marktes verzögern. Die besten Ergebnisse werde man vielmehr durch eine enge Zusammenarbeit mit den Briten und Amerikanern erzielen.[105]

Adenauer antwortete zwei Tage später bissig. Er sagte dem Wirtschaftsminister, er habe den Kern der Sache überhaupt nicht begriffen. Er erklärte, die europäische Integration sei für Westdeutschland notwendig, damit es zu einem Akteur aufsteige, der in der europäischen Politik ernst genommen werde.[106] Indem Westdeutschland in dieser wichtigen Frage an den Entscheidungen beteiligt werde, könne es auch bei anderen Themen Einfluss gewinnen. Auf einer tieferen Ebene wird deutlich, dass Erhard zwei Anliegen Adenauers nicht teilte. Erhard wollte die billigste und effektivste wirtschaftliche Integration. Das würden schon freie Märkte erreichen. Adenauer wollte Westdeutschland politisch und psychologisch in den Westen integrieren. Die von Monnet und anderen vorgeschlagenen Vereinbarungen führten zu diesem Ziel, so irrational sie auch vom wirtschaftlichen Standpunkt aus sein mochten. Ganz ähnlich war Adenauer die Schlichtung des alten Streites zwischen Frankreich und Deutschland wichtiger als der Freihandel und die internationale Aufteilung der Arbeit. Erhard ging an die Angelegenheit von einem rationalen, gelegentlich engen Standpunkt aus heran. Adenauer hingegen dachte in einem größeren Rahmen und für künftige Generationen.

Erhard gab nicht klein bei. Im September wiederholte er Adenauer gegenüber seine Argumente. Er blieb hartnäckig dabei, dass in den sich abzeichnenden Entwürfen für den Gemeinsamen Markt zu viel Planung und zu wenig Raum für den freien Markt vorgesehen sei, und er gab den Franzosen die Schuld daran. Er erklärte, mit einer Unmenge von Beweisen, um seine These zu stützen, dass die französische Forderung, in allen Mitgliedsstaaten des geplanten Gemeinsamen Marktes gleiche Arbeitskosten zu schaffen, unrealistisch sei. Zwischen den Volkswirtschaften beständen gewaltige Unterschiede. In Erhards Augen hatten die Franzosen innenpolitische Fehler begangen und sich auf kostspielige soziale Experimente eingelassen. Und jetzt wollten sie, dass andere sich ihren Fehlern anschlossen und ihnen halfen, die Folgekosten zu tragen. Ferner behauptete er, die Angleichung der wirtschaftlichen Ausgangssituationen für die Menschen in ganz Europa sei unmöglich. Er zog stattdessen die Liberalisierung des Handels, der Kapitalbewegungen und der Arbeit vor.[107]

Erhard bekam eine Gelegenheit, für seinen Standpunkt zu werben, als die Briten im Oktober 1956 vorschlugen, eine umfassende, europäische Freihandelszone zu schaffen. Im selben Monat machte eine Konferenz der europäischen Außenminister kaum Fortschritte in der Frage des Gemeinsamen Marktes und der Atombehörde. Erhard ging wieder in die Offensive. Am 5. Oktober forderte er Zurückhaltung bei den Verhandlungen um den Gemeinsamen Markt, damit genügend Zeit blieb, den britischen Vorstoß zu prüfen. Adenauer war anderer Ansicht. Er traute den Briten nicht und wollte eine rasche Lösung, vor allem mit den

Franzosen. Erhard kritisierte erneut den französischen Versuch, ihr Sozialsystem auf ganz Europa zu übertragen. Adenauer bot Erhard ein Zugeständnis an. Er wollte eine Bestimmung aushandeln, nach der bei jeder Abstimmung über politische Fragen im Rat für den Gemeinsamen Markt eine Zweidrittelmehrheit erforderlich sein sollte. Das würde es ermöglichen, französische Vorstöße zu überstimmen. Erhard wollte dann seinen Vorteil nutzen und sprach sich auch für die Abschaffung der Schutzzölle und Subventionen für französische Landwirte aus. Auch dem stimmte Adenauer zu. Als Nächstes forderte Erhard einen schnelleren Übergang zum Gemeinsamen Markt und eine möglichst weitgehende Liberalisierung der Handelsbestimmungen innerhalb des Gemeinsamen Marktes. Auch in diesen Punkten unterstützte ihn Adenauer. Danach verlangte Erhard die Streichung einer Bestimmung, die die Franzosen im Vertrag zum Gemeinsamen Markt haben wollten, nach der Einzelstaaten sich unilateral aus Abschnitten des Vertrages zurückziehen konnten, die sie für schädlich für ihre eigenen Interessen hielten. Er forderte auch den freien Transfer von Kapital und Arbeitskräften unter den Mitgliedsstaaten und ein Verbot staatlicher Interventionen zum Schutz der einheimischen Industrie vor Liberalisierungsmaßnahmen des Gemeinsamen Marktes. Adenauer unterstützte diese Ideen und gestattete es Erhard, am nächsten Außenministertreffen teilzunehmen, bei dem die Integration auf der Tagesordnung stand, damit er für seine Ideen werben konnte.[108] Erhard schien Fortschritte zu machen.

Wie vereinbart, nahm Erhard am 20. und 21. Oktober 1956 an den Gesprächen in Paris teil. Die Gespräche verliefen schlecht, weil die Franzosen zu vielen Fragen anderer Meinung waren als die übrigen europäischen Staaten. Darüber hinaus wurde keine Einigung erzielt, wie man auf den britischen Vorstoß reagieren solle. Folglich kam die Schaffung des Gemeinsamen Marktes nicht voran. Die deutsche Delegation stimmte lediglich einer Reihe von Grundsätzen zu, nicht jedoch detaillierten Bestimmungen für die Harmonisierung, wie die Franzosen es gewünscht hatten. Insgeheim freute Erhard sich darüber, dass die Gespräche gescheitert waren. Nach seinem Geschmack waren die erörterten Regelungen bereits zu weit gegangen, doch obwohl kaum etwas erreicht worden war, hatte das Scheitern die Tür für den britischen Vorschlag geöffnet.[109]

Doch dann änderte sich der Lauf der Dinge auf unvorhersehbare Weise. Die Briten spielten ihre Trümpfe bei den Verhandlungen um Europa schlecht aus, die Sowjets marschierten in Ungarn ein, und eine Krise, an der die Briten und Franzosen beteiligt waren, war wegen der Verstaatlichung des Suezkanals durch Ägypten ausgebrochen. Am 31. Oktober überzeugte Adenauer vor dem Hintergrund dieser beunruhigenden Ereignisse Erhard, dass ein Abkommen zum Gemeinsamen Markt nun zu einer politischen Notwendigkeit geworden sei. Da Adenauers Antikommunismus das wirtschaftliche Urteilsvermögen trübte, schob Erhard seine Zweifel beiseite und willigte ein, den Kanzler zu unterstützen. Er werde den Gemeinsamen Markt, der aus nur sechs Ländern bestand, befürworten.[110]

Wie so oft in der Vergangenheit versuchte Erhard dann, wieder die Seite zu wechseln. In einem Brief an Franz Etzel vom 16. November bestritt er, dass er vor Adenauer eingeknickt sei, und erneuerte seine Kritik an der wirtschaftlichen Integration von nur sechs Staaten. Er nannte die Integration wiederum zu klein, zu exklusiv sowie zu bürokratisch und interventionistisch. Den Gemeinsamen Markt, der auf den französischen Harmonisierungskonzepten basierte, bezeichnete er als »baren volkswirtschaftlichen Unsinn«.[111] Doch Etzel ließ Erhards Ausflüchte nicht gelten. In seiner Antwort an Erhard vom 3. Dezember stellte er glasklar fest, dass Erhard sich hinter den Kanzler gestellt hatte. Wenn er nun wieder abtrünnig werde, so stelle das Erhards Glaubwürdigkeit ernsthaft in Frage.[112] Etzel hatte eine Charakterschwäche Erhards betont, sein Bestreben, Konflikten aus dem Weg zu gehen, das dazu geführt hatte, dass er sich selbst widersprach. Allem Anschein nach hatte er keinerlei Skrupel, einer Person gegenüber, noch dazu einer so bedeutenden wie Adenauer, seine Zustimmung auszudrücken und einer anderen Person gegenüber das Gegenteil zu vertreten.

Trotz seiner Kapitulation vor Adenauer setzte Erhard seinen Widerstand gegen einen Gemeinsamen Markt fort, der nur eine Gruppe von sechs Ländern auf dem Kontinent, ohne Großbritannien, umfasste. In der Kabinettssitzung vom 15. Januar 1957 brach wegen Erhards Kritik ein langwieriger und erbitterter Streit aus. Erhard begann die Auseinandersetzung mit der unaufrichtigen Äußerung, er habe es bedauert, dass man ihm nicht mehr Gelegenheit gegeben habe, die Europapolitik in den vergangenen sieben Monaten zu beeinflussen. Ganz unverblümt erklärte er dann, er sei über die Kompromisse, die man in den jüngsten Verhandlungen eingegangen sei, gar nicht glücklich. Insbesondere kritisierte er Frankreich, weil es versuche, Wettbewerb zu vermeiden. Er fürchte, dass Westdeutschland in die Inflation in Frankreich hineingezogen werde. Dann schlug er vor, eine Klausel in den Entwurf aufzunehmen, die eine künftige Revision des Vertrages über die Schaffung eines Gemeinsamen Marktes nach den inzwischen geänderten Rahmenbedingungen vorsah. Das Kabinett unterstützte ihn. Er äußerte Zweifel, dass die Franzosen ihre vertraglichen Verpflichtungen einhalten würden, und schloss sich Schäffer an, der eine Aufnahme der afrikanischen Kolonien Frankreichs in den Gemeinsamen Markt ablehnte. Nebenbei bemerkte Erhard, es sei unerträglich, dass Frankreich ständig neue Forderungen stelle. Als die Debatte am nächsten Tag fortgesetzt wurde, griff Erhard erneut die französische Forderung nach einer sozialen Harmonisierung an, also die allgemeine Übernahme der französischen Arbeits- und Sozialgesetzgebung. Das Kabinett nahm Erhards Vorschlag an, eine weitere Klausel in den Vertrag aufzunehmen, die besagte, dass die Harmonisierung ausgeglichene Haushalte und die Stabilität der Währung nicht gefährden dürfe. Mit Blick auf die Kolonialfrage akzeptierte das Kabinett auch Erhards Vorschlag, dass Frankreich sich bereit erklären solle, andere Mitglieder des Gemeinsamen Marktes zu informieren, wenn es größere Investitionen in seinen Kolonien plane. Das Kabinett unterstützte auch seine Forderung, dass die Handelspolitik des Gemeinsamen Marktes so liberal wie möglich sein sollte und dass die westdeutschen Zölle als Folge des Gemeinsamen Marktes nicht steigen dürften. Und schließlich unterstützte das Kabinett ihn, wenn er nicht zulassen wollte, dass der Wirtschafts- und Sozialrat des Gemeinsamen Marktes, dessen Bildung geplant war, paritätisch von gesellschaftlichen Gruppen wie Vertretern der Industrie und Arbeitnehmern besetzt wurde, sondern dass auch Wirtschaftsexperten in ihn aufgenommen wurden.[113] Alles in allem war es Erhard einmal mehr gelungen, die westdeutsche Politik in einer wichtigen Frage zu gestalten, weil er Rückhalt im Kabinett gefunden hatte. Wenn er sich nun in einem anderen Forum nicht selbst widersprach und wenn er unter den Mitgliedern der Koalitionsfraktionen im Parlament für seine Position warb, konnte er durchaus seine Ziele erreichen. Im Grunde strebte er immer noch eine unbürokratische Freihandelszone an, mit möglichst vielen Mitgliedsstaaten, vor allem aber mit Großbritannien, eine Zone, die letzten Endes die Abschaffung aller Zollschranken auf der ganzen Welt zum Ziel hatte.[114]

In der Kabinettssitzung vom 15. Februar 1957 versuchte Erhard, seinen Vorteil zu nutzen. Er kritisierte wiederum die französische Politik und plädierte für eine Freihandelszone, weil sie dem Gemeinsamen Markt überlegen sei. Diesmal widersetzte Adenauer sich ihm, unterstützt von Außenminister Heinrich von Brentano, und unterstrich die politische Bedeutung eines vereinten Europas. Erhard warnte, die Briten könnten eigene Wege gehen und damit Europa in seiner Gesamtheit schwächen. Adenauer und Brentano schoben seine Einwände beiseite und argumentierten, das kleine Europa der »Sechs« sei zum Greifen nahe, und die Gelegenheit müsse beim Schopfe gepackt werden.[115]

Die Ereignisse entglitten nun zusehends Erhards Kontrolle,

und auch sein Einfluss schwand. Die europäische Integration, die er prinzipiell guthieß, entwickelte sich in einer Weise, die er ablehnte. Die Außenminister der sechs europäischen Staaten trafen sich in Rom und räumten die verbliebenen Differenzen aus. Am 25. März 1957 unterzeichneten sie einen Vertrag, der den Gemeinsamen Markt im Rahmen der Europäischen Wirtschaftsgemeinschaft schuf. In der folgenden Debatte über die Ratifizierung des Vertrages im Bundestag unterstützte Erhard loyal Adenauer, auch wenn er seine Vorbehalte deutlich machte. Der Vertrag roch nach Angst vor Wettbewerb, nach Protektion und nach Diskriminierung jener, die außen vor geblieben waren. Doch diese Schwächen hielten Erhard nicht davon ab, ihn zu begrüßen.[116] Der Bundestag ratifizierte die Römischen Verträge am 5. Juli 1957, und Westdeutschland wurde Mitglied des Gemeinsamen Marktes, als er am 1. Januar 1958 gebildet wurde. Das eigentlich Bemerkenswerte an diesem Gang der Ereignisse war, dass Erhards Plädoyer für eine Freihandelszone so wenig Unterstützung vonseiten der Vereinigten Staaten bekommen hatte.

Trotz seiner unzähligen Meinungsverschiedenheiten mit Adenauer – in Wahrheit trotz der ernsthaften Auseinandersetzungen zwischen den beiden und trotz der Tatsache, dass Erhard immer noch nicht Mitglied der CDU oder einer anderen Partei war – beteiligte sich Erhard vor der Bundestagswahl vom 15. September 1957 tatkräftig am Wahlkampf für die Partei. Die Wahlkampfvorbereitungen Adenauers und der CDU bereiteten Erhard großes Kopfzerbrechen. Adenauer machte sich unverfroren den Haushaltsüberschuss, der sich angesammelt hatte, und den Wohlstand, der die Steuereinnahmen in die Höhe schnellen ließ, zunutze und verteilte in den Monaten vor der Wahl Geschenke an Interessengruppen, Meinungsführer und Wählergruppen. Tatsächlich hatte die CDU/CSU bereits 1956 ein Gremium für die Verteilung dieser Geschenke gebildet, das inoffiziell der »Kuchenausschuss« genannt wurde. Die Regierung verteilte Subventionen, Steuersenkungen, erhöhte Sozialleistungen und Bauprojekte im Wert von Millionen Mark, ganz zu schweigen von der massiven Rentenerhöhung.[117] Erhard sprach auf mehr als 80 Wahlkampfveranstaltungen, häufiger als irgendein Unionspolitiker. Außerdem trat er unzählige Male im Rundfunk und Fernsehen auf. Die Zeitschrift *Die Waage* propagierte weiterhin marktwirtschaftliche Ideen. Werbeanzeigen, die Erhard und nicht die CDU unterstützten, erschienen in 250 Zeitungen. Eine Wahlkampfbroschüre, die sich ganz auf Erhard und seine Erfolge und Ideen konzentrierte, wurde an zwölf Millionen Haushalte verschickt. Diese unabhängige Initiative wurde dadurch möglich, dass Erhard als einziger Unionspolitiker eine eigene Wahlkampfkasse hatte, die durch Spenden wohlgesinnter Wirtschaftsführer gut gefüllt war.[118] Die Wahl brachte der Union einen glänzenden Sieg. Das bislang einzige Mal in der deutschen Wahlgeschichte erzielte eine Partei die absolute Mehrheit im Bundestag. Erhards Wahlkampfeinsatz sowie der neue Wohlstand, der von den Wählern ihm zugeschrieben wurde, hatten maßgeblich Anteil an diesem Triumph.

Alles in allem verlor Erhard in den Jahren 1953 bis 1957 in seinem Kampf um die Umgestaltung Nachkriegsdeutschlands an Elan. Er hatte die Liberalisierung des Außenhandels vorangetrieben und hatte seinen Beitrag zu den Maßnahmen geleistet, die eine stabile Währung gesichert hatten. Vor allem aber hatten seine politischen Maßnahmen das beispiellose Wirtschaftswachstum erleichtert, das diese Periode kennzeichnete. Auf vielen anderen Feldern war Erhard jedoch gescheitert. Seine wichtigste Niederlage: Es war ihm nicht gelungen, die Rentenreform aufzuhalten oder wesentlich abzuändern, die eine Explosion der Staatsausgaben auslöste, die noch jahrzehntelang anhalten sollte. Die Verabschiedung dieses Gesetzes kann mit gutem Grund als das Ende der sozialen Marktwirtschaft angesehen werden. Es markierte eine entscheidende Abkehr der Politik weg vom Markt und hin zur Schaffung des Wohlfahrtsstaates. Die Verabschiedung eines schwachen Kartellgesetzes war ebenfalls eine Niederlage für Erhard. Das war nicht das Gesetz, das ihm 1949 vorgeschwebt hatte, und es trug kaum dazu bei, Kartelle in die Schranken zu weisen.[119] Allenfalls kann es als Basis gelten, auf der später ein wirksameres Gesetz aufbauen konnte. Schließlich markierte die Gründung des Gemeinsamen Marktes den Aufbruch in Richtung eines interventionistischen, undemokratischen und bürokratischen Regimes, das allem widersprach, für das Erhard stand. Tief unter der Oberfläche, und dies war ein wesentlicher Faktor für diese Entwicklung, lag der grundlegende Mangel an Verständnis für die freie Marktwirtschaft bei der großen Mehrheit der westdeutschen Bevölkerung. Sie wusste nur, dass Erhard offenbar Wohlstand schuf. Was sie jedoch nicht erkannte, und was selbst Erhard damals nur vage ahnte, war der Umstand, dass die zunehmende Einmischung der Bundesregierung in sämtliche Bereiche des deutschen Lebens und der Anstieg der Staatsausgaben bedeuteten, dass die Phase des raschen Wachstums sich ihrem Ende näherte.[120]

Die wirtschaftlichen Anzeichen für diese Gezeitenwende waren im Jahr 1957 noch erstaunlich schwach. Die Staatsquote am Volksvermögen war 1958 tatsächlich sogar niedriger als 1953. Das lag an dem gigantischen Konjunkturaufschwung in diesem Zeitraum. Erhard hatte Recht behalten: Das Wachstum ermöglichte es der Regierung, soziale Probleme zu lösen, und es hatte den Lebensstandard aller Bürger angehoben. Doch der Bundeshaushalt war von 20,8 Milliarden DM im Jahr 1950 auf 35 Milliarden 1957 angestiegen. Der Anteil der Sozialleistungen an diesem Budget wuchs gewaltig, obwohl im Jahr 1955 mit hohen Kosten die Bundeswehr gegründet worden war. Dieser Trend war aber auch Gift für die Zukunft.[121]

Die Explosion der Wirtschaft in den fünfziger Jahren brachte gesellschaftliche und kulturelle Veränderungen mit sich, die Erhard nicht in ihrem vollen Ausmaß erkannte. Westdeutschland war stärker als je zuvor westlichen und amerikanischen Einflüssen ausgesetzt. Das gestiegene Vermögen erlaubte es den Menschen, mehr Geld für persönliche Dinge und Luxusgüter auszugeben als jemals zuvor in der deutschen Geschichte. Das Land fing an, sich in Richtung einer Konsumgesellschaft und Freizeitgesellschaft zu bewegen, in der den Menschen die Befriedigung persönlicher Wünsche wichtiger wurde als die Erreichung kollektiver Ziele. Landwirtschaft und die offizielle Religion nahmen an Bedeutung für eine Mittelschicht ab, die sich stärker für Sportarten wie Fußball, den Kauf von Autos oder die nächste Urlaubsreise interessierte. Die Jugend legte zunehmend den Respekt vor der Autorität ab, den Adenauers und Erhards Generation noch als gegeben hingenommen hatten. Die grundlegenden Prioritäten einer wachsenden Zahl westdeutscher Bürger änderten sich, was sie wiederum weniger empfänglich für Erhards Botschaft machte.[122] Ironischerweise hatten ausgerechnet Erhards Reformen, hatte seine soziale Marktwirtschaft, so unvollständig und unvollkommen sie war, diesen Wandel ausgelöst.[123] Erhard klagte über diese Entwicklungen, ohne deren Ursache ganz zu erkennen. Er beklagte den wachsenden Materialismus und Egoismus seiner Landsleute. Er bedauerte, dass sie weiterhin im Kollektivismus nach Lösungen suchten.[124] Doch wieder einmal war Adenauer anderer Meinung und korrigierte ihn. Er erinnerte Erhard, dass sie beide doch die Menschen ermuntert hatten, höhere Ansprüche an ihr Leben zu stellen. Sie waren doch diejenigen gewesen, die den neuen Lebensstil herausgefordert hatten, den Erhard nunmehr kritisierte. Jetzt konnten sie realistischerweise nicht von den Menschen verlangen, sich einzuschränken. Und schließlich forderte Adenauer Erhard auf, vor den nächsten Wahlen für ein stärkeres Wachstum zu sorgen.[125]

KAPITEL 6

Schleichender Abstieg

1957–1963

Erhard ging aus der Bundestagswahl 1957 zumindest politisch gestärkt hervor. Die Unionsparteien errangen die Mehrheit, sodass sie nicht mit Koalitionspartnern verhandeln mussten – vor allem nicht mit den widerspenstigen Freien Demokraten. Nach der Wahl ging es folglich in erster Linie darum, die diversen Ansprüche auf Kabinettsposten aus den Reihen der CDU und CSU zu befriedigen. Adenauer versuchte für Franz Etzel ein neues Europaministerium einzurichten, um Etzel als Nachfolger aufzubauen und Erhard zu blockieren. Doch Erhard gelang es in Zusammenarbeit mit Außenminister Heinrich von Brentano, diesen Schachzug zu vereiteln. Sowohl der Wirtschaftsminister als auch der Außenminister hätten Zuständigkeiten und Personal an das neue Ministerium abgeben müssen. Erhard konnte auch verhindern, dass Fritz Schäffer von der CSU Vorsitzender des Kabinettsausschusses für Wirtschaft wurde. Stattdessen übernahm Erhard selbst diesen Posten und wurde auch Vizekanzler. Erhard gewann somit erheblich an politischer Macht, was es ihm erlaubte, den freien Markt effektiver zu fördern und sich selbst als aussichtsreichsten Nachfolgekandidaten für Adenauer zu profilieren.[1]

Während sich im Lauf der fünfziger Jahre die tiefe Kluft zwischen den beiden Männern weiter vergrößerte, wuchs in Erhard der Ehrgeiz, dem alternden Kanzler nachzufolgen. Unterstützung fand er bei seinen Beratern und bei einer Gruppe ihm geneigter Journalisten und Bundestagsmitglieder, der so genannten Brigade Erhard. Doch Erhards Kräfte schwanden. Er hatte sich nie gewis-

Erhard auf der Titelseite von Time Magazine, Oktober 1957

senhaft um Verwaltungsaufgaben gekümmert, sich stets mehr als Anwalt einer ökonomischen und politischen Philosophie verstanden denn als Politiker. Die Klaviatur des politischen Ränkespiels hatte er zwar erlernt, es darin aber nie zur Virtuosität gebracht. Er blieb unabhängig und war auch der CDU nicht beigetreten. Obwohl er mit seinen 60 Jahren 22 Jahre jünger war als Adenauer, war er bei weitem nicht so tatkräftig. Seine Konzentrationsfähigkeit und seine intellektuelle Schärfe ließen bereits nach.

Erhard hielt zwar an seinen Anschauungen fest, doch seine Durchsetzungskraft ließ nach. Nicht nur, dass er an Tatkraft einbüßte – Ende der fünfziger Jahre hinkte er wie bereits erwähnt auch hinter der öffentlichen Meinung her. Die Bundesregierung und die Parteien hatten ein System entwickelt, in dem Interessengruppen Gefälligkeiten erwiesen und Vergünstigungen eingeräumt wurden. Adenauer selbst hatte diese Entwicklung vorangetrieben, um die Wahlchancen der CDU zu verbessern. Erhard hatte das abgelehnt, konnte aber nichts dagegen tun. In der Folge ging das Wirtschaftswachstum zurück, und zwar nicht, weil es zu einem langfristigen Trend zurückgekehrt wäre, sondern weil Staatsausgaben und staatliche Regulierung zugenommen hatten. Erhard war sich durchaus darüber im Klaren, dass die meisten Westdeutschen seine Ansichten keineswegs teilten. Sie begriffen nicht, warum es ihnen finanziell so gut ging. In einer Rede im Jahr 1960 sagte er: »Zusammenfassend möchte ich sagen – und auch das gibt zu denken –, dass trotz einer fast auch mir überraschend starken Bejahung der Marktwirtschaft aus der Erhebung andererseits doch deutlich wird, dass in den Vorstellungen der Menschen die Einflussnahme oder sogar die Macht des Staates einerseits überschätzt, zum anderen aber mit Nachdruck gefordert wird. Wenn ich ein Bild gebrauchen darf, möchte ich sagen, dass man zwar das Prinzip der Bewährung in der Freiheit bejaht, aber dass man bei dem vermeintlich so gefährlichen Spiel im wirtschaftlichen Raum im Falle eines Sturzes doch ein Netz unter sich wissen möchte.« Dies sei ein Fehler. Erhard sah wie Mitte der vierziger Jahre auch jetzt die Lösung im Wachstum. »Ich verstehe dieses Verlangen nach Sicherheit sehr wohl, aber ich erkenne daraus auch, dass es allgemein noch nicht verstanden wird, wie gerade die freiheitliche Ordnung einer vorwärtsstrebenden Wirtschaft die beste Sicherheit nicht nur für den einzelnen Menschen, sondern auch für die Aufbringung der öffentlichen Sozialleistungen bietet.«[2] Erhard wandte sich nicht gegen staatliche Sozialleistungen. Doch ihr Ausmaß, ihr Anteil am Volksvermögen und der Grad, in dem sie den Menschen die Verantwortung für ihr eigenes Leben abnahmen, bereitete ihm Sorgen. Er fürchtete, dass sich der Staat zu stark einmischte, konnte aber innerhalb der Regierung keine Trendwende einleiten. Daher versuchte er seine Landsleute weiter in öffentlichen Reden über die Funktionsweisen des freien Marktes aufzuklären. Er gab den Kampf um freie Märkte und weniger Staat nicht auf. Allerdings lagen die Tage der großen Erfolge auf diesem Gebiet hinter ihm. Erhards körperliche und geistige Kräfte ließen nach, und er verzettelte sich in einem Kampf mit Adenauer um dessen Nachfolge.

Erst kürzlich behauptete ein Biograf, Erhard habe nach der dritten Bundestagswahl und insbesondere nach 1959 nur noch wenig mit der Wirtschaftspolitik zu tun gehabt.[3] Dies trifft nur zum Teil zu. Er schenkte Wirtschaftsfragen weiter große Aufmerksamkeit, wenngleich mit wenig Erfolg und um den Preis zahlreicher Kompromisse. Auf die Währungsfrage etwa verwendete er erhebliche Energien. Erhard hatte sich seit Ende der vierziger Jahre für die freie Konvertierbarkeit der Währungen eingesetzt. Dieses Ziel war Ende 1958 erreicht, obwohl das nicht Erhard allein zu verdanken war.

Die Briten hatten kurz nach der Gründung des Gemeinsamen Marktes 1957 die Schaffung einer Freihandelszone mit allen westeuropäischen Ländern angeregt. Anfang Oktober kam der britische Premierminister Harold Macmillan nach Bonn, um für seine Idee zu werben. Erhard unterstützte ihn. Adenauer war reserviert, aber nicht ablehnend. Die nichtkommunistischen europäischen Staaten hatten einen Ausschuss gegründet, der den Vorschlag prüfen sollte. Alfred Müller-Armack vertrat in diesem Gremium die Bundesrepublik Deutschland. Ihm und anderen Ausschussmitgliedern schien es Ende Oktober 1958, als habe man eine Einigung gefunden, wie eine umfassende, mit dem Gemeinsamen Markt vereinbare Freihandelszone eingerichtet werden könnte. Auch die Franzosen, die um den Schutz ihrer Landwirtschaft bemüht waren, hatten zugestimmt. Der Ausschuss legte daher am 23. Oktober 1958 einen Plan für die Einrichtung einer großen europäischen Freihandelszone vor. Nachdem die Gespräche in die

Bundeswirtschaftsminister Erhard, 1958

entscheidende Phase eingetreten waren, regten die Briten an, den Commonwealth einzubeziehen. Die Franzosen lehnten dies ab, machten einen Rückzieher und teilten mit, dass sie dem Plan nun nicht mehr zustimmen könnten.

Am 26. November 1958 trafen Adenauer und Erhard den französischen Präsidenten Charles de Gaulle in Bad Kreuznach. Erhard versuchte wiederholt die Frage der Freihandelszone aufzuwerfen, stieß aber bei de Gaulle auf taube Ohren. Wenig später drohten die Sowjets, West-Berlin vom Westen zu isolieren. Das veranlasste Adenauer, der Freihandelszone seine ohnehin schon halbherzige Unterstützung zu entziehen, um sich die Hilfe der Franzosen für die bedrohte Stadt zu sichern. Der von diesen Ereignissen ausgelöste Konflikt setzte sich fort, bis Erhard im Dezember 1966 aus der Regierung ausschied. De Gaulle lehnte den Beitritt Großbritanniens zum Gemeinsamen Markt ebenso ab wie eine Freihandelszone mit den Briten und den Ländern des Gemeinsamen Marktes, weil die Briten in seinen Augen dem US-amerikanischen Einfluss Tür und Tor öffnen würden. Der Präsident wollte die Macht der Franzosen in Europa auf Kosten der Amerikaner stärken. Sein Ziel war nicht die Zerschlagung des Gemeinsamen Marktes oder der NATO. Allerdings wollte er verhindern, dass diese Institutionen den US-Einfluss in Europa stärkten oder die Souveränität und Identität einzelner europäischer Nationen, insbesondere Frankreichs, schmälerten.

De Gaulle strebte nicht eine Integration unter Gleichen, sondern eine Kooperation unter Führung der Franzosen an. Damit distanzierte er sich von den Vorstellungen seines Landsmannes Jean Monnet. Um dies zu erreichen, suchte de Gaulle die Nähe zur Bundesrepublik, die er aber nicht als gleichberechtigten Partner, sondern als Freund Frankreichs haben wollte. Im Grunde versuchte de Gaulle, die Bundesrepublik zu einer Wahl zwischen den USA und Frankreich als wichtigstem Verbündeten zu zwingen. Adenauer tendierte zunehmend in Richtung Frankreich. Erhard dagegen lehnte Frankreich als Hort der Planwirtschaft ab und hielt sich an die USA.[4]

Die Franzosen hatten die Freihandelszone verhindert und taten damit Erhard und den Deutschen unwillentlich einen Gefallen. Die Briten verfolgten ihren Plan zur Schaffung einer Freihandelszone weiter. Daher bestand die Gefahr der Herausbildung zweier Währungsblöcke in Europa, was den Handel erschwert hätte. Um diesem Problem zu begegnen, vereinbarten Großbritannien und Frankreich die freie Konvertibilität ihrer Währungen. Die übrigen Mitglieder der beiden Gruppen folgten bald

Karikatur von B. Gerstenberg, Juli 1960

ihrem Vorbild. Am 29. Dezember 1958 verkündeten die Bundesrepublik und alle anderen europäischen Staaten den freien Währungsverkehr und die Aufhebung der Devisenzwangswirtschaft.[5] Praktisch ohne sein Zutun – zumindest in der letzten Phase – war eines von Erhards wichtigsten Zielen erreicht worden. Er war sich der Bedeutung dieses Erfolgs für die Verbraucher und der politischen Implikationen wohl bewusst. Am 28. Dezember erklärte Erhard in einer Rundfunkansprache: »Von allen denkbaren Formen der Integration der freien Welt ist die Konvertierbarkeit der Währungen die fruchtbarste, die uns auch des unseligen Streitens – hier Gemeinsamer Markt, dort Freihandelszone – entheben mag.«[6] Mit wenig bürokratischem Aufwand ließen sich so die Vorzüge der Integration allen zugänglich machen. In Erhards Augen war in diesem Falle weniger wirklich mehr.

Ein zweiter Streitpunkt in Sachen Währung entstand Ende 1960. Die Bundesrepublik hatte seit Anfang der fünfziger Jahre ständig Devisenüberschüsse erwirtschaftet. Gegen Ende des Jahrzehnts entstanden in den USA mitten im Aufschwung Zahlungsbilanzdefizite, an denen unter anderem die Unterbewertung der D-Mark schuld war. Erhard versuchte als Reaktion auf die Exportnachfrage das Wachstum der westdeutschen Wirtschaft zu bremsen und fürchtete für den Herbst 1960 eine Inflation. Gemeinsam mit dem Vorsitzenden der Bundesbank setzte er sich für die Aufwertung der D-Mark ein. Am 4. August 1960 trafen sich Adenauer und Erhard mit dem Vorstandsvorsitzenden der Bundesbank Karl Blessing und Erhards altem Widersacher aus der Kartellgesetzdebatte Fritz Berg. Der BDI-Chef bestritt ein Inflationsrisiko und wehrte sich gegen eine Aufwertung der D-Mark; schließlich profitierten die Mitglieder des BDI vom niedrigen DM-Kurs, weil er ihre Waren in anderen Ländern verbilligte und ihnen einen Exportvorteil sicherte. Anfang September bat Erhard Adenauer erneut um Unterstützung für die Aufwertung der D-Mark. Dies würde den Import verbilligen, dadurch das Preisniveau in der Bundesrepublik senken und die Inflationsgefahr herabsetzen. Eine Woche später, am 14. September 1960, appellierte Erhard an Adenauer, der sich ja stets um seine Wahlchancen sorgte, eine Inflation vor der Bundestagswahl (im September 1961) werde die Aussichten der Union erheblich mindern. Auch warnte er vor dem eigennützigen Einfluss von Interessengruppen. Nun ging Berg in einer Rede vor dem Bonner Presseclub am 29. September 1960 zum Angriff über. Er behauptete, eine Aufwertung der D-Mark stelle eine Katastrophe für die deutsche Industrie dar. Ermutigt durch seinen Erfolg bei der Entschärfung des Kartellgesetzes, sagte er: »Ich brauche nur einmal zum Kanzler zu gehen, und die ganze Aufwertung ist endgültig vom Tisch, vom Tableau.«[7] Kritik vonseiten der Amerikaner hoffte Erhard zuvorzukommen, indem er anbot, 357 Millionen Dollar der US-Besatzungskosten in Westdeutschland zu übernehmen und weitere

357 Millionen an Auslandshilfe zu gewähren, um den Handelsüberschuss auszugleichen. Die USA zeigten sich wenig beeindruckt von diesem Vorschlag.

Erhard forderte nun erneut die Aufwertung der D-Mark. Unterstützt wurde er von Etzel und Pferdmenges, die beide Adenauer nahe standen. Bald darauf baten die USA die westdeutsche Regierung offiziell, aufgrund ihres außerordentlich hohen Zahlungsbilanzüberschusses die D-Mark aufzuwerten. Am 28. Februar 1961 überzeugten Erhard, Pferdmenges, Etzel und Blessing Adenauer in einer gemeinsamen Sitzung, den Kurs der D-Mark anzuheben. Adenauer wagte es nicht, den Amerikanern in dieser Frage die Stirn zu bieten. Das Kabinett und der Bundesbankzentralrat stimmten der Aufwertung am 3. März zu. Adenauer änderte allerdings noch den Umfang der Aufwertung: Erhard und Etzel hatten sich für 3,90 DM je Dollar ausgesprochen, Adenauer schlug 4,00 DM vor, weil es so eine hübsche runde Summe sei.

Am 6. März 1961 wurde die D-Mark zu diesem Kurs aufgewertet. In einer Rundfunkansprache teilte Erhard den Deutschen am gleichen Tag mit, dass die Aufwertung notwendig gewesen sei, um Importe zu verbilligen und eine Inflation zu verhindern. Er hoffe, dass die Löhne langsamer steigen und die Konjunktur sich abkühlen werde.[9] Politisch war die Aufwertung der D-Mark für Erhard ein Erfolg. Er schmetterte Einzelinteressen ab und stimmte Adenauer um. Auch wirtschaftlich war sie ein großer Erfolg, allerdings nicht in der Größenordnung der Liberalisierung vom Juni 1948. Alles in allem geht aus der Angelegenheit hervor, dass Erhards fachliche Kompetenz noch immer Gewicht hatte.

Aufgrund neuer Technologien, kostspieliger Lohnabschlüsse und dem schieren Alter der Bergwerke verlor die Kohleindustrie im Ruhrgebiet sowohl auf dem Weltmarkt als auch auf dem heimischen Markt zunehmend an Wettbewerbsfähigkeit. Die Zechen waren so alt, dass immer tiefere Stollen gegraben werden mussten, wodurch die Preise stiegen. Bessere Abbau- und Transporttechniken machten den Import von Kohle aus den USA wirtschaftlich. Zudem tauchte mit dem Erdöl eine ernst zu nehmende Konkurrenz auf dem westdeutschen Brennstoffmarkt auf. Erhard hatte den Übergang von Kohle zu Erdöl sogar gefördert. Die Kohleindustrie hatte, so unglaublich das auch erscheinen mag, auf den schleppenden Absatz mit einer Preissteigerung reagiert. Das lag überwiegend an den überaus großzügigen Lohn- und Zulagevereinbarungen, die die Bergbaugewerkschaften hatten aushandeln können. Erhard appellierte an Gewerkschaften und Bergwerkseigentümer, die Lohnsteigerungen moderat zu halten. Er warnte sie außerdem, die Regierung werde Maßnahmen ergreifen müssen, um sicherzustellen, dass der Wettbewerb ein Anziehen der Kohlepreise verhinderte.[10]

Dennoch verschärfte sich die Krise in der Kohleindustrie. Im Jahr 1957, während die Wirtschaft boomte, vereinbarten viele Industrien vertraglich den Kauf großer Mengen preisgünstiger amerikanischer Kohle. Dadurch sank mit leicht nachlassendem Wirtschaftswachstum 1958 die Nachfrage nach deutscher Kohle. Die deutschen Kohleexporte gingen aufgrund der hohen Preise der Zechen im Ruhrgebiet zurück. Gleichzeitig stellten nun viele Industrien auf Erdöl um.[11] Statt auf die Signale der Preisentwicklung zu reagieren und die Kosten zu senken, wandte sich die deutsche Kohleindustrie nun an den Staat. Erhard wollte jedoch die Bergwerksunternehmen ihre Probleme selber lösen lassen. Er hoffte, dass unwirtschaftliche Bergwerke geschlossen und Arbeit und Kapital zu anderen Industrien abwandern würden. Doch Adenauer betrachtete die Notlage der Zechen als politisches Problem und drängte Erhard, aktiv zu werden, um diese sterbende Industrie zu retten. Im September 1958 beschränkte Erhard widerstrebend die Kohleimporte. Mehr allerdings unternahm er nicht, sehr zum Missfallen Adenauers und der Kohleindustrie. Anfang 1959 nötigte Adenauer ihn, ein Kartell zwischen Kohleindustrie und Ölimporteuren auszuhandeln. Beide Seiten willigten ein, sich den westdeutschen Energiemarkt zu teilen. Die Ölgesellschaften verpflichteten sich, nicht unter Weltmarktpreis zu verkaufen und ihren Marktanteil einzufrieren, bis die Vorräte der Bergwerke auf die Hälfte geschrumpft waren.[12]

Diese Vereinbarung war für Erhard eine bittere Pille. Wieder einmal wetterte er öffentlich gegen das, was er offiziell mit durchgesetzt hatte. In einer Rede vor CDU-Mitgliedern wiederholte er am 10. April 1959, er lehne es ab, die Kohle vor dem technischen Wandel zu schützen. Er warnte seine Zuhörer, sich vom wirtschaftlichen Anpassungsprozess nervös machen zu lassen. Dann verurteilte er noch einmal prinzipiell Kartelle und deren Versuch, Marktmechanismen zu umgehen.[13] Zu Erhards und der westdeutschen Verbraucher Glück erwies sich das Energiekartell als wirkungslos und wurde im August 1959 wieder aufgelöst. Wie immer in solchen Fällen hatten einige Mitglieder versucht, den festgesetzten Preis zu unterschreiten, um bessere Geschäfte zu machen. Erhard schlug nun ein Maßnahmenpaket vor, um der Kohleindustrie die Anpassung zu erleichtern. Unter anderem sollte eine Steuer auf Heizöl angesetzt werden, mit der die Rationalisierung der Kohleindustrie, also das Schließen von Bergwerken und die Umschulung von Bergleuten, finanziert werden sollten. Erhard führte zwar nur ungern eine neue Steuer ein, die die Verbraucher direkt traf, doch richte, so argumentierte er, diese marktgerechte Maßnahme auf lange Sicht weniger Schaden an als ein Kartell. Sie würde das Kohleproblem lösen, indem sie die überschüssige Kapazität in der Industrie beseitigte.[14] Es überrascht kaum, dass in der Kohleindustrie niemand Verständnis für Erhards Argumentation aufbrachte. Die Bergleute sahen nur, dass sie ihre Arbeitsplätze in unwirtschaftlichen Bergwerken verlieren würden, und konnten sich keine andere Arbeit vorstellen, während die Eigentümer den Wettbewerb fürchteten. Berg war gegen die geplante Ölsteuer und sprach sich für eine Erneuerung des für alle Kohle- und Erdölfirmen verpflichtenden Kartells aus. Ihm war nicht einsichtig, warum die Kohleindustrie schrumpfen sollte. Als Hans Götz von der *Frankfurter Allgemeinen Zeitung* darauf hinwies, der Markt sage ihm doch, dass zu viel Kohle abgebaut werde, entgegnete er schroff: »Dann scheiß ich auf die Marktwirtschaft.«[15]

Die Kohlebergleute fuhren nach Bonn und veranstalteten am 26. September 1959 einen Protestmarsch vor den Regierungsgebäuden. Erhard versuchte, alle Beteiligten zu beruhigen, indem er in einer Rundfunkansprache darauf hinwies, dass die Kohle weiterhin das Gros der von der deutschen Wirtschaft verbrauchten Energie stellen werde, wenngleich in geringerem Umfang als in der Vergangenheit. Er fügte hinzu, die Marktanpassung könne mit staatlicher Hilfe schmerzlos verlaufen.[16] Obwohl Berg und andere Industrielle erheblichen Druck auf Adenauer ausübten, brachte Erhard das Kabinett dazu, seiner Ölsteuer am 16. September 1959 mit Wirkung zum 1. Mai 1960 zuzustimmen.[17] Das war ein weiterer Sieg Erhards – sowohl politisch, weil er sich gegen Sonderinteressen durchgesetzt hatte, als auch ökonomisch, weil seine Politik der Marktwirtschaft einen geringeren Schaden zufügte als das geplante Kartell. Auf lange Sicht allerdings hatte Erhard die Folgen dieser Auseinandersetzung nicht im gewünschten Maß im Griff. Die Kohlesteuer wurde zwar auch auf Strom ausgeweitet, doch die Kohleindustrie und die Bergbaugewerkschaften wehrten sich weiter gegen eine Umstrukturierung; die Folge waren weitere Kohleüberschüsse, soziale Unruhen im Ruhrgebiet und fortgesetzte, teure Subventionen.

Erfolg hatte Erhard auch beim Ausbau der Besitzrechte für Arbeiter und bei der Minderung der unmittelbaren staatlichen Marktinterventionen. Bei den Bundestagswahlen 1957 hatte Erhard gefordert, jeder solle Eigentum besitzen. Arbeiter sollten ein Eigenheim und eigene Unternehmensaktien erwerben können, um an der Marktwirtschaft zu partizipieren und ihre Vorzüge zu genießen. Im Dezember 1959 verabschiedete der Bundestag neue gesetzliche Regelungen für den Wertpapierhandel. Sie ermöglichten die Wertpapierausgabe in kleineren Nennbeträgen, als es in Deutschland bis dahin üblich war, sowie den verbilligten Aktienerwerb durch Beschäftigte einer Firma. Man sprach von *Volks-*

aktien. Nur ein sehr geringer Teil der Bevölkerung, viel weniger als in den USA, besaß Aktien. Erhard hoffte, das Gesetz werde dies ändern und beweisen, dass nicht nur einige wenige reiche Kapitalisten vom freien Markt profitierten, wie es die Sozialisten behaupteten, sondern auch Arbeiter.

Schon im Frühjahr 1959 war ganz im Sinne dieser Politik der staatseigene Energie- und Fertigungskonzern Preussag privatisiert und aufgeteilt worden. Rund 100 000 Menschen, die zuvor keine Aktien besessen hatten, kauften nun Wertpapiere der privatisierten Unternehmen. Anfang 1961 folgte die Privatisierung von Volkswagen. Die *Volksaktien* spielten dabei eine wichtige Rolle, denn über eine Million Menschen, darunter zahlreiche VW-Mitarbeiter, erwarben Aktien. Allerdings handelte es sich bei VW lediglich um eine Teilprivatisierung, weil das Bundesland Niedersachsen einen großen Aktienanteil erwarb.[18]

Erhard versuchte die Arbeiter darüber hinaus zum Sparen zu ermutigen, indem er sich für eine Vermögenssteuersenkung aussprach; sie wurde im Prämienspargesetz im Mai 1959 verabschiedet.[19] Dem ließ er eine Steuerreform folgen, die im Juni 1961 effektive Steuersenkungen brachte sowie im Juli 1961 das so genannte 312-DM-Gesetz, das den Arbeitern die Vermögensbildung weiter erleichterte, indem es ihnen eine Steuerbefreiung auf Zinseinkünfte brachte. Die beiden großen Privatisierungen waren in Erhards Augen ein echter Schritt nach vorn. Doch obgleich weitere Privatisierungen folgten, reichte dieser Prozess nicht so weit, wie er gehofft hatte. Die meisten Deutschen hielten die Geldanlage in Aktien für zu riskant, sodass der Markt weiterhin kaum demokratischen Einfluss auf das Unternehmensmanagement nehmen konnte. Die Großbanken und Konzernchefs konnten nach wie vor die Märkte unter sich aufteilen und den Wettbewerb umgehen, ohne auch nur gegen das Kartellgesetz zu verstoßen. Erhard hatte also nur kleine Erfolge auf diesem Gebiet.

Eng mit diesen Maßnahmen verbunden waren Erhards Bemühungen, den Wohnungsmarkt zu liberalisieren. Seit 1949 hatten sich Bund, Länder und Gemeinden an einem umfangreichen Wohnungsbauprogramm beteiligt, um den kriegsbedingten Wohnungsmangel zu überwinden. Ende der fünfziger Jahre war die Notlage längst beseitigt, Millionen von Wohnungen waren entstanden. In Erhards Augen war es nun an der Zeit, dass der Staat sich aus dem Wohnungsbau zurückzog. Gegen den Widerstand der SPD brachte er am 23. Juni 1960 das Gesetz über den Abbau der Wohnungszwangswirtschaft und über ein soziales Miet- und Wohnrecht durch den Bundestag. Das Gesetz sollte es dem Markt ermöglichen, Baukapazitäten und Wohnraum selbst zuzuteilen. Um in der Miete den tatsächlichen Wohnwert auszudrücken, trat am 1. Juli 1960 eine Mietpreiserhöhung von 15 Prozent in Kraft. Ein Jahr später endete die staatliche Wohnraumbewirtschaftung. Am 1. November 1963 schließlich wurden die Mieten ganz freigegeben. Gleichzeitig schützte das Gesetz Mieter vor kurzfristiger Kündigung und Mieterhöhungen.[20] Erhard war es gelungen, einen der größten und wichtigsten Märkte des Landes in den Wettbewerb zurückzuführen.

Erhard versuchte nicht nur, mehr Menschen die Ansammlung von Vermögen zu ermöglichen und zusätzliche Sektoren dem Wettbewerb zu öffnen, sondern er wandte sich auch gegen Versuche der Gewerkschaften, die Löhne und Gehälter stärker zu erhöhen, als die Produktionsleistung angestiegen war, und die Arbeitszeit ohne Lohnabschläge zu verkürzen.[21]

Erhard hatte nichts gegen die 40-Stunden-Woche einzuwenden. Er gab lediglich zu bedenken, dass sie faktisch eine Lohnerhöhung darstelle und daher mit Produktivitätssteigerungen einhergehen müsse. Fortgesetzte Verbesserungen der Produktionsleistung seien unabdingbar, und die Basis für einen verbesserten Lebensstandard der Arbeiter sei das Wirtschaftswachstum. Vor diesem Hintergrund betrachtete er die Lohnsteigerungen als zu hoch.[22] Auch kritisierte Erhard die Bemühungen der Gewerkschaften um höhere Zulagen für ihre Mitglieder, weil auch sie eine Form der Lohnerhöhung darstellten. Die Forderung nach sozialer Gerechtigkeit in Form von Lohnerhöhungen und Zulagen lehnte er als ungerechtfertigt ab. Eine solche Vorstellung von sozialer Gerechtigkeit werde eben die Marktwirtschaft, die den Lebensstandard für alle erhöht hatte, wieder zerstören.

In einer Rundfunkansprache warnte Erhard im März 1962: »Selbst wenn ich vom Augenblick her gesehen Mängel in der Vermögensschichtung zuzugeben bereit wäre, muss ich erst recht gegen die Torheit jener ankämpfen, die in der gewaltsamen Übersteigerung ihrer Ansprüche an das Sozialprodukt eine Kosteninflation auslösen, die unsere deutsche Wettbewerbsfähigkeit fortdauernd schmälern und am Ende vernichten müsste.«[23] Dies hatte Erhard schon zuvor beobachtet. Gewerkschaftsführer, beseelt von der Klassenkampfidee der Weimarer Ära, versuchten erneut, über Tarifvereinbarungen den Kapitalismus von innen zu zerstören. Diese auf kollektivistische Fantasien gestützte, eigennützig gruppenorientierte Politik gewann, so schien es, in der Bundesrepublik die Oberhand. Sie gefährdete alles, was Erhard erreicht hatte, und führte das Land in eine düstere Zukunft.

Erhard versuchte diese Entwicklung zurückzudrehen, indem er an die ökonomische Vernunft appellierte. Im Jahr 1957 schlug er Adenauer die Einrichtung eines Sachverständigenrates vor, der wirtschaftspolitische Hilfestellung leisten sollte. Adenauer lehnte die Anregung ab. Im März 1962 unternahm Erhard einen weiteren Vorstoß; er hoffte auf Rückhalt bei seinem Versuch, die Lohnerhöhungen einzudämmen. Bei dieser Gelegenheit fand Erhard genug Unterstützung, um am 14. August 1963 das »Gesetz über die Bildung eines Sachverständigenrates zur Begutachtung der gesamtwirtschaftlichen Entwicklung« durchzubringen. Der Sachverständigenrat trat im Frühjahr 1964 erstmalig zusammen. Erhard erhoffte sich von dem Gremium Jahresgutachten, die aufzeigten, dass die Lohnforderungen der Gewerkschaften und die Zugeständnisse der Arbeitgeber der Wirtschaft schadeten. Seine Hoffnungen erfüllten sich allerdings nicht vollständig, denn obwohl die Gutachten seine Befürchtungen bestätigten, wurden sie von den Gewerkschaften und Arbeitgebern mit Unterstützung der SPD und Teilen der CDU und CSU kurzerhand ignoriert.[24] Mit einem ähnlichen Schachzug sicherte sich Erhard im Februar 1963 die Zustimmung zu einem Jahreswirtschaftsbericht und einer volkswirtschaftlichen Gesamtrechnung aus dem Wirtschaftsministerium. Dies illustriert, wie weit Erhard inzwischen von einigen Idealen entfernt war, die er Ende der vierziger Jahre vertreten hatte: Er hoffte, diese Berichte würden ihm gegen die Gewerkschaften und Arbeitgeber den Rücken stärken, doch kamen sie der von ihm abgelehnten Planwirtschaft gefährlich nahe. Seine Nachfolger nutzten sie ab Ende der sechziger Jahre denn auch genau zu planwirtschaftlichen Zwecken.

Die Leistung der bundesdeutschen Wirtschaft spiegelte die sich langsam verschiebenden Prioritäten der Regierung und damit auch Erhards schwindenden Einfluss wider. Ende der fünfziger und Anfang der sechziger Jahre hielt das Wirtschaftswachstum an; seinen Höhepunkt erreichte es 1960. Dann ging die Wachstumsrate zurück, sodass Frankreich Westdeutschland als am schnellsten wachsende Volkswirtschaft Europas überholte. Bis 1965 war das Wirtschaftswachstum in Frankreich und Deutschland etwa gleich, 1966 zog Frankreich davon. In den Jahren zwischen 1957 und 1963 wuchs die westdeutsche Wirtschaft mit 3 bis 9 Prozent immer noch beachtlich, unterschritt aber die Zahlen zwischen 1948 und 1957.[25]

Einige Beobachter haben das damit erklärt, dass die Zuwächse der Wiederaufbauphase erschöpft waren. Die Bundesrepublik sei zum Langzeittrend zurückgekehrt. Doch solche Trends sind keine festen Fahrrinnen, die von einer übernatürlichen Kraft zur Begrenzung des Wirtschaftswachstums vorgegeben werden. Theoretisch hat das Wirtschaftswachstum keine Grenzen, da das Wachstum sich nicht aus materiellen Gütern errechnet, sondern vielmehr daraus, wie Menschen Chancen nutzen. In das Ende der fünfziger Jahre fallen eine Neuausrichtung der Regierungspolitik, das Scheitern von Erhards Kartellgesetzgebung, die Wahlgeschenke

Adenauers, die Rentenreform mit der Einführung der dynamischen Rente und anhaltend steigende Ausgaben des Bundes. Wahrscheinlich liegen hier die wahren Gründe für den Rückgang des Wirtschaftswachstums in der Bundesrepublik. Erhard war sich der drohenden Gefahr wohl bewusst. Im Juli 1960 schätzte er die Staatsausgaben auf rund 40 Prozent des Bruttosozialprodukts, sah aber den Anteil bereits auf 45 oder gar 50 Prozent ansteigen und fürchtete die Konsequenzen.[26] Bis dahin hatte das Wirtschaftswachstum die ebenfalls steigenden Staatsausgaben stets überholt. Anfang der sechziger Jahre begann sich das zu ändern.[27] Nun sammelten sich die Ausgaben, die über ein Jahrzehnt lang angewachsen waren, zu einer wahren Flutwelle, die Erhard nicht in den Griff bekam.

Auch eine andere Entwicklung nahm nach Erhards Schätzung eine gefährliche Wendung, und zwar zu eben der Zeit, als die Staatsquote stetig anstieg. In den Jahren zwischen 1957 und 1963 gewann die Bewegung zur europäischen Integration an Schwung. In Erhards Augen wuchs damit die Gefahr einer großen, interventionistischen Bürokratie im Hauptquartier des Gemeinsamen Marktes, einer Aufteilung Westeuropas in konkurrierende ökonomische Lager, einer Entfernung der Mitglieder des Gemeinsamen Marktes von den USA und einer Infizierung der sozialen Marktwirtschaft in der Bundesrepublik durch zentralplanerische Konzepte aus Frankreich. Wie bereits dargestellt, lehnte Erhard die Schaffung eines Gemeinsamen Marktes ab und plädierte stattdessen für die Gründung einer Freihandelszone, die das gesamte kapitalistische Europa und, wie er hoffte, schließlich die ganze Welt umfassen sollte. Weil er die Gründung der Europäischen Wirtschaftsgemeinschaft (EWG) nicht verhindern konnte, versuchte Erhard, sie mit seinen Vorstellungen des freien Marktes zu erfüllen und sie auf möglichst viele europäische Staaten auszuweiten. Im September 1957 forderte er die Beseitigung von Handelsbeschränkungen zwischen dem Gemeinsamen Markt und dem Rest Europas. Die Koordination der Sozialpolitik und der Rechtssysteme dagegen sei ebenso überflüssig wie der Aufbau einer umfangreichen interventionistischen Bürokratie. Die freie Währungskonvertibilität und die Vorlage ausgeglichener Haushalte durch alle Mitgliedsstaaten reiche völlig aus.[28]

Erhard bekräftigte diese Ansicht in einer Rede, die er im November 1957 in Rom hielt. Er versicherte, dass für die Mitglieder des Gemeinsamen Marktes die Preisstabilität höchste Priorität haben müsse, gefolgt von der freien Währungskonvertierbarkeit. Erneut betonte er, eine Harmonisierung sei überflüssig. Er warnte seine Zuhörer vor dem zerstörerischen Einfluss der Planwirtschaft und vor dem Versuch, bestimmte Wirtschaftsbereiche zu koordinieren.[29]

Die Frage der europäischen Integration erhielt im Juni 1958 durch Charles de Gaulles Rückkehr an die Macht ein neues Gesicht. Über die Frage der Integration geriet Erhard umgehend mit de Gaulle in Konflikt. Dies wiederum spaltete die bundesdeutsche Regierung. De Gaulle zielte auf eine politische Koordination der sechs EWG-Mitglieder ab. Er lehnte die Integration ab und unterstützte stattdessen ein Europa von Nationen, die ihre Politik harmonisierten. Bis dahin wäre ihm Erhard wohl gefolgt. Doch de Gaulle wollte über den Gemeinsamen Markt und andere europäische Institutionen die französische Vorherrschaft sichern und den Einfluss der Amerikaner und Briten schmälern. Dies und die verzerrende Wirkung der Planwirtschaft und der Sozialgesetzgebung in Frankreich machte Erhard zu einem erbitterten Gegner de Gaulles. Erhard hegte gegenüber Frankreich keinen bösen Willen und war wie Adenauer bemüht, den alten Konflikt zwischen Franzosen und Deutschen beizulegen. Doch er war nach wie vor nicht bereit, dafür eine Wirtschaftsordnung zu opfern, die nach seiner Überzeugung derjenigen, die in Frankreich aufgebaut wurde, weit überlegen war.

In der Rede von Rom, der Stadt, in der der EWG-Vertrag unterzeichnet wurde, kritisierte Erhard am 23. März 1959 vor dem Centro Italiano di Studi per la Riconciliazione Internazionale de

Gaulles Politik und warb für sein eigenes Konzept einer europäischen Integration. Zusätzliche Bedeutung erhielt der Anlass durch die Anwesenheit zahlreicher italienischer Regierungsvertreter. Erhard forderte, die Kluft zwischen dem Gemeinsamen Markt und dem Rest Europas durch Einrichtung einer großen Freihandelszone zu überbrücken. Insbesondere warb er in Reaktion auf de Gaulles Kritik um Verständnis für die britische Position. Ein freies Europa könne sich angesichts der sowjetischen Gefahr eine Spaltung nicht leisten: »Europa kann sich gerade in dieser politischen Situation nicht den Luxus erlauben, im ökonomischen Bereich getrennt zu marschieren, aber auf die Kraft politischer Einigkeit zu vertrauen.«[30] Sodann ging er zum Angriff auf den »europäischen« Mythos über: »Es ist in Europa eine Art Mystizismus aufgekommen! Man tut so, als ob die geschaffenen Institutionen unantastbar oder überhaupt gegen jede Kritik gefeit sein müssten. Können wir wirklich annehmen, dass diese Verträge göttlicher Weisheit entsprechen?«[31]

Adenauer reagierte umgehend auf diese Attacke. Am 24. März untersagte er Erhard schriftlich, die EWG zu kritisieren, und bekräftigte, dass Deutschland Frankreich brauche. Er griff Müller-Armack, der Erhard an diesem Tag in der Kabinettssitzung vertrat, heftig an und sagte ganz unverblümt, er wünsche nicht, dass Erhard noch einmal so etwas äußere.[32] Erhard ließen Adenauers Drohungen kalt. Er äußerte sich öffentlich, wie er es für richtig hielt. Im Oktober 1959 erschien in den großen bundesdeutschen Zeitungen Anzeigen seines Ministeriums; darin hieß es schlicht: 6 + 7 + 5 = 1. Diese Gleichung besagte, dass die sechs Staaten des Gemeinsamen Marktes, die sieben Mitglieder der Europäischen Freihandelsassoziation (EFTA) sowie die fünf übrigen europäischen Staaten, die keiner der Zusammenschlüsse angehörten, eine Freihandelszone bilden sollten.[33] Diese Haltung vertrat er anschließend auch in öffentlichen Reden. Die Verhältnisse, so sagte er bei einem dieser Auftritte, hätten sich seit Metternichs Zeiten geändert; Kabinettdiplomatie sei überflüssig, Wirtschaftspolitik sei nicht von der Außenpolitik zu trennen.[34] In einem Beitrag für die *Frankfurter Allgemeine Zeitung* kritisierte er die Harmonisierung, ja, er verwies darauf, dass Unterschiede eine Arbeitsteilung ermöglichten, von der alle profitierten. Eine Harmonisierung dagegen werde den Wettbewerb unter den europäischen Ländern herabsetzen und somit dem Verbraucher schaden. Er warnte: »Das ›Organisieren-und-harmonisieren-Wollen‹ führt demgegenüber in den fast sicheren Abgrund.«[35]

In einem Artikel zu Ehren Wilhelm Röpkes Ende 1959 schrieb Erhard: »Die Anerkennung eines solchen Prinzips bedeutete, dass die zusammenstrebenden Volkswirtschaften jeweils die schlimmsten wirtschafts-, finanz- oder währungspolitischen Fehler ihrer Partner als auch für sich verpflichtend anerkennen müssten, statt sie gemeinsam auszumerzen.«[36] Eine Harmonisierung, so warnte er außerdem, werde in die Diktatur führen: »Der Glaube, dass integrationswillige Volkswirtschaften zum Gelingen ihrer Vorhaben von einem gleichen sozialen Standard ausgehen müssten, wäre von einer geradezu zerstörerischen Wirkung, denn es würde dem Starken die absolute Macht einräumen, während die Schwächeren dem Untergang preisgegeben wären.«[37]

Adenauer jedoch konnte Erhards Argumentation, so vernünftig sie auch war, nichts abgewinnen. Der Kanzler betrachtete die britische und amerikanische Deutschlandpolitik mit zunehmender Skepsis. Er fürchtete, insbesondere die Amerikaner könnten die deutsche Wiedervereinigung auf unbestimmte Zeit vertagen, um einer Konfrontation mit der Sowjetunion in Europa aus dem Weg zu gehen. Er traute den Amerikanern nicht zu, dass sie die Bundesrepublik verteidigten, wenn im Gegenzug amerikanische Städte von sowjetischen Atomwaffen in Schutt und Asche gelegt würden. Auch glaubte er nicht, dass die Amerikaner Berlin verteidigen würden. Frankreich unter de Gaulle dagegen schien Adenauers Wünschen entsprechen zu wollen. Adenauer begann sich daher stärker an den Nachbarn im Westen anzulehnen.

De Gaulle war, wie er wiederholt demonstrierte, durchaus

willens, der Bundesrepublik in einer Krise zur Seite zu stehen, doch wollte er mit seiner Politik nicht die Bundesrepublik stärken, sondern das Ansehen der Franzosen heben. Er war nicht bereit, in der Frage der deutschen Wiedervereinigung nachzugeben: Er wünschte, dass Westdeutschland die Oder-Neiße-Linie als Ostgrenze anerkannte. Und er lehnte es ab, der Bundesrepublik – wie von Adenauer gewünscht – den Bau von Atomwaffen zu gestatten. So groß de Gaulles Bereitschaft auch sein mochte, so konnte Frankreich doch keine den Amerikanern vergleichbare militärische Stärke aufbringen – ein Punkt, den Adenauer unterschätzte. De Gaulle wollte die Bundesrepublik zwingen, sich zwischen Frankreich auf der einen und den USA und Großbritannien auf der anderen Seite zu entscheiden. Zwischen 1960 und 1963 nahm, vielleicht aus Verzweiflung, Adenauers Bereitschaft zu einem Bündnis mit den Franzosen zu. Erhard war sich durchaus bewusst, dass die USA mächtiger waren als Frankreich. Er bezweifelte, dass die Amerikaner Westdeutschland oder Europa aufzugeben bereit wären, und sah, dass die amerikanische Wirtschaft dem von ihm bevorzugten Modell viel näher stand als die französische. Daher hielt er an der amerikanischen Option fest. Die Amerikaner mochten am Atomtestverbot, am Atomwaffensperrvertrag und am politischen Status quo in Deutschland festhalten, doch zumindest waren sie fähig und willens, die Bundesrepublik zu verteidigen. Egal, was de Gaulle versprechen mochte – Frankreich war nur ein schwacher Notanker. Adenauer indes wies Erhards Einwände zurück; am 13. September 1960 schrieb er seinem Wirtschaftsminister: »Es handelt sich hier nicht um eine wirtschaftliche Angelegenheit, sondern es ist eine politische Angelegenheit von größter Bedeutung.«[38] Die Anlehnung an Frankreich sollte Bestand haben.

Erhard ließ sich den Mund nicht verbieten. In der liberalen Wochenzeitung *Die Zeit* sprach er sich in einem eigenen Beitrag dafür aus, dem atlantischen Verteidigungsbündnis eine atlantische Wirtschaftsgemeinschaft an die Seite zu stellen. Er lehnte es ab,

Europa in zwei Handelsgebiete aufzuteilen und diese von den USA und Kanada zu trennen.[39] Eben die Situation, die Erhard zu verhindern gehofft hatte, war mittlerweile eingetreten. Im November 1959 wurde die Europäische Freihandelsassoziation EFTA gegründet. Die Briten merkten schnell, dass es ein Fehler gewesen war, sich dem Gemeinsamen Markt nicht anzuschließen, und signalisierten im Sommer 1961, dass sie sich um eine Mitgliedschaft bewerben wollten. Als sich der Ministerrat der EWG am 10. Oktober 1961 das nächste Mal traf, hatte zufällig Ludwig Erhard den Vorsitz. In seiner Eröffnungsrede begrüßte er die britische Bewerbung ausdrücklich.[40] In einer Rede in der angesehenen Handelshochschule St. Gallen in der Schweiz forderte Erhard am 15. Januar 1962 den Gemeinsamen Markt auf, die Bewerbung der Briten anzunehmen, und regte an, die anderen EFTA-Staaten ebenfalls als Mitglieder oder außerordentliche Mitglieder aufzunehmen. Zudem sei eine Zusammenarbeit mit den USA unumgänglich.[41] Er sprach sich für eine Entpolitisierung des Gemeinsamen Marktes und die Abkehr von reinen Machtüberlegungen aus. Jeder werde davon profitieren, argumentierte er, insbesondere die Verbraucher in allen betroffenen Ländern, wenn der Freihandel zur Regel werde.

De Gaulle setzte andere Schwerpunkte. Er hatte in erster Linie Macht und Ansehen vor Augen. In Europa sollten nicht die Amerikaner, sondern die Europäer das Sagen haben, freilich unter Führung der Franzosen. In seinen häufigen Gesprächen mit Adenauer betonte er die Verlässlichkeit Frankreichs und die einmalige Chance, die historischen Konflikte zwischen beiden Ländern beizulegen. Doch der Bundesrepublik fiel es nach wie vor schwer, ihre Bande zu den USA zu lockern. Im Dezember 1961 und im Januar 1962 versuchte die westdeutsche Regierung die Quadratur des Kreises, als sie durch Zugeständnisse in der Agrarpolitik – den französischen Landwirten wurde eine größere Protektion zugesichert – die Franzosen dazu bewegen wollte, dem Beitritt der Briten zum Gemeinsamen Markt zuzustimmen. Doch de Gaulle blieb unnachgiebig. Während sich Adenauer an de Gaulle annäherte, attackierte Erhard das französische Wirtschaftssystem aufs Schärfste. Zwar hatte in Frankreich ein Wirtschaftswachstum eingesetzt und die französische hatte die erlahmende westdeutsche Wirtschaft sogar eingeholt, doch Erhard war überzeugt, dass dieses Wachstum zu einem hohen Preis erkauft war und nicht von Dauer sein würde. In einer couragierten Rede vor dem Europäischen Parlament – vor einem durchaus feindlich gesinnten Publikum also – verurteilte Erhard die übermäßige Machtkonzentration in der Europäischen Kommission. Er forderte gar, die EWG möge am föderalen Prinzip festhalten, weil es dem freien Markt förderlich sei. Planwirtschaftliche Überlegungen, die er als »Planifikation« bezeichnete, muteten dagegen »primitiv an« und seien »im Kern zentralistisch«.[42] Er wandte sich gegen Maßnahmen, Unterschiede im Lebensstandard in den Mitgliedsstaaten zu beseitigen. Dieser Versuch werde lediglich Ausgabensteigerungen und Protektionismus nach sich ziehen. Auch lehnte er es ab, private Investitionen in bestimmte Bereiche zu lenken. Die Regierung solle sich aus Arbeitskämpfen heraushalten und das Einkommen nicht umverteilen. Er verdammte langfristige Pläne: »Man weiß, dass sich Planvorstellungen quantitativer Art noch nie erfüllt haben.«[43] Planungen hielten mit der Realität nicht Schritt und zögen stets Probleme nach sich.

De Gaulle und Adenauer ignorierten Erhards Plädoyer. Der Kanzler war bemüht, die Bande zu Frankreich zu festigen. Er wollte sicherstellen, dass die freundschaftlichen Beziehungen, die er geknüpft hatte, nach seinem Rückzug aus der Politik nicht wieder zerstört würden. Als Adenauer und de Gaulle sich im Sommer 1962 gegenseitig besuchten, handelten sie einen Kooperationsvertrag aus. Nachdem de Gaulle bekommen hatte, was er wollte, legte er am 14. Januar 1963 unilateral sein Veto gegen den Beitritt Großbritanniens zum Gemeinsamen Markt ein. Ungeachtet dieser Brüskierung unterzeichnete Adenauer eine Woche später in Paris den Elysée-Vertrag.

Erhard bezog im Kabinett umgehend Stellung gegen den Vertrag und erwog sogar den Rücktritt. In allen Kabinettsdebatten und auch später in den Diskussionen im CDU-Vorstand forderte nur Erhard eine härtere Verhandlungsposition zur Ratifizierung des Vertrags. Er lehnte die Ratifizierung nicht ab, machte aber deutlich, dass ein kleines Europa der Sechs, das der Vertrag vorsah, nicht im bundesdeutschen Interesse sei. Der Beitritt Großbritanniens werde dem Land viel mehr nützen. Er forderte vor der Ratifizierung eine sorgfältige Prüfung des Vertrags.[44] In der Kabinettssitzung vom 30. Januar ging Erhard in Opposition. Mit harschen Worten behauptete er, de Gaulle versuche Europa unter ein Joch zu zwingen, das so repressiv sei wie das Hitlers. Er regte eine Resolution zur Abschwächung des Vertrags an. Gleich zweimal verließ er, als sich die Debatte nicht in die gewünschte Richtung entwickelte, die Sitzung. Jedes Mal holte ihn Adenauer wieder zurück. Schließlich beschloss das Kabinett, die Politik der europäischen Integration fortzusetzen. Doch es begrüßte auch ausdrücklich, dass Großbritannien weiterhin versuchte, Mitglied des Gemeinsamen Marktes zu werden, und stellte deutlich fest, dass es einen Beitritt der Briten guthieß. Das Kabinett unterstützte Erhard, der Adenauer eine klare Niederlage beibrachte.[45] Diese Sitzung belegt, dass Erhard, wenn er es wollte, durchaus wirkungsvoll parlamentarische Politik betreiben konnte.

Unterstützt von gleichgesinnten Bundestagsmitgliedern und Unternehmern – Leuten also, die die USA nicht aus dem europäischen Handel ausschließen wollten und eine Dominanz der Franzosen ablehnten –, warben Erhard, sein Ministerium und die »Brigade Erhard« nun dafür, den Elysée-Vertrag mit einer Präambel zu versehen, der ihn nachhaltig entschärfen sollte. In einem Interview, das er am 5. Februar 1963 Hans Ulrich Kempski von der *Süddeutschen Zeitung* gab, verlieh Erhard seinem Bedauern Ausdruck, dass Frankreich den Briten eine EWG-Mitgliedschaft verweigert hatte. Er betonte sodann, die guten Beziehungen zwischen der Bundesrepublik und den USA müssten erhalten werden.

Und er fügte hinzu, er sei bereit, das Kanzleramt zu übernehmen.[46] Mit dieser letzten Äußerung erhöhte Erhard den innenpolitischen Einsatz im Streit um die Adenauer-Nachfolge und konterte die persönlichen Angriffe Adenauers.

Privat brachte Erhard seine Kritik an Adenauer und de Gaulle ganz unverblümt zum Ausdruck. Am 23. Februar 1963 äußerte er sich in einem Brief an Röpke angewidert über das Ringen um die europäische Integration. Die beste Politik sei die Schaffung größtmöglicher Freiheit. Wie Röpke fürchtete er, dass die EWG den Protektionismus vergrößern und die freie Welt aufspalten werde. Er wünsche eine Entpolitisierung des Gemeinsamen Marktes und dessen Ausweitung auf alle nichtkommunistischen Staaten Europas, einschließlich der neutralen Staaten. Und er wolle die Bindung an die USA stärken. Erhard äußerte zudem die Befürchtung, dass Dirigisten die Steuerung des Integrationsprozesses an sich reißen könnten.[47]

Auch in einer Rede in Stockholm einen Monat später warnte er, welche Gefahren ins Haus stünden, wenn Juristen und »Gesellschaftsmechaniker« Europa seine Form gäben.[48] Erhard bot eine klare Alternative zum chauvinistischen Ideal de Gaulles, und in diesem Fall gelang ihm ein sensationeller Sieg über Adenauer und de Gaulle. Den Kritikern des Elysée-Vertrags – und neben Erhard waren das nicht wenige – gelang es, dem Entwurf eine Präambel mit den in Erhards Kabinettsbeschluss vom Januar formulierten Einwänden voranzustellen. In der Präambel hieß es, der Vertrag dürfe die Partnerschaft zwischen Europa und den USA, die NATO und die Bemühungen um die europäische Integration (also auch Großbritanniens) nicht schwächen. Adenauer akzeptierte diese Präambel, obgleich er wusste, dass sie sein Werk zunichte machte. Er hoffte, dass er, wenn er sich in dieser Sache einsichtig zeigte, wieder an politischem Einfluss gewinnen würde, um die Ernennung Erhards zu seinem Nachfolger noch zu verhindern.[49] Auch in diesem Punkt sollte er enttäuscht werden.

Das Ringen um die europäische Integration zwischen Erhard

und Adenauer wirft ein Schlaglicht auf den tiefen Konflikt zwischen den beiden Männern. Erhard dachte in wirtschaftlichen Dimensionen, nahm offen Konzepte anderer auf und plante auf lange Sicht. Adenauer ließ sich zunehmend von seiner Skepsis gegenüber den USA und seiner alten Feindseligkeit gegenüber Großbritannien, der Furcht vor den Sowjets und kurzfristigen innenpolitischen Überlegungen leiten. Er wollte sicher für Deutschland nur das Beste, und der Aufbau freundschaftlicher Beziehungen zu Frankreich war eine außerordentlich wichtige Errungenschaft. Auch Erhard wollte die Freundschaft zu Frankreich, war aber nicht geneigt, einen wie immer gearteten Preis dafür zu bezahlen. Er durchschaute de Gaulles Deutschland- und Europapolitik. Doch der Konflikt reichte noch tiefer.

Adenauer hatte eine persönliche Abneigung gegen Erhard, doch dieser reagierte darauf in keinster Weise. Er erkannte erst spät, dass Adenauer ihm feindlich gesinnt war, und lehnte es ab, sich zu einer Selbstrechtfertigung herabzulassen. Adenauers Abneigung gegen Erhard war abgrundtief und absolut. Der betagte Kanzler war sich nicht zu schade, Erhard öffentlich oder hinter dessen Rücken in Parteikreisen anzugreifen. Er hielt Erhard außenpolitisch für völlig inkompetent und seine Ansichten für abwegig. Keinerlei Verständnis konnte er für Erhards Widerwillen gegen politischen Verrat aufbringen. Viele Menschen rund um Adenauer und viele Historiker sind seither in die gleiche Falle gegangen. Dass Adenauer Erhard dermaßen unterschätzte, lag zum Teil an den sehr unterschiedlichen Charakteren der beiden Männer.

Während Adenauer Asket war, üppige Mahlzeiten ebenso mied wie übermäßigen Alkoholkonsum, sprach Erhard bekanntlich beidem gerne zu. Er wusste gutes Essen und reichlich Bier durchaus zu schätzen. Er mochte Süßes und nahm am Abend gern einen Whiskey »für die Verdauung«. Oft blieb er abends zu Hause und spielte mit seiner Frau Karten. Er hörte gern klassische Musik, wobei er eine besondere Vorliebe für Mozartopern hatte. Mittags ging er nach Hause, um mit seiner Frau ausgiebig zu es-

Erhard empfängt den deutschen Fußballmeister 1. FC Köln im Palais Schaumburg, 1964

sen, und anschließend machte er ein Nickerchen. Dann kehrte er ins Büro zurück und arbeitete weiter. Erhard interessierte sich für Sport und war ein begeisterter Fußballfan, vor allem seines Heimatvereins Fürth. Er fuhr leidenschaftlich gern schnelle Autos und hatte mehrere schwere Unfälle. Er rauchte Zigarren, eine Gewohnheit, die er von seiner Frau übernommen hatte. Erhard war kein Traditionalist. Er schätzte moderne Architektur und Kunst. Zusätzlich zur Wirtschaftslektüre las er gern Reiseliteratur, um sich auf seine zahlreichen Auslandsaufenthalte vorzubereiten. All dies prägte den Stil eines Menschen, der sich für die großen Themen interessierte, für theoretische und philosophische Fragestellungen. Die alltäglichen kleinen Probleme des Regierens waren nicht seine Sache, und in seinem Ministerium kümmerte er sich daher auch nicht um die Details.

Adenauer war dieser Mann ein Gräuel. Er hasste Erhards lange Monologe zu Wirtschaftsthemen. Er mochte Erhards lässige Kleidung nicht und missbilligte den Zigarrenrauch, mit dem sich

Erhard gern einnebelte, ebenso wie die Zigarrenasche, die sich auf seinem Revers ansammelte. Erhards Alkoholkonsum betrachtete er als moralischen Affront. Und schließlich war ihm Erhards Hang zum Selbstmitleid unerträglich.[50] Adenauer kümmerte sich um jedes Detail und wollte alle, die für ihn arbeiteten, unter Kontrolle haben. Er war ein Mensch mit vorhersehbaren und maßvollen Gewohnheiten. Auch als er nicht mehr im Amt war, las er nicht viel. Adenauer war ein Politprofi, der darum bemüht war, sich und seine Partei an der Macht zu halten. Und er vertrat zwar, vor allem aus seinem christlichen Glauben heraus, politische Werte, war jedoch in erster Linie Pragmatiker. Vor allem aber hatte er eine negative Sicht der menschlichen Natur, ganz im Gegensatz zum optimistischen Erhard. Die Gegensätze zwischen den beiden Männern – hier der eine, der sich über den Dingen stehen sah, sich als Anwalt erhabener Ideen verstand, dort der andere, der sich seiner Partei und seinem Amt verschrieben hatte – waren unüberbrückbar.

Obwohl Erhard weiterhin eine erfolgreiche Politik betrieb – das beweisen seine Leistungen in Sachen Währungskonvertibilität, Kohlesteuer und Elysée-Vertrag –, wurde seine Position zunehmend schwächer. Er war seit dem Winter 1948 im Amt, und man kann davon ausgehen, dass er ausgelaugt und müde war. Im Januar 1960 musste er offenbar wegen eines Herzinfarktes eine Reise nach Ägypten vorzeitig abbrechen. In den Monaten vor und den Jahren nach dieser Erkrankung war er wechselhaft und häufig lustlos. Wenn er in Bonn war, schlief er so viel wie möglich und führte ein ruhiges, geregeltes Leben. In regelmäßigen Abständen machte er eine Abmagerungskur.[51] Es lässt sich nicht sagen, in welchem Ausmaß sein Gesundheitszustand seine politischen Entscheidungen beeinträchtigte. Doch er erklärt vielleicht bis zu einem gewissen Grad, warum Erhard die wachsenden Staatsausgaben zumindest billigend in Kauf nahm, und zwar sowohl in den Jahren unter Adenauer als auch in seiner eigenen kurzen Zeit als Kanzler.

Erhard mit Bernhard Heiliger im Atelier, 1962

Adenauer wollte unter keinen Umständen, dass Erhard Kanzler wurde. Erhard dagegen war bereits 1959 zu dem Schluss gekommen, dass ihm die Adenauer-Nachfolge zustehe. Obwohl er 1948 keinerlei politische Ambitionen verspürt hatte, strebte er nun das mächtigste deutsche Amt an. Warum Erhard seine Haltung änderte, ist nicht ganz klar. Ein Jahrzehnt an der Macht und Adenauers skrupelloses Taktieren vermittelten ihm vielleicht das

Gefühl, dass er es besser konnte. Vor dem Hintergrund seiner wirtschaftspolitischen Visionen könnte es aber auch sein, dass er den Wohlstand und die Stabilität der Bundesrepublik als sein eigenes Verdienst betrachtete und daher davon ausging, dass er das Land auch am besten regieren könnte. Unzweifelhaft spielten seine Berater eine wichtige Rolle. Die »Brigade Erhard«, zu der 1959 Gerd Bucerius, Herausgeber der *Zeit*, die CDU-Bundestagsmitglieder Curt Becker, Matthias Hoogen und Ernst Müller-Hermann, Hermann Höcherl von der CSU sowie Wolfram Langer, Karl Hohmann und Dankmar Seibt gehörten, wollten gern, dass ihr Mann die Zügel in die Hand nahm. Womöglich überzeugten sie Erhard, dass er aufgrund seiner Verdienste für sein Land für die Adenauer-Nachfolge prädestiniert war.[52] Adenauer arbeitete derweil daran, Erhards Traum zu zerstören.

Im Jahr 1959 beendete Bundespräsident Theodor Heuss seine zweite Amtszeit und wollte keine dritte antreten. Die CDU/CSU-Regierung war darauf bedacht, die Position mit einem Mann aus ihren Reihen zu besetzen, zumal sie mit der absoluten Mehrheit im Bundestag nicht darauf angewiesen war, einem kleineren Koalitionspartner wie der FDP, der Heuss angehörte, entgegenzukommen. Daher wurde nun innerhalb der Unionsparteien fieberhaft taktiert. Viele knüpften die Nachfolge Heuss' an die Adenauers und meinten, für den 83 Jahre alten Kanzler sei es nun an der Zeit, sein Amt abzugeben. Er hätte nun als Krönung seiner Karriere das Präsidentenamt übernehmen oder aber sich ganz zurückziehen können. Adenauer sah dafür keinen Grund. Er fühlte sich völlig auf der Höhe und wollte auch Erhard das Feld nicht überlassen. Doch war klar, dass die Mehrheit der CDU- und CSU-Abgeordneten Erhard als Kanzlernachfolger wünschten. Innenminister Gerhard Schröder machte nun einen Alternativvorschlag: Erhard solle Bundespräsident werden. Er beriet sich mit Erhard, der widerwillig zustimmte, seinen Namen auf die Liste der Kandidaten zu setzen. Doch Erhard wollte einer Nominierung nur zustimmen, wenn es überhaupt nicht anders ging. Viel lieber wollte er Kanzler werden.[53] Schröder brachte die Frage einer Kandidatur Erhards Adenauer gegenüber zur Sprache, der die Idee gern aufgriff.

Am 4. Februar 1959 beschloss Adenauer nach einem angespannten Telefonat mit Erhard dessen Nominierung für das Präsidentenamt. Dies hätte in Erhards Karriere ein Wendepunkt sein können. Sowohl Schröder als auch Adenauer versuchten Erhard auszuschalten, um ihre eigenen Ziele zu erreichen. Erhard hätte dieser Schachzug die Chance geboten, sich aus der politischen Schusslinie zurückzuziehen, den aufreibenden politischen Streitigkeiten, die er verabscheute, zu entkommen und eine Position zu übernehmen, in der er seine Unabhängigkeit beibehalten und gleichzeitig für seine Ideen werben konnte. Der Nachteil war, dass Erhard den direkten Einfluss auf die Wirtschaftspolitik des Landes eingebüßt hätte. Diese Überlegung bewog ihn dazu, am 3. März 1959 seine Nominierung zurückzuziehen.

Adenauer suchte nun fieberhaft nach einer Alternative. Nach einem Monat Bedenkzeit nominierte er sich selbst. Er meinte wohl, dass er, selbst wenn Erhard Bundeskanzler würde – was er noch zu verhindern hoffte –, als Bundespräsident die Politik ebenso unter Kontrolle haben würde, wie de Gaulle als Präsident der fünften Republik die französische Regierung beherrschte. Adenauer, der bei der Ausgestaltung des Grundgesetzes der Bundesrepublik Deutschland eine federführende Rolle gespielt hatte, hätte es besser wissen müssen. Der Bundespräsident hat nur wenige Befugnisse. Herr der Regierungspolitik ist der Kanzler. Nach zwei weiteren Monaten des Nachdenkens gestand sich Adenauer ein, dass er sich verrechnet hatte. Ihm wurde klar, dass er Erhards Nachfolge nicht verhindern konnte. Am 5. Juni 1959 zog er daher seine Kandidatur zurück.[54]

Man sollte annehmen, dass Adenauers Winkelzüge in einer so wichtigen Frage seiner Position geschadet hätten. Doch seine Niederlagen waren stets von kurzer Dauer. Umgehend machte er sich daran, einen neuen Kandidaten zu finden. Er und seine Bera-

Erhard bei einem Berlin-Besuch mit Willy Brandt in der Friedrichstraße, um 1960

ter entschieden sich nun für Heinrich Lübke, den damaligen Landwirtschaftsminister. Außerdem zettelte Adenauer eine üble öffentliche Kampagne gegen Erhard an, um den Wirtschaftsminister nachhaltig in Misskredit zu bringen.[55] Aus dieser unerfreulichen Geschichte ging Erhard mit einem erheblich gestärkten Renommee hervor. Die ganze Affäre hindurch verhielt er sich hochanständig und galt in der öffentlichen Meinung als Opfer.[56] Dass allerdings Lübke das Präsidentenamt übernahm, war für Erhard auf lange Sicht ein Missgriff. Lübke lehnte Erhards Politik des freien Marktes ab und trat insbesondere für die Protektion der Landwirtschaft ein. Im Jahr 1966 sollte er noch eine gewichtige Rolle beim Sturz Erhards spielen.

Die Frage der Adenauer-Nachfolge kam noch einmal in Zusammenhang mit der Bundestagswahl im September 1961 auf. Erhard stürzte sich voller Energie in den Wahlkampf und trat bei mehr als 180 Veranstaltungen auf. In Bayern war er der populärste Kandidat der Union. Er profitierte darüber hinaus von Adenauers misslungenem Wahlkampf. Der Bau der Berliner Mauer am

Erhard und Brandt mit Oberst John Dean am Checkpoint Charlie in Berlin, 26. August 1961

13. August 1961 fiel in die heißeste Phase des Wahlkampfes. Erhard drückte den Berlinern seine Solidarität aus, konnte aber als Wirtschaftsminister nicht viel mehr ausrichten.[57] Adenauer ging lieber nicht nach Berlin, um die Atmosphäre nicht noch weiter anzuheizen. Stattdessen hielt er sich an das geplante Programm und griff den SPD-Kanzlerkandidaten Willy Brandt, damals Bürgermeister von West-Berlin, mehrmals persönlich an. Bei den westdeutschen Wählern hinterließen Adenauers ungehobelte Worte einen negativen Eindruck; die CDU verlor an Boden. Adenauer bedachte in diesem Wahlkampf seine Anhänger und potenziellen Wähler schamlos mit Geschenken. Erhard kritisierte Adenauers Politik als gefährlich und verantwortungslos, war aber nicht imstande, sie zu ändern.[58]

Die CDU/CSU gewann die Wahl, verlor aber ihre absolute Mehrheit. So wurde eine Koalition notwendig. Dies wiederum warf die Frage nach Adenauers Zukunft auf. In der CDU favorisierten viele eine große Koalition mit der SPD, was Erhard energisch ablehnte. Die bayerische CSU drängte Erhard, sich um die

Nachfolge Adenauers als Kanzler zu bemühen. Doch Erhard zierte sich. Der logische Koalitionspartner für die christlichen Unionsparteien war die FDP, mit der sie bereits 1949 und 1953 eine Regierung gebildet hatten. Die FDP unter Erich Mende jedoch wollte Adenauer aus dem Amt haben. Auch sie hoffte, Erhard werde ihnen helfen, den betagten Kanzler zum Rückzug zu zwingen. Adenauer taktierte heftig, um seine Stellung zu halten, und flirtete mit der SPD, um die FDP einzuschüchtern. Nach schwierigen und langwierigen Verhandlungen zog sich die SPD zurück, und die Gespräche konzentrierten sich auf eine Vereinbarung mit der FDP. Doch Erhard zögerte noch immer. Er und der andere potenzielle CDU-Kanzlerkandidat, Bundestagspräsident Eugen Gerstenmaier, lehnten es beide ab, gegen Adenauer anzutreten. Beide wollten, dass man ihnen das Amt ohne erbitterte parteiinterne Kämpfe anbot. Das ermöglichte es Adenauer, sich aus seiner verzwickten Lage zu befreien und sich mit Mende zu einigen. Der FDP-Chef war jedoch tief und anhaltend von Erhard enttäuscht. Er schloss, dass es Erhard schlicht am Mut mangele, den Mann, der ihn ein Jahrzehnt lang gequält hatte, aus dem Amt zu drängen. Erhard räumte dies auch ein: »Es ist nicht anders, ich hege Taubenmut, mir fehlt's an Galle …«[59]

Nun folgten schwierige Verhandlungen zur Verteilung der Kabinettssitze. Es überrascht nicht, dass Erhard in dieser Runde eine Niederlage hinnehmen musste. Der FDP zuliebe wurde ein Entwicklungshilfeministerium eingerichtet, was für Erhards Wirtschaftsministerium einen Machtverlust bedeutete. Erhard hatte bereits 1955 in Reden und Zeitungsartikeln seine Position in dieser Frage klargestellt.[60] Obwohl er aus den Wahlen gestärkt hervorging, bescherte ihm seine anschließende Niederlage in den Koalitionsverhandlungen einen ernst zu nehmenden Prestigeverlust.

Im Rahmen der Koalitionsgespräche mit der FDP hatte Adenauer eingewilligt, sein Kanzleramt zur Hälfte der Legislaturperiode abzugeben, ohne jedoch ein bestimmtes Datum festzusetzen.

In den kommenden beiden Jahren folgte nun in CDU und CSU hinter den Kulissen, häufig aber auch in der Öffentlichkeit, ein langer und hässlicher Streit über die Adenauer-Nachfolge. Gerhard Schröder, der 1961 ins Außenministerium gewechselt war, wollte das Amt übernehmen. Einige unterstützten noch immer Gerstenmaier. Auch der forsche CSU-Mann Franz Josef Strauß hegte Ambitionen. Der junge CDU-Politiker Rainer Barzel hatte ebenfalls Chancen, zumal er von Adenauer aufgebaut wurde. Einige dieser Männer unterstützten Erhard als Nachfolger Adenauers, weil sie erwarteten, dass er bald straucheln und ihnen den Weg frei machen würde. Adenauer tat sein Bestes, Erhard sowohl in Parteikreisen als auch in der Öffentlichkeit zu demontieren. Erhard wiederum verfolgte, wie wir gesehen haben, seine politischen Ziele und riskierte dabei durchaus die Konfrontation mit Adenauer, ja, er brachte dem Bundeskanzler in wichtigen Fragen wie dem Elysée-Vertrag empfindliche Niederlagen bei. Dennoch bemühte er sich nicht aktiv um die Kanzlerschaft. Dies schürte bei seinen Gefolgsleuten in der »Brigade Erhard« Zweifel an seinen Ambitionen.[61]

Im Jahr 1962 stürzte die Koalition in eine tiefe Krise, als Adenauer und Strauß im Zusammenhang mit einem Artikel des Nachrichtenmagazins *Der Spiegel* zur Verteidigungsbereitschaft der Bundesrepublik überreagierten. Der Skandal führte dazu, dass Strauß als Kanzlerkandidat ausfiel und Adenauers Ansehen schwer beschädigt wurde. Als die FDP aus Protest gegen die von Strauß angeordneten Bürgerrechtsverletzungen aus der Koalition ausstieg, wurde die Regierung umgebildet. Mit Näherrücken der Zweijahresmarke wurden innerhalb der CDU die Rücktrittsforderungen an Adenauer lauter. Am 22. April 1963 nominierte die Partei Erhard offiziell zum Kanzlerkandidaten. Adenauer verzögerte die Amtsübergabe bis zur Ratifizierung des Elysée-Vertrags. Am 11. Oktober trat er zurück. Fünf Tage später wurde Erhard vom Bundestag zum zweiten deutschen Bundeskanzler gewählt. Niemand, nicht einmal Erhard, hatte so etwas erwartet, als er im Jahr

1948 in die Bundespolitik eingetreten war. Viele Veränderungen, die seither in der Bundesrepublik stattgefunden hatten, hatte Erhard mitgestaltet. Die Frage war nun, ob seine Vision eines freien Marktes noch in die gänzlich veränderte Lage des Jahres 1963 passte.

KAPITEL 7

Enttäuschung

1963–1966

Als Ludwig Erhard Bundeskanzler wurde, glaubte er wirklich, er hätte eine Chance, jenen Wandel Deutschlands weiter voranzutreiben, den er 1948 angestoßen hatte. Er beabsichtigte, bedeutende Veränderungen in der westdeutschen Gesellschaft vorzunehmen. Um dieses Ziel zu erreichen, führte er einen neuen Ansatz in der Wirtschaftspolitik ein und krempelte die Regierungsarbeit von Grund auf um. Erhard wollte eine kollegiale Atmosphäre in der Regierung in Bonn schaffen und damit die von Adenauer etablierte »Kanzlerdemokratie« ablösen. In der Praxis hieß das, dass der neue Kanzler viel weniger Anweisungen erteilte als sein Vorgänger, dass er sich mit dem Kabinett beriet, statt es zu manipulieren, dass er die Meinungen von Experten außerhalb der Regierung anhörte und ein enges Band zu den Menschen knüpfte. Er wusste, dass sich die Rahmenbedingungen sowohl in der Bundesrepublik wie auch in der ganzen Welt veränderten, und er hatte erkannt, dass sich das Verhältnis zwischen den Großmächten veränderte und dass die Demokratisierung in Deutschland Fortschritte machte. Er wollte diesen Wandel erklärtermaßen anführen und gestalten.[1]

Als Erstes konzipierte Erhard die Arbeitsweise des Bundeskanzleramtes und seine Beziehungen zu den einzelnen Ministerien neu. Adenauer hatte die Ministerien mit Hilfe des Kanzleramts streng beaufsichtigt und sogar Spione eingeschleust, die ihm und seinem Staatssekretär Hans Globke vertrauliche Informationen geliefert hatten, anhand derer sie wiederum die offiziellen

Berichte der Minister prüfen und gegebenenfalls korrigieren konnten. Erhard setzte dieser Praxis ein Ende. Er und sein Staatssekretär Ludger Westrick, der mit ihm aus dem Wirtschaftsministerium gekommen war, hatten keine Informanten in den Ministerien und ließen die Minister schalten und walten.[2] Erhard war kein Mikromanager wie Adenauer. Er legte nach Gesprächen mit seinen Ministern und Beratern die allgemeine Richtung der Politik fest und überließ es ihnen dann, diese Politik eigenständig umzusetzen.

Das stand im Einklang mit Erhards Philosophie des Regierens, die er aus seinen wirtschaftlichen Konzepten ableitete. Die Regierung sollte die wirtschaftliche Ordnung bestimmen, aber nicht die Wirtschaft selbst leiten. Genauso hielt er es mit den alltäglichen Regierungsgeschäften. Überdies stellte Erhard sich die Regierung nicht als Motor des Wandels in der westlichen Gesellschaft vor. Der Wandel ging von der dynamischen, industriellen Wirtschaft aus. Folglich besaß Erhard, obwohl er konkrete Vorstellungen hatte, wie sich Westdeutschland, Europa und die ganze Welt entwickeln sollten, kein sorgfältig ausformuliertes Programm für seine Regierung. Er hielt das nicht für notwendig. Genau wie in seiner Zeit als Wirtschaftsminister entsprach es seinem Stil, auf Probleme erst zu reagieren, wenn sie auftauchten, und sie im Einklang mit seinen marktwirtschaftlichen Anschauungen zu lösen.[3] Dieser Ansatz brachte jedoch politische Probleme mit sich.

Erhards Methode der Nichteinmischung klang in der Theorie vernünftig, doch unter den herrschenden Bedingungen in seiner Amtszeit war sie denkbar ungeeignet. Von Anfang an wurde ihm von Journalisten und Politikern Führungsschwäche vorgeworfen. Ihre Kritik verriet ein fehlendes Verständnis für Erhards Ansatz. Im Grunde bot Erhard ihnen Freiheit an, und sie riefen nach Kontrolle. Erhard sah sich einem Volk, und ganz gewiss einer politischen Klasse, gegenüber, die eine Lenkung von oben durch eine starke Persönlichkeit gewohnt war. Als Erhard sich weigerte, diese Lenkung zu übernehmen, herrschten Unzufriedenheit und,

Erhard als Bundeskanzler

innerhalb seiner eigenen Partei und Regierung, Zwist und Treulosigkeit.[4] Die gleichen Qualitäten, die Erhard zu einem erfolgreichen Wirtschaftsminister gemacht und ihm so zuverlässige Einblicke in die wirtschaftliche Entwicklung vermittelt hatten, machten ihn unter den gegebenen Umständen ungeeignet für das Kanzleramt. Als Folge erreichte Erhard seine Ziele nicht und wurde am Ende von seiner eigenen Partei gestürzt.

Erhard war zwar ein höflicher, freundlicher Mensch, doch er

hatte nie einen Kreis politischer oder philosophischer Freunde um sich geschart. Er war ganz von seinen eigenen Ideen eingenommen. Deshalb war er immer isoliert geblieben. Unter führenden Politikern war das keineswegs ungewöhnlich. Weder de Gaulle noch Adenauer hatten viele enge Freunde. Doch sie besaßen beide zumindest eine politische Gefolgschaft. Erhard konnte nicht einmal das vorweisen.[5] Diese selbst auferlegte Isolation wird von zwei unglaublichen Vorfällen illustriert, die sich während Erhards Zeit im Kanzleramt ereigneten. Am 21. November 1963 hielt Erhard sich zu seinem Antrittsbesuch bei der französischen Regierung unter Charles de Gaulle in Paris auf. Bei einem Dinner, das der französische Ministerpräsident Georges Pompidou zu Ehren des Gastes an jenem Abend gab, hielt Erhard eine Rede. Kurz vor dem Ende seiner Äußerungen brach Pompidou über der Tafel zusammen, weil er wegen einer Grippe starke Medikamente eingenommen hatte. Die Leute eilten dem französischen Ministerpräsidenten zu Hilfe. Erhard hingegen brach einfach die Rede ab und setzte sich. Pompidou kam nach einigen Minuten wieder zu sich. Doch Erhards Verhalten veranschaulichte eine merkwürdige Distanz, die er stets zu anderen Menschen wahrte.[6] Ein ähnlicher Vorfall ereignete sich an seinem Geburtstag, dem 4. Februar 1966. Im Kanzleramt wurde eine kleine Feier für ihn veranstaltet. Nachdem seine Mitarbeiter ihm gratuliert hatten und anfingen zu essen, zu trinken und zu reden, setzte Erhard sich hin und las Zeitung. Die Party um ihn herum ignorierte er völlig. Bei Empfängen für Diplomaten verhielt er sich ähnlich. Nach dem Austausch der unvermeidlichen Höflichkeiten schlich er sich einfach aus dem Saal und ging zum Mittagessen nach Hause zu seiner Frau. Bei Empfängen, die für ihn gegeben wurden, war er häufig unter den ersten Gästen, die sich verabschiedeten.[7]

Erhard war inzwischen auch intellektuell zunehmend isoliert. Die marktwirtschaftlichen Anschauungen, für die er eintrat, wurden von einer stetig schrumpfenden Zahl von Wirtschaftsexperten, Geschäftsleuten und Politikern geteilt. Die Volkswirtschaftslehre der Keynesianer mit ihrem interventionistischen Ansatz dominierte das wirtschaftliche und politische Denken in Großbritannien und in den Vereinigten Staaten und fand auch in den Reihen der deutschen Ökonomen, in der SPD, ja sogar in seiner eigenen CDU immer mehr Anhänger. Der Ansatz passte gut zu der deutschen Tradition, die Wirtschaft mit Hilfe des Staates anzukurbeln, um auf sozialer Ebene erwünschte Ergebnisse zu erzielen.[8] Erhard lehnte diesen Ansatz ab und verlor deshalb viele Verbündete.

Die Geringschätzung des neuen Kanzlers für die Politik erwies sich außerdem als großer Nachteil. Erhard betrachtete sich als Fürsprecher bestimmter Ideen, der sich einer Partei angeschlossen hatte, die ihm helfen sollte, diese Ideen umzusetzen. Aus diesem Grund war er auch lange nicht in die CDU eingetreten. Als sich abzeichnete, dass er Adenauer nachfolgen würde, erkannte er, dass er den Parteieintritt nicht länger aufschieben konnte. Also wurde Erhard am 24. April 1963 ohne viel Aufhebens CDU-Mitglied. Das Eintrittsdatum in seinen Unterlagen wurde auf den 1. März 1949 zurückdatiert.[9] Formal war das Problem damit gelöst, in der Praxis blieb es jedoch bestehen. Erhard hatte keine Beziehungen zu irgendeiner Fraktion innerhalb der CDU. Er konnte sich auf keine Abgeordnetengruppe im Bundestag stützen, die für seine Gesetzesprojekte stimmte. Das war besonders wichtig, weil die CDU keine straffe, bundesweite Organisation hatte. Sie war ein Sammelbecken für Splittergruppen regionaler oder konfessioneller Ausrichtung oder Interessengruppen, die alle vier Jahre mit dem Ziel zusammenarbeiteten, die Bundestagswahlen zu gewinnen. Nur wenige Mitglieder stimmten mit Erhards marktwirtschaftlichen Anschauungen überein. Sie wählten ihn jedoch zum Bundeskanzler, weil sie überzeugt waren, dass er sie zu einem Wahlsieg führen konnte. Wegen dieser Umstände befand Erhard sich in einer äußerst prekären Lage. Da er sich nicht als konventionellen Parteipolitiker ansah, sondern sich als Volkskanzler betrachtete, der sich um Parteien, Intrigen und

Interessengruppen nicht zu scheren brauchte, war er schlecht dafür gerüstet, die eigene Partei zu führen. Erschwerend kam hinzu, dass Erhard sich törichterweise dazu entschloss, nicht den Parteivorsitz zu übernehmen. Ja, er ließ es sogar zu, dass Adenauer diesen Posten behielt. Ferner beschloss er, sich 1964 nicht gegen die neuerliche Nominierung Heinrich Lübkes zum Amt des Bundespräsidenten zu stemmen. Mit diesen Entscheidungen gestattete er es zwei erbitterten Widersachern, außerordentlich einflussreiche Ämter zu besetzen. Sowohl Adenauer als auch Lübke widersetzten sich Erhards Außenpolitik und sprachen sich innenpolitisch für eine große Koalition mit der SPD aus.[10]

Als Bundeskanzler musste Erhard Entscheidungen zu unzähligen Themen treffen, nicht nur zu wirtschaftlichen, und war deshalb auf seine Berater angewiesen. Unter den gegebenen Umständen war Erhard in erster Linie mit außenpolitischen Themen beschäftigt und somit besonders abhängig von seinem Außenminister und den Experten im Kanzleramt. Außenminister Gerhard Schröder stimmte mit Erhards Wunsch überein, Großbritannien den Eintritt in den Gemeinsamen Markt zu ermöglichen und sich de Gaulles Bemühungen zu widersetzen, der Frankreich eine Vormachtstellung in Europa verschaffen wollte. Doch viele andere Beamte, die auf außenpolitischem Terrain tätig waren, waren Anhänger Adenauers. Etliche Zusammenstöße und Grabenkämpfe innerhalb der Bürokratie waren unvermeidlich. Bei der Wahl seiner Berater und Mitarbeiter bewies Erhard wenig Geschick – ein entscheidendes Manko für eine Führungskraft. Alfred Müller-Armack verließ Erhard nach einer Reihe von Meinungsverschiedenheiten zur Europa- und Wirtschaftspolitik im Jahr 1963, als Erhard Kanzler wurde. Müller-Armack sprach sich auch für ein gewisses Maß an staatlicher Intervention in die Binnenwirtschaft aus, was Erhard nicht akzeptieren konnte. Müller-Armacks Ratschläge waren jedoch durchweg sehr wertvoll gewesen. Auch wenn er nach der Rückkehr an die Universität Köln noch mit Erhard in Kontakt blieb, vermisste der Kanzler ihn sehr.

Erhard rief eine interne Denkfabrik, genannt »Sonderkreis«, ins Leben, die neue Ideen entwickeln sollte. Diese Maßnahme schlug Karl Hohmann vor, der den Kreis auch anführte. Zu den Mitgliedern zählten ferner der Publizist Rüdiger Altmann, der Rundfunkmoderator Johannes Gross und der Wahlforscher Rudolf Wildenmann.[11] Sie waren allesamt intelligent, eifrig und Erhard gegenüber loyal. Aber kein Einziger hatte den Weitblick eines Müller-Armack, ganz zu schweigen von Walter Eucken, Alexander Rüstow, Franz Oppenheimer oder Wilhelm Röpke. Folglich fehlte es den präsentierten Ideen an Originalität. Ihre Tragweite war nicht mit den Konzepten zu vergleichen, die Erhard in den Jahren vor 1945 inspiriert hatten. Er litt unter der fehlenden Stimulation.

Ein anderer Faktor, der sich möglicherweise auf Erhards Leistung als Kanzler auswirkte, ist schwieriger zu beurteilen. Erhard war im Alter viel weniger leistungsfähig als Adenauer. Er verlor in seinen Sechzigern ganz eindeutig einen großen Teil seiner physischen und geistigen Energie. Er verbrachte immer längere und häufigere Urlaubsaufenthalte in seinem neuen Haus am Tegernsee. In Bonn oder auf Auslandsreisen wirkte er häufig müde oder abwesend. Vor allem wenn über diplomatische oder strategische Fragen diskutiert wurde, schien er schwach. Dies lag keineswegs an einem Mangel an Intelligenz oder Interesse. Es könnte durchaus die Folge einer Altersmüdigkeit gewesen sein.

Alles in allem fiel es Erhard wegen seiner Philosophie, seines Stils, seiner Verachtung für die politische Kleinarbeit, seines vergleichsweise schwachen Beraterteams und womöglich seiner Gesundheit schwer, sich wirkungsvoll als Kanzler in Szene zu setzen.

Aufgrund seines Regierungsstils war Erhard für die Diplomatie nicht sonderlich geeignet. Er interessierte sich lediglich für große politische Themen und mied die sorgfältige Prüfung von Verträgen und Diskussionen auf Details. Häufig ließ er sich bei Treffen zur europäischen Integration durch Mitarbeiter vertreten. Da Erhard Briefe oder Berichte ungern sorgfältig las, war er oft-

Blick aus Erhards Haus auf den Tegernsee

mals unzureichend auf Verhandlungen vorbereitet. Er blieb ein Experte für Wirtschaftsfragen und konnte es auf diesem Gebiet mit jedem aufnehmen. Aus diesem Grund vermied insbesondere de Gaulle es ganz bewusst, mit Erhard über wirtschaftliche Themen zu diskutieren. Doch auf anderen Feldern bewegte er sich längst nicht so sicher. Das wäre nicht unbedingt problematisch gewesen. Er hätte sich einfach darauf beschränken können, die Grundrichtung der Politik vorzugeben und es den Mitarbeitern zu überlassen, sich um die Details zu kümmern. Doch die westdeutschen Regierungsvertreter waren sich nicht einig in der Frage, welchen Kurs das Land wählen sollte, und deshalb brachte dieser Ansatz häufig Schwierigkeiten mit sich. Darüber hinaus fehlte es Erhard, grundehrlich wie er war, an der nötigen Finesse, um mit abgebrühten Akteuren wie Charles de Gaulle und Lyndon B. Johnson erfolgreich zu verhandeln. Weil er sich offen, be-

Erhard in Begleitung seiner Frau und der beiden Enkeltöchter mit Nachbarn am Tegernsee, 1963

dingungslos und unverzüglich an die Vereinigten Staaten band, verlor er alle Druckmittel gegenüber den Amerikanern, beschädigte die Beziehungen zu Frankreich und vertiefte noch die Spaltung innerhalb der christlichen Parteien über die Außenpolitik. Erhard hätte die von ihm gewählte politische Richtung geschickter verfolgen können, hätte damit mehr erreicht und wäre nicht so oft vor den Kopf gestoßen worden.[12]

Der Elysée-Vertrag, den Adenauer mit de Gaulle ausgehandelt hatte, sah regelmäßige Treffen im Abstand von sechs Monaten zwischen den Regierungschefs Westdeutschlands und Frankreichs vor. In diesen Gesprächen prallten, wie sich zeigte, Erhards und de Gaulles unterschiedliche Vorstellungen zur Außenpolitik aufeinander. De Gaulle wollte Frankreich zur beherrschenden Macht auf dem Kontinent machen, und das auf Kosten der Vereinigten Staaten. Erhard erkannte durch das wolkige Gerede des französischen Präsidenten ganz richtig das eigentliche Ziel de Gaulles und hielt an der engen Bindung der Bundesrepublik zu Amerika fest. Überdies lehnte Erhard weiterhin die französische Wirtschaftspolitik ab. Deshalb kühlten in Erhards Regierungszeit die deutsch-französischen Beziehungen merklich ab.[13]

Erhard traf de Gaulle zum ersten Mal als Kanzler am 21. November 1963 in Paris. Er hoffte, über die Agrarpolitik der Wirtschaftsgemeinschaft zu sprechen, über die Kennedy-Runde zur Liberalisierung des internationalen Handels und über eine Initiative von ihm selbst zur Verbesserung der europäischen Kooperation und Verteidigung. De Gaulle forderte hartnäckig Zugeständnisse an die französischen Bauern bei den Getreidepreisen. Nach einigem Zögern gab Erhard dem Präsidenten, was er wollte, in der Hoffnung, seinerseits französische Rückendeckung bei anderen Themen zu bekommen. Mit diesem Zugeständnis waren Subventionen für westdeutsche Bauern verknüpft, die den Staat Milliarden D-Mark kosten würden, doch Erhard glaubte, der Handel sei es wert gewesen. Daraufhin versuchte de Gaulle unverzüglich, einen Keil zwischen Westdeutschland und die Vereinigten Staaten zu treiben. Seiner Ansicht nach könne man sich nicht darauf verlassen, dass die Amerikaner die Bundesrepublik gegen einen sowjetischen Angriff verteidigen würden, auf Frankreich hingegen sei Verlass. Erhard machte seine Loyalität und sein Vertrauen gegenüber den Vereinigten Staaten deutlich.[14]

Der Besuch im November wurde von de Gaulle als Antrittsbesuch betrachtet. Deshalb reiste Erhard im Februar 1964 nochmals für zwei Tage nach Paris. Einmal mehr wollte de Gaulle ihm seine Politik eines Europas der Europäer aufdrängen, und einmal mehr widerstand Erhard. De Gaulle erklärte hinterhältig, er wünsche, dass Europa eine unabhängige, nicht eine antiamerikanische Politik verfolge. Er strebte zu diesem Zweck ganz offen die deutsche Freundschaft an, doch Erhard weigerte sich, enger an Paris heranzurücken. Insbesondere wollte Erhard die Briten in das vereinte Europa aufnehmen, ein Ansinnen, das de Gaulle auf keinen

Fall akzeptieren konnte. Als de Gaulle erneut die amerikanische Entschlossenheit, Europa in einem Atomkrieg zu verteidigen, in Frage stellte, äußerte Erhard sein volles Vertrauen zu Washington. Und als de Gaulle eine Koordination der französischen und deutschen Finanz-, Sozial- und Steuerpolitik in der Wirtschaftsgemeinschaft forderte, lehnte Erhard dies ab und kritisierte seinerseits den französischen planwirtschaftlichen Ansatz. Kurzum, Erhard war in fast allen Punkten anderer Meinung als de Gaulle. Das Treffen endete dennoch mit einer freundschaftlichen Note.[15]

Der Graben zwischen Erhard und de Gaulle trat während des Besuchs des französischen Präsidenten in Bonn am 3. und 4. Juli 1964 deutlich zutage. Bei ihrem ersten Gespräch ging de Gaulle sofort in die Offensive. Er versicherte, dass die Vereinigten Staaten mit dem Versuch, ihren internationalen Verpflichtungen nachzukommen, überlastet seien. Folglich müsse Europa eine eigenständige, wenn auch nicht antiamerikanische Politik verfolgen. Er brachte ferner sein Bedauern darüber zum Ausdruck, dass die französisch-deutsche Zusammenarbeit keine weiteren Fortschritte gemacht habe. Erhard durchschaute de Gaulles nebulöse Worte und erklärte, Westdeutschland sei keineswegs ein Vasall der Vereinigten Staaten. Seinen Interessen sei jedoch am besten gedient, wenn es enge Beziehungen zu den Amerikanern unterhalte. Nach dem Gespräch traf Erhard sich mit Pompidou, während de Gaulle sich mit Adenauer traf. In provozierender Weise überzog de Gaulle seine Begegnung mit dem Ex-Kanzler und Widersacher Erhards und kam zum nächsten angesetzten Treffen mit Erhard zehn Minuten zu spät. Am folgenden Tag, dem letzten der Zusammenkunft, forderte de Gaulle in einer leidenschaftlichen Rede eine engere französisch-deutsche Kooperation. Er sagte voraus, dass die Vereinigten Staaten sich wegen des Aufstiegs eines mächtigen Chinas von Europa loslösen und auf die Sowjetunion zugehen würden. Außerdem behauptete er, dass die Amerikaner niemals den Deutschen helfen würden, ihr Land wiederzuvereinen. Erhard antwortete nicht darauf. Viele Menschen in dem Raum waren peinlich berührt, und manche meinten, Erhard habe eine einzigartige Gelegenheit verstreichen lassen, ein engeres Band zu Frankreich zu knüpfen. Mit Blick auf den Affront seitens de Gaulles am Vortag und die grundlegenden Einwände, die Erhard gegen de Gaulles Politik hatte – eine Politik, die in Erhards Augen dazu diente, Frankreichs Macht zu stärken, nicht jedoch Westdeutschland zu helfen –, und mit Blick auf die Tatsache, dass de Gaulle auf Erhards einleitende Worte damit antwortete, dass er Argumente wiederholte, die er bereits mehrfach vorgebracht hatte, war Erhards Schweigen jedoch verständlich. De Gaulle neigte nicht zur Selbstkritik. Er war beleidigt, und die Franzosen reisten am Ende des Gipfeltreffens enttäuscht ab.[16] Dieses Treffen wird häufig als ein Versagen Erhards dargestellt. Zutreffender wäre es, sein Verhalten als Verteidigung des eigenen Standpunktes und Zurückweisung eines schlecht kaschierten Versuchs der Franzosen zu werten, die Bundesrepublik auf ihren diplomatischen und wirtschaftlichen Kurs zu bringen, die alle beide nicht gut durchdacht waren.

Das nächste Treffen im Januar 1965, bei dem Erhard de Gaulle in Rambouillet besuchte, verlief viel ruhiger, in erster Linie, weil de Gaulle erkannte, dass er Erhard nicht überzeugt hatte, das Hauptgewicht der westdeutschen Beziehungen von den Vereinigten Staaten auf Frankreich zu verlagern. De Gaulle eröffnete die Gespräche mit weitschweifigen Ausführungen über die deutsche Geschichte, auf die Erhard nicht einging. Dann versuchte er erneut, einen Keil zwischen Westdeutschland und die Vereinigten Staaten zu treiben. Wiederum war Erhard nicht überzeugt. De Gaulle wies ferner sehr scharfsinnig darauf hin, dass die deutschen Hoffnungen auf eine Wiedervereinigung durch den Wunsch der Bundesrepublik, zumindest indirekt Zugriff auf Atomwaffen zu bekommen, geschmälert würden.

Adenauer hatte versucht, eine westdeutsche Beteiligung an der atomaren Abschreckung der NATO zu erreichen, um das Ansehen des Landes zu heben und zu gewährleisten, dass es mit

Erhard mit dem französischen Staatspräsidenten Charles de Gaulle, Paris, 21. November 1963

Atomwaffen verteidigt würde, selbst wenn die Vereinigten Staaten ihre Verpflichtungen in Europa reduzierten. Die Amerikaner hatten versucht, diese Forderung abzuwehren, indem sie die Schaffung einer multilateralen Streitkraft, der so genannten Multilateral Force (MLF), vorschlugen, die aus Unterseebooten und Schiffen bestand. Die Fahrzeuge sollten mit atomar bestückten ballistischen Raketen ausgerüstet und mit gemischten Crews aus allen NATO-Mitgliedsstaaten bemannt werden. Somit würden die Deutschen an der atomaren Abschreckung beteiligt, allerdings ohne die Entscheidungsvollmacht, ob Raketen mit atomaren Sprengköpfen abgefeuert wurden – diese Vollmacht sollte weiterhin den Amerikanern vorbehalten bleiben.

Erhard und Schröder erbten diese Politik und führten sie fort. Wie Adenauer vor ihnen erkannten sie nicht, dass wegen der deutschen Kriegsverbrechen und der Verbrechen gegen die

Menschlichkeit im Zweiten Weltkrieg für ihre Bündnispartner ein Zugriff Westdeutschlands auf Atomwaffen ausnahmslos inakzeptabel war, ganz zu schweigen von der Sowjetunion und den Völkern Osteuropas. Aus diesem Grund verfolgten sie noch Jahre, nachdem die Amerikaner das Programm de facto bereits aufgegeben hatten, in Sachen Multilateral Force eine aussichtslose Politik. Dies überrascht umso mehr, als Erhard sehr sensibel war für Wahrnehmungen der deutschen Schuld mit Blick auf den Holocaust und den Staat Israel. Aus innenpolitischen Gründen verfolgten Erhard und Schröder eine ähnlich zum Scheitern verurteilte Linie gegenüber der US-Initiative zum Abschluss eines Atomwaffensperrvertrages. Sie versuchten, über diese Verhandlungen Zugeständnisse bei der Wiedervereinigung zu erreichen – eine Politik, die von den Amerikanern einfach ignoriert wurde.[17]

Zum Abschluss des Treffens in Rambouillet zeigte de Gaulle Erhard einen Film über das Tierleben unter Wasser. Das war ein Zeichen, dass de Gaulle seine Bemühungen aufgegeben hatte, Erhard zu seiner Sichtweise zu bekehren. Erhard deutete dies irrtümlich als Geste des persönlichen Vertrauens. Aber es wurde kein Schaden angerichtet. Im Kern hatte er seine Position bewahrt.[18]

De Gaulle kam am 11. und 12. Juli 1965 nach Bonn. Der wichtigste Zankapfel bei diesem Treffen war die europäische Agrarpolitik. Es wurde keine Einigung erzielt. Wiederum bekräftigte de Gaulle seine Ansicht, dass die Vereinigten Staaten nicht zur Verteidigung Europas in den Atomkrieg ziehen würden, während Erhard ihnen sein volles Vertrauen aussprach. De Gaulle deutete auch seinen Widerstand gegen die Integration in der NATO an – erste Anzeichen für den Rückzug der französischen Streitkräfte aus der Allianz 1966. Interessanterweise sagte er auch, er sei überzeugt, dass die Sowjets Westeuropa gar nicht mehr angreifen wollten. Auf deutscher Seite griff kein Einziger diese Erkenntnis auf, die sich später als zutreffend erweisen sollte. Wenn deutsche Politiker das erkannt hätten, dann hätten sich möglicherweise die Beziehungen zwischen den Vereinigten Staaten und der Bundesrepublik dramatisch gewandelt.[19]

Erhards loyale Verteidigung der engen Beziehungen Westdeutschlands zu den Vereinigten Staaten wurde vonseiten Washingtons nicht mit Rückendeckung belohnt. Der US-Präsident Lyndon B. Johnson war ein harter Politiker, der sich um seine eigenen Interessen kümmerte und die Bundesrepublik als einen Untergebenen ansah, mit dessen Hilfe er seine und Amerikas Ziele erreichen konnte. Erhards Politik gegenüber den Vereinigten Staaten litt unter seinem idealistischen Bild von Amerika. Er war von seinem unrealistischen Bild der amerikanischen, freien Marktwirtschaft und von der Unterstützung beeinflusst, die Amerika den Deutschen in der Zeit der Berlin-Blockade 1948/49 gewährt hatte. Erhard legte Westdeutschland zu eilfertig und zu eindeutig auf die Vereinigten Staaten fest und verlor damit jedes Druckmittel. Da er überhaupt keinen Sinn für trickreiche Manöver hatte, unternahm er nie den Versuch, zwischen den Vereinigten Staaten und Frankreich zu lavieren, um von dem einen oder auch beiden Zugeständnisse zu erhalten. Er und Schröder erkannten auch nicht, dass die internationale Lage sich zu Ungunsten der Bundesrepublik wandelte. Beiden Supermächten kam die Teilung Europas mittlerweile gut zupass. Deshalb hatten sie auch gar kein Interesse, daran etwas zu ändern. Keiner wollte die deutsche Wiedervereinigung vorantreiben oder den Status Berlins ändern. Die Wiedervereinigung war jedoch ein Hauptziel der Außenpolitik Schröders, die von Erhard voll und ganz unterstützt wurde. Weil sie nicht erkannten, dass die deutsche Frage in der internationalen Politik zu einem Nebenthema degradiert worden war, verschwendeten Erhard und sein Außenminister viel Energie und hatten amerikanischen und französischen Forderungen auf anderen Gebieten wenig entgegenzusetzen.[20]

Erhard begann seine Beziehung zu den Amerikanern auf eine freundschaftliche Art, die unglücklicherweise seine Verhandlungsposition schwächte. Er traf sich am 25. Oktober 1963 mit US-

Außenminister Dean Rusk in Bonn. In ihrem Gespräch stellte er fest, dass Westdeutschland ohne die Vereinigten Staaten verloren wäre.[21] Diese Dankesbekundung machte den Amerikanern klar, dass sie an die Regierung Erhard keine Zugeständnisse machen mussten. Bei seinen ersten Besuchen in den Vereinigten Staaten behielt er diesen Ton bei. Er nahm am Begräbnis John F. Kennedys teil und traf sich am 25. November 1963 mit Johnson. Der amerikanische Präsident ließ ihn eine halbe Stunde warten. Erhard bekräftigte die Freundschaft Westdeutschlands zu den Vereinigten Staaten, und Johnson versicherte ihm, dass die Amerikaner ihren Verteidigungspflichten in Europa nachkommen würden.[22]

Erhard kehrte schon am 28. und 29. Dezember zu einem Besuch auf Johnsons Ranch in Texas zurück. Johnson empfing Erhard bei diesem Aufenthalt sehr freundlich und bewirtete ihn mit typisch texanischer Gastfreundschaft. Der gewiefte Politiker sprach jedoch auch Themen an, die letzten Endes zu einer heftigen Auseinandersetzung mit Erhard führen und zum Sturz des Kanzlers beitragen sollten. Johnson sagte, er wünsche, dass die Westdeutschen ihre Ausgleichsverpflichtungen nach dem so genannten »Offset-Abkommen« einhielten und dass sie ihren Beitrag zur europäischen Verteidigung steigerten. Im Jahr 1961 hatten die Westdeutschen eingewilligt, Waffen und andere militärische Ausrüstung in den Vereinigten Staaten zu kaufen zum Ausgleich für das Geld, das die in der Bundesrepublik stationierten US-Streitkräfte ausgaben. Die amerikanische Volkswirtschaft erzielte fortwährend Außenhandelsdefizite, und die Kosten der weitreichenden Verteidigungsaufgaben des Landes stiegen unaufhaltsam. Einige Senatoren hatten bereits lautstark eine Reduzierung der amerikanischen Militärpräsenz in Westeuropa gefordert, um Geld zu sparen. Mit Blick auf den Wohlstand, den die Europäer seit mehr als einem Jahrzehnt genießen konnten, schien dies durchaus angemessen. Erhard entgegnete, er werde die Offset-Verpflichtungen so weit wie möglich einhalten, ohne den eigenen Haushalt zu überschreiten. Das war ein wichtiger Vorbehalt, den die

Amerikaner vergaßen, als ihre eigenen Ausgaben wegen des Vietnamkrieges in die Höhe schnellten. Johnson ließ als Antwort durchblicken, dass es möglicherweise nötig sei, Truppen aus Westdeutschland abzuziehen. Beim letzten Gespräch zwischen den beiden Regierungschefs machte Johnson sein Engagement für eine Politik der Entspannung gegenüber der Sowjetunion deutlich und erklärte, er wünsche nicht, dass Westdeutschland diesen Prozess behindere. Als Antwort hielt Erhard an der traditionellen, sowjetfeindlichen Position fest, die Adenauer in den fünfziger Jahren geprägt hatte. Bezeichnenderweise verließ Johnson den Raum, bevor Erhards Stellungnahme ganz übersetzt war. Dennoch meinte Erhard, er habe ein starkes, persönliches Band zu dem amerikanischen Präsidenten geknüpft.[23]

Im Juni 1964 reiste Erhard das nächste Mal in die Vereinigten Staaten, um in Harvard die Ehrendoktorwürde entgegenzunehmen. Er traf sich kurz mit Rusk und Johnson und brachte erneut seine Loyalität gegenüber den Vereinigten Staaten zum Ausdruck. Johnson steigerte seine Forderungen und bat nicht nur um volle und pünktliche Offset-Zahlungen, sondern auch um ein westdeutsches Feldlazarett. Es sollte nach Vietnam geschickt werden. Erhard ließ sich von Johnsons weiterreichenden Forderungen nicht beirren und ging gar nicht auf sie ein.[24] Ein Jahr danach, als er die Ehrendoktorwürde der Universität Columbia erhielt, führte er ein ähnlich kurzes Gespräch mit dem amerikanischen Präsidenten. Das Gespräch brachte keine nennenswerten Ergebnisse.[25]

Erhards Reise nach New York im Jahr 1964 warf ein Schlaglicht auf ein weiteres Problem, mit dem er sich auseinander setzen musste. Am 13. Juni traten Nahum Goldmann und andere Repräsentanten jüdischer Organisationen an ihn heran und forderten von der Bundesrepublik mehr Geld als Entschädigung für die Verbrechen, die NS-Deutschland an den Juden begangen hatte. Erhard wies das Ansinnen zurück, zeigte aber generell Verständnis für die Bedürfnisse der Juden und Israels.[26] Er war durchaus über-

Erhard erhält den Ehrendoktortitel der Harvard Universität, 1963

zeugt, dass die Bundesrepublik eine moralische Verantwortung trage, Wiedergutmachung für die vom rassistischen NS-Regime begangenen Verbrechen zu leisten. Er war jedoch nicht der Ansicht, dass Deutschland für alle Zeit sein moralisches Ansehen verspielt habe. Zu de Gaulle sagte er am 19. Januar 1965: »Wir können nicht den ganzen Nationalstolz und unsere nationale Würde aufgeben, nur weil es Hitler gegeben hatte.«[27] Erhard selbst war nicht in die NSDAP eingetreten und hatte sich geweigert, mit ihr zu kooperieren. Deshalb fühlte er sich nicht verantwortlich für die Verbrechen, die Hitler und seine Helfershelfer begangen hatten. Erhard duldete auch keine ehemaligen Nazis in seiner Regierung. Als er im Oktober 1963 sein erstes Kabinett bildete, ernannte er Hans Krüger zum Vertriebenenminister. Krüger war im Krieg NSDAP-Ortsgruppenleiter der polnischen Stadt Chojnice gewesen und hatte sich an Kriegsverbrechen und Verbrechen gegen die Menschlichkeit beteiligt. Erhard hatte ihn gefragt, ob er etwas zu verbergen habe. Krüger hatte dies verneint. Am 25. November 1963 schickte Josef Streit, der Generalstaatsanwalt der ostdeutschen Regierung, Erhard einen Brief, in dem es hieß, dass Dokumente in polnischen Archiven Krügers Beteiligung an NS-Verbrechen belegten. Erhard bekam den Brief offenbar nicht zu Gesicht. Die Wochenzeitung *Der Spiegel* brachte die Angelegenheit jedoch ans Licht. Krüger leugnete jegliches Fehlverhalten. Erhard wurde dann von seinem Stab informiert und entließ Krüger am 21. Januar 1964. Noch vor Ende des Monats musste Krüger seinen Ministerposten räumen.[28] Die Affäre veranschaulichte, dass Erhard, im Gegensatz zu Adenauer, nicht gewillt war, in seiner Regierung ehemalige Nazis zu dulden.

Erhards moralisches Engagement für Gerechtigkeit gegenüber Juden wurde dann im Zusammenhang mit zwei Themen auf die Probe gestellt. 1963 leiteten westdeutsche Ankläger eine Reihe von Verfahren gegen Menschen ein, die im Vernichtungslager Auschwitz Dienst getan hatten. Erhard war von den Beweisen für NS-Verbrechen, die während der Anhörungen zutage kamen, sehr beeindruckt. Die Verjährungsfrist für solche Fälle würde am 8. Mai 1965 ablaufen. Erhard wollte deshalb die Verjährung von NS-Verbrechen ganz aufheben lassen. Die Mehrheit seines Kabinetts war jedoch gegen dieses Vorhaben. Am 4. November 1964 führten FDP-Mitglieder des Kabinetts eine Gruppe an, die Erhard in dieser Frage überstimmte. Erhard machte weiterhin Druck und nahm bereitwillig einen Kompromissvorschlag Adenauers an. Der ehemalige Kanzler schlug vor, dass die Verjährungsfrist, da zwischen dem Fall des Dritten Reiches bis zur Gründung der Bundesrepublik im September 1949 keine deutsche Regierung existiert habe, erst ab letzterem Datum berechnet werden solle. Der Bundestag akzeptierte am 25. März 1965 dieses Konstrukt, das längst nicht so weitreichend war, wie Erhard es sich gewünscht hatte. Immerhin ermöglichte es, die Verfolgung von NS-Verbrechen weiter fortzusetzen.[29] In der Zwischenzeit war Erhard gezwungen, sich mit einem Problem zu befassen, das unmittelbar Israel betraf und das er von seinem Vorgänger geerbt hatte.

Im Jahr 1952 hatte Adenauer das Luxemburger Abkommen ausgehandelt, das die Bundesrepublik verpflichtete, dem Staat Israel Wiedergutmachung zu zahlen. Diese Verpflichtung wurde ausgedehnt, als die Bundesregierung 1957 einwilligte, heimlich an Israel Waffen zu liefern. Die arabischen Staaten erfuhren rasch von diesen Lieferungen, unternahmen jedoch abgesehen von Protestnoten in Bonn nichts, um sie zu stoppen. 1964 stimmte nun die Regierung Erhard im Rahmen des Offset-Abkommens mit den Amerikanern zu, Israel 150 amerikanische Panzer vom Typ M-48 zu liefern. Dieser Deal wurde in der Presse schon bald aufgedeckt und zog in Westdeutschland eine heftige Auseinandersetzung nach sich. Um die gleiche Zeit hatten die Sowjets ein Wirtschaftsabkommen mit Ägypten ausgehandelt. Als der deutsche Waffendeal mit Israel ans Licht kam, lud der ägyptische Präsident Gamal Abd el Nasser den ostdeutschen Partei- und Staatsratsvorsitzenden Walter Ulbricht zu einem Staatsbesuch nach Kairo ein. Damit drohte ein Verstoß gegen die Hallstein-Doktrin, weil der Besuch als Anerkennung des ostdeutschen Staates durch Ägypten gewertet werden konnte. Die bereits seit 1955 geltende Hallstein-Doktrin besagte, dass die Bundesrepublik die diplomatischen Beziehungen zu jedem Staat abbrechen würde, der die Deutsche Demokratische Republik anerkannte. Die Einladung Ägyptens an Ulbricht löste in der Bundesrepublik eine Debatte sowohl in der Regierung wie auch in der Presse aus. Außenminister Schröder sprach sich dafür aus, die Waffenlieferungen an Israel zu beenden und die Beziehungen zu Ägypten aufrechtzuerhalten. Erhard wollte Israel anerkennen und die Waffenlieferungen beenden, gemäß der Linie der Bundesrepublik, keine Waffen an Staaten in Krisenregionen zu verkaufen. Gegenüber Ägypten fand er jedoch keine klare Linie. Erhard erwog sorgfältig die Argumente, die von den verschiedenen Seiten in der Debatte in Westdeutschland vorgebracht wurden. Manche werteten dies damals und später als

Beweis für seine Unentschlossenheit. In Wirklichkeit bewegte sich Erhard einfach nur sehr vorsichtig auf einem Feld, in dem es ihm am nötigen Fachwissen fehlte, wie er genau wusste. Westdeutsche Diplomaten versuchten vergeblich, Ägypten dazu zu überreden, die Einladung an Ulbricht abzusagen. Am 24. Februar 1965 traf Ulbricht in Alexandria ein und wurde als Staatschef begrüßt. Als Antwort entsandte Erhard am 5. März einen Repräsentanten nach Israel, der eine Veränderung der Beziehungen aushandeln sollte. Er beschloss, die Wirtschaftshilfe für Ägypten zu stoppen, die Waffenlieferungen an Israel zu beenden und formell diplomatische Beziehungen zum Staat Israel einzustellen. In der Folge brachen zwölf arabische Staaten die Beziehungen zu Bonn ab, aber kein einziger erkannte die Deutsche Demokratische Republik an.[30] Erhard hatte damit die Beziehungen Westdeutschlands zu Israel geklärt, den heimlichen Machenschaften ein Ende gesetzt, eine moralische Verpflichtung gegenüber Israel erfüllt und nicht den befürchteten Rückschlag erlitten. Er war während der ganzen Affäre sehr umsichtig vorgegangen und hatte einen Erfolg verbucht.

Bei all den Auseinandersetzungen um Erhards Außenpolitik, in erster Linie zwischen den Atlantikern, die enge Beziehungen zu den Vereinigten Staaten befürworteten, und den Gaullisten, die eine engere Bindung an Frankreich vorzogen, bereiteten innenpolitische Themen Erhard die meisten Schwierigkeiten und führten am Ende auch zu seinem Sturz. Ironischerweise war die Wirtschaft zu einem erheblichen Teil das Problem. Die Günstlingswirtschaft und die Ausdehnung der Sozialleistungen der Ära Adenauer hatten ein Haushaltsdefizit und einen Abschwung der Konjunktur zur Folge, den Erhard nicht stoppen konnte.

Erhard trat sein Amt mit dem Ziel an, die Rolle des Staates in der Wirtschaft zu reduzieren. Insbesondere wollte er die Macht der Interessengruppen begrenzen. Er wollte das Leistungsstreben bewahren, das eine wettbewerbsorientierte Wirtschaft in den Menschen fördert, im Gegensatz zu der Angst vor dem Wettbewerb, die der Wohlfahrtsstaat nährt. Er warnte, die Regierung müsse aufhören, Mittel für die Befriedigung besonderer Interessengruppen zu verschwenden. Er verurteilte die Auffassungen der Begriffe »sozial« und »gerecht«. Er erinnerte den Bundestag und das deutsche Volk, dass die Freiheit auch Verantwortung mit sich gebracht habe. Und er warnte sie, dass die hartnäckigen Rufe, die Bundesregierung möge doch für die sozialen Leistungen aufkommen, trügerisch seien. Der Staat bezahle nämlich überhaupt nichts. Letzten Endes müssten die Steuerzahler, also die Bürger selbst, alles zahlen. Statt mehr soziale Programme einzuführen, sollten mehr staatliche Unternehmen privatisiert werden und mehr Menschen über eigenen Besitz verfügen. Er befürwortete zwar die Sozialgesetzgebung als Schutz der Menschen vor unvermeidlichen Gefahren, doch er hielt nichts davon, sie vor dem Wettbewerb zu schützen. Er zog eine wettbewerbsorientierte Wirtschaft vor, in der die Mittelschicht aufblühen und stabile Preise den Besitz eines jeden Einzelnen bewahren sollten. Er regte an, den Bundeshaushalt in Vierjahreszeiträumen zu schreiben, damit die Privatwirtschaft besser planen konnte. Erhard erkannte jedoch, dass ein solcher Vierjahresplan die Gefahr einer Rückkehr zu staatlicher Planung der gesamten Wirtschaft in sich barg, wenn er missbraucht wurde. Eine derartige Planung verurteilte er jedoch und lehnte ausdrücklich die in Frankreich angewandte *»planification«* ab.[31]

Erhard war jedoch außerstande, seine Pläne für die Wirtschaft durchzusetzen. Die Industrieverbände, die Gewerkschaften und die Interessengruppen und ihre Freunde im Bundestag waren zu mächtig. In Erhards Amtszeit wurde nur eine nennenswerte Privatisierung durchgeführt: die Veräußerung von Veba, einem Mischkonzern, im Jahr 1965. Im selben Jahr wurden Gesetze verabschiedet, die den Menschen mit geringeren Einkommen Aktienbesitz und Kapitalbildung erleichtern sollten. Doch das war auch schon alles.[32] Unterdessen wurde die Wirtschaft, wegen der erhöhten Staatsausgaben, instabiler. Seit Mitte 1963 stiegen die

Erhard in Begleitung von Ludger Westrick (links neben dem Kanzler) mit Vertretern der IG Metall und des Gesamtverbandes Metallindustrieller zu Beginn der Tarifgespräche im Mai 1963. Ihnen gegenüber v.l.n.r.: Alois Wöhrle, Otto Brenner, Fritz Salm, Hanns Martin Schleyer, Herbert van Hüllen und Alfred Planck

Exporte rasant an, was wiederum höhere Investitionen in Fertigungsanlagen zur Folge hatte. In diesem Rausch schlug der soziale Flügel der CDU vor, die Leistungen aus der Sozial-, Kranken- und Rentenversicherung deutlich anzuheben. Erhard unterstützte sie.[33] Eine Steuersenkung für Familien mit niedrigen und mittleren Einkommen trat am 1. Januar 1965 in Kraft.[34] Die erhöhten Ausgaben und die Steuersenkung führten dazu, dass die Staatsquote am Sozialprodukt stieg und 1966 einen Anteil von 39 Prozent erreichte.[35] Zum ersten Mal seit 1949 wuchs der Staat schneller als die Wirtschaft und bildete einen Hemmschuh für weiteres Wachstum.[36]

Politisch war Erhard auf Wirtschaftswachstum angewiesen. Sein Rückhalt in der Bevölkerung stützte sich auf sein hohes Ansehen, weil er den Wohlstand gebracht hatte, nicht jedoch auf ein Verständnis der Grundsätze der sozialen Marktwirtschaft. Wenn das Wachstum sich abschwächte oder aufhörte, dann würde sich die allgemeine Unterstützung für Erhard rasch in Nichts auflösen.

Und dann würde ihn auch seine Partei, die CDU, im Stich lassen. Diese Kettenreaktion setzte nun ein. Im Jahr 1965 zog das Wirtschaftswachstum noch einmal an, doch die Inflation stieg ebenfalls wegen der übermäßigen Nachfrage und des Mangels an Arbeitskräften. Der rasche Anstieg der Staatsausgaben machte die Sache noch schlimmer. Zur gleichen Zeit verzeichnete die westdeutsche Wirtschaft ein Außenhandelsdefizit, und zum ersten Mal rutschte der Bundeshaushalt ins Defizit. In der zweiten Jahreshälfte schwächte sich das Wirtschaftswachstum bereits spürbar ab.[37] Die Angst griff um sich, dass eine Inflationsspirale vergleichbar mit jener Anfang der zwanziger Jahre die Stabilität der Währung zerstören und eine Rezession wie in den dreißiger Jahren Massenarbeitslosigkeit auslösen könnte. In dieser angeheizten Stimmung nahten die Wahlen zum Bundestag im September. Erhard sprach sich für eine Kürzung der Ausgaben und höhere Steuern aus und begrüßte die Anhebung des Zinssatzes durch die Bundesbank, um die Konjunktur abzukühlen und die Gefahr einer Inflation abzuwehren. Doch viele Mitglieder der Koalition widersetzten sich dieser Politik und plädierten dafür, eine hohe Beschäftigung zu fördern.

Erhard diagnostizierte eine tiefer liegende Schwierigkeit als nur die Inflation. Er hielt die wirtschaftlichen Probleme für vorübergehend und für relativ milde. Was ihm mehr Kopfzerbrechen bereitete, war eine grundlegende Veränderung in der Einstellung der Menschen, die drohte, diese Probleme zu verfestigen. Deshalb schlug er einen umfassenden Plan für ihre Überwindung vor. Am 31. März 1965 präsentierte Erhard auf dem CDU-Bundesparteitag in Düsseldorf seine Idee der »formierten Gesellschaft«. Er wollte eine Neuordnung der westdeutschen Gesellschaft, welche die sozialen und wirtschaftlichen Veränderungen widerspiegelte, die im Laufe der letzten 15 Jahre stattgefunden hatten. In der Tradition Oppenheimers sah Erhard einen Wettbewerb zwischen der Wirtschaft und der Politik, der der Wirtschaft schadete. Diese Idee wurde dann vom »Sonderkreis« ausgearbeitet, unter der Führung

Rüdiger Altmanns, unterstützt von Karl Hohmann, Johannes Gross, Rudolf Wildenmann und sechs weiteren.[38] Erhard hoffte, dass das Konzept der »formierten Gesellschaft« dieselbe Wirkung haben werde wie die »soziale Marktwirtschaft« im Jahr 1948. Er hoffte, dass es der CDU einen Vorteil im Wahlkampf gegenüber der SPD verschaffen werde, aber, noch wichtiger, dass es auf die soziale Marktwirtschaft aufbauen und Westdeutschland in eine neue Phase der sozialen und wirtschaftlichen Entwicklung führen werde. Außerdem hoffte er, dass es das Werk vollenden werde, das man 1957 mit dem Kartellgesetz so zögerlich begonnen hatte. Die »formierte Gesellschaft« sollte verhindern, dass Interessengruppen die Kontrolle über die westdeutsche Gesellschaft übernahmen. Sie sollte eine Situation schaffen, in der freie, würdige Bürger einer Nation als Einzelpersonen auftreten und unmittelbar mit der Regierung verhandeln könnten. Damit wäre die Macht der Interessengruppen gebrochen, und die Volkswirtschaft könnte wieder auf einen raschen Wachstumskurs zurückkehren. Erhard regte auch die Gründung eines Deutschen Gemeinschaftswerks an, das Projekte wie den Bau von Schulen und Straßen übernehmen sollte, an denen der Markt kein Interesse hatte. Das würde nebenbei die Koordinierung der Ausgaben durch den Bund, die Länder und die Kommunen ermöglichen. Erhard wollte, dass die Menschen direkter an der Arbeit ihrer Regierung beteiligt wurden und auf diese Weise staatsbürgerliche Tugenden entwickelten, die dem um sich greifenden Materialismus entgegenwirken sollten, der in seinen Augen die allgemeine Moral zerrüttete. Erhard hoffte, dass die »formierte Gesellschaft« ein zivilisiertes Verhalten, die Bereitschaft, Verantwortung zu übernehmen, und hohe moralische Grundsätze bei allen Bürgern fördern würde.[39] Es war eine edle Vision, die von fast allen ignoriert wurde.[40] Die Masse der Menschen maß Wohlstand allein an materiellen Dingen, die politische Klasse hingegen war vollauf damit beschäftigt, sich im Machtkampf eine günstige Ausgangsposition zu verschaffen. Der moralische Wandel, den Erhard anstrebte, fand nie statt. Vielmehr versank das Land in Machtkämpfen und gegenseitigen Schuldzuweisungen. Ohne eigene politische Basis stand Erhard über diesen Auseinandersetzungen, war jedoch nicht in der Lage, das Land aus dem Schlamassel herauszuführen.

In dieser Situation führte Erhard die Regierung in die Bundestagswahl vom September 1965. Er stürzte sich mit der gewohnten Tatkraft und mit Engagement in den Wahlkampf. Doch es gefiel ihm gar nicht, wie seine Koalition den Wahlkampf anging. Der Bundeshaushalt wies bereits ein Defizit aus. Erhard wollte die Ausgaben kürzen, um ihn wieder auszugleichen. Am 14. Juli 1965 diskutierte das Kabinett über entsprechende Vorschläge. Der Finanzminister Rolf Dahlgrün hatte gewarnt, dass die üblichen Wahlgeschenke die Haushaltslage weiter verschlechtern würden. Er sagte voraus, dass das Haushaltsdefizit bis Ende 1966 auf 5 Milliarden DM anwachsen und Ende 1967 gar die Höhe von 8 Milliarden erreichen werde.

Nach einer langen und hitzigen Debatte konnte das Kabinett sich nicht darauf einigen, wo und wie viel gekürzt werden sollte. Erhard verurteilte kostspielige Wahlgeschenke, fand aber nicht so viel Unterstützung, dass er mit seiner verfassungsmäßigen Vollmacht auf eigene Faust Kürzungen hätte durchsetzen können. Das einzige Ergebnis der Sitzung war die Vereinbarung, die Angelegenheit noch einmal zu diskutieren.[41]

Das konnte als ein gravierendes Versagen von Erhards Führung gewertet werden. Der Bundestag verabschiedete in der ersten Hälfte des Jahres 1965 insgesamt 56 Ausgabengesetze. Drei Viertel dieser Vorlagen hatte die Regierung selbst eingebracht. Sie erhöhten die laufenden und die künftigen Ausgaben noch weiter und senkten gleichzeitig die Steuern. Das Kabinett traf sich am 12. August wieder, um über Haushaltskürzungen zu beraten, konnte aber erneut keinen Konsens finden.[42] Insgesamt gab die Regierung 6,5 Milliarden DM aus für Wahlgeschenke an Ruheständler, Bauern, Mütter, Schulkinder und Kriegsgeschädigte.[43] CDU und CSU war der Wahlerfolg eindeutig wichtiger als eine

Erhard auf Wahlkampfreise, 1965

verantwortliche Finanzpolitik, und Erhard konnte nichts daran ändern.

Trotz dieses Versagens und entgegen den Erwartungen der Presse lief der Wahlkampf gut für Erhard. Die große Masse der Wähler, insbesondere die Mittelschicht, die Menschen in Kleinstädten und ländlichen Gegenden, fühlten sich von dem jovialen Begründer des Wohlstands angezogen. Er reiste mit dem Zug durch das ganze Land und trat auf über 300 Veranstaltungen auf. Doch es gab auch Misstöne. Innerhalb der Koalition sprachen Prominente, auch Adenauer, ganz offen über die Möglichkeit, mit der SPD eine große Koalition zu bilden – ein Gedanke, bei dem Erhard die Haare zu Berge standen. Erhard appellierte an die historischen Reformen von 1948 und rückte sich dabei selbst in den Mittelpunkt. Seine Reden konzentrierten sich ganz auf ihn und baten die Wähler im Grunde, ihn doch wegen seiner Leistungen in der Vergangenheit zu wählen. Er präsentierte keine neuen Ideen. Viele junge Wähler, die Wohlstand mittlerweile für etwas Selbstverständliches hielten, erreichte diese Botschaft nicht. Sie und viele Intellektuelle tendierten zur SPD, die von dem jungen, charismatischen Kanzlerkandidaten Willy Brandt geführt wurde. Diese Abwanderung veranlasste Erhard, während des Wahlkampfs offen mit den Intellektuellen abzurechnen.

Erhard ärgerte sich insbesondere über den Schriftsteller Günter Grass und über Rolf Hochhuth, der Aufsehen erregende Beiträge für den *Spiegel* schrieb. Er kritisierte, mit einiger Berechtigung, dass sie keine Ahnung hätten, wovon sie redeten, wenn sie seine Wirtschaftspolitik angriffen. Er äußerte seine Kritik jedoch so grob, dass er damit seinem Ansehen schadete. Mit einer Anspielung darauf, dass Deutschland als das Land der »Dichter und Denker« gelte, zog er über sie her: »Da hört der Dichter auf, da fängt der ganz kleine Pinscher an, der in dümmster Weise kläfft.«[44]

Diese Entgleisungen verhinderten Erhards deutlichen Sieg jedoch keineswegs. Am 19. September wählten 47,6 Prozent der Wähler die CDU/CSU, im Vergleich zu 39,3 Prozent für die SPD.

Eine Koalition mit der FDP, die enttäuschende 9,5 Prozent der Stimmen erhielt, war die logische Folge.[45] Die Wahl war ein enormer persönlicher Triumph für Erhard. Er hatte aus eigener Kraft gesiegt, nicht im Schatten Adenauers. In der Tat könnte man mit Blick auf die öffentliche Kritik des Ex-Kanzlers an ihm sogar sagen, dass er gegen Adenauer gesiegt hatte. Erhard gelang es nicht, die absolute Mehrheit zu erringen, aber er konnte mehr Stimmen auf sich vereinen, als die Meinungsforscher ihm prophezeit hatten, und aus einer Position der Stärke die Verhandlungen um die Bildung eines neuen Kabinetts aufnehmen.

Die Bildung der neuen Regierung erwies sich als schwieriger, als Erhard angenommen hatte. Das lag an den tückischen Machenschaften seitens der Rivalen, die darauf hofften, ihn in absehbarer Zukunft abzulösen. Auch der Umstand, dass er keine eigene Basis hatte und die CDU intern zersplittert war, spielte eine Rolle. Erhard hatte beabsichtigt, die Zahl der Ministerien zu reduzieren, die mittlerweile auf 20 Ressorts angestiegen war, das Durchschnittsalter der Minister zu senken und in diesem Zuge die Anhänger Adenauers hinauszudrängen. Er erreichte kein einziges dieser Ziele. Adenauer plädierte sofort für eine große Koalition und wurde darin von Bundespräsident Lübke unterstützt, Politiker wie Rainer Barzel und Franz Josef Strauß hingegen arbeiteten heimlich bereits auf Erhards Sturz hin. Für besonders heftigen Diskussionsstoff sorgten das Festhalten Schröders am Auswärtigen Amt, die Rolle von Strauß und der CSU sowie die Stellung der FDP und ihres Führers Erich Mende. Erhard gelang es, Schröder gegen die Attacken Adenauers und anderer Fürsprecher einer engeren Bindung an Frankreich auf Kosten der Beziehungen zu den Vereinigten Staaten zu verteidigen. Er besänftigte Strauß, indem er ihm das Innenministerium anbot, das Strauß damals ablehnte. Damit wurde das Ansehen von Strauß nach der *Spiegel*-Affäre von 1962 wiederhergestellt, zugleich ermöglichte der Verzicht es der FDP, sich an den Kabinettstisch zu setzen. Mende bekam das Ministerium, das er sich wünschte: gesamtdeutsche Beziehungen.

Doch seine Partei musste einen Kabinettsposten an die CSU abtreten. Darin spiegelten sich zum einen der Stimmenverlust der Freidemokraten wider, zum anderen die Gewinne der bayrischen Partei. Die Koalitionsverhandlungen zogen sich über sechs Wochen hin, kein außergewöhnlich langer Zeitraum. Doch in der Öffentlichkeit und unter politischen Beobachtern überwog der Eindruck, dass sie viel zu lange gedauert hätten, was Erhard wiederum seinen Bonus kostete.

Insgesamt hatte Erhard zwar die Wahl gewonnen, aber seinen Vorteil in dem zähen Ringen um die Zusammensetzung der Koalitionsregierung verspielt. Im Kabinett hatte sich kaum etwas geändert, und seine politischen Widersacher in der eigenen Partei pirschten sich an ihn heran. In dieser prekären Situation war es lebenswichtig, dass Erhard die Haushaltsprobleme des Landes in den Griff bekam und auf internationalem Parkett die Orientierung zu den Vereinigten Staaten als die unumstrittene Linie festschrieb. Ein Erfolg auf diesen Feldern würde es ihm schließlich ermöglichen, die Fürsprecher einer großen Koalition zum Schweigen zu bringen. Diese drei Probleme hingen eng miteinander zusammen. Ihre Lösung sollte über Erhards politisches Schicksal entscheiden.[46]

Zum Leidwesen Erhards erhielt er keine Unterstützung bei diesen Aufgaben. Er hatte klare Vorstellungen, wie der Haushalt ausgeglichen werden konnte, und diese hätten, wenn man sie umgesetzt hätte, auch Wirkung gezeigt. Seine Vorliebe für die Vereinigten Staaten stützte sich auf die Wahrnehmung der Überlegenheit des amerikanischen Wirtschaftsmodells und der Militärmacht. Seine Einschätzung, dass eine große Koalition zu einer sozialistischen Regierung führen würde, welche die freie Marktwirtschaft ruinieren würde, wurde von den aktuellen Ereignissen erhärtet. Doch trotz der Exaktheit seiner Analyse musste er in allen drei Punkten eine Niederlage hinnehmen.

Der amerikanische Präsident tat absolut nichts, um Erhard zu helfen. Ohnehin war er überzeugt, dass seine eigenen Probleme

Erhard mit Präsident Lyndon B. Johnson im Weißen Haus, 20. Dezember 1965

viel schwer wiegender waren als die seines deutschen Widerparts. Johnsons Schwierigkeiten in Vietnam und die Rassenprobleme in den Vereinigten Staaten waren zweifellos sehr ernst, doch die Westdeutschen unter Druck zu setzen, trug keinesfalls dazu bei, sie zu lösen. Erhard reiste am 20. und 21. Dezember 1965 nach Washington. Er traf gut vorbereitet ein und hoffte, über das Thema Atomwaffen zu sprechen und einen Aufschub bei den Offset-Zahlungen zu erreichen. Stattdessen wurde er von dem US-Präsidenten in einer Weise abgefertigt, die völlig unverdient und für die Vereinigten Staaten beschämend war. Johnson stellte klar, dass er sich für die Sorgen des deutschen Kanzlers nicht interessierte. Er drängte Erhard, die Offset-Zahlungen in voller Höhe zu erfüllen und noch vor Jahresende 100 Millionen Dollar zu zahlen. Er forderte Erhard überdies auf, die Vereinigten Staaten in Vietnam zu unterstützen, indem er deutsches Militärpersonal in das südostasiatische Land entsandte. Erhard erwiderte, er habe die Absicht, sein Budget um zehn Prozent zu kürzen, deshalb sei es unwahrscheinlich, dass Westdeutschland die von Johnson geforderte Summe zahlen könne. Ferner wies er darauf hin, dass die Vereinigten Staaten mittlerweile einen Handelsüberschuss mit Westdeutschland auswiesen, womit die eigentliche Logik des Offset-Abkommens hinfällig sei.

Hinsichtlich der Entsendung von deutschen Soldaten nach Vietnam erinnerte Erhard den Präsidenten daran, dass das deutsche Grundgesetz es ihm verbiete, Streitkräfte außerhalb des NATO-Gebietes einzusetzen. Johnson blieb hartnäckig. Nach dem Festessen führte er Erhard in ein kleines Zimmer im Weißen Haus und ließ dem Kanzler dieselbe grobe Behandlung zuteil werden, die er einst im texanischen Austin bei Gebrauchtwagenhändlern angewandt hatte, als er sich auf der Karriereleiter nach oben arbeitete.

Johnson forderte, dass die Bundesrepublik sofort 100 Millionen Dollar zahlte, dazu weitere 50 Millionen Dollar, die für die Unterstützung der amerikanischen Kriegsbemühungen in Vietnam verwendet werden sollten. Er bestand auch darauf, dass die Bundeswehr 200 Sanitäter und 1000 Pioniere nach Vietnam entsandte. Als Erhard erneut einwandte, dass er Haushaltsprobleme habe und dass die Verfassung es ihm verbiete, Truppen in Kämpfe außerhalb des Geltungsbereichs der NATO zu entsenden, versuchte Johnson doch tatsächlich, ihn physisch und verbal einzuschüchtern. Zu seiner Ehre sei gesagt, dass der schockierte Erhard sich standhaft weigerte. Nach 15 Minuten war die absolut widerwärtige Affäre vorüber, und es wurde Erhard gestattet, ins Gästehaus zurückzukehren. Selbst die anwesenden Berater Johnsons, der Stellvertretende Außenminister George Ball und der US-Botschafter in der Bundesrepublik George McGhee, waren bestürzt und peinlich berührt.[47]

Erhards unerschütterlicher Optimismus half ihm in diesem Fall wenig. Kurz nach der Rückkehr nach Bonn redete er sich selbst ein, dass Johnson immer noch sein persönlicher Freund sei und ihm aus der Klemme helfen werde. Er wurde schwer enttäuscht, als er im September 1966 zum letzten Mal nach Washington reiste. Erhard brauchte unbedingt einen Aufschub der Offset-Zahlungen, damit er den Bundeshaushalt ausgleichen konnte. Er hatte sich eingeredet, Johnson werde ihm diese Bitte gewähren. Fast alle seine Berater bezweifelten, dass Johnson das tun würde, und rieten dem Kanzler, die Reise abzusagen. Womöglich wollte er der giftigen Atmosphäre in der Bundeshauptstadt entfliehen? Erhard reiste nach Washington. In Vorgesprächen mit US-Verteidigungsminister Robert McNamara bot Erhard an, eine Teilzahlung der Offset-Rechnung Westdeutschlands zu leisten, und bat um einen Aufschub für die Zahlung der Restsumme sowie eine Senkung der Zahlungsverpflichtung in der Zukunft. McNamara lehnte ab. Dann traf Erhard sich mit Johnson, der ebenfalls ablehnte in dem vollen Bewusstsein, dass Erhard nach diesem Schritt äußerst angreifbar durch seine Widersacher in Bonn wurde. Erhard hatte seinen Standpunkt verteidigt, so gut er es unter den gegebenen Umständen konnte, war aber dennoch gescheitert. Der amerikanische Präsident war offenbar durchaus bereit, seinen loyalsten Verbündeten auf dem Altar seines außer Kontrolle geratenen Krieges in Vietnam zu opfern.[48]

Erhards Beziehungen zu de Gaulle und Frankreich waren in seinem letzten Amtsjahr längst nicht so dramatisch. De Gaulle hatte sich wohl damit abgefunden, dass es ihm nicht gelungen war, Erhard auf seine politische Linie einzuschwören. Die beiden Politiker trafen sich im Februar 1966 in Paris, allerdings ohne nennenswerte Ergebnisse. Bei de Gaulles Besuch in Bonn im Juli willigte Erhard ein, dass französische Soldaten in Westdeutschland bleiben durften, obwohl de Gaulle die militärische Beteiligung Frankreichs an der NATO beendet hatte.[49] Unter dem Strich kam nach diesen Begegnungen heraus, dass der Streit zwischen Atlantikern und Gaullisten in Deutschland zwar nicht beigelegt, aber auch nicht angeheizt wurde. Da die Amerikaner Erhard bei den Offset-Zahlungen nicht entgegenkommen wollten, war er gezwungen, seine Haushalts- und Wirtschaftsprobleme selbst zu lösen.

In der zweiten Hälfte des Jahres 1965 schwächte sich die Konjunktur in Westdeutschland ab. Das Wachstum ging 1966 weiter zurück. Gleichzeitig stieg die Inflation stetig an. Die Bundesbank erhöhte deshalb erneut die Zinssätze. Durch das sinkende Wachstum verringerten sich die Steuereinnahmen zu einer Zeit, als die Ausgaben wegen der großzügigen Wahlgeschenke und Ausweitung des Sozialversicherungssystems in die Höhe schnellten.[50] Erhard war sich darüber im Klaren, dass die Preise steigen würden. Er schlug vor, die Staatsausgaben auf jene Projekte zu beschränken, die die Regierung sich wirklich leisten konnte – mit anderen Worten, den Haushalt auszugleichen. Das würde wiederum die Inflation senken. Er widersetzte sich der Forderung der Gewerkschaften, die Arbeitswoche zu verkürzen, und schlug sogar eine Verlängerung der Arbeitswoche vor. »Wir müssen unsere Ansprüche zurückstecken oder mehr arbeiten«, sagte er im Bundestag.[51] »Großzügigkeit in der Subventionspolitik«, fuhr er fort, »Nachsicht gegenüber protektionistischen Forderungen bedeuten volkswirtschaftlichen Luxus, den wir uns nicht leisten können.«[52] Die Subventionen müssten systematisch abgebaut und nicht konkurrenzfähige Industriezweige geschlossen werden, um Platz für neue zu machen. Erhard warnte auch vor einer Ausweitung des Sozialsystems, nicht allein, weil dies zu teuer wäre, sondern weil es auch die Bereitschaft der Menschen, zu arbeiten und innovativ zu werden, senke.[53]

Erhard war seinen marktwirtschaftlichen Anschauungen im Kern treu geblieben. Doch die Menschen um ihn, selbst in der konservativen CDU/CSU, waren schnell bereit, den Staat als Allheilmittel für wirtschaftliche Probleme anzusehen und ihn, in der Tat, sehr kurzsichtig einzuschalten. Strauß forderte Erhard auf, gemeinsam mit Frankreich Schutzmauern gegen die amerikanische Konkurrenz zu errichten und die industrielle Forschung und Entwicklung zu fördern. Barzel sprach sich für eine Lockerung der Geldpolitik aus, also de facto dafür, die Inflation anzuheizen, um Arbeitsplätze zu schaffen. Alfred Müller-Armack regte ebenfalls, von seinem akademischen Posten außerhalb der Regierung aus, erhöhte Staatsausgaben an, um die Konjunktur anzukurbeln. Er erklärte, das Scheitern des Marktes rechtfertige eine staatliche Intervention.

Erhard ließ sich von keinem dieser Ratschläge beirren. In seinen Augen hatte der Markt keineswegs versagt. Durch verstärkte staatliche Interventionen in die Wirtschaft hatte man den Markt vielmehr daran gehindert, ordentlich zu funktionieren. Deshalb hätte das Rezept lauten müssen, die Staatsausgaben zu kürzen. Er sah auch keinen Grund, amerikanische Investoren aus Europa auszuschließen. Sie würden neue Technologien und Managementmethoden mitbringen und deutsche und andere europäische Unternehmen zu einer konkurrenzfähigen Antwort auf diese Herausforderungen anspornen.[54]

Betrachtet man das Ganze mit etwas Abstand, so wird deutlich, dass weder die Wirtschaft noch die Haushaltslage so ernst waren, wie Kritiker damals behaupteten. Die westdeutsche Wirtschaft wuchs 1965 um 5,6 Prozent und 1966 um respektable 2,9 Prozent. Die Arbeitslosigkeit lag in beiden Jahren unter einem Prozent. Die Inflation betrug 1965 nur 3,1 Prozent und 1966 nur 3,7 Prozent. Selbst die Staatsverschuldung war im Vergleich zu anderen europäischen Ländern und den Vereinigten Staaten bescheiden.[55] Die Panik, die die politische Klasse und einige Segmente der Öffentlichkeit, in erster Linie die Journalisten, erfasste, war die Folge irrationaler Ängste vor einer Wiederholung der Katastrophen der zwanziger und dreißiger Jahre und der darauf folgenden politischen Radikalisierung des Landes sowie die Folge des fehlenden Vertrauens in Erhards Person bei der politischen Elite. In einem sehr realen Sinn herrschte gar keine Wirtschaftskrise, es handelte sich lediglich um eine normale, zyklisch bedingte Abschwächung der Konjunktur. Darüber hinaus war Erhards Rezept für Gegenmaßnahmen durchaus vernünftig; es stand nur nicht mit dem vorherrschenden Konsens der Keynesianer im Einklang.

Mit der Wahrnehmung, dass Erhard seine Zaubermacht in wirtschaftlichen Angelegenheiten verloren hatte, mit einem Haushalt in den roten Zahlen und mit dem offensichtlichen Chaos in den internationalen Beziehungen des Landes wurden die Wahlen im größten Bundesland, in Nordrhein-Westfalen, die am 10. Juli 1966 anstanden, von Beobachtern als ein Prüfstein für Erhards politische Stärke angesehen. Erhard nahm die Herausforderung an und kämpfte eifrig in dem Bundesland, das vom Ruhrgebiet dominiert wurde, der Heimat der traditionellen Schwerindustrie der Bundesrepublik. Erhard plädierte für eine Rationalisierung des Kohle- und Stahlsektors. Unrentable Zechen sollten geschlossen und Stahlwerke konsolidiert wurden. Er war bereit, den Übergang mit staatlichen Hilfen abzumildern und die Weiterbildung und Neuorientierung der Arbeiter zu fördern. Die Gewerkschaften widersetzten sich dieser Politik. Sie forderten staatliche Subventionen für bestehende Zechen und Hüttenwerke und wollten ihren Mitgliedern unbedingt einen Umzug und die Suche nach einer anderen Arbeit ersparen. Erhard sah sich bei seinen Wahlkampfreden erneut mit Zwischenrufern konfrontiert. Dennoch sagten die Meinungsumfragen voraus, dass die CDU in dem katholischen Bundesland gut abschneiden würde. Das Wahlergebnis war in Wirklichkeit eine Niederlage für Erhard und die CDU, wenn auch keine vernichtende. Die SPD erhielt mit 49,5 Prozent die meisten Wählerstimmen, während die CDU auf 42,8 Prozent fiel. Folglich war es der CDU noch möglich, durch eine Koalition mit der FDP die Macht in dem Bundesland zu behalten.[56] Die psychologischen und politischen Folgen der Schlappe waren jedoch viel schwerwiegender. Die einfachen Parteimitglieder der CDU und die Hinterbänkler im Bundestag hatten Erhard immer unterstützt, weil sie glaubten, er könne Wahlen gewinnen. Nachdem er diesen Nimbus nun verloren hatte und ihre Diäten und Nebeneinkünfte in Gefahr waren, ließen sie ihn fallen. Die Niederlage in Nordrhein-Westfalen setzte den Prozess in Gang, der mit Erhards Rücktritt endete.

Da sein Nimbus als Garant des Wahlsieges gebrochen war, gingen die Verschwörer in der CDU und CSU mit großem Eifer ans Werk. Nun erwies es sich als fataler Fehler, dass Erhard sich lange geziert hatte, die CDU zu führen und sich dem mühsamen Aufbau einer eigenen Basis zu widmen. Bei seinem Amtsantritt hatte Erhard sich entschlossen, nicht den Parteivorsitz zu übernehmen. Törichterweise gestattete er es Adenauer, diese wichtige Position zu behalten. Im März 1966 ließ Adenauer durchblicken, dass er für eine weitere Amtszeit nicht kandidieren werde. Damals hatte Erhard klugerweise selbst den Posten übernommen. In dem Prozess hatte er es jedoch zugelassen, dass Rainer Barzel erster stellvertretender Parteivorsitzender wurde.

Barzel stand Erhard nicht loyal gegenüber und hoffte in Wirklichkeit, ihn abzulösen. Doch Erhard weigerte sich erneut, sich mit den alltäglichen Angelegenheiten der Partei zu befassen, und delegierte sie an Barzel.[57] Als der letzte Angriff auf Erhard begann, hatte er folglich keine Verbündeten.

Der Anlass für Erhards Sturz war die Debatte um die Frage, wie der Bundeshaushalt ausgeglichen werden sollte. Das Kabinett diskutierte im Oktober 1966 über die Haushaltsvorlage für 1967. Erhard schlug eine Anhebung der Steuern und eine Kürzung der Ausgaben vor. Die Freidemokraten widersetzten sich einer Steuererhöhung und verließen am 27. Oktober das Kabinett. Nach emsigen Machenschaften hinter den Kulissen forderten CDU und CSU gemeinsam Erhard am 2. November 1966 zum Rücktritt auf. Erhard suchte verzweifelt nach Unterstützung, aber er stieß allenthalben auf taube Ohren. Die FDP rückte bereits von den Unionsparteien ab und kündigte an, dass sie sich den Sozialdemokraten bei einem Misstrauensvotum gegen Erhard am 7. November anschließen würden. In den folgenden Tagen einigten sich CDU und CSU auf einen Nachfolger für Erhard, auf den Ministerpräsidenten von Baden-Württemberg, Kurt Georg Kiesinger, und beschlossen, gemeinsam mit der SPD eine große Koalition zu bilden, um die vermeintliche Wirtschaftskrise zu meistern. Da Erhard keine andere Wahl hatte, willigte er ein, den Weg frei zu machen, während er noch eine Übergangsregierung führte, bis die Parteien ein Kabinett gebildet hatten. Erhard trat offiziell am 1. Dezember 1966 zurück.[58]

Was hatte Erhards Sturz verursacht? Seine eigene Partei. Das ist die nahe liegende und richtige Antwort. Nicht Erhards erbitterte, langjährige Gegner, die Sozialdemokraten, sondern seine eigene Partei, besessen von Ehrgeiz, Selbstsucht und wirtschaftlicher Ignoranz, hatte ihn gestürzt. Adenauer hatte Erhard beharrlich immer wieder angegriffen. Der ehemalige Kanzler hatte auch nach dem Ausscheiden aus dem Amt noch erheblichen Einfluss. Folglich hatten seine Ansichten Gewicht, und er vermochte Erhard zu schaden. Außerdem wollte die FDP nicht länger mit den Unionsparteien zusammenarbeiten. Das war auf die veränderte Haltung der Freidemokraten zur Politik gegenüber der DDR und dem gesamten Ostblock zurückzuführen. Der Besuch in den Vereinigten Staaten im September 1966 trug eindeutig ebenfalls stark zu Erhards politischem Abgang bei. Johnson weigerte sich nicht nur, dem deutschen Kanzler bei seinen Haushaltsproblemen zu helfen, er entzog auch Erhards Politik einer unerschütterlichen Loyalität gegenüber den Vereinigten Staaten den Boden. Das schwächte Erhard in seinem Streit mit den Gaullisten in der Bundesrepublik, die von Adenauer und Strauß, seinen erbitterten Gegnern auf anderen Feldern, geführt wurden. Hinzu kam: Erhard war nicht in der Lage, sich an die veränderte weltpolitische Lage anzupassen. Seine hartnäckige Forderung, die deutsche Frage offen zu halten und an der atomaren Entscheidungsfindung beteiligt zu werden, stand nicht im Einklang mit dem Streben der Supermächte, den Frieden in Europa durch die Wahrung des Status quo zu sichern.

Aber wichtiger als alle diese Faktoren waren die hinterhältigen, politischen Ränkeschmiede, welche die widerspenstige CDU dominierten. Erhard hatte sich nie zu der parteipolitischen Kleinarbeit herabgelassen. Aber selbst wenn er es hätte, darf man sich zu Recht fragen, ob es ihm gelungen wäre zu überleben, ohne seine geistige und moralische Integrität einzubüßen. Erhard erkannte, dass ein Amt längst nicht alles ist. Deshalb war er gegenüber Adenauer, Strauß, Barzel und Konsorten im Nachteil, die ihrerseits ein Amt über alles stellten. Im Hintergrund, aber mit einem mächtigen Einfluss, wirkte der gesellschaftliche Wandel, der sich damals in der Bundesrepublik abspielte – ein Wandel, den Erhard mit angestoßen hatte, den er aber missbilligte.[59] Erhard war in den sechziger Jahren bereits zunehmend zu einer anachronistischen Figur geworden. Vielleicht war es besser, dass er zu diesem Zeitpunkt zurücktrat. So konnte er seine Würde bewahren.

Erhard und seine christdemokratischen Nachfolger im Kanzleramt: Kurt Georg Kiesinger (rechts) und Helmut Kohl (links), neben ihm Gerhard Schröder, bei einer CDU-Präsidiumssitzung in Bonn, 1971

KAPITEL 8

Der Unpolitische

Erhards Rückzug aus dem Kanzleramt war unspektakulär. Er hielt eine aufrichtige Abschiedsrede, in der nur am Ende Bitterkeit zu spüren war. Darin wies er den Vorwurf einer fehlgeleiteten Politik zurück und bekräftigte sein Vertrauen in die freie Marktwirtschaft.[1] Auch in den folgenden Jahren blieb Erhard den Idealen treu, die er sein Leben lang vertreten hatte. In seiner letzten Rede vor dem Bundestag am 14. Dezember 1976 sprach er seine ureigenen Themen noch einmal an: Marktwirtschaft, Wachstum, die Gefahren der Inflation und die unrealistische Utopie des Sozialismus. Allerdings war er, da er die Veränderungen im Land seit seinem Ausscheiden aus dem Amt beobachtet hatte, nicht mehr so optimistisch.[2] Die große Koalition aus Unionsparteien und Sozialdemokraten tendierte unter Führung der SPD und ihrem Chef Willy Brandt schnell in Richtung Mitte-Links. Brandts Wirtschaftsminister Karl Schiller setzte viele Ideen Erhards um, ohne Widerspruch aus den eigenen Reihen fürchten zu müssen. Schiller koordinierte die Haushalte des Bundes, der Länder und der Gemeinden und versuchte mit einem Vierjahresbudget des Bundes die Wirtschaft zu lenken. Wirtschaftsplanung und staatliche Intervention betrieb er stärker als Erhard.[3] Als Brandt wiederum gezielt bis an die Grenzen des Marktes ging, um seine Sozialprogramme weiter zu finanzieren, trat Schiller im Juli 1972 zurück.

Erhard indes hielt sich aus den Debatten über Schillers Wirtschaftspolitik und andere Themen heraus. Bald zog er sich ganz aus der Bonner Politik zurück. Bis zu seinem Tod hatte er ein

Bundestagsmandat inne, sprach jedoch nur selten vor dem Plenum. Im Mai 1967 legte er auch den CDU-Parteivorsitz nieder. Zweimal, 1967 und 1968, lehnte er eine Nominierung zum Bundespräsidenten ab – Ämter interessierten ihn nicht. Lieber bemühte er sich weiter um die Verbreitung seiner Ideen. Aus diesem Grund reiste er nach wie vor viel, beriet Staatschefs von Entwicklungsländern, gab Interviews und verfasste Zeitungsbeiträge. Er nahm an den Sitzungen der neoliberalen Mont-Pèlerin-Gesellschaft teil und hielt gelegentlich Vorträge. Im Jahr 1967 setzte er sich für die Einrichtung einer Ludwig-Erhard-Stiftung ein, die das Konzept des freien Marktes fördern sollte. Über ein Jahrzehnt lang jedoch ließ sich kein Geld dafür auftreiben; das lag vor allem daran, dass die freie Marktwirtschaft in der Bundesrepublik wenig Rückhalt hatte. Karl Hohmann gelang es schließlich, genügend Mittel für eine Gründung zu sammeln.

Das letzte Mal trat Erhard öffentlich am 9. März 1977 auf dem CDU-Parteitag in Düsseldorf auf. Auf der Rückfahrt fuhr sein Chauffeur, der alkoholisiert war, auf ein anderes Fahrzeug auf. Erhard brach sich eine Rippe und einen Brustwirbel. Er wollte sich an seinem Urlaubssitz am Tegernsee erholen, hatte aber so große Schmerzen, dass er nach Bonn zurückkehrte, um sich behandeln zu lassen. Nun verschlimmerten sich jedoch die Kreislaufstörungen, unter denen er schon seit Jahren litt. Sein Zustand wurde so ernst, dass er am 24. März ins Krankenhaus musste. Am 3. Mai verlor er das Bewusstsein, und zwei Tage später starb er an Herzversagen. Am 11. Mai fand im Plenarsaal des Bundestages ein Staatsakt zu Erhards Ehren statt. Am 12. Mai wurde er im Rahmen eines Staatsbegräbnisses in Gmund am Tegernsee neben seiner 1975 verstorbenen Frau beigesetzt.[4] Erhard war bis zu seinem Tod Einzelgänger geblieben.

Was hatte dieser ungewöhnliche Mann nun erreicht? Es besteht wohl Einigkeit darüber, dass Erhard die Umgestaltung Deutschlands nach dem Zweiten Weltkrieg entscheidend geprägt hat. In den Jahren 1948 bis 1951 wehrte er sich mit Erfolg gegen

Planer und Interventionisten. Doch dann ließ der Schwung des liberalen Wandels nach. Als sich Mitte der fünfziger Jahre die Lage in der Bundesrepublik normalisierte, gewannen die Kräfte, die sich vom Staat Geschenke erwarteten, und die Gruppen, die ihre Geschäfte jenseits des Marktes tätigen wollten, wieder an Einfluss. Erhard spielte ihnen in die Hände, indem er einen großen Bogen um die politischen Ränkespiele und die bürokratische Kleinarbeit machte, die für den politischen Erfolg unentbehrlich sind. Adenauer hatte auf diesem Gebiet seine Stärken und fand daher immer Unterstützung für seine Politik, obgleich sich seine Ideen weder quantitativ noch qualitativ mit denen Erhards messen konnten. Paradoxerweise konnte Erhard die Interventionisten am linken politischen Spektrum noch am besten in Schach halten. Die Lobbyisten der Industrie im rechten Lager hingegen leisteten ihm erfolgreich Widerstand.

Erhards größter Erfolg war die Liberalisierung der Wirtschaft in der Bizone und später in der Bundesrepublik, die im Juni 1948 angestoßen wurde. Dieser Durchbruch gelang, weil der Einfluss von Lobbyisten, für den das parlamentarische System besonders anfällig ist, damals noch nicht so ausgeprägt war. Später, als der Bundestag zur Normalität gefunden hatte und sich auch die Interessengruppen positioniert hatten, fiel es Erhard schwerer, sein Programm umzusetzen. Ein Wendepunkt war das Jahr 1951, das auch den Höhepunkt von Erhards Karriere markiert. Entgegen den Erwartungen auf Seiten der Linken boomte die Wirtschaft; die Arbeitslosigkeit ging zurück, und die Einkommen stiegen. Aufgrund der Intervention durch die Amerikaner musste Erhard dennoch die Liberalisierung aussetzen und zur Wirtschaftslenkung durch die Spitzenverbände der Industrie zurückkehren. Das stärkte die Verbände, sodass sie andere Maßnahmen verhindern konnten. CDU und CSU versuchten, eine christlich-soziale Ordnung aufzubauen, und Adenauer und seine Koalitionäre verteilten Geschenke, um die Wahlen zu gewinnen. So wurde der Staat nach und nach aufgebläht, und die Staatsausgaben stiegen. Zunächst wuchs zwar bis Ende der fünfziger Jahre die Wirtschaft sogar noch schneller, doch es zeichnete sich bereits ein gefährlicher Trend ab, den Erhard nicht umkehren konnte.

Dann musste Erhard die erste große Niederlage seiner Karriere einstecken. Sein wichtigster Vorstoß in seinem Bemühen, die Macht der Interessengruppen zu beschneiden, das Kartellgesetz, wurde vom Bundesverband der Deutschen Industrie verwässert. Als das Gesetz im Jahr 1957 endlich verabschiedet wurde, war es nur noch ein Schatten dessen, was Erhard angestrebt hatte.

Erhard war damit ausgerechnet Lobbyisten der politischen Rechten unterlegen. Besonders paradox war, dass eben diese Industriellen von seiner Wirtschaftsliberalisierung profitiert hatten, auch wenn sie es nicht zugeben oder einsehen mochten, und darüber hinaus Nutznießer seiner Steuersenkungen waren. Sie bissen die Hand, die sie fütterte. Immerhin hatte Erhard mit seinem, wenn auch verwässerten Kartellgesetz ein Fundament geschaffen, auf dem andere später aufbauen konnten. Auf kurze Sicht allerdings blieb der Bundesrepublik eine am Gemeinwohl orientierte korporatistische Wirtschaft erhalten, in der Interessengruppen mit Hilfe staatlich sanktionierter Regulierungen den Wettbewerb beschränkten.

Im größeren historischen Kontext betrachtet, gelang es Erhard nicht, die tief sitzenden kollektivistischen deutschen Traditionen zu ändern. Lucius Clay schrieb, die Deutschen hätten einen Hang zum Sozialismus; Erhard konnte diesen Hang nicht überwinden.[5] In seinem Streben, dass die Wirtschaft die Politik transzendieren solle, folgte Erhard Franz Oppenheimer. Doch er erlag der von Adenauer durchaus so gewünschten Bonner Treibhausatmosphäre, in der persönliche Rivalitäten und der Wettbewerb der Lobbyisten an der Tagesordnung waren.

Erhards zweiter großer Rückschlag war die Verabschiedung der Sozialreform 1957, die eine massive Rentenerhöhung mit sich brachte. Seine Position in dieser Sache spiegelte einen Zwiespalt. Er lehnte zwar viele Bestimmungen der Reform ab, nicht aber die

Reform selbst. In seiner moderaten, toleranten und versöhnlichen Art versuchte er die Reform im Sinne der Selbstständigen zu modifizieren. Ihm waren die steuerlichen und wirtschaftlichen Folgen des Gesetzes wohl bewusst, und er verlieh seinen Befürchtungen auch Ausdruck. Dennoch überließ er die Opposition dem Finanzminister. Die Folgen der Reform – massiver Zuwachs der Staatsausgaben, Haushaltsdefizite, langsameres Wachstum und steigende Arbeitslosigkeit – sah Erhard voraus. Vor diesem Hintergrund mag man seine Zurückhaltung im Rückblick als Fehler deuten. Die Verabschiedung des Rentengesetzes war für Erhard und seine Vision einer dynamischen, freien Wirtschaft eine schwere Niederlage. Sie markierte einen Wendepunkt in der westdeutschen Geschichte: weg von der sozialen Marktwirtschaft Erhardscher Prägung hin zum Wohlfahrtsstaat.

Wenn man diese Ereignisse Revue passieren lässt, wird deutlich, dass Erhards Wirtschaftsphilosophie, so vernünftig sie gewesen sein mag, mit zu den Fehlentwicklungen beigetragen hat. In den meisten Situationen sprach sich Erhard gegen ein Handeln jedweder Art aus. Dies entsprang nicht seiner Trägheit oder Inkompetenz, sondern seinem Glauben an den Markt und seinem Misstrauen gegenüber dem Staat. Doch die Wähler geben Politikern ihre Stimmen, damit diese etwas tun. Erhards Herangehensweise handelte ihm daher den Vorwurf ein, nichts zu tun, auch wenn genau das der richtige Weg war. Dass weniger mehr ist, lässt sich schwer vermitteln, besonders wenn die Menschen in der Tradition der Wirtschaftsintervention einen starken, aktiven Staat gewohnt sind. Darüber hinaus wird die Forderung nach Eigenverantwortung, harter Arbeit und Leistung von linken Kritikern und sozial orientierten konservativen Kreisen gern als inhuman interpretiert.

Erhard wollte den Einzelnen stärken. Er misstraute der Bürokratie und vor allem den Lobbyisten. Als traditioneller liberaler Individualist lebte er in einem pluralistischen Zeitalter. Erhard war ein Anachronismus. Dies und seine Persönlichkeit erklären seine Isoliertheit.

Für die Außenpolitik war Erhard erst zuständig, als er Bundeskanzler wurde. So lobenswert seine Ehrlichkeit und Offenheit auch waren, so gereichten sie ihm doch zum Nachteil. Sein Bild der Vereinigten Staaten war unrealistisch. Er war den Amerikanern gegenüber zu offen, zu ehrlich und sagte ihnen seine Meinung zu früh. Dadurch schwächte er seine Position erheblich. Der abgebrühte Lyndon B. Johnson dachte gar nicht daran, ihn für seine unerschütterliche Loyalität zu belohnen. Auch den Briten brachte Erhard aus dem gleichen Grund, aus dem er sich an die USA anlehnte, zu viel Verständnis entgegen. Großbritannien war historisch ein freies, demokratisches und marktorientiertes Land. Erhard verstand nie ganz, wie sich das Land seit dem Zweiten Weltkrieg gewandelt hatte, und war sich auch über die Veränderungen in den USA seit dem New Deal nicht im Klaren. Obgleich seine Politik, enge Beziehungen zu den USA zu pflegen und Großbritannien den Weg in den Gemeinsamen Markt zu ebnen, löblich war, ging er sie doch falsch an.

Erhards Misstrauen den Franzosen gegenüber war allerdings gerechtfertigt. Aus gutem Grund lehnte er ihre Wirtschaftspolitik ab, und er vermutete zutreffend, dass de Gaulles Freundschaftsbekundungen dem Wunsch entsprangen, die Bundesrepublik auf seine Linie einzuschwören und zu dominieren. Alles in allem war sein Umgang mit de Gaulle und Frankreich viel effektiver, als seine Kritiker es zugeben mochten.

Das gilt auch für die Anerkennung Israels und die Verlängerung der Verjährungsfrist für Naziverbrechen. In beiden Fällen setzte er sich gegen starke interne Widerstände durch und bezog eine moralisch einwandfreie Position. In der Weltpolitik gewann die Bundesrepublik durch Erhards Umgang mit diesen Themen erheblich an Prestige.

Ludwig Erhard war ein sanftmütiger Mensch, dem es in erster Linie um Ideen ging und der politisch aktiv wurde, damit diese Ideen Früchte trugen. »... ich war zunächst kein Politiker von Geblüt. Es trifft schon zu, dass ich selbst ... eigentlich wissenschaftlich geprägt, aber durch Zufall und äußere Anstöße zunehmend auch der Politik verhaftet war.«[6] Von Jugend an war Erhard der persönlichen Auseinandersetzung aus dem Weg gegangen. Schon deshalb geriet er als Politiker ins Hintertreffen, wenn er es mit hartgesottenen Verhandlungspartnern wie Adenauer oder Johnson zu tun hatte.

Erhard ging davon aus, dass sich seine Ideen, weil sie richtig waren, durchsetzen würden. Er war überzeugt, dass die Menschen, wenn man ihnen nur die Chance dazu gibt, das Richtige tun werden, und damit vertrat er die klassische liberale Position. Zu seinem Unglück gelang es ihm nicht, genügend Menschen von der Überlegenheit des freien Marktes zu überzeugen. Es ist zweifelhaft, ob die Mehrheit der Bundesdeutschen Erhards soziale Marktwirtschaft jemals verstanden oder gar unterstützt hat. Sie sahen nur, dass es ihnen gut ging. Sobald die Wirtschaft schwächelte, ließen sie Erhard fallen.

Im Rückblick war Erhards Fall zum Teil Folge seines Unvermögens, ein Nachfolgekonzept für die soziale Marktwirtschaft zu entwickeln. Erhard war kein originärer Denker. Dies ist nicht als Kritik zu verstehen, denn nur wenige große Denker sind das. Er hatte die soziale Marktwirtschaft nicht erfunden, sondern zusammengeführt, was Eugen Richter, Wilhelm Rieger, Franz Oppenheimer, Alfred Müller-Armack, Walter Eucken, Wilhelm Röpke und andere in Teilen entwickelt hatten. Die so entstandene soziale Marktwirtschaft war mit keiner dieser Theorien deckungsgleich, sondern entwickelte sich aus dem politischen Ringen Ende der vierziger und Anfang der fünfziger Jahre. Als sich die Lage auf eine in Erhards Augen bedenkliche Weise veränderte, gelang es ihm nicht, ein neues Konzept zu formen, und er fand auch keines vor, auf das er hätte zurückgreifen können.

Die »formierte Gesellschaft« war sein Versuch, einen Schritt über die soziale Marktwirtschaft hinauszugehen. Doch das Konzept war vage, widersprach zum Teil der sozialen Marktwirtschaft und ließ sich nicht mit gesellschaftlichen Trends vereinbaren. Daher stieß es auf wenig Gegenliebe. Kurz gesagt: Im letzten Abschnitt seiner Karriere konnte Erhard weder selbst einen neuen Ansatz entwickeln noch einen vorhandenen übernehmen.

Auch wenn seine Vorstellungen vom freien Markt nach wie vor vernünftig waren, verlor Erhard in Ermangelung eines neuen Konzepts an Einfluss. Er ließ es an dem Machtwillen fehlen, der Adenauer so lange im Amt gehalten hatte. Dies lag nur zum Teil an einer Persönlichkeitsschwäche Erhards. Erhard hegte ein tiefes Misstrauen gegenüber Machtkonzentrationen. Seine Kritik an Interessengruppen und der Staatsmacht war ernst gemeint. Da er aber solche Machtzentren immer verdammt hatte, wollte er um sich selbst nicht ein derartiges Gebilde schaffen.

Schwerer wog Erhards Haltung zur Regierungsarbeit. Die häufig geäußerte Kritik, er habe seine Geschäfte wie ein »Künstler« geführt, war berechtigt. Diese Schwäche hatte schlimme Folgen.[7] Dass sich Erhard statt dem Verwaltungskleinkram lieber der Verbreitung seiner Ideen widmete, erschwerte ihm die Durchsetzung seiner Ziele. Indem er Parteien- und Gruppeninteressen zu transzendieren versuchte, folgte Erhard auch in diesem Punkt Oppenheimer. Er strebte eine Gesellschaft aus freien, selbstverantwortlichen Individuen an. Doch sein Credo, dass weniger mehr sei, war politisch nicht durchsetzbar. Seine Wähler erwarteten von ihm, dass er die Dinge in Angriff nahm; sie wollten den Eindruck haben, dass die Regierung in effizienten und festen Händen war. Da Erhard aber den Regierungsgeschäften keine Beachtung schenkte, vermittelte er den gegenteiligen Eindruck, und es wurde ihm noch schwerer, seine Ziele durchzusetzen.

Erhard war ein Antipolitiker, der sich der Folgen, die sich aus seinen eigenen Anschauungen ergaben, nie ganz bewusst war. Er weigerte sich, das politische Ränkespiel mitzuspielen, war aber nicht konsequent genug, ihm ein Ende zu setzen, die Interessengruppen zu zerschlagen und die Parteien entscheidend zu schwächen. Er war kein Revolutionär, sondern begnügte sich mit feuriger Rhetorik. Und er scheute davor zurück, die harten politischen Maßnahmen zu ergreifen, die zur Durchsetzung seiner Ziele notwendig gewesen wären. Es blieb bei dem einen heroischen Akt des Jahres 1948. Die Umstände veränderten sich, doch Erhard tat dies nicht. Aus diesem Blickwinkel kann man Erhard als tragische Figur betrachten.

Erhards wichtigstes Vermächtnis sind seine Wirtschaftsphilosophie und seine Ethik des Fairplay. Sein bedeutendster Beitrag zum sich verändernden Deutschland war die Liberalisierung der deutschen Wirtschaft: Sie schuf ein Deutschland, das sich grundlegend von dem Staat unter den Fürsten, dem Kaiser, den Weimarer Politikern und Hitler unterschied. Diese durchschlagende Wirtschaftsinitiative ermöglichte sowohl Wohlstand als auch ökonomische und politische Freiheit. Erhards riskanter Schritt legte das Fundament zu Adenauers Neuausrichtung der Bundesrepublik nach Westen. Dank des Wohlstands, den Erhards Politik zur Folge hatte, konnte erstmals in der neueren Geschichte die Demokratie mit Bürgerbeteiligung in Deutschland Fuß fassen. Der überwältigende Erfolg seiner Liberalisierung, so unvollständig sie gewesen sein mag, diente darüber hinaus auf dem linken wie dem rechten Flügel, im In- wie im Ausland allen, die sich später gegen staatliche Intervention stark machten, als Vorbild. Der freie Markt brachte tatsächlich Wohlstand für alle.

Im Jahr 1945 hinterließ Hitler ein zerstörtes Deutschland und Berge von Leichen, darunter sechs Millionen Juden, mehrere Millionen Osteuropäer und viele Deutsche. Als Erhard im Jahr 1966 aus dem Amt schied, hinterließ er ein Land, das viel reicher war als jemals zuvor. Zu einem erheblichen Teil war es ihm zu verdanken, dass die Bundesrepublik humanitäre Ideale hochhielt und es nicht mehr auf die Hoheitsgebiete ihrer Nachbarn abgesehen hatte. In den Jahren darauf wandten sich die Regierungen der Bundesrepublik zusehends von Erhards Vision ab. Doch die 18 Jahre, in denen er die bundesdeutsche Wirtschaftsentwicklung gestaltete, hatten nachhaltige Folgen. Erhards Ideale sind heute so wichtig wie in jenen Tagen des Jahres 1948, als er sie erstmals verkündete.

Danksagung

Der Ludwig-Erhard-Stiftung und besonders ihrem Geschäftsführer Herrn Dr. Horst Friedrich Wünsche sowie dessen wissenschaftlichem Assistenten Herrn Dr. Andreas Schirmer möchte ich für ihre Hilfe und die anregenden Gespräche meinen tief empfundenen Dank aussprechen. Bedanken möchte ich mich auch bei Herrn Hagner, der für die Akten des Bundeswirtschaftsministeriums zuständig war, als ich sie im wunderbaren Koblenzer Bundesarchiv einsah. Frau Nägele-Dreher und Herr Axel Schmidt waren mir freundlicherweise bei meinem Aufenthalt im Lesesaal dieses Archivs behilflich. Frau Martina Caspers beschaffte mir Zugang zur umfangreichen Sammlung von Erhard-Fotografien im Bundesarchiv. Im Archiv für Christlich-Demokratische Politik in Sankt Augustin stand mir Frau Dr. Angela Keller-Kühne kundig mit Rat und Tat zur Seite. Die umfangreiche Literatur zu Erhard hätte ich nicht einsehen können ohne die Hilfe von Dr. Robert Burkhardt und Dr. Eugene Shockley an der Universitätsbibliothek der Athens State University. Bedanken möchte ich mich auch für die Unterstützung, die mir das hervorragende Personal der Heard Library an der Vanderbilt University entgegenbrachte. In der University of North Texas haben mir die Bibliothekare bei der Fernleihe sehr geholfen. Auch Dr. Arthur J. Goven sowie seiner Assistentin Mrs. Darlene Boles möchte ich meinen Dank für die finanzielle Unterstützung aussprechen. Und schließlich bedanke ich mich bei Herrn Dr. Hans-Werner Martin, der mir Materialien insbesondere zum deutschen Rentensystem beschaffte und seit vielen Jahren ein guter Freund ist.

Abkürzungen

AAPD	*Akten zur auswärtigen Politik der Bundesrepublik Deutschland*
ACDP	Archiv für christlich-demokratische Politik
BAK	Bundesarchiv Koblenz
BDI	Bundesverband der Deutschen Industrie
BdL	Bank deutscher Länder
BICO	Bipartite Control Office (Kontrollstelle des Vereinigten Wirtschaftsgebietes aus amerikanischer und britischer Zone)
BMWi	Bundesministerium für Wirtschaft
DB	Deutsche Bundesbahn
DIDEC	Decartelization and Deconcentration Commission in HICOG
DP	Deutsche Partei
dpa	Deutsche Presse Agentur
DWP	Erhard, *Deutsche Wirtschaftspolitik*
ECA	Economic Cooperation Administration (Alliierte Vorgängerorganisation der OEEC)
EWG	Europäische Wirtschaftsgemeinschaft
EFTA	Europäische Freihandelsassoziation
EZU	Europäische Zahlungsunion
EURATOM	Europäische Atomgemeinschaft
GATT	Allgemeines Zoll- und Handelsabkommen
HICOG	Allied High Commission for Germany
LES	Ludwig-Erhard-Stiftung
NE	Nachlass Erhard
OEEC	Organization for European Economic Cooperation (Organisation für Europäische Wirtschaftliche Zusammenarbeit)
OMGUS	US-Militärverwaltung
RGI	Reichsgruppe Industrie
VfW	Verwaltung für Wirtschaft

Anmerkungen

EINLEITUNG

1 Zu Hitlers Verwundung und seinen Erfahrungen im Lazarett von Pasewalk siehe Kershaw, *Hitler, 1889–1936*. Hitler wurde nach einer kurzen Rekonvaleszenzzeit bereits am 19. November 1918 aus dem Lazarett entlassen. Mehr über Hitlers Anschauungen siehe Kershaw und Fest, *Hitler;* Bullock, *Hitler. Eine Studie über Tyrannei;* Hitler, *Mein Kampf*, und Jäckel, *Hitlers Weltanschauung.*

2 Nicholls, *Freedom with Responsibility.*

3 Nicholls, »Erhard«.

4 Ebenda, S. 416; Nicholls, *Freedom with Responsibility*, S. 76.

KAPITEL 1

1 Leicht verständliche Überblicke über die Lage in Deutschland um die Jahrhundertwende bieten Craig, *Germany 1866–1945*, Kapitel 8 und 9, (deutscher Titel: *Deutsche Geschichte 1866–1945*); Mommsen, *Nationalstaat*; und Berghahn, *Imperial Germany.*

2 Sheehan, *German Liberalism*, S. 85f., 112, 256f.; Hahn, *Marktwirtschaft und Sozialromantik*, S. 14f. Zu Richter siehe Raico, *Partei der Freiheit*; und Lorenz, *Eugen Richter.*

3 Lukomski, *Ludwig Erhard. Der Mensch und der Politiker*, S. 17; Rüdiger Altmann und Johannes Gross, »Gespräch über Erhard«, in: Gerhard Schröder u. a. (Hrsg.), *Ludwig Erhard. Beiträge zu seiner politischen Biographie*, S. 23.

4 Zu Erhards frühen Jahren und Persönlichkeitsentwicklung siehe Lukomski, *Mensch*, S. 10–18; Laitenberger, *Nationalökonom*, S. 10; Altmann und Gross, »Gespräch über Erhard«, S. 23; Koerfer, *Kampf*, S. 18.

5 Lukomski, *Mensch*, S. 15f.; Laitenberger, *Nationalökonom*, S. 11.

6 Lukomski, *Mensch*, S. 15f.; Laitenberger, *Nationalökonom*, S. 11.

7 Lukomski, *Mensch*, S. 18ff.; Laitenberger, *Nationalökonom*, S. 9.

8 Lukomski, *Mensch*, S. 21f.; Laitenberger, *Nationalökonom*, S. 12; Hentschel, *Politikerleben*, S. 12; Caro, *Volkskanzler*, S. 18.

9 Laitenberger, *Nationalökonom*, S. 12ff.; Lukomski, *Mensch*, S. 28; Hentschel, *Politikerleben*, S. 14.

10 Lukomski, *Mensch*, S. 31.

11 Rieger, *Privatwirtschaftslehre*, S. 1, 4f., 10, 15, 17, 34, 126, 135; Lukomski, *Mensch*, S. 29f.; Caro, *Volkskanzler*, S. 22; Wünsche, *Erhards Gesellschafts- und Wirtschaftskonzeption*, S. 147ff., 153, 170; Laitenberger, *Nationalökonom*, S. 13. Diese Biografen heben allesamt Erhards Interesse an den Ideen des

zeitgenössischen deutschen Wirtschaftsexperten und Monetaristen Georg Friedrich Knapp hervor. Rieger hat unter Knapp studiert und Erhard sein verbreitetes Buch *Staatliche Theorie des Geldes* gelesen. Doch eine nähere Prüfung von Riegers Publikationen und Knapps Buch sowie der späteren Ansichten Erhards führt zwangsläufig zu dem Schluss, dass Knapp allenfalls vorübergehend Erhard beeinflusste. Knapp argumentierte, Geld sei ein Produkt des Staates, kein Gegenstand heftiger Auseinandersetzungen, außer für Goldfanatiker. Er sprach sich weder energisch gegen Inflation noch gegen Staatsverschuldung aus. Deshalb lassen sich Erhards konservative Ansichten in der Fiskalpolitik keineswegs zwingend auf Knapp zurückführen. Erhard erkannte selbst die schädlichen Effekte der Inflation und unkontrollierter Staatsausgaben und zog daraus dieselben Schlussfolgerungen wie die Mehrheit der deutschen Bevölkerung. Eine Bewertung, die Knapp in das rechte Licht stellt, findet sich bei Schumpeter, *History of Economic Analysis*, S. 1090f. (deutscher Titel: *Geschichte der ökonomischen Analyse*).

12 Erhard, *Gedanken*, S. 795; Erhard, *Kriegsfinanzierung*, S. viii; Laitenberger, *Nationalökonom*, S. 12ff.; Lukomski, *Mensch*, S. 29ff., 35; Nicholls, *Freedom with Responsibility*, S. 73; Metz, *Gründerväter*, S. 30.

13 Laitenberger, *Nationalökonom*, S. 15.

14 Lukomski, *Mensch*, S. 32, 38; Laitenberger, *Nationalökonom*, S. 14.

15 Oppenheimer, *Wert und Kapitalprofit*, S. vi, 29, 34, 36, 90–93, 104, 106, 118–19; ders., *Kapitalismus –Kommunismus – wissenschaftlicher Sozialismus*, S. iii–iv, 1, 27, 36f., 86f., 186, 193f., 209, 214, 218; ders., *Weder Kapitalismus noch Kommunismus*, S. 80, 85f., 90, 196f., 219, 223; ders., *Erlebtes*, S. 136f., 143f., 150, 240; Erhards Einleitung, »Geleitwort«, zu *Erlebtes*, S. 5f., auch in: *Gedanken*, S. 858–874, zu finden. Siehe dazu auch Lukomski, *Mensch*, S. 36ff.; Laitenberger, *Nationalökonom*, S. 15–18; Wünsche, *Erhards Konzeption*, S. 56f.

16 Erhard, »Geleitwort«, in: Oppenheimer, *Erlebtes*, S. 6; Erhard, *Kriegsfinanzierung*, S. vii.

17 Erhard, »Wesen und Inhalt der Werteinheit«, S. 153–59, LES NE 01; Lukomski, *Mensch*, S. 37; Laitenberger, *Nationalökonom*, S. 15, 17; Wünsche, *Erhards Konzeption*, S. 156.

18 Lukomski, *Mensch*, S. 37f.; Laitenberger, *Nationalökonom*, S. 17; Hentschel, *Politikerleben*, S. 17.

19 Laitenberger, *Nationalökonom*, S. 18; Metz, *Gründerväter*, S. 31; Lukomski, *Mensch*, S. 39; Hentschel, *Politikerleben*, S. 17.

20 Metz, *Gründerväter*, S. 31; Lukomski, *Mensch*, S. 39.

21 Lukomski, *Mensch*, S. 56; Laitenberger, *Nationalökonom*, S. 20; Metz, *Gründerväter*, S. 31; Walter Henkels, »Von May bis Marx und Malthus«, in: G. Schröder u. a., *Beiträge*, S. 553f.

22 Laitenberger, *Nationalökonom*, S. 19.

23 Vershofen, *Marktverbände*, S. 132f.

24 Vershofen, *Amerika. Drei Kapitel der Rechtfertigung*, Jena 1917.

25 Vershofen, *Außenhandelsbilanz*, S. 10, 13–15, 18, 24f., 31, 35f.
26 Vershofen, *Marktverbände*, S. 11, 23f., 27, 31–34, 122f., 149, 155f.
27 Vershofen, *Wirtschaft als Schicksal und Aufgabe*, S. 23, 37f., 43, 45, 128f., 144–46, 149, 151, 183, 189, 198–200, 213, 228, 235, 266, 278, 280, 316, 327, 334, 342.
28 Vershofen, *Grundlegung*, S. 66, 155, 164–65.
29 Vershofen, *Poggeburg*, S. 37–60. Zu Erhards Zeit an Vershofens Institut siehe Laitenberger, *Nationalökonom*, S. 18–22; Metz, *Gründerväter*, S. 33.
30 Erhard, *Arbeitslosigkeit*, S. 4f., 7, 11f., 29, 40, 36, 69, 73f., 81, 92f., 103, 137, 140, LES NE 01; Erhard, *Kriegsfinanzierung*, S. ix; Wünsche, *Erhards Konzeption*, S. 159–168; Laitenberger, *Nationalökonom*, S. 21–24; Metz, *Gründerväter*, S. 32, 39f.
31 Caro, *Volkskanzler*, S. 29.
32 Edinger, *Kurt Schumacher*, S. 20, 43, schildert, wie Kurt Schumachers provisorische Dissertation einem Professor geschickt wurde, der mit seinen politischen Ansichten sympathisierte. Dieses Beispiel zum einen, aber auch eine Lektüre von Erhards Werk widerlegen die voreingenommene Schlussfolgerung, zu der Hentschel in *Politikerleben*, S. 22f., gelangt, dass die Habilitationsschrift inadäquat war.
33 Erhard, »Ein Notweg«, *Das Tagebuch* 12 (1931): S. 1205–1211, in: *Gedanken*, S. 22–29.
34 Siehe Skidelsky, *John Maynard Keynes*, S. 484, 486, 506, 521.
35 Erhard, »Herrn Schachts ›Grundsätze‹«, *Das Tagebuch* 13 (1932), S. 1300 bis 1306, in: *Gedanken*, S. 30–36.
36 Erhard, »Wirtschaftsbelebung von der Verbraucherseite«, *Der deutsche Oekonomist*, 7. Oktober 1932, S. 1323–1325, in: *Gedanken*, S. 37–42.
37 Erhard, »Der Reichskommissar für Arbeitsbeschaffung und der Gereke-Plan«, *Wirtschaftsdienst* (1933), S. 44f., in: *Gedanken*, 43–47.
38 Metz, *Gründerväter*, S. 33.
39 Erhard, *Kriegsfinanzierung*, S. x; Laitenberger, *Nationalökonom*, S. 30.
40 Erhard, *Kriegsfinanzierung*, S. xv; Nicholls, *Freedom with Responsibility*, S. 76.
41 Joachim Starbatty, »Soziale Marktwirtschaft als Forschungsgegenstand. Ein Literaturbericht«, in: Wünsche, *Weichenstellung*, S. 67; Koerfer, *Kampf*, S. 23.
42 Laitenberger, *Nationalökonom*, S. 32.
43 Herbst, *Der Totale Krieg*, S. 383f.; Herbst, »Krisenüberwindung und Wirtschaftsneuordnung, S. 522; Metz, *Gründerväter*, S. 35, 41; Laitenberger, *Nationalökonom*, S. 27.
44 Erhard, »Marktverbände als Förderer des Qualitätsgedankens«, *Deutsche Handels-Warte* 24 (Februar 1936), S. 97–104, LES NE 01.
45 Laitenberger, *Nationalökonom*, S. 33f.
46 Ebenda, S. 29.
47 Ebenda, S. 30f.
48 Ebenda, S. 31f.
49 Ebenda, S. 33f.; Lukomski, *Mensch*, S. 51; Metz, *Gründerväter*, S. 34.

50 Erhard, *Kriegsfinanzierung*, S. xi; Laitenberger, *Nationalökonom*, 35f.; Lukomski, *Mensch*, S. 52; Herbst, *Der Totale Krieg*, S. 384f.
51 Lukomski, *Mensch*, S. 57f.; Metz, *Gründerväter*, S. 35.
52 Erhard, *Kriegsfinanzierung*, S. ix.
53 Ebenda, S. 264.
54 Ebenda. Näheres über den Inhalt der hier erörterten Denkschrift und Kommentare dazu finden sich in Erhard, *Kriegsfinanzierung*, S. 15, 108, 111, 231, 233, 250ff., 260f., 264; Laitenberger, *Nationalökonom*, S. 39–43; Herbst, *Der Totale Krieg*, S. 424–430; Herbst, »Krisenüberwindung«, S. 314f., 336f.; Nicholls, »Ludwig Erhard and German Liberalism – An Ambivalent Relationship?«, S. 401. Ein Auszug aus Erhards Denkschrift ist in Erhard, *Gedanken*, S. 48–52, abgedruckt.
55 Herbst, *Der Totale Krieg*, S. 384–387, 427–429.
56 Ebenda, S. 386–391; Laitenberger, *Nationalökonom*, S. 38; Schumann, »Nachkriegsplanung in der Reichsgruppe Industrie im Herbst 1944«, S. 290–296.
57 Lukomski, *Mensch*, S. 52; Laitenberger, *Nationalökonom*, S. 37; Metz, *Gründerväter*, S. 38.
58 Wilhelm Röpke, *Die Gesellschaftskrisis der Gegenwart*, Bern 1979; und *Internationale Ordnung – heute*, Bern 1979. Erhard hatte außerdem schon früher das Buch *Die Lehre von der Wirtschaft*, Wien 1937, gelesen. Zu Eschenburgs Empfehlung siehe seine Einleitung zu Erhard, *Kriegsfinanzierung*, S. xvii.
59 Erhard an Röpke, Bonn, 22. Mai 1950, LES NE I 4)59; Erhard an Röpke, Bonn, 7. Oktober 1959, LES NE I 4)59; Erhard an Röpke, Bonn, 23. Februar 1963, LES NE I 4)59; Erhard, Ludwig, »Organisch und unorganisierte, harmonisch und harmonisierten«, in: Hunold (Hrsg.), *Gegen die Brandung*, S. 12.
60 Berghahn, »Ideas into Politics«, S. 184.
61 Eucken, Walter, *Die Grundlagen der Nationalökonomie*, Berlin, 6. Auflage 1950.
62 Eschenburg, *Jahre der Besatzung*, S. 426; Alfred Müller-Armack, »Wirtschaftspolitiker zwischen Wirtschaft und Politik«, in: G. Schröder u. a., *Beiträge*, S. 473.
63 Nicholls, *Freedom with Responsibility*, S. 76.
64 Euckens Vater Rudolf war ein Philosoph, der im Jahr 1908 den Nobelpreis erhalten hatte. Röpkes Vater war Arzt.
65 Laitenberger, *Nationalökonom*, S. 38f., 41.

KAPITEL 2

1 Erhard, »Was jüngere Leute wissen sollten«, 1. März 1961, in: *Gedanken*, S. 667; siehe auch Wünsche, *Erhards Konzeption*, S. 32; Rüdiger Altmann und Johannes Gross, »Gespräch über Erhard«, in: Schröder u. a., *Beiträge*, S. 23, 25; Lukomski, *Mensch*, S. 66; Soell, in: Krane, *Nach-Denken*, S. 31.
2 Hentschel, *Ludwig Erhard, die »Soziale Marktwirtschaft« und das Wirtschaftswunder«*, S. 13.

3 Eschenburg, *Jahre der Besatzung*, S. 426; Alfred Müller-Armack, »Wirtschaftspolitiker zwischen Wirtschaft und Politik«, in: Schröder u. a., *Beiträge*, S. 473.

4 Nicholls, »Erhard«, S. 416.

5 Hildebrand, *Von Erhard*, S. 34; Koerfer, *Kampf*, S. 8f., S. 423.

6 Hildebrand, *Von Erhard*, S. 233; Wünsche, *Erhards Konzeption*, S. 26.

7 Koerfer, *Kampf*, S. 33.

8 Ebenda, S. 37.

9 Erhard, Rede vom 21. Juni 1948, abgedruckt in: *DWP*, S. 68, und in: *Gedanken*, S. 126.

10 Erhard, »Neue Aufgaben der europäischen Zusammenarbeit«, Rede an der Handelshochschule Sankt Gallen, 15. Januar 1962, in: *DWP*, S. 618.

11 Klaus Hildebrand, »Ludwig Erhard. Kanzler zwischen Politik und Wirtschaft«, S. 13.

12 Johannes Gross, in: Schwarz, *Epochenwechsel*, S. 15.

13 Erhard, »Freiheit und Verantwortung«, Rede vor dem Evangelischen Arbeitskreis der CDU, Hamburg, 2. Juni 1961, in: *Gedanken*, S. 680.

14 Erhard, »Freie Wirtschaft und Planwirtschaft«, *Die Neue Zeitung*, 14. Oktober 1946, in: *Gedanken*, S. 70f.; Erhard, »Ausblicke«, *Deutsche Zeitung und Wirtschaftszeitung*, 17. Mai 1946, in: *Gedanken*, S. 46; Erhard, »Sprachverwirrung um die Wirtschaftsordnung«, *Die Neue Zeitung*, 23. Juni 1947, in: *Gedanken*, S. 74f.; Wünsche, *Erhards Konzeption*, S. 121.

15 Erhard, *Wohlstand*, S. 138.

16 Erhard an Adenauer, Bonn, 24. November 1949, LES NE I 1)1; Erhard, »Sprachverwirrung«, S. 77.

17 Hildebrand, »Ludwig Erhard«, S. 373.

18 Erhard, »Wirtschaftliche Ordnung nicht nach Polizeigewalt«, Rundfunkansprache, 8. Dezember 1945, LES NE 854, auch in: *Gedanken*, S. 57; Erhard, *Kriegsfinanzierung*, S. ix.

19 Erhard, *Wohlstand*, S. 10.

20 Ebenda, S. 137.

21 Ebenda, S. 159.

22 Ebenda, S. 216.

23 Erhard, »Freiheit und Verantwortung«, S. 682; Christian Watrin, »Die Tradition freiheitlicher und sozialer Politik«, in: Wünsche, *Weichenstellung*, S. 14; Lukomski, *Mensch*, S. 125.

24 Zitiert in: Ebenstein, *Friedrich Hayek*, S. 242. Siehe auch Hayek, *Studies*, S. 194.

25 Erhard, Rede anlässlich desr zweiten Konferenz der Aktionsgemeinschaft Soziale Marktwirtschaft, Bad Godesberg, 19. November 1953, S. 20, LES NE 459A und 459B.

26 Erhard, »Kartelle im Blickpunkt der Wirtschaftspolitik«, *Der Volkswirt*, 16. Dezember 1949, in: *Gedanken*, S. 217, und *Wohlstand*, S. 162. Siehe auch Abelshauser, »Erhard oder Bismarck?«, S. 378; Abelshauser, *Die langen fünfziger Jahre*, S. 32; Abelshauser, *Wirtschaftsgeschichte*, S. 72; Berghahn,

»Ideas into Politics«, S. 185; Berghahn, *Otto A. Friedrich*, S. 156f.; Eschenburg, *Jahre der Besatzung*, S. 440; Heinz Lampert, »Wohlstand für alle. Gründzüge der sozialen Marktwirtschaft«, in: Krane, *Nach-Denken*, S. 58; Volker Hentschel, »Ludwig Erhard – Mann und Mythos«, in: Krane, *Nach-Denken*, S. 114.

27 Erhard, *Wohlstand*, S. 14.

28 Erhard, »Wirtschaft und Wirtschaftsordnung in der modernen Politik«, Kapitel in der Festschrift für Jacques Rueff, 6. Juni 1966, in: *Gedanken*, S. 1016.

29 Erhard an Fritz Berg, »Zehn Thesen zur Verteidigung der Kartellverbotsgesetzgebung«, 10. Juli 1952, *Wirtschaft und Wettbewerb* 1–2 (1951–52): 733, LES NE 1 4)36, in: *Gedanken*, S. 354, und *DWP*, S. 208.

30 Erhard, »An die eigene Kraft glauben«, Rede, 26. April 1953, in: *Gedanken*, S. 366.

31 Erhard, »Markenwesen und Wettbewerb«, *Der Markenartikel*, Dezember 1954, 8, BAK B136/703, Bl. 56.

32 Erhard, »Unternehmer, Staat und Wirtschaft«, Rede, Essen, 17. Mai 1954, in: *Gedanken*, S. 397f.; Erhard, »Die Ziele des Gesetzes gegen Wettbewerbsbeschränkungen«, Rede, Bundestag, 24. März 1955, in: *Gedanken*, S. 434f.

33 Erhard, »An die eigene Kraft glauben«, S. 365.

34 Erhard, »Zusammenschluß und Wirtschaftssicherheit«, *Die Neue Zeitung*, 23. September 1946, in: *Gedanken*, S. 68.

35 Erhard, »Soziale Ordnung schafft Wohlstand und Sicherheit«, Rede, Köln. 26. April 1961, in: *DWP*, S. 572; Mai, »Erhard's Social Market Economy«, S. 334.

36 Erhard, Rede anlässlich der zweiten Zusammenkunft der Aktionsgemeinschaft Soziale Marktwirtschaft, Bad Godesberg, 19. November 1953, S. 13, LES NE 459A, 459B und NE 80.

37 Erhard, Rede »Freies Unternehmertum und Kartellgesetz«, 16. September 1953, S. 1–2, LES NE 459A, 459B.

38 Erhard, Rede anlässlich der zweiten Zusammenkunft der Aktionsgemeinschaft Soziale Marktwirtschaft, Bad Godesberg, 19. November 1953, S. 16, LES NE 459A und 459B; Erhard, Rede, Hannover, 10. April 1959, S. 6f., LES NE 459B; Erhard, *Wohlstand*, S. 174.

39 Erhard an Berg, Bonn, 21. Januar 1953, S. 1f., LES NE I 4)36.

40 [Erhard], »Betr. Kartell- bzw. Monopolgesetz«, 4. November 1949, BAK B102/17076/1.

41 Erhard an Adenauer, »Kartellgesetz in binnen- und aussenwirtschaftlicher Betrachtung«, Bonn, 1. Juli 1954, S. 1, LES NE I 1)3.

42 Erhard, »Kartelle im Blickpunkt der Wirtschaftspolitik«, *Der Volkswirt*, 16. Dezember 1949, in: *Gedanken*, S. 217, und *Wohlstand*, S. 162.

43 Günther, Entwurf, »Niederschrift über eine Besprechung zwischen Vertretern der Industrie und Prof. Erhard am 17. 11. 49 in Bonn«, Bonn, 18. November 1949, S. 7, BAK B102/17076/2; Erhard, »Der Stand der Kartelldebatte«, Bonn, 9. Juli 1954, S. 5, 7, BAK B102/17084/2; Erhard,

»Kartelle im Blickpunkt der Wirtschaftspolitik«, *Der Volkswirt*, 16. Dezember 1949, in: *Gedanken*, S. 219ff.; Erhard, »Zehn Thesen«, LES NE I 4)36, in: *Gedanken*, S. 343, und *DWP*, S. 202.

44 Erhard, Rede, »Freiheit und Dissens«, *Aviemore*, 1. September 1968, S. 10, LES NE 827.

45 Erhard in einer Versammlung des Verwaltungsrats für Wirtschaft am 14. Januar 1948, zitiert in: Laitenberger, »Auf dem Weg«, S. 32.

46 Erhard, »Soziale Ordnung schafft Wohlstand und Sicherheit«, in: *DWP*, S. 580.

47 Erhard, Rede, »Freies Unternehmertum und Kartellgesetzgebung«, 16. September 1953, in: *Nürnberger Abhandlungen*, Heft 4 (Berlin, 1954), S. 7, in: LES NE 80 und 459A.

48 Erhard, »Markenwesen und Wettbewerb«, 3, BAK B136/703, Bl. 54.

49 Erhard, »Gesetz über ›Verhinderung wirtschaftlicher Machtzusammenballungen‹«, 4. Dezember 1946, S. 3, BAK Z1/650, Bl. 27.

50 Erhard, Rede, »Freies Unternehmertum und Kartellgesetzgebung«, 16. September 1953, S. 22, LES NE 80 und 459A.

51 Erhard, *Wohlstand*, S. 65, 133, 171. Siehe auch Erhard, »Freies Unternehmertum und Kartellgesetz«, S. 7.

52 Erhard für den *Industriekurier*, Düsseldorf, 21. Dezember 1953, S. 1, LES NE 459C.

53 Erhard, »Rangordnung der volkswirtschaftlichen Aufgaben«, *Die Neue Zeitung*, 18, 22. August 1947, in: *Gedanken*, S. 81.

54 Erhard, »Soziale Ordnung schafft Wohlstand und Sicherheit«, in: *DWP*, S. 574.

55 Erhard, »Gestern – Heute – Morgen«, Aufnahme, 9. Juni 1961, in: *Gedanken*, S. 700. Hier sollte betont werden, dass Erhard die Entschädigung des Staates Israel und der Juden, die anderswo lebten, unterstützte und einen einsamen Kampf darum kämpfte, die gesetzlichen Verjährungsvorschriften in Westdeutschland für die Verfolgung von NS-Kriegsverbrechern auszudehnen.

56 Erhard, »Soziale Ordnung schafft Wohlstand und Sicherheit«, in: *DWP*, S. 587.

57 Erhard, »Ausblicke«, in: *Gedanken*, S. 63.

58 Erhard, Artikel in der *Süddeutschen Zeitung*, 12. November 1955, zitiert in: *Wohlstand*, S. 90.

59 Erhard, *Wohlstand*, S. 15.

60 Ebenda, S. 16, S. 90.

61 Erhard, Rede, »Kühle Köpfe – starke Herzen«, Goslar, 22. Oktober 1950, in: *DWP*, S. 146ff., und *Gedanken*, S. 252ff.

62 Erhard, Rede, »Europäische Einigung durch funktionale Integration«, Paris, 7. Dezember 1954, in: *Gedanken*, S. 418.

63 Erhard, »Ausblicke«, in: *Gedanken*, S. 63.

64 *Kabinettsprotokolle*, Bd. 1, 1949, 11. Oktober 1949, TOP 1, S. 114f.

65 Erhard, »Kühle Köpfe«, in: *Gedanken*, S. 147f.

66 Erhard, »Gefahren auf dem Weg zum freien Aussenhandel«, in: *DWP*, S. 155ff.

67 Erhard, Rede »Zu Fragen der Europäischen Zahlungsunion«, Paris, 30. Oktober 1953, in: *Gedanken*, S. 390; Erhard, *Rückkehr*, S. 5ff.

68 Erhard, »An die eigene Kraft glauben«, in: *Gedanken*, S. 367; Eberhard Günther, »Gesetz gegen Wettbewerbsbeschränkungen – Entstehung und Auswirkungen«, in: Schröder u. a., *Beiträge*, S. 113, 118.

69 Sonderstelle Geld und Kredit, »Stenographischer Bericht der Sitzung vom 19. 2. 1948«, S. 15, BAK Z32/100, Bl. 90.

70 Erhard, Rede, »Der Arbeit einen Sinn geben«, Hamburg, 14. Mai 1957, in: *Gedanken*, S. 503.

71 Erhard, Rundfunkansprache, »Besinnung und Verantwortung in der Volkswirtschaft«, 12. März 1956, in: *Gedanken*, S. 474; Erhard, »Wirtschaft und Bildung«, *Der Volkswirt*, 17. August 1957, in: *Gedanken*, S. 514.

72 Erhard, *Wohlstand*, S. 248.

73 Erhard, Rede, »Handwerk hat Zukunft«, Köln, 2. Juli 1960, in: *Gedanken*, S. 629.

74 Wünsche, *Erhards Konzeption*, S. 107.

75 Nicholls, *Freedom with Responsibility*, S. 394.

76 Erhard, »Zehn Thesen«, LES NE I 4)36, NE 16, auch in: *Gedanken*, S. 351.

77 Erhard, »Soziologie des Kartellproblems«, *Deutsches Monatsblatt*, 15. Februar 1954, in: *Gedanken*, S. 393.

78 Erhard, »Freies Unternehmertum«, S. 8; Erhard, Aktionsgemeinschaft, Rede, S. 17; Deutscher Bundestag, »Kurzprotokoll der 188. Sitzung des Ausschusses für Wirtschaftspolitik (13. Ausschuß) am Donnerstag, dem 26. Februar 1953«, Bonn, S. 7–8, BAK B102/17083/1.

79 »Ludwig Erhard antwortet Otto A. Friedrich, Hamburg, und mit ihm der deutschen Wirtschaft«, *Die Welt*, 4. Januar 1950, in: *Gedanken*, S. 225; »Stenogramm über die Besprechung der Vertreter des Ruhrkohlebergbaus mit Herrn Bundeswirtschaftsminister Erhard am 1. 10. 57«, abgedruckt in: Abelshauser, »Kohle und Marktwirtschaft«, S. 505.

80 Erhard, Rede, »Mensch und Fortschritt«, Brüssel, 17. April 1958, in: *Gedanken*, S. 534f.

81 Erhard, »Der Arbeit einen Sinn geben«, in: *Gedanken*, S. 498.

82 Erhard, »Die wahren Feinde des deutschen Volkes«, *Frankfurter Allgemeine Zeitung*, 27. August 1960, in: *Gedanken*, S. 638.

83 Erhard, »Massenmenschen aus eigener Schuld«, *Der Wähler*, 1. Juni 1952, in: *Gedanken*, S. 345.

84 Erhard, »Mensch und Fortschritt«, in: *Gedanken*, S. 534f.

85 Hildebrand, *Von Erhard*, S. 38, S. 240.

86 Erhard, Rede, »Das Projekt der Freihandelszone«, Paris, 12. Februar 1957, in: *Gedanken*, S. 486f.; Erhard, *Wohlstand*, S. 280.

87 Erhard, in: Hunold, *Gegen die Brandung*, S. 15f.; Enders, »Integration oder Kooperation?«, S. 163.

88 Erhard an Röpke, Bonn, 10. Dezember 1957, LES NE I 4)59.

89 Erhard, »Haben wir aus der jüngsten Geschichte gelernt?«, *Die Zeit*, 5. Dezember 1961, in: *Gedanken*, S. 719.

90 Erhard an Adenauer, Bonn, 11. April 1956, S. 15, LES NE I 1)3; Erhard, »Kontinuität«, Gespräch mit William R. Hearst Jr., 20. Dezember 1962, in: *Gedanken*, S. 781ff.

91 Erhard an Röpke, Bonn, 23. Februar 1963, S. 4f., LES NE I 4)59; Erhard an Adenauer, Bonn, 25. September 1956, LES NE I 1)3; Erhard, »Wer ist ein guter Europäer?«, *Deutsche Korrespondenz*, 21. Juli 1955, in: *Gedanken*, S. 442ff.

92 Kabinettsprotokolle, Bd. 9, 1956, S. 620, TOP 1; Erhard, »Europäische Einigung durch funktionale Integration«, in: *Gedanken*, S. 418.

93 Erhard, Rede, »Planification – kein Modell für Europa«, Straßburg, 20. November 1962, in: *Gedanken*, S. 771ff.

94 Ebenda, S. 779.

95 Erhard, »Not und Elend sind nicht unabänderlich«, *Frankfurter Allgemeine Zeitung*, 10. November 1976, in: *Gedanken*, S. 1060ff.; Erhard, »Neue Aufgaben der finanziellen Entwicklungshilfe«, *Politisch-Soziale Korrespondenz*, 15. November 1960, in: *DWP*, S. 516ff.; Erhard, Rede, »Dank George C. Marshall«, Frankfurt/Main, 27. Oktober 1963, in: *Gedanken*, S. 847ff.; Erhard, »Der Mutlose wird stranden«, *Bonner Information aus erster Hand*, 8. Juli 1960, in: *Gedanken*, S. 631ff.

KAPITEL 3

1 Backer, *Priming the German Economy*, S. 188, Tabelle 6.1; Erhard, *Wohlstand*, S. 62; Görtemaker, *Geschichte*, S. 29; Weimer, *Wirtschaftsgeschichte*, S. 12, 17ff.

2 Nicholls, *Freedom with Responsibility*, S. 43, 131; Hughes, *Shouldering*, S. 26.

3 Ambrosius, *Durchsetzung*, S. 15.

4 Ebenda, S. 25; Hughes, *Shouldering*, S. 131.

5 Ambrosius, *Durchsetzung*, S. 20.

6 Nicholls, *Freedom with Responsibility*, S. 15f., 21.

7 Weimer, *Wirtschaftsgeschichte*, S. 56.

8 Nicholls, *Freedom with Responsibility*, S. 131.

9 Ambrosius, »Marktwirtschaft oder Planwirtschaft«, S. 93; Nicholls, *Bonn Republic*, S. 38; Eschenburg, *Jahre der Besatzung*, S. 246f.

10 Edinger, *Kurt Schumacher*, S. 10, 15f., 78–84.

11 Ambrosius, *Durchsetzung*, S. 62.

12 Ebenda, S. 14; Görtemaker, *Geschichte*, S. 32.

13 Schwarz, *Adenauer. Der Aufstieg*, S. 494.

14 Ambrosius, *Durchsetzung*, S. 15f.; Schwarz, *Adenauer. Der Aufstieg*, S. 346.

15 Ambrosius, *Durchsetzung*, S. 20f.

16 Ebenda, S. 16.

17 Ebenda, S. 16ff., 33ff.; Nicholls, *Freedom with Responsibility*, S. 237.

18 Ambrosius, *Durchsetzung*, S. 15, 39; Eschenburg, *Jahre der Besatzung*, S. 197f.

19 Ambrosius, *Durchsetzung*, S. 15, 17; Schwarz, *Adenauer. Der Aufstieg*, S. 374;

Weimer, *Wirtschaftsgeschichte*, S. 57; Nicholls, *Freedom with Responsibility*, S. 234.

20 U.S. Department of State, Office of Publications, *Germany, 1947–1949: The Story in Documents*, Washington 1950, S. 22–26, 29f.; Görtemaker, *Geschichte*, S. 24, 28.

21 Nicholls, *Bonn Republic*, S. 12–15, 53.

22 Birke, *Nation ohne Haus*, S. 127. Siehe dazu auch Backer, *Priming the German Economy*; Gimbel, *The American Occupation of Germany* (deutscher Titel: *Amerikanische Besatzungspolitik*); Balabkins, *Germany under Direct Controls*.

23 Beispiele für diese irrige Ansicht finden sich bei Caro, *Volkskanzler*, S. 105, und Hentschel, *Politikerleben*, S. 39.

24 Lukomski, *Mensch*, S. 59; Caro, *Volkskanzler*, S. 69; Laitenberger, *Nationalökonom*, S. 45.

25 Lukomski, *Mensch*, S. 59; Laitenberger, *Nationalökonom*, S. 44.

26 Erhard, »Gutachten zum wirtschaftlichen Wiederaufbau, Auszug (1945)«, S. 30f., in: *Gedanken*, S. 53f., und in: LES NE 729; Laitenberger, *Nationalökonom*, S. 45.

27 Laitenberger, *Nationalökonom*, S. 46.

28 Risse, »Alltag mit Erhard«, in: G. Schröder, *Beiträge*, S. 593.

29 Laitenberger, *Nationalökonom*, S. 461; Lukomski, *Mensch*, S. 60f.; Eschenburg, *Jahre der Besatzung*, S. 81.

30 Erhard, *Kriegsfinanzierung*, S. xxi.

31 Eschenburg, *Jahre der Besatzung*, S. 379ff.

32 Lukomski, *Mensch*, S. 65.

33 Bundesarchiv, Institut für Zeitgeschichte, *Akten zur Vorgeschichte der Bundesrepublik Deutschland 1945–1949*, Bd. 1, S. 1113, Dok. Nr. 45B.

34 Robert, *Konzentrationspolitik*, S. 97.

35 Erhard, »Gesetz über ›Verhinderung wirtschaftlicher Machtzusammenballungen‹«, 4. Dezember 1946, BAK Z1/650, Bl. 27–30.

36 »Comment of the Laenderrat Economic Council on the draft law of the American Military Government regarding ›Prohibition of Excessive Concentrations of Economic Power‹ (Antwortbrief RGO, vom 19. November 1946)«, BAK Z1/650, Bl. 7–9.

37 Ambrosius, *Durchsetzung*, S. 109.

38 Laitenberger, *Nationalökonom*, S. 50.

39 Ebenda, S. 48–51.

40 Metz, *Gründerväter*, S,54.

41 Lukomski, *Mensch*, S. 63.

42 Laitenberger, *Nationalökonom*, S. 52.

43 Ebenda, S. 47.

44 Ebenda, S. 47, 53; Lukomski, *Mensch*, S. 73.

45 Hentschel, *Politikerleben*, S. 42; Metz, *Gründerväter*, S. 58, 62; Laitenberger, *Nationalökonom*, S. 54f.

46 Laitenberger, *Nationalökonom*, S. 56f.; Metz, *Gründerväter*, S. 61.

47 Metz, *Gründerväter*, S. 61f.

48 Laitenberger, *Nationalökonom*, S. 58ff.; Laitenberger, »Auf dem Weg zur Währungs- und Wirtschaftsreform, S. 39.
49 Sonderstelle Geld und Kredit, »Protokoll über die 15. Sitzung vom 12. 11. 1947«, S. 2, BAK Z32/2, Bl. 61.
50 Ebenda.
51 Ebenda, S. 3f., Bl. 62f.
52 Ebenda, S. 4, Bl. 63.
53 Ebenda, S. 5, Bl. 64.
54 Erhard, »Deutung der Demontage«, *Der Wirtschaftsspiegel*, 15. November 1947, S. 425f., in: *Gedanken*, S. 83–90.
55 Erhard, »Bestimmungsgründe des deutschen Lebensstandards«, *Die Neue Zeitung*, 1. Dezember 1947, in: *Gedanken*, S. 91–94.
56 Sonderstelle Geld und Kredit, »Protokoll über die 34. Sitzung vom 14. 1. 1948«, S. 14f., BAK Z32/4, Bl. 15f.
57 Ebenda, S. 15, Bl. 16.
58 Sonderstelle Geld und Kredit, »Stenographischer Bericht der Sitzung vom 25. 2. 1948, Morgen«, S. 13, BAK Z32/10, Bl. 88.
59 Ebenda, S. 9, Bl. 94.
60 Ebenda, S. 20, Bl. 95.
61 Ebenda, S. 25, Bl. 100.
62 Laitenberger, *Nationalökonom*, S. 57.
63 Lukomski, *Mensch*, S. 79.
64 Hughes, *Shouldering*, S. 33, 38, 51; Laitenberger, *Nationalökonom*, S. 61; Hentschel, *Politikerleben*, S. 50.
65 Sonderstelle Geld und Kredit, »Stenographischer Bericht der Sitzung am 31. 3. 48. Beginn 9.30 Uhr«, S. 4, BAK Z32/11, Bl. 96.
66 Ebenda, S. 7, 15, Bl. 99, 107.
67 Ambrosius, *Durchsetzung*, S. 119f.
68 Hentschel, *Politikerleben*, S. 51.
69 Laitenberger, *Nationalökonom*, S. 62ff.; Metz, *Gründerväter*, S. 59, 111–114, 120f.
70 Laitenberger, *Nationalökonom*, S. 64.
71 Eschenburg, *Jahre der Besatzung*, S. 427; Metz, *Gründerväter*, S. 122.
72 Länderrat des Vereinigten Wirtschaftsgebietes, »Protokoll der 7. Besprechung der Wirtschaftsminister mit dem Direktor der Verwaltung für Wirtschaft am 19. 3. 1948«, Frankfurt/Main-Höchst, S. 2, BAK Z4/9, Bl. 57; G. Hardach, *Marshallplan*, S. 249. Siehe auch BAK Z13/68.
73 Erhard, »Der Weg in die Zukunft. Rede vor der 14. Vollversammlung des Wirtschaftsrates des Vereinigten Wirtschaftsgebietes, Frankfurt a. M., 21. April 1948«, in: *Gedanken*, S. 98.
74 Ebenda, S. 110.
75 Ebenda, S. 111.
76 Ebenda, S. 112f.
77 Ambrosius, *Durchsetzung*, S. 163.
78 Ebenda, S. 161.

79 Ebenda, S. 128.
80 Ebenda, S. 98, 107, 109.
81 Ambrosius, »Marktwirtschaft«, S. 100f.
82 Eschenburg, *Jahre der Besatzung*, S. 431; Metz, *Gründerväter*, S. 125; Ambrosius, *Durchsetzung*, S. 173.
83 Leonhard Miksch, »Das Problem der künftigen Wirtschaftsformen. Gedanken zur Wirtschaftsordnung«, in: *Der Wirtschaftsspiegel* (Januar 1948), S. 2–7, BAK Z8/23, Bl. 1–4.
84 Miksch, Entwurf, »Grundsätze der Wirtschaftspolitik für die der Währungsreform folgende Übergangsperiode«, II B 1 (Höchst), Mitte Februar 1948, S. 1f., BAK Z8/23, Bl. 7–8.
85 Ebenda.
86 BAK, *Akten zur Vorgeschichte*, Bd. 1, S. 393, Dok. Nr. 35.
87 Laitenberger, »Auf dem Weg«, S. 38.
88 BAK, *Akten zur Vorgeschichte*, Bd. 4, S. 457, Dok. Nr. 43.
89 Länderrat, Hauptreferat für Wirtschaft und Verkehr, »Kurzbericht über die Besprechung der Stellvertreter des Herrn Wirtschaftsministers und Senatoren des Vereinigten Wirtschaftsgebietes am 20. Mai 1948«, Jt/Fa, Frankfurt/Main, 21. Mai 1948, S. 1, BAK Z4/9, Bl. 33.
90 Laitenberger, *Nationalökonom*, S. 67f. Artikel 2 der ersten Durchführungsverordnung des Rationierungsgesetzes gab dem Direktor für Wirtschaft die Vollmacht, die Rationierung von Konsumgütern zu beenden.
91 BAK, *Akten zur Vorgeschichte*, Bd. 4, S. 517–21, Dok. Nr. 51.
92 Ebenda, S. 552ff., Dok. Nr. 55.
93 Wirtschaftsrat Drucksache Nr. 331, »Antrag des Verwaltungsrats. Entwurf eines Gesetzes über die wirtschaftlichen Leitsätze nach der Geldreform«, Frankfurt/Main, 1. Juni 1948, BAK Z4/7.
94 Jüngst, Länderrat, Hauptreferat für Wirtschaft, Verkehr und Arbeit, »Kurzbericht über die Sitzung des Ausschusses für Wirtschaft des Wirtschaftsrates am 10.6.1948«, S. 2, BAK Z4/11, Bl. 133.
95 Hentschel, *Politikerleben*, S. 69f.
96 Haffner, »Sitzung des Ausschusses für Wirtschaft«, 17. Juni 1948, S. 2, BAK Z4/11, Bl. 11.
97 Laitenberger, *Nationalökonom*, S. 67–72; Metz, *Gründerväter*, S. 125; Hentschel, *Politikerleben*, S. 69.
98 Laitenberger, *Nationalökonom*, S. 69.
99 Ebenda, S. 71; Koerfer, *Kampf*, S. 49; Lukomski, *Mensch*, S. 94; J. E. Smith, *Lucius Clay*, S. 485f.
100 Hentschel, *Politikerleben*, S. 73; Laitenberger, *Nationalökonom*, S. 72; Ambrosius, *Durchsetzung*, S. 183.
101 Erhard, »Der Neue Kurs«, Rundfunkansprache, 21. Juni 1948, in: *Gedanken*, S. 126. Siehe auch Erhard, *Deutsche Wirtschaftspolitik*, S. 62–68.
102 Erhard, »Der Neue Kurs«, S. 121.
103 Ebenda, S. 123.
104 Ebenda.

105 Ebenda, S. 124.

106 Laitenberger, *Nationalökonom*, S. 72f; Ambrosius, »Marktwirtschaft«, S. 102; Ambrosius, *Durchsetzung*, S. 183.

107 Ludwig-Erhard-Stiftung, *Die deutsche Wirtschaftsordnung 50 Jahre nach dem Leitsätzegesetz*, Bonn 1999, S. 117ff. Auch in BAK Z4/569, Bl. 142ff.

108 Erhard, *Wohlstand*, S. 29; Kramer, *The West German Economy*, S. 148; Wallich, *Mainsprings of the German Revival*, S. 70; Weimer, *Wirtschaftsgeschichte*, S. 44f.; Abelshauser, *Wirtschaftsgeschichte der Bundesrepublik Deutschland 1945–1980*, S. 74f.; Webber und Wildavsky, A *History of Taxation and Expenditure in the Western World*, S. 535–538.

109 Laitenberger, »Auf dem Weg«, S. 29, Anm. 3.

110 Metz, *Gründerväter*, S. 136f.; Hentschel, *Politikerleben*, S. 75.

111 Morsey (Hrsg.), *Adenauer Briefe 1947–1949*, S. 609, Nr. 984.

112 Ambrosius, *Durchsetzung*, S. 185ff.

113 Metz, *Gründerväter*, S. 165.

114 Erhard, »Generalstreik zur Rettung eines unhaltbaren Dogmas«, Rundfunkansprache, 11. November 1948, in: *Gedanken*, S. 162–165.

115 Erhard, Ludwig, »Im Streitgespräch mit Erik Nölting«, Frankfurt/Main, 14. November 1948, in: *Gedanken*, S. 166–181.

116 Görtemaker, *Geschichte*, S. 82.

117 Erhard, »Memorandum betreffend vertragliche Festlegung der Verbraucherhöchstpreise«, 10521, 3. Dezember 1948, BAK Z13/937.

118 Erhard, »Die wirtschaftliche Lage zu Beginn des Jahres 1949«, Rundfunkansprache, 25. Januar 1949, in: *Gedanken*, S. 182–185; Erhard, »Das Ende der Improvisationen«, *Der Tagesspiegel*, 23. April 1949, in: *Gedanken*, S. 201–205.

119 Abelshauser, *Die langen fünfziger Jahre*, S. 117.

120 »Sitzung des Ausschusses für Wirtschaft am 18. Januar 1949«, Frankfurt/Main, Protokoll Nr. 34, S. 4f., BAK Z4/12, Bl. 109f.; Ambrosius, *Durchsetzung*, S. 184.

121 Nicholls, *Freedom with Responsibility*, S. 130.

122 BAK, *Akten zur Vorgeschichte*, Bd. 5, S. 1063, Dok. Nr. 78, Anm. 20.

123 Nicholls, *Freedom with Responsibility*, S. 208, 211.

124 G. Hardach, *Marshallplan*, S. 250f.

125 Ambrosius, »Marktwirtschaft«, S. 100.

126 BAK, *Akten zur Vorgeschichte*, Bd. 4, S. 410f., Dok. Nr. 37.

127 Ambrosius, »Marktwirtschaft«, S. 99.

128 Dr. Martini, »Besprechung über den Marshall-Plan vom 1.7. im I. G. Gebäude«, Frankfurt/Main, 1. Juli 1948, BAK Z14/4; G. Hardach, *Marshallplan*, S. 252.

129 »Vermerk über die Besprechung mit dem Staatssekretär im Armeedepartment in Washington Mr. Vorhees [*sic!*] vom 9. August 1948 im I. G. Gebäude«, Frankfurt/Main, 17.4 [*sic!*] 1948, S. 2, BAK Z14/4.

130 Dr. Martini, »Vermerk über die Besprechung im I. G. Haus vom 13.8.1948«, Frankfurt/Main, 14. August 1948, S. 2, BAK Z14/4.

131 Ambrosius, »Marktwirtschaft«, S. 107.

132 Diese bezeichnende Äußerung wurde von A.J. Nicholls entdeckt. Siehe *Freedom with Responsibility*, S. 221.

133 Ebenda, S. 222.

134 E. Günther, »Entwurf eines deutschen Gesetzes gegen Wettbewerbsbeschränkungen«, S. 26; Robert, *Konzentrationspolitik*, S. 86; Gillen, *Deconcentration*, S. 5–10, 23f.; Martin, *All Honorable Men*, S. 6f., 13–16, 28–37, 155f.; Clay, *The Papers of General Lucius D. Clay*, S. 126; Stokes, *Divide and Prosper*, S. 43f., 46.

135 Martin, *All Honorable Men*, S. 178.

136 Balabkins, *Germany under Direct Controls*, S. 129.

137 Martin, *All Honorable Men*, S. 190.

138 E. Günther, »Entwurf«, S. 23f.

139 Ebenda, S. 25.

140 Ebenda, S. 26; Gillen, *Deconcentration*, S. 24; Martin, *All Honorable Men*, S. 199.

141 E. Günther, »Entwurf«, S. 28.

142 LTC G. H. Garde an die Militärgouverneure, »Military Government Law Entitled ›Prohibition of Excessive Concentration of German Economic Power«, Gesetz Nr. 56, 10. Februar 1947, BAK Z1/735, Bl. 128ff.; Gillen, *Deconcentration*, S. 26–30; E. Günther, »Entwurf«, S. 28. Auch in: U.S. Department of State, *Germany, 1947–1949*, S. 344–348.

143 U.S. Department of State, *Germany, 1947–1949*, S. 34f., 37f.; Robert, *Konzentrationspolitik*, S. 91.

144 Garland S. Ferguson an Kenneth C. Royall, »Report of the Committee Appointed to Review the Decartelization Program in Germany«, Washington, 15. April 1949, S. 63, National Archives, Washington, D.C., RG 331, Schachtel 6339; Martin, *All Honorable Men*, S. 257–261; Gillen, *Deconcentration*, S. 51f., 63; Peterson, *The American Occupation of Germany*, S. 129.

145 G.N. Macready, C.L. Adcock an den Vorsitzenden des Verwaltungsrats, »Decartelization«, BICO/Memo (48)58, Frankfurt/Main, 4. August 1948, BAK Z13/936 und 937.

146 Erhard an Pünder, »Konzernentflechtung. Hier: Errichtung einer deutschen Abteilung des Zweimächteausschusses für Dekartellisierungsfragen«, I B 5 (L401443/48), Frankfurt/Main-Höchst, BAK Z13/936 und 937; »Besprechung der Militärgouverneure mit bizonalen Vertretern in Frankfurt/Main«, 15. September 1948, BAK, *Akten zur Vorgeschichte*, Bd. 4, S. 796, Dok. Nr. 85; »Besprechung der Militärgouverneure mit bizonalen Vertretern in Frankfurt/Main«, 15. November 1948, BAK, *Akten zur Vorgeschichte*, Bd. 4, S. 944f., Dok. Nr. 99; Sahm an Krautwig, »Dekartellisierung«, Frankfurt/Main, 27. Juli 1949, BAK Z13/937.

147 Eberhard Günther, »Interner Vermerk über eine Besprechung zwischen dem Ferguson-Comitee zur Untersuchung der Tätigkeit der amerikanischen Militärregierung in Deutschland und Herrn Prof. Dr. Erhard am

21.12.1948 im IG-Hochhaus«, I B 6, Frankfurt/Main-Höchst, 22. Dezember 1948, BAK Z13/936.

148 Wirtschaftsrat des Vereinigten Wirtschaftsgebietes, Drucksachen 1949, Nr. 1093, 9. April 1949, »Mitteilung der Militärregierung, 29. März 1949, BICO/Memo (49)30 an Präsident des Wirtschaftsrats und Vorsitzenden des Länderrats, ›Deutsche Teilnahme an der Entkartellisierung‹«, BAK B102/17073. Auch in BAK B102/17071/4, B102/17076/1, B102/17083/2, B102/17088, und G.N. Macready, C.L. Adcock an Vorsitzenden des Zweizonen-Verwaltungsrats, Länderrat, »German Participation in Decartelization«, 29. März 1949, BAK Z13/937; E. Günther, »Entwurf«, S. 29.

149 Eberhard Günther, »Vermerk über eine Besprechung betr. Die Vorlage eines deutschen Gesetzes gegen Handelsmissbrauch und die Einrichtung einer deutschen Durchführungskommission zu diesem Gesetz am Mittwoch, dem 18.5.49 in der ›Insel‹«, Vertraulich, I B 6/Dr. Gü/Bru, Frankfurt/Main-Höchst, 20. Mai 1949, S. 2f., BAK B102/17076/1; Günther, »Vermerk einer Besprechung über eine Besprechung über die Schaffung eines deutschen Kartellgesetzes am 28.6.1949 im Rektorat der Universität Frankfurt«, Frankfurt/Main-Höchst, 30. Juni 1949, S. 6f., BAK B102/17071/3, auch in BAK B102/17076/1; Günther, »Vermerk über zwei Besprechungen mit dem Leiter der amerikanischen Dekartellierungsabteilung Colonel Bronson über die Grundlage des deutschen Dekartellierungsgesetzes«, I B 6, Dr. Gü/Schw, Frankfurt/Main-Höchst, 22. Juli 1949, BAK B102/17076/1.

150 Ambrosius, *Durchsetzung*, S. 26ff., 96f.; Schwarz, *Adenauer. Der Aufstieg*, S. 356, 373; Eschenburg, *Jahre der Besatzung*, S. 149, 436f.; Köhler, *Adenauer*, Bd. 1, S. 79, 142, 397f.

151 Adenauer an Maria Meyer-Sevenich, 2. Mai 1948, in: Morsey, *Adenauer Briefe 1947–1949*, S. 224f., Nr. 835. Meyer-Sevenich, die ihre politische Karriere als Marxistin begann, zählte zu den Gründern der CDU in Hessen und war zu der Zeit, als der Brief geschrieben wurde, Landtagsabgeordnete in Niedersachsen für die SPD. Siehe Morsey, *Adenauer Briefe 1945–1947*, S. 607.

152 Metz, *Gründerväter*, S. 132f.

153 Adenauer an Erhard, 9. August 1948, in: Morsey, *Adenauer Briefe 1947–1949*, S. 287, Nr. 919. Siehe auch Nr. 964, 4. Oktober 1948.

154 Metz, *Gründerväter*, S. 175–178.

155 Adenauer an Friedrich Holzapfel, 12. Februar 1949, in: Morsey, *Adenauer Briefe 1947–1949*, S. 406, Nr. 1085.

156 Erhard, »Grundlagen der deutschen Wirtschaftspolitik«, Referat vor dem Zonenausschuss der CDU der britischen Zone, Königswinter, 25. Februar 1949, in: *Gedanken*, S. 192f.

157 Ebenda, S. 193.

158 Ebenda, S. 197.

159 Metz, *Gründerväter*, S. 186.

160 Hentschel, *Politikerleben*, S. 84f.

161 Eschenburg, *Jahre der Besatzung*, S. 529, 535; Koerfer, *Kampf*, S. 59; Schwarz, *Adenauer. Der Aufstieg*, S. 423.

KAPITEL 4

1 Hans-Herbert Weber, in: Wünsche, *Korea-Krise*, S. 146.

2 Metz, *Gründerväter*, S. 234–40; Lukomski, *Mensch*, S. 126.

3 Metz, *Gründerväter*, S. 131.

4 Eschenburg, *Letzten Endes*, S. 172; Hildebrand, »Ludwig Erhard. Kanzler zwischen Politik und Wirtschaft«, S. 19; Rüdiger Altmann und Johannes Gross, »Gespräch über Erhard«, in: G. Schröder u. a., *Beiträge*, S. 28f.; Hentschel, *Politikerleben*, S. 42.

5 Koerfer, *Kampf*, S. 794.

6 Wolfram Langer, »Ohne Erhard sähe Deutschland anders aus«, in: Wünsche, *Weichenstellung*, S. 191f.

7 Schwarz, *Gründerjahre*, S. 41.

8 Laitenberger, *Nationalökonom*, S. 85.

9 *Kabinettsausschuß für Wirtschaft 1951–1953*, 21. Sitzung, TOP 7, Anmerkung 15, S. 52.

10 Hentschel, *Politikerleben*, S. 94; Metz, *Gründerväter*, S. 244.

11 Hentschel, *Politikerleben*, S. 117; Laitenberger, *Nationalökonom*, S. 98f., S. 105f.

12 G. Hardach, *Marshallplan*, S. 287f.; Schwarz, *Adenauer. Der Aufstieg*, S. 499.

13 Röpke, *Ist die Deutsche Wirtschaftspolitik richtig?*, S. 10, S. 18f.

14 Schwarz, *Gründerjahre*, S. 61; Lukomski, *Mensch*, S. 127f.; Hentschel, *Politikerleben*, S. 98ff.

15 *Kabinettsausschuß für Wirtschaft 1951–1953*, S. 80f.

16 Schwarz, *Gründerjahre*, S. 77.

17 Ebenda, S. 85; Erhard, *Wohlstand*, S. 45; Hentschel, *Politikerleben*, S. 112ff.; Laitenberger, *Nationalökonom*, S. 91f.; Abelshauser, *Die langen fünfziger Jahre*, S. 20; Abelshauser, *Wirtschaftsgeschichte*, S. 66f.; Lukomski, *Mensch*, S. 129.

18 Abelshauser, *Wirtschaftsgeschichte*, S. 64, Tabelle 11.

19 Erhard, »Zehn Thesen zur Verteidigung der Kartellverbotsgesetzgebung. Offener Brief an den Präsidenten des Bundesverbandes der Deutschen Industrie Fritz Berg«, 10. Juli 1952, in: *Gedanken*, S. 351, und in: LES NE I 4) 36 und NE 16; Hentschel, *Politikerleben*, S. 142.

20 Schwarz, *Gründerjahre*, S. 129; Lukomski, *Mensch*, S. 151.

21 Ehrlicher, »Deutsche Finanzpolitik seit 1945«, S. 6.

22 Erhard, *Wohlstand*, S. 47, 63f., 67; Abelshauser, *Wirtschaftsgeschichte*, S. 73ff.; Schwarz, *Gründerjahre*, S. 86; *Kabinettsprotokolle*, Bd. 4, 1951, S. 289, TOP 1, S. 681ff., TOP 1; Webber und Wildavsky, *History of Taxation*, S. 535ff.

23 Matthias Schmitt, »Aussenwirtschaftsprobleme der Bundesrepublik während der Korea-Krise«, in: Wünsche, *Korea-Krise*, S. 56f.; Schlarp, »Das Dilemma des westdeutschen Osthandels und die Entstehung des Ost-

Ausschusses der Deutschen Wirtschaft 1950–1952«, S. 232ff., 237f., 262f.; *Kabinettsprotokolle*, Bd. 4, 1951, S. 806f.

24 *Kabinettsausschuß für Wirtschaft 1951–1953*, S. 17.

25 Erhard an Mitarbeiter, »Zur wirtschaftspolitischen Lage«, 15. September 1950, LES NE 185A, abgedruckt in: Wünsche, *Korea-Krise*, S. 185ff., Dok. Nr. 2.

26 Hentschel, *Politikerleben*, S. 171.

27 Ebenda, S. 97; Laitenberger, *Nationalökonom*, S. 131.

28 Weimer, *Wirtschaftsgeschichte*, S. 89f.

29 Hentschel, *Politikerleben*, S. 134.

30 Erhard an Vocke, »Geld- und Kreditpolitik«, 2. August 1950, LES NE I 4)71, abgedruckt in: Wünsche, *Korea-Krise*, S. 183f., Dok. Nr. 1.

31 G. Hardach, *Marshallplan*, S. 299ff.; Laitenberger, *Nationalökonom*, S. 100f.

32 Erhard, »Kühle Köpfe – Starke Herzen«, Rede auf dem 1. Bundesparteitag der CDU, Goslar, 22. Oktober 1950, in: *Gedanken*, S. 252ff.

33 Erhard, »Vermerk zu der Frage, ob steuerliche Maßnahmen zur Förderung der Ausfuhr erforderlich sind«, 26. Oktober 1950, BAK B134/3268, abgedruckt in: Wünsche, *Korea-Krise*, S. 199ff., Dok. Nr. 6.

34 *Kabinettsprotokolle*, Bd. 3, 1950, *Wortprotokolle*, S. 806f.; auch abgedruckt in: Wünsche, *Korea-Krise*, S. 205f., Dok. Nr. 8.

35 G. Hardach, *Marshallplan*, S. 306; Hentschel, *Politikerleben*, S. 147f.

36 »Besprechung zwischen Ludwig Erhard (Bundesminister für Wirtschaft) und dem Wirtschaftsausschuß der Allierten Hohen Kommission (Vorsitz General McReady) auf dem Petersberg bei Bonn«, 19. Oktober 1950, BAK B102/12580/2, abgedruckt in: Wünsche, *Korea-Krise*, S. 197f., Dok. Nr. 5; Erhard an Adenauer, »Vorlage betr. Aufbringung von Mitteln für die unerläßlichen Investitionen in den deutschen Grundstoff- und Schlüsselindustrien«, 7. Februar 1951, LES NE I 1)2, abgedruckt in: Wünsche, *Korea-Krise*, S. 248–255, Dok. Nr.16; Adenauer an von Brentano, in: Morsey, *Adenauer Briefe 1951–1953*, S. 42, Nr. 15; Erhard, *Wohlstand*, S. 54; Laitenberger, »Einführung«, in: Wünsche, *Korea-Krise*, S. 162; Laitenberger, *Nationalökonom*, S. 101ff.; Hentschel, *Politikerleben*, S. 146ff., 154; Nicholls, *Freedom with Responsibility*, S. 282; Abelshauser, *Die langen fünfziger Jahre*, S. 23.

37 Laitenberger, *Nationalökonom*, S. 101ff.; Hentschel, *Politikerleben*, S. 146ff., S. 154.

38 G. Hardach, *Marshallplan*, S. 313; Abelshauser, »Ansätze«, S. 726f.; Abelshauser, *Die langen fünfziger Jahre*, S. 23; Abelshauser, *Wirtschaftsgeschichte*, S. 82.

39 Erhard, »Korea«, Rundfunkansprache, 15. September 1950, in: *Gedanken*, S. 242ff.

40 *Kabinettsprotokolle*, Bd. 2, 1950, Foto 7, auch in: Morsey, *Adenauer Briefe 1949–1951*, S. 297f., Nr. 335.

41 Erhard, »Rückblick und Ausblick«, *Rheinischer Merkur*, 1. Januar 1951, in: *Gedanken*, S. 269ff.

42 Erhard, »Zum amerikanischen Lohn- und Preisstop«, Rundfunkansprache, 27. Januar 1951, in: *Gedanken*, S. 274ff.

43 McCloy an Adenauer, Bonn, 6. März 1951, BAK B102/12580/1, abgedruckt in: Abelshauser, »Ansätze«, S. 734ff., Dok. 1 sowie in: Wünsche, *Korea-Krise*, S. 288ff., Dok. Nr. 27.

44 *Kabinettsausschuß für Wirtschaft 1951–1953*, S. 13, auch in: Erhard, *Gedanken*, S. 278–292, und Wünsche, *Korea-Krise*, S. 301ff., Dok. Nr. 33.

45 Adenauer an McCloy, Bonn, 27. März 1951, BAK B102/12580/2, abgedruckt in: Abelshauser, »Ansätze«, S. 739ff.

46 Roland Risse, in: Wünsche, *Korea-Krise*, S. 92; Ottmar Emminger, »Ordnungs- und währungspolitische Probleme während der Korea-Krise«, in: Wünsche, *Korea-Krise*, S. 23, 144.

47 Adenauer an Erhard, Bonn, 30. November 1949, in: Morsey, *Adenauer Briefe 1949–1951*, S. 140, Nr. 148.

48 Kabinettssitzung vom 17. Oktober 1950, *Kabinettsprotokolle*, Bd. 3, 1950, S. 44ff.

49 *Kabinettsausschuß für Wirtschaft 1951–1953*, S. 20.

50 Ebenda.

51 Adenauer an Erhard, Rhöndorf, 24. Februar 1951, in: Morsey, *Adenauer Briefe 1949–1951*, S. 351f. Original in: LES I 1)2.

52 Hentschel, *Politikerleben*, S. 150.

53 Erhard an Adenauer, »Koordinierung der Wirtschaftspolitik«, 2. März 1951, LES NE I 1)2, abgedruckt in: Wünsche, *Korea-Krise*, S. 282, Dok. Nr. 24.

54 Adenauer an Erhard, »Koordinierung der Wirtschaftspolitik«, 4. März 1951, LES NE I 1)2, abgedruckt in: Wünsche, *Korea-Krise*, S. 283, Dok. Nr. 25.

55 Adenauer an Erhard, Bonn, 19. März 1951, LES NE I 1)2, abgedruckt in: Wünsche, *Korea-Krise*, S. 341f., Dok. Nr. 37, und Morsey, *Adenauer Briefe 1951–1953*, S. 26ff., Nr. 3. Siehe auch Schwarz, *Adenauer. Der Aufstieg*, 566f.; Laitenberger, *Nationalökonom*, S. 104f.

56 Erhard an Adenauer, Bonn, 19. März 1951, LES NE I 1)2, abgedruckt in: Wünsche, *Korea-Krise*, S. 343ff., Dok. Nr. 38.

57 *Kabinettsausschuß für Wirtschaft 1951–1953*, S. 19ff.

58 Abelshauser, *Wirtschaftsgeschichte*, S. 64, Tabelle 11; G. Hardach, *Marshallplan*, S. 294, Tabelle 8; S. 298, Tabelle 9; Weimer, *Wirtschaftsgeschichte*, S. 91ff.

59 Erhard, *Wohlstand*, S. 60f., 64; Erhard, *Deutschlands Rückkehr*, S. 148f., S. 234f.; Laitenberger, *Nationalökonom*, S. 101; Matthias Schmitt, »Außenwirtschaftsprobleme der Bundesrepublik während der Korea-Krise«, in: Wünsche, *Korea-Krise*, S. 59ff.

60 Lukomski, *Mensch*, S. 160.

61 [Erhard], »Betr. Kartell- bzw. Monopolgesetz«, 4. November 1949, BAK B102/17076/1.

62 Günther, Entwurf, »Niederschrift über eine Besprechung zwischen Ver-

tretern der Industrie und Prof. Erhard am 17.11.49 in Bonn«, Bonn, 18. November 1949, BAK B102/17076/2.

63 Erhard an Adenauer, Bonn, 24. November 1949, S. 2, LES NE I 1)1.

64 [Erhard], Rede vor dem Bundestag zum dritten Entwurf des Kartellgesetzes, Ende November 1949, BAK B102/17076/4.

65 BMWi, »Unterschiede des Gesetzesentwurfs zur Sicherung des Leistungswettbewerbs (Josten-Entwurf) und des Gesetzes gegen Wettbewerbsbeschränkungen (Entwurf Günther, Petrick, Sievers)«, Frankfurt/Main-Höchst, 5. Dezember 1949, BAK B102/17075 und 17078/1. Zum Verhältnis zum US-amerikanischen Kartellgesetz siehe Mierzejewski, »America as Model?«, S. 220f.

66 *Kabinettsprotokolle*, Bd. 2, 1950, S. 118.

67 Ebenda, S. 125f.

68 Ollenhauer und (SPD) Fraktion, Antrag, »Entwurf eines Gesetzes gegen den Mißbrauch wirtschaftlicher Macht«, Drucksache Nr.405, Bonn, 18. Januar 1950, Anlage 6 an Petrick, Sievers, »Bericht«, Düsseldorf, 25. Oktober 1950, BAK B102/17083/2; Robert, *Konzentrationspolitik*, S. 140, 143.

69 »Auszug aus der Rede des Botschafters und Hohen Kommissars der Französischen Republik in Dortmund, Herrn André François-Poncet in Kassel am 24. Januar 1950«, BAK B102/17095.

70 Günther, »Vermerk über Besprechungen bei der Decartelization and Industrial Deconcentration Commission der HICOG am 17. März 1950«, I B 6 - 363 002 - 648/50, Frankfurt/Main-Höchst, S. 1f., BAK B102/17090.

71 Günther, »Aktenvermerk über eine Besprechung bei DIDEC (US) am 18.2.1950«, I B 6 - 362 002/363 001 - 497/50, Frankfurt/Main-Höchst, 22. Februar 1950, BAK B102/17090.

72 Günther, »Vermerk über eine Besprechung mit dem Chief Legal Division der amerikanischen Hohen Kommission (20.3.1950)«, I B 6 - 363 002/706/50, Frankfurt/Main-Höchst, 21. März 1950, BAK B102/177090.

73 BMWi, »Richtlinien für den Entwurf eines Gesetzes gegen Wettbewerbsbeschränkungen«, Mai 1950, abgedruckt in: Günther, »Entwurf«, S. 39f., Anlage 4.

74 Berg an Erhard, »Gesetz gegen Wettbewerbsbeschränkungen«, Altena, 22. Juni 1950, LES NE I 4)36.

75 Erhard an Berg, Bonn, 3. Juli 1950, LES NE I 4)36. Zur USA-Reise der Kartellkommission zum Studium des Kartellgesetzes siehe Mierzejewski, »America as Model?«, S. 221; Institut zur Förderung öffentlicher Angelegenheiten e.V., »Vortrag von Reg.-Direktor Dr. Eberhard Günther über ›Erkenntnisse aus der Amerikareise der Kartellkomission‹«, 13. November 1950, Frankfurt/Main, BAK B102/17097/3; »Bericht der deutschen Kommission zum Studium von Kartell- und Monopolfragen in den Vereinigten Staaten«, abgedruckt in: *Platow-Brief*, 23. August 1950, BAK B102/17096; Franz Böhm, »Vorläufiger Bericht der deutschen Kommission zum Studium von Kartell- und Monopolfragen in den Vereinigten Staaten«, 29. Dezember 1950, BAK B136/700, S. 329ff. Siehe auch Berg-

hahn, *Otto A. Friedrich*, S. 112f.; Berghahn, *Americanisation*, S. 168f., und Berghahn, »Amerikanisierung«, S. 243, S. 248f.

76 L. Handley-Derry an Dittmann im Bundeskanzleramt, AGSEC(50)1459, Bonn, Petersberg, 11. Juli 1950, BAK B102/17095.

77 Büro des amerikanischen Hohen Kommissars in Deutschland, »Decartelization and Industrial Decentralization«, 28. Juli 1950, BAK B102/17090.

78 Günther, »Vermerk über die Besprechung bei der Decartelization and Industrial Deconcentration Commission in Germany (amerikanischer Teil) am 14. 9. 1950 in Frankfurt/M«, I B 5 - 363 003 - 1644/50, Bonn, 22. September 1950, BAK B102/17090; »Von Dr. Günther am 14.9. telefonisch durchgegeben. Besprechung am 14. 9. 1950, 10:00 Uhr, im IG Hochhaus«, BAK B102/17090.

79 Günther, »Vermerk über die Besprechung mit Vertretern der Allierten Hohen Kommission am 17. 10. auf dem Petersberg über den Entwurf eines Gesetzes gegen Wettbewerbsbeschränkungen«, I B 5 - 363 006 - 1770/50, Bonn, 18. Oktober 1950, BAK B102/17090, B136/700, S. 197ff.; Robert, *Konzentrationspolitik*, S. 133.

80 BDI, »Entschließung des Bundesverbandes der Deutschen Industrie zum Entwurf eines Gesetzes gegen Wettbewerbsbeschränkungen«, Köln, 9. November 1950, BAK B136/700, S. 342ff.

81 Epphardt, »Kurzvermerk über eine Besprechung mit Präsident Berg, Dr. Jung, Dr. Beutler, Dr. Niemeier und anderen Herren des Bundesverbandes der Deutschen Industrie über den Kartellgesetzentwurf«, Bonn, 31. Januar 1951, BAK B102/17076/4.

82 Robert, *Konzentrationspolitik*, S. 97. Siehe auch BAK B102/17081/4.

83 *Kabinettsausschuß für Wirtschaft 1951–1953*, S. 85f., 7. Sitzung, 6. Juli 1951, TOP 7.

84 Günther, »Vermerk. Btr.: Besprechung über den Entwurf eines Gesetzes gegen Wettbewerbsbeschränkungen mit Vertretern der Decartelization and Industrial Deconcentration Division der HICOG am 13. 8. 1951 in Frankfurt/M., IG-Hochhaus«, I B 5 - 363 003, Bonn, 14. August 1951, S. 3, BAK B102/17079/2.

85 *Kabinettsausschuß für Wirtschaft 1951–1953*, S. 123ff., 14. Sitzung, 24. Oktober 1951, TOP 3.

86 *Kabinettsprotokolle*, Bd. 4, 1951, S. 743f., 184. Sitzung, 7. November 1951, TOP 5; Günther an Rust, Bonn, 17. Januar 1952, BAK B136/701, S. 120ff.; Günther, »Vermerk über eine Besprechung mit Brigadier Oxborrow über alliierte Änderungswünsche zum Entwurf eines Gesetzes gegen Wettbewerbsbeschränkungen«, I B 5, Bonn, 24. Januar 1952, BAK B102/17090; *Kabinettsprotokolle*, Bd. 5, 1952, S. 120f., 203. Sitzung, 22. Februar 1952, TOP 4; Robert, *Konzentrationspolitik*, S. 158, S. 161ff.

87 Erhard, »Zehn Thesen zur Verteidigung der Kartellverbotsgesetzgebung.« Offener Brief an den Präsidenten des Bundesverbandes der Deutschen Industrie Fritz Berg. 10. Juli 1952, in: *Gedanken*, S. 347ff.

88 Berg an Erhard, 6. Oktober 1952, abgedruckt in: *Wirtschaft und Wettbewerb* (1952), S. 857ff., LES NE 16.

89 Guido Ziersch an Adenauer, Wuppertal-Barmen, 13. Januar 1953, BAK B136/701, S. 366ff.; *Kabinettsprotokolle*, Bd. 6, 1953, S. 124f., 270. Sitzung, TOP A.

90 Erhard an Berg, Bonn, 21. Januar 1953, LES NE I 4)36.

91 [BMWi], »Änderungserfordernisse zum Kartellgesetzentwurf«, Vertraulich, 18. April [1953], BAK B102/17083/1; Günther an Ulrich Meyer-Cording, 24. Februar 1953, S. 2, BAK B102/192483.

92 Günther, »Vermerk über eine Besprechung mit Mitgliedern der Amerikanischen Hohen Kommission am 25. 11. 1952«, I B 5, 27. November 1952, BAK B102/17090; Günther, »Vermerk über eine Besprechung mit dem Leiter der Amerikanischen Kartellabteilung bei HICOG über Fragen der Preisbindung der zweiten Hand am 5. 3. 1953 in Mehlem«, I B 5, Bonn, 9. März 1953, BAK B102/17090; Günther, »Vermerk über eine Besprechung mit Vertretern der amerikanischen Hohen Kommission in Mehlem am 23. 4. 1953, 9.30 Uhr«, I B 5, 28. April 1953, BAK B102/17090.

93 Robert, *Konzentrationspolitik*, S. 227.

94 Lindlar, *Wirtschaftswunder*, S. 220; Hughes, *Shouldering*, S. 28.

95 *Kabinettsprotokolle*, Bd. 1, 1949, S. 132ff.

96 Ebenda, S. 44.

97 Hockerts, »Integration der Gesellschaft«, S. 35.

98 *Kabinettsprotokolle*, Bd. 2, 1950, S. 651ff.

99 *Kabinettsausschuß für Wirtschaft 1951–1953*, S. 142–143, 17. Sitzung, 21. Februar 1952, TOP 2.

100 Lindlar, *Wirtschaftswunder*, S. 221; Lukomski, *Mensch*, S. 156.

101 Lindlar, *Wirtschaftswunder*, S. 218, Tabelle 5.9.

102 Sommariva und Tullio, *German Macroeconomic History*, S. 55, Tabelle 1.24.

103 Schwarz, *Gründerjahre*, S. 85, 327f.

104 Lindlar, *Wirtschaftswunder*, S. 49, S. 334f.; Hentschel, *Politikerleben*, S. 165ff.; Ambrosius, *Durchsetzung*, S. 182.

105 Hentschel, *Politikerleben*.

106 Abelshauser, *Wirtschaftsgeschichte*, S. 24, 32, 44, 46f., 51, 63, 86ff., 94ff. Siehe auch die Widerlegung in: Klump, *Wirtschaftsgeschichte der Bundesrepublik Deutschland*, S. 29ff.

107 Als Beleg hierfür siehe Ritschl, »Währungsreform«.

KAPITEL 5

1 Schumpeter, *Capitalism, Socialism and Democracy*, S. 131–163 (deutscher Titel: *Kapitalismus, Sozialismus und Demokratie*).

2 Hayek, *The Road to Serfdom* (deutsche Sonderausgabe: *Der Weg zur Knechtschaft*).

3 Zu der Zeitschrift *Die Waage* siehe Spicka, »Gender, Political Discourse, and the CDU/CSU Vision of the Economic Miracle, 1949–1957«, S. 305–332, sowie »Selling the Economic Miracle: Public Opinion Re-

search, Economic Reconstruction, and Politics in West Germany, 1949–1957«, in: *German Politics and Society* 20 (2002), S. 49–67.

4 Erhard, *Wohlstand*, S. 240ff.; Hentschel, *Politikerleben*, S. 194.

5 Nicholls, *Freedom with Responsibility*, S. 362, Tabellen 4 und 5; Erhard, *DWP*, S. 622f.; Schwarz, *Gründerjahre*, S. 320f.

6 BMWi, »Bericht über die wirtschaftliche Lage und die wirtschaftspolitischen Probleme und Aufgaben in der Bundesrepublik«, Bonn, 31. Oktober 1953, BAK B136/1358. Siehe auch Hentschel, *Politikerleben*, S. 201.

7 *Kabinettsprotokolle*, Bd. 6, 1953, S. 492, TOP 1.

8 Erhard an Adenauer, Bonn, 7. Juli 1954, LES NE I 1)3; auch in ACDP I-236-029/2.

9 Schwarz, *Gründerjahre*, S. 324f.

10 *Kabinettsausschuß für Wirtschaft 1954–1955*, S. 322, TOP 1; Erhard, *Wohlstand*, S. 94.

11 Erhard, »Ein wirtschaftliches Gebot«, Rundfunkansprache, 7. September 1955, in: *Gedanken*, S. 446–450; Erhard, »Zur Arbeitszeitfrage«, *Bunte Illustrierte* (Mai 1955), in: *Gedanken*, S. 440f.; *Kabinettsausschuß für Wirtschaft 1954–1955*, S. 374f.

12 Erhard, »Regierungserklärung zur konjunkturpolitischen Lage«, 10. Oktober 1955, in: *DWP*, S. 291–301; *Kabinettsprotokolle*, Bd. 8, 1955, S. 621f., TOP D.

13 *Kabinettsprotokolle*, Bd. 8, 1955, S. 647f., TOP D 5.

14 *Kabinettsprotokolle*, Bd. 9, 1956, S. 96f., TOP A.

15 Ebenda, S. 243, TOP 2.

16 Adenauer an Erhard, 17. März 1956, in: Morsey, *Adenauer Briefe 1955–1957*, S. 166ff., Nr. 124.

17 Adenauer an Erhard, 21. März 1956, in: ebenda, S. 169ff., Nr. 126.

18 Erhard an Adenauer, Bonn, 11. April 1956, S. 2, LES NE I 1)4.

19 Ebenda, S. 13.

20 *Kabinettsprotokolle*, Bd. 9, 1956, S. 352, TOP 1.

21 Koerfer, *Kampf*, S. 112f.

22 *Kabinettsprotokolle*, Bd. 8, 1955, S. 548f., TOP D.

23 Adenauer an Pferdmenges, 18. Mai 1956, in: Morsey, *Adenauer Briefe 1955–1957*, S. 201, Nr. 158.

24 *Kabinettsausschuß für Wirtschaft 1956–1957*, S. 530–533, Anhang 1, Dok. 5.

25 Koerfer, *Kampf*, S. 113.

26 Erhard an Adenauer, 22. Mai 1956, LES NE I 1)4, nachgedruckt in: Koerfer, *Kampf*, S. 113ff.

27 Adenauer an Erhard, Bonn, 22. Mai 1956, in: Morsey, *Adenauer Briefe 1955–1957*, S. 203f., Nr. 160.

28 Schwarz, *Gründerjahre*, S. 323.

29 *Kabinettsprotokolle*, Bd. 9, 1956, S. 377–382, 24. Mai 1956, TOP 1.

30 *Kabinettsausschuß für Wirtschaft 1956–1957*, S. 180, 184, 5. Juni 1956, TOP 1.

31 *Kabinettsprotokolle*, Bd. 9, 1956, S. 399, 6. Juni 1956, TOP 4. Zu der Aus-

einandersetzung nach Adenauers kritischen Bemerkungen im Frühjahr 1956 siehe Köhler, *Adenauer*, Bd. 2, S. 368–374.

32 *Kabinettsprotokolle*, Bd. 9, 1956, S. 434–440, 19. Juni 1956, TOP 2.

33 Erhard, »Regierungserklärung zur konjunkturpolitischen Lage«, 22. Juni 1956, in: *DWP*, S. 311–327.

34 *Kabinettsausschuß für Wirtschaft 1956–1957*, S. 232f., 27. Juli 1956, TOP 1.

35 Erhard, »Zur Suez Krise«, Rundfunkansprache, 30. November 1956, in: *DWP*, S. 328–332.

36 Erhard an Staatssekretär im Bundeskanzleramt, »Preisentwicklung in der Bundesrepublik«, I B 1 - 8672/56, Bonn, 19. Januar 1957, BAK B136/769, Bl. 346–350.

37 Zitiert von Albrecht Düren, »Ludwig Erhards Verhältnis zu organisierten wirtschaftlichen Interessen«, in: G. Schröder u. a., *Beiträge*, S. 61.

38 Erhard, »Freies Unternehmertum und Kartellgesetz«, Rede, Nürnberg, 16. September 1953, S. 10, LES NE 459A, auch in NE 80.

39 Ebenda, S. 15f.

40 Ernst-Joachim Mestmäcker, »Konstituierung und Sicherung der Wettbewerbsordnung«, in: Wünsche, *Weichenstellungen*, S. 58.

41 Müller-Armack an Erhard, »Entwicklung der Kartellfrage«, I B 5 - 363 001, Bonn, 9. Juli 1954, S. 5, BAK B136/702, Bl. 232.

42 Epphardt an L 2, »Gesetzesvorhaben – hier: Entwurf eines Gesetzes gegen Wettbewerbsbeschränkungen«, Bonn, 29. Oktober 1953, BAK B102/192483.

43 Erhard, Rede auf dem zweiten Treffen der Aktionsgemeinschaft Soziale Marktwirtschaft, Bad Godesberg, 19. November 1953, LES NE 459A und NE 459B.

44 »Rede Präsident Berg bei der Industrie- und Handelskammer Hagen am 4. Dezember (1953), 17.00 Uhr«, BAK B136/701, Bl. 388–399.

45 Erhard an Adenauer, Bonn, 7. Dezember 1953, LES NE I 1)3.

46 Haenlein an Globke, »Entwurf des Kartellgesetzes«, Bonn, 17. Dezember 1953, BAK B136/701, Bl. 400; Berghahn, *Otto A. Friedrich*, S. 121.

47 Müller-Armack, »Vermerk über den Verlauf der Verhandlungen mit dem Bundesverband der Deutschen Industrie zur Einbringung des Kartellgesetzes«, Bonn, 2. März 1954, S. 1, BAK B102/17084/2; Hüttenberger, »Wirtschaftsordnung und Interessenpolitik in der Kartellgesetzgebung der Bundesrepublik 1949–1957«, S. 301.

48 Müller-Armack, »Vermerk«, S. 1–4; Haenlein, »Weitere Behandlung des Kartellgesetzes«, Referat 6 - 61010 - 300/54II, Bonn, 24. Februar 1954, BAK B136/702, Bl. 84; Berg an Erhard, Altena, 6. Februar 1954, BAK B102/17084/2, auch in B102/17085/1; Guido Ziersch an Adenauer, Wuppertal-Barmen, 8. Februar 1954, BAK B136/702, Bl. 44–46; Telegramm, Berg an Adenauer, 18. Februar 1954, BAK B102/17084/2, auch in B102/17085/1; Seibt, »Telefonische Durchgabe für Herrn Minister über Herrn Prof. Dr. Müller-Armack«, 23. Februar 1954, BAK B102/192483; Seibt an Müller-Armack und Erhard, »Kartellgesetzentwurf«, L1-L4-

2/302/54, Bonn, 23. Februar 1954, BAK B102/17084/2, auch in BAK B102/17085/1.

49 Berghahn, *Otto A. Friedrich*, S. 123.

50 Müller-Armack an Erhard, »Entwicklung der Kartellfrage«, I B 5 - 363 001, Bonn, 9. Juli 1954, S. 5, BAK B136/702, Bl. 232. Siehe auch Hentschel, *Politikerleben*, S. 205.

51 Kamberg, »Vermerk. Besprechung mit dem Arbeitskreis der Industrie über den Entwurf eines Gesetzes gegen Wettbewerbsbeschränkungen am 20. März 1954«, I B 5, Bonn, 21. April 1954, S. 1, BAK B136/702, Bl. 97.

52 Ebenda, S. 3, Bl. 99.

53 Erhard, »Unternehmer, Staat und Wirtschaft«, Essen, 17. Mai 1954, in: *Gedanken*, S. 404.

54 Haenlein an Globke, »Stand der Verhandlungen über das Kartellgesetz«, Bonn, 23. Juni 1954, BAK B136/702, Bl. 202.

55 Erhard an Adenauer, »Kartellgesetz in binnen- und außenwirtschaftlicher Betrachtung«, Bonn, 1. Juli 1954, LES NE I 1)3.

56 Berg an Adenauer, 6. Juli 1954, BAK B102/17085/1.

57 Erhard an Adenauer, 7. Juli 1954, LES NE I 1)3, auch in ACDP I-236-029/2.

58 Erhard, »Der Stand der Kartelldebatte«, 9. Juli 1954, Bonn, S. 9, BAK B102/17084/3.

59 Erhard an Adenauer, Bonn, 14. Juli 1954, BAK B102/17085/1, auch in BAK B136/702, Bl. 25, und LES NE I 1)3; Ziervogel an Berg, Essen, 13. Juli 1954, BAK B102/17085/1.

60 Hornscher an Haenlein, »Kartellgesetz. Hier: Besprechung mit den Vertretern des Bundesverbandes der Deutschen Industrie am 22. 7. 1954, 10.00 Uhr im Bundeswirtschaftsministerium«, 6-61010-1504/54 II, Bonn, 22. Juli 1954, BAK B136/702, Bl. 252f.; Berghahn, *Otto A. Friedrich*, S. 126.

61 Epphardt an [Erhard], »Besprechungen mit dem Arbeitskreis Kartellgesetz des Bundesverbandes der Deutschen Industrie«, I B 5, Bonn, 16. Oktober 1954, S. 1, BAK B136/702, Bl. 303; Epphardt, »Vermerk, Betr. Besprechungen mit dem Arbeitskreis Kartellgesetz des Bundesverbandes der Deutschen Industrie über den ›Entwurf eines Gesetzes gegen Wettbewerbsbeschränkungen‹«, I B 5, Bonn, 18. Oktober 1954, BAK B102/17084/2; Berg an Erhard, Altena, 29. Oktober 1954, BAK B102/17084/1, Bl. 531f.; BDI, »Formulierungsvorschläge. Arbeitskreis Kartellgesetz BDI« [am oder vor dem 15. November 1954], BAK B102/192498.

62 *Kabinettsprotokolle*, Bd. 8, 1955, S. 88, 19. Januar 1955, TOP 4; Hüttenberger, »Wirtschaftsordnung«, S. 304.

63 Erhard, »Die Ziele des Gesetzes gegen Wettbewerbsbeschränkungen«, Rede im Bundestag, 24. März 1955, in: *Gedanken*, S. 434f.

64 Günther an Erhard, »Gesetz gegen Wettbewerbsbeschränkungen«, vertraulich, 29. März 1955, BAK B102/192484.

65 Günther, »Vermerk über eine Besprechung mit dem amerikanischen

Hochkommissar Prof. Conant am 1. Oktober 1953 in Mehlem«, Bonn, 2. Oktober 1953, BAK B102/17090; Günther, »Vermerk über eine Besprechung mit M. Bernard, Mitglied der DIDEG, am 3.11.1953 in Bonn«, Bonn, 6. November 1953, BAK B102/17090; Epphardt, »Vermerk, Betr.: Außerkrafttreten des II. Teiles des Überleitungsvertrages (Dekartellierung und Entflechtung)«, Bonn, 9. Oktober 1954, BAK B102/17090; »Welche Beschränkungen bleiben?«, *Handelsblatt*, 11. Oktober 1954, BAK B102/12476a; Epphardt an Hohmann, »Weggang von Mr. Disney«, Bonn, 7. Dezember 1954, BAK B102/17090; *Kabinettsausschuß für Wirtschaft 1954–1955*, S. 307, 14. Februar 1955, TOP 3; Erhard an Staatssekretär im Bundeskanzleramt, »Anwendung der Kartellgesetze; hier: Schreiben der Bundestagsabgeordneten Dr. Dr. Müller und Dr. Alexander Ellbrächter«, I B 5 - 1666/55 1667/55, Bonn, 21. Juli 1955, BAK B102/192484; Günther, »Vermerk, Beantwortung der Briefe der Abgeordneten Dr. Dr. Müller und Dr. Ellbrächter an den Herrn Bundeskanzler«, I B 5 - 1666/55, Bonn, 26. Juli 1955, BAK B102/192484; Hornscher an Haenlein, »Gesetz gegen Wettbewerbsbeschränkungen«, Bonn, 8. Oktober 1955, BAK B136/703, Bl. 86.

66 Günther an Erhard, »Sitzung des wirtschaftlichen Ausschusses der CDU ... am 4.9.1956«, I B 5 - 2735/56, Bonn, 31. August 1956, Anhang 2, »Stand der Beratungen des Entwurfs eines Gesetzes gegen Wettbewerbsbeschränkungen«, BAK B102/192485; Berg an Erhard, Altena, 10. Januar 1957, LES NE I 4)36; Bethusy-Huc, *Demokratie und Interessenpolitik*, S. 68, 73.

67 *Kabinettsprotokolle*, Bd. 9, 1956, S. 480, 11. Juli 1956, TOP 7.

68 Hüttenberger, »Wirtschaftsordnung«, S. 295, 306f.; Robert, *Konzentrationspolitik*, S. 182, 374, 381, 386; Berghahn, *Otto A. Friedrich*, S. 133.

69 Koerfer, *Kampf*, S. 153; Schwarz, *Gründerjahre*, S. 335.

70 Koerfer, *Kampf*, S. 138; Hentschel, *Politikerleben*, S. 260. Siehe dazu auch Hentschels irrtümliche Behauptung, Erhard habe geglaubt, Sozialpolitik sei ein Fehler, in: *Lehrstück*, S. 40.

71 Siehe Hockerts, *Sozialpolitische Entscheidungen im Nachkriegsdeutschland*, S. 91, 176, 181, 186, 190, 208f.

72 Ebenda; Hockerts, »Adenauer als Sozialpolitiker«, S. 476f.; Hockerts, »Integration der Gesellschaft«, S. 36–38.

73 Erhard an Storch, »Rentenaufwertung«, II A 3-5737/53, Bonn, 22. Dezember 1953, BAK B136/1358; Erhard an Storch, »Rentenaufwertung«, Z A 3-616/54, Bonn, 5. März 1954, BAK B136/1358; Hockerts, »Integration der Gesellschaft«, S. 37; Hockerts, *Sozialpolitische Entscheidungen*, S. 265.

74 Erhard an Staatssekretär im Bundeskanzleramt, »Altersversorgung der freien Berufe«, Z A 1-871/54, Kabinettssache, 23. September 1954, BAK B102/8301; Hockerts, *Sozialpolitische Entscheidungen*, S. 266f.

75 »Auszugsweise Abschrift aus dem Protokoll über die 63. Kabinettssitzung«, 14. Dezember 1954, BAK B136/1385; auch in: B102/40896 und *Kabinettsprotokolle*, Bd. 7, 1954, S. 562f., TOP 1; Adenauer an Kabinettsminister, »Entwicklung zum Versorgungsstaat«, 7-810000-201/55, Bonn, 16. Januar 1955, BAK B102/40896 und B136/1281, Bl. 55f.

76 »Aus der Rede des Bundesministers für Wirtschaft Professor Dr. Ludwig Erhard anläßlich der Eröffnung der Handwerksmesse am 6. Mai 1955«, BAK B102/8301.

77 Erhard an Adenauer, »Entwicklung zum Versorgungsstaat«, Bonn, 24 Mai 1955, S. 5, BAK B102/40896, auch in BAK B102/8301 und B136/1385.

78 Ebenda, S. 4.

79 Erhard an Staatssekretär im Bundeskanzleramt, »Grundgedanken zur Gesamtreform der sozialen Leistungen«, Z A 3-564/55, Bonn, 21. Mai 1955, BAK B136/1879, Bl. 77–84.

80 Deutschland, Bundesregierung, *Die Kabinettsprotokolle der Bundesregierung. Ministerausschuß für Sozialreform 1955–1960*, herausg. von Bettina Martin-Weber, München 1999, S. 27.

81 Wilfried Schreiber, »Existenzsicherheit in der industriellen Gesellschaft«, Bonn, 13. Dezember 1955, BAK B136/1384, Bl. 77–98, nachgedruckt in: *Ministerausschuß für Sozialreform*, S. 127–131.

82 *Ministerausschuß für Sozialreform*, S. 132f.

83 Wilfried Schreiber, »Zur Reform der gesetzlichen Rentenversicherungen. Memorandum zu Ergänzungen meines Referats vor dem ›Ministerausschuss für die Sozialreform‹ zu Bonn, am 13. Dezember 1955«, 31. Dezember 1955, BAK B136/760, Bl. 3–34, nachgedruckt in: *Ministerausschuß für Sozialreform*, S. 296–311.

84 *Ministerausschuß für Sozialreform*, S. 143; Hockerts, *Sozialpolitische Entscheidungen*, S. 327f.

85 *Ministerausschuß für Sozialreform*, S. 154–159; Hockerts, *Sozialpolitische Entscheidungen*, S. 333.

86 Pühl, »Vermerk für die Kabinettssitzung. Betr.: Entwurf eines Gesetzes zur Neuregelung des Rechts der Rentenversicherung der Arbeiter und der Angestellten (Rentenversicherungsgesetz)«, Bonn, 14. Mai 1956, S. 1, BAK B136/756, Bl. 211.

87 Pühl an Adenauer, Globke, »Entwurf eines Gesetzes über die Neuregelung der Rentenversicherung der Arbeiter und der Angestellten (Rentenversicherungsgesetz – RVG)«, Bonn, 19. Mai 1956, BAK B136/756, Bl. 261f.; Hockerts, *Sozialpolitische Entscheidungen*, S. 348f.

88 Hockerts, *Sozialpolitische Entscheidungen*, S. 350f.

89 Ebenda, S. 401f.

90 Erhard an Adenauer, Bonn, 8. Oktober 1956, LES NE I 1)4.

91 Hockerts, *Sozialpolitische Entscheidungen*, S. 404.

92 dpa-Meldung 101, »Erhard: ›keine Bindung der Renten an Löhne und Preise‹«, Köln, 25. Oktober 1956, BAK B136/758, Bl. 270; Hockerts, *Sozialpolitische Entscheidungen*, S. 405.

93 Adenauer an Erhard, persönlich-privat, Bonn, 26. Oktober 1956, BAK B136/758, Bl. 280, auch in LES NE I 1)4; Adenauer an Erhard, Bonn, 26. Oktober 1956, BAK B136/758, Bl. 281f.; Hockerts, *Sozialpolitische Entscheidungen*, S. 407.

94 Hugo Scharnberg an Erhard, Hamburg, 26. Oktober 1956, LES NE I 4)65.

95 Hockerts, *Sozialpolitische Entscheidungen*, S. 422f.; Schwarz, *Gründerjahre*, S. 335f.; Statistisches Bundesamt, *Statistisches Jahrbuch für die Bundesrepublik Deutschland 1959*, S. 355, Tabelle 6. Die Gesamtausgaben für Sozialversicherung durch den Staat stiegen von 1955 bis 1958 um 24,96 Prozent. Siehe Statistisches Bundesamt, *Statistisches Jahrbuch für die Bundesrepublik Deutschland 1968*, S. 391, Tabelle 1.

96 *Kabinettsprotokolle*, Bd. 7, 1954, S. 310, 13. Juli 1953, TOP B.

97 Brenke, »Europakonzeptionen im Widerstreit, S. 627; Enders, »Integration oder Kooperation?«, S. 154; BMWi, »Bericht über die wirtschaftliche Lage und die wirtschaftspolitischen Probleme und Aufgaben in der Bundesrepublik«, Bonn, 31. Oktober 1953, S. 22, 24, BAK B136/1358; Erhard, *Deutschlands Rückkehr zum Weltmarkt*, S. 149f.; Erhard, »Die deutsche Wirtschaftspolitik im Blickfeld europäischer Politik«, Rede, Zürich, 6. Februar 1952, in: *Gedanken*, S. 338.

98 Erhard, »Nach dem Scheitern der Europäischen Verteidigungsgemeinschaft«, Bulletin, 22. September 1934, in: *Gedanken*, S. 405–408.

99 Erhard, »Europäische Einigung durch funktionale Integration«, Rede vor dem Club »Les Echos«, Paris, 7. Dezember 1954, in: *Gedanken*, S. 418, 417–422.

100 Enders, »Integration oder Kooperation?«, S. 148.

101 Adenauer an Erhard, 13. April 1955, in: Morsey, *Adenauer Briefe 1953–1955*, S. 263, Nr. 232.

102 *Kabinettsprotokolle*, Bd. 8, 1955, S. 405f., TOP V [D].

103 Erhard, »Wer ist ein guter Europäer?«, *Deutsche Korrespondenz*, 21. Juli 1955, in: *Gedanken*, S. 442–445; Schwarz, *Gründerjahre*, S. 338.

104 *Kabinettsprotokolle*, Bd. 9, 1956, S. 191, 10. Februar 1956, TOP 1; Schwarz, *Adenauer. Der Staatsmann*, S. 230.

105 Erhard an Adenauer, Bonn, 11. April 1956, S. 15, LES NE I 1)4.

106 Adenauer an Erhard, 13. April 1956, in: Morsey, *Adenauer Briefe 1955–1957*, S. 184, Nr. 142; Koerfer, *Kampf*, S. 144.

107 Erhard an Adenauer, Bonn, 25. September 1956, LES NE I 1)4.

108 *Kabinettsprotokolle*, Bd. 9, 1956, S. 620–629, TOP 1.

109 Schwarz, *Adenauer. Der Staatsmann*, S. 240f.

110 Ebenda; Enders, »Integration oder Kooperation?«, S. 159.

111 Erhard an Etzel, 16. November 1956, nachgedruckt in: Enders, »Integration oder Kooperation?«, S. 161f.

112 Etzel an Erhard, 3. Dezember 1956, nachgedruckt in: ebenda, S. 164–171.

113 *Kabinettsprotokolle*, Bd. 10, 1957, S. 92–109, TOP 3.

114 Erhard, »Das Projekt der Freihandelszone«, Erklärung vor dem Ministerrat der OEEC, Paris, 12. Februar 1957, in: *Gedanken*, S. 486–489, auch in *DWP*, S. 333–336.

115 *Kabinettsprotokolle*, Bd. 10, 1957, S. 143f., TOP E.

116 Koerfer, *Kampf*, S. 148f.

117 Schwarz, *Gründerjahre*, S. 322, 325f.

118 Hentschel, *Politikerleben*, S. 302f.; Schwarz, *Epochenwechsel*, S. 23.

119 Robert, *Konzentrationspolitik*, S. 349.

120 Carlo Mötelli, »Ludwig Erhard und der Liberalismus«, in: G. Schröder u. a., *Beiträge*, S. 156f.

121 Schwarz, *Gründerjahre*, S. 326ff.; Sommariva und Tullio, *German Macroeconomic History, 1880–1979*, S. 55, Tabelle 1.24; Lindlar, *Wirtschaftswunder*, S. 218, Tabelle 5.9.

122 Schwarz, *Gründerjahre*, S. 375–464; Schissler (Hrsg.), *The Miracle Years*; vor allem die Beiträge von Volker Berghahn, »Recasting Bourgeois Germany«, S. 326–340; Arnold Sywottek, »From Starvation to Excess?: Trends in the Consumer Society from the 1940s to the 1970s«, S. 341–358; Uta G. Poiger, »A New ›Western‹ Hero?: Reconstructing German Masculinity in the 1950s«, S. 412–427; Kaspar Maase, »Establishing Cultural Democracy: Youth, ›Americanization‹, and the Irresistible Rise of Popular Culture«, S. 428–450; Diethelm Prowe, »The ›Miracle‹ of the Political-Culture Shift: Democratization between Americanization and Conservative Reintegration«, S. 451–458.

123 Prowe, »›Miracle‹ of the Political-Culture Shift«, S. 452.

124 Erhard, »Besinnung und Verantwortung in der Volkswirtschaft«, Rundfunkansprache, 12. März 1956, in: *Gedanken*, S. 471–475; Erhard, »Der Christ und die Soziale Marktwirtschaft«, Vorwort zu einem gleichnamigen Buch von Patrick Boarman, in: *Gedanken*, S. 429; Erhard, »Soziale Marktwirtschaft und Materialismus«, *Sonntagsblatt*, 29. Januar 1956, in: *Gedanken*, S. 466–470.

125 Adenauer an Erhard, Bonn, 6. Februar 1956, in: Morsey, *Adenauer Briefe 1955–1957*, S. 154f., Nr. 109.

KAPITEL 6

1 Schwarz, *Epochenwechsel*, S. 23f.

2 Erhard, »Die Wirtschaftspolitik in der öffentlichen Meinung«, Rundfunkansprache, 28. November 1960, in: *Gedanken*, S. 652.

3 Hentschel, *Politikerleben*, S. 326.

4 Zu de Gaulles Außenpolitik siehe Bozo, *Two Strategies for Europe*, Kapitel 1–4; Lacouture, *De Gaulle: The Ruler, 1945–1970*, Abschnitt V; Werth, *De Gaulle*, S. 305ff.; Williams, *The Last Great Frenchman*, S. 431ff.

5 Laitenberger, *Nationalökonom*, S. 152f.; Hentschel, *Politikerleben*, S. 319ff.

6 Erhard, »Deutsche Mark frei konvertierbar«, Rundfunkansprache, 28. Dezember 1958, in: *Gedanken*, S. 569.

7 Koerfer, *Kampf*, S. 527.

8 Laitenberger, *Nationalökonom*, S. 153ff.; Hentschel, *Politikerleben*, S. 371ff.

9 Erhard, »Zur Aufwertung der D-Mark«, Rundfunkansprache, 6. März 1961, in: *Gedanken*, S. 671ff.

10 Erhard, »Mußte der Kohlepreis erhöht werden?«, Rundfunkansprache, 25. September 1957, in: *DWP*, S. 359ff.

11 Koerfer, *Kampf*, S. 226.

12 Ebenda, S. 226ff.; Hentschel, *Politikerleben*, S. 325f.

13 Erhard, »Die Soziale Marktwirtschaft in der gedämpften Weltkonjunktur«, Rede, 10. April 1959, in: *DWP*, S. 421, 425ff.
14 Koerfer, *Kampf*, S. 397; Hentschel, *Politikerleben*, S. 348.
15 Koerfer, *Kampf*, S. 400f.
16 Erhard, »Die Sorgen des Steinkohlenbergbaues«, Rundfunkansprache, 10. September 1959, in: *DWP*, S. 441.
17 Koerfer, *Kampf*, S. 404.
18 Weimer, *Wirtschaftsgeschichte*, S. 141f.; Abelshauser, *Die langen fünfziger Jahre*, S. 54f.; Schwarz, *Epochenwechsel*, S. 158f.; Görtemaker, *Geschichte*, S. 178.
19 Ebenda.
20 Weimer, *Wirtschaftsgeschichte*, S. 144f.
21 Erhard, »Nicht alles zur gleichen Zeit«, Rundfunkansprache, 13. Januar 1958, in: *Gedanken*, S. 526.
22 Erhard, »Nochmals: Leistungsanstieg und Lohnpolitik«, Rundfunkansprache, 21. Januar 1958, in: *DWP*, S. 384ff.
23 Erhard, »Maßhalten!«, Rundfunkansprache, 21. März 1962, in: *Gedanken*, S. 731.
24 Norbert Kloten, »Makroökonomische Stabilisierungspolitik – Erhards Positionen und Vorbehalte«, in: Wünsche, *Weichenstellung*, S. 120; Laitenberger, *Nationalökonom*, S. 157; Koerfer, *Kampf*, S. 662ff.
25 Mitchell, *European Historical Statistics*, S. 417f., Tabelle J 1.
26 Erhard, »Das Handwerk hat Zukunft«, Rede, 2. Juli 1960, in: *Gedanken*, S. 628.
27 Lindlar, *Wirtschaftswunder*, S. 218, Tabelle 5.9; Sommariva und Tullio, *German Macroeconomic History*, S. 55, Tabelle 1.24; Schwarz, *Gründerjahre*, S. 327; Ehrlicher, »Deutsche Finanzpolitik seit 1945«, S. 5.
28 Brenke, »Europakonzeptionen im Widerstreit«, S. 606.
29 Erhard, »Grenzen der Teilintegration«, Rede, Rom, 8. November 1957, in: *DWP*, S. 363ff.
30 Koerfer, *Kampf*, S. 264f.
31 Ebenda; siehe auch Lappenküper, »Wirklich«, S. 93.
32 Koerfer, *Kampf*, S. 265f.
33 Lappenküper, »Wirklich«, S. 93.
34 Erhard, »Wir leben nicht mehr in Metternichs Zeiten«, *Die Zeit*, 25. Dezember 1959, in: *Gedanken*, S. 592ff.
35 Erhard, »Harmonie durch Harmonisierung?«, *Frankfurter Allgemeine Zeitung*, 31. Dezember 1959, in: *DWP*, S. 464.
36 Erhard, in: Hunold, *Gegen die Brandung*, S. 16.
37 Ebenda.
38 Koerfer, *Kampf*, S. 512.
39 Erhard, »Die Atlantische Gemeinschaft«, *Die Zeit*, 11. November 1960, in: *Gedanken*, S. 646ff.; siehe auch Erhard, »Europäische Zwischenbilanz«, Rede, Wien, 8. Februar 1961, in: *DWP*, S. 554f., S. 558.
40 Erhard, »England gehört zu Europa«, Rede, Paris, 10. Oktober 1961, in: *Gedanken*, S. 709ff.

41 Erhard, »Neue Aufgaben der europäischen und atlantischen Zusammenarbeit«, Rede, St. Gallen, 15. Januar 1961, in: *DWP*, S. 608f.

42 Erhard, »Planification – kein Modell für Europa«, Rede, Straßburg, 20. November 1962, in: *Gedanken*, S. 773.

43 Ebenda, S. 777.

44 Laitenberger, *Nationalökonom*, S. 146f.; Schwarz, *Epochenwechsel*, S. 292.

45 Koerfer, *Kampf*, S. 751.

46 Erhard, »Das französische Veto«, Interview mit Hans Ulrich Kempski, *Süddeutsche Zeitung*, 5. Februar 1963, in: *Gedanken*, S. 787ff.

47 Erhard an Röpke, Bonn, 23. Februar 1963, S. 4ff., LES NE I 4)59.

48 Erhard, »Europa und Schweden«, Rede, Stockholm, 23. März 1963, in: *Gedanken*, S. 807.

49 Koerfer, *Kampf*, S. 761; Schwarz, *Epochenwechsel*, S. 292f., 295f.

50 Hentschel, *Politikerleben*, S. 13f.; Lukomski, *Mensch*, S. 48; Koerfer, *Kampf*, S. 135, 425.

51 Hentschel, *Politikerleben*, S. 354; Görtemaker, *Geschichte*, S. 420.

52 Schwarz, *Epochenwechsel*, S. 180f.; Schwarz, *Adenauer. Der Staatsmann*, S. 283; Koerfer, *Kampf*, S. 154ff., 245f., 345.

53 Schwarz, *Epochenwechsel*, S. 179; Koerfer, *Kampf*, S. 309.

54 Koerfer, *Kampf*, S. 312ff.; Köhler, *Adenauer. Der Staatsmann*, S. 468ff.

55 Koerfer, *Kampf*, S. 341.

56 Schwarz, *Epochenwechsel*, S. 192.

57 Erhard, »Berlin und wir«, Rede, Berlin, 14. Oktober 1961, in: *DWP*, S. 599ff.

58 Koerfer, *Kampf*, S. 481f.

59 Ebenda, S. 595.

60 Ebenda, S. 606ff.; Schwarz, *Epochenwechsel*, S. 225ff. Zu Erhards Entwicklungshilfepolitik siehe Erhard, »Marktwirtschaft ist gute Entwicklungshilfe«, Rede, Istanbul, 13. September 1955, in: *Gedanken*, S. 452ff.; Erhard, »Zur politischen und sozialen Problematik der Hilfe für Entwicklungsländer«, *Die Zeit*, 5. Dezember 1957, in: *DWP*, S. 376ff.; Erhard, »Asiatische Eindrücke«, Rundfunkansprache, 24. November 1958, in: *Gedanken*, S. 556ff.; Erhard, »Die Entwicklungshilfe auch multilateral stärken«, Rede, Washington, D.C., 30. September 1959, in: *Gedanken*, S. 578ff.; Erhard, »Der Mutlose wird stranden«, *Bonner Informationen aus erster Hand*, 8. Juli 1960, in: *Gedanken*, S. 631ff.; Erhard, »Gedanken zum Aufbau Afrikas«, Rede, Bonn, 21. Oktober 1960, in: *Gedanken*, S. 639ff.; Erhard, »Neue Aufgaben der finanziellen Entwicklungshilfe«, Politisch-Soziale Korrespondenz, 15. November 1960, in: *DWP*, S. 516ff.; Erhard, »Frühe Initiativen für die Dritte Welt«, *Das Parlament*, 29. August 1962, in: *Gedanken*, S. 767ff.; Erhard, »Außenpolitik beginnt zu Hause«, *Außenpolitik*, Januar 1961, in: *Gedanken*, S. 662ff.

61 Koerfer, *Kampf*, S. 724.

KAPITEL 7

1 Hildebrand, *Von Erhard*, S. 20, 60.

2 Teschke, *Hitler's Legacy*, S. 206.

3 Hildebrand, »Ludwig Erhard«, S. 372; Hildebrand, *Von Erhard*, S. 37.

4 Hildebrand, *Von Erhard*, S. 23; Osterheld, *Außenpolitik*, S. 50f., 112f.; Hentschel, Lehrstück, S. 22f.; Rüdiger Altmann und Johannes Gross, »Gespräch über Erhard«, in: G. Schröder u. a., *Beiträge*, S. 28.

5 Osterheld, *Außenpolitik*, S. 79; Görtemaker, *Geschichte*, S. 427; Lacouture, *De Gaulle: The Rebel*, S. 113.

6 Osterheld, *Außenpolitik*, S. 29.

7 Ebenda, S. 287.

8 Norbert Kloten, »Makroökonomische Stabilisierungspolitik – Erhards Positionen und Vorbehalte«, in: Wünsche, *Weichenstellung*, S. 128.

9 Morsey, *Adenauer Briefe 1955–1957*, S. 524, Anm. 1; Koerfer, *Kampf*, S. 873; Hildebrand, *Von Erhard*, S. 33.

10 Hildebrand, *Von Erhard*, S. 140, 239; Osterheld, *Außenpolitik*, S. 114.

11 Laitenberger, *Nationalökonom*, S. 193; Schwarz, *Epochenwechsel*, S. 181; Hildebrand, *Von Erhard*, S. 121.

12 Koerfer, *Kampf*, S. 200f.; Osterheld, *Außenpolitik*, S. 68, 129; Hanrieder, *Deutschland, Europa, Amerika*, S. 190; ders., *Stable Crisis*, S. 164 (deutscher Titel: *Die stabile Krise*).

13 Görtemaker, *Geschichte*, S. 408; Hanrieder, *Deutschland, Europa, Amerika*, S. 294; Hanrieder, *Stable Crisis*, S. 62.

14 Erhard, »Europäische Weichenstellung«, Bundestagsrede, 2. Dezember 1964, in: *Gedanken*, S. 902–907; Osterheld, *Außenpolitik*, S. 28–31; Hentschel, *Politikerleben*, S. 443–449; Lappenküper, »Wirklich«, S. 101–120.

15 Hentschel, *Politikerleben*, S. 470–479; Osterheld, *Außenpolitik*, S. 64–72.

16 *AAPD*, Bd. 2, S. 713–724, Dok. Nr. 180, S. 768–776, Dok. Nr. 188, S. 783–785; das Gespräch zwischen de Gaulle und Adenauer ist in Dok. Nr. 184, S. 749–755 wiedergegeben; Hentschel, *Politikerleben*, S. 498–507; Osterheld, *Außenpolitik*, S. 94–107.

17 Osterheld, *Außenpolitik*, S. 57, 142, 217f., 231, 349; Hanrieder, *Deutschland, Europa, Amerika*, S. 48; ders., *Stable Crisis*, S. 25f., 29, 30. Mehr Hintergrundinformationen zur westdeutschen Atompolitik bei Köhler, *Adenauer*, Bd. 2, S. 404f., 422–428.

18 Hentschel, *Politikerleben*, S. 547ff.; Osterheld, *Außenpolitik*, S. 138–143; Görtemaker, *Geschichte*, S. 40.

19 Hentschel, *Politikerleben*, S. 566–569; Osterheld, *Außenpolitik*, S. 199–207.

20 Osterheld, *Außenpolitik*, S. 230, 387; Hanrieder, *Deutschland, Europa, Amerika*, S. 49, 182; Hildebrand, *Von Erhard*, S. 88; Görtemaker, *Geschichte*, S. 397f.

21 Osterheld, *Außenpolitik*, S. 21.

22 Hentschel, *Politikerleben*, S. 450.

23 Ebenda, S. 456–463; Osterheld, *Außenpolitik*, S. 44–47; Laitenberger, *Nationalökonom*, S. 182; Görtemaker, *Geschichte*, S. 427–431.

24 Hentschel, *Politikerleben*, S. 494–497; Osterheld, *Außenpolitik*, S. 88–91.
25 Hentschel, *Politikerleben*, S. 565f.; Osterheld, *Außenpolitik*, S. 194ff.
26 Osterheld, *Außenpolitik*, S. 90f.
27 Ebenda, S. 139.
28 Teschke, *Hitler's Legacy*, S. 147f.
29 Ebenda, S. 315, 338, 348; Laitenberger, *Nationalökonom*, S. 189ff.; Hentschel, *Politikerleben*, S. 555.
30 Görtemaker, *Geschichte*, S. 409–412; Laitenberger, *Nationalökonom*, S. 186 bis 189; Hentschel, *Politikerleben*, S. 550. Ausführlicher zu Erhards Ansichten in: Erhard, »Israel«, Rede vor dem deutschen Bundestag, 17. Februar 1965, in: *Gedanken*, S. 908–914.
31 Erhard, »Politik der Mitte und Verständigung«, Rede vor dem deutschen Bundestag, 18. Oktober 1963, in: *Gedanken*, S. 816ff., 829–845.
32 Görtemaker, *Geschichte*, S. 178; Abelshauser, *Die langen fünfziger Jahre*, S. 54f.
33 Hentschel, *Politikerleben*, S. 468.
34 Hildebrand, *Von Erhard*, S. 123.
35 Ehrlicher, »Deutsche Finanzpolitik seit 1945«, S. 5.
36 Das westdeutsche Bruttoinlandsprodukt stieg von 1963 bis 1966 um 15,9 Prozent. Im selben Zeitraum stiegen die Steuereinnahmen des Bundes um 25,9 Prozent, die der Länder um 22,2 Prozent und die staatlichen Gesamteinnahmen um 23,9 Prozent. Siehe Mitchell, *European Historical Statistics*, S. 418, und Federal Statistical Office (Statistisches Bundesamt), *Handbook of Statistics for the Federal Republic of Germany, 1967*, S. 143, Tabelle 3.
37 Hentschel, *Politikerleben*, S. 614ff.
38 Ebenda, S. 561; Altmann und Gross, »Gespräch über Erhard«, S. 34; Hildebrand, *Von Erhard*, S. 38, 163.
39 Erhard, »Formierte Gesellschaft«, Rede vor dem 13. Bundesparteitag der CDU, 31. März 1965, in: *Gedanken*, S. 915–927; Erhard, »Neue Aufgaben«, Rede vor dem CDU-Bundesparteitag, 22. März 1966, in: *Gedanken*, S. 978–999; Hentschel, *Politikerleben*, S. 562; Hildebrand, *Von Erhard*, S. 121, 165f.; Laitenberger, *Nationalökonom*, S. 193ff.
40 Hildebrand, *Von Erhard*, S. 164; Hildebrand, »Ludwig Erhard«, S. 374.
41 Osterheld, *Außenpolitik*, S. 211.
42 Hentschel, *Politikerleben*, S. 574f.
43 Hildebrand, *Von Erhard*, S. 125.
44 Ebenda, S. 149; Hentschel, *Politikerleben*, S. 572f.; Laitenberger, *Nationalökonom*, S. 199ff.
45 Laitenberger, *Nationalökonom*, S. 202.
46 Ebenda, S. 202ff.; Hildebrand, *Von Erhard*, S. 152–160; Hentschel, *Politikerleben*, S. 579–588; Osterheld, *Außenpolitik*, S. 254.
47 *AAPD*, 1965, Bd. 3, S. 1920–1929, Dok. Nr. 466, S. 1938–1942, Dok. Nr. 469; Osterheld, *Außenpolitik*, S. 266–271; McGhee, George C., *Creation of a New Germany*, S. 183ff. (deutscher Titel: *Botschafter in Deutschland*); Hentschel, *Politikerleben*, S. 590–592.

48 *AAPD*, 1966, Bd. 2, S. 1242–1252, Dok. Nr. 298, S. 1263–1268, Dok. Nr. 302; Osterheld, *Außenpolitik*, S. 348–360; Görtemaker, *Geschichte*, S. 427, 430; Laitenberger, *Nationalökonom*, S. 212; Hentschel, *Politikerleben*, S. 633–636.

49 Osterheld, *Außenpolitik*, S. 280–286, 328–332; Hentschel, *Politikerleben*, S. 596, 612f.

50 Hentschel, *Politikerleben*, S. 615f.

51 Erhard, »Sparsamkeit und Nüchternheit«, Rede vor dem Bundestag, 10. November 1965, in: *Gedanken*, S. 948.

52 Ebenda.

53 Ebenda, S. 949–962.

54 Hentschel, *Politikerleben*, S. 622–626.

55 Laitenberger, *Nationalökonom*, S. 209; Weimer, *Wirtschaftsgeschichte*, S. 174, 178.

56 Hentschel, *Politikerleben*, S. 618–622; Hildebrand, *Von Erhard*, S. 207, 209.

57 Hentschel, *Politikerleben*, S. 596f.; Osterheld, *Außenpolitik*, S. 78.

58 Hildebrand, *Von Erhard*, S. 222–232.

59 Ebenda, S. 13f., 232.

KAPITEL 8

1 Erhard, »Abschied als Bundeskanzler«, Fernsehansprache, 30. November 1966, in: *Gedanken*, S. 1021ff.

2 Erhard, »Verantwortung für das ganze Deutschland«, Bundestagsrede, 14. Dezember 1976, in: *Gedanken*, S. 1069ff.

3 Hentschel, *Politikerleben*, S. 649.

4 Ebenda, S. 653f.; Laitenberger, *Nationalökonom*, S. 219ff.

5 Clay, *Decision in Germany*, S. 210; siehe auch Lukomski, *Mensch*, S. 81.

6 Koerfer, *Kampf*, S. 29.

7 Eschenburg, *Letzten Endes*, S. 175.

Bibliografischer Kommentar

Im Jahr 1983 schrieb Hans-Peter Schwarz: »Wir sind jahrzehntelang mit unzähligen Schilderungen des Zweiten Weltkrieges und der deprimierenden Hitlerjahre traktiert worden. Diese Forschungen waren und sind gewiss von größtem Interesse. Nun dürfte es aber doch allmählich an der Zeit sein, die volle Aufmerksamkeit einer Periode deutscher Geschichte zuzuwenden, in der jene vernünftig funktionierende pluralistische Gesellschaft und jene stabile Demokratie aufgebaut wurden, die am Ende des kommenden Jahrzehnts (hoffentlich) schon so lange Bestand haben werden wie das von 1871 bis 1918 währende Kaiserreich« (Schwarz, Hans-Peter, *Die Ära Adenauer. Epochenwechsel*, S. 384).

Die Bundesrepublik Deutschland hat in der Tat das Wilhelminische Kaiserreich überlebt, vom Dritten Reich ganz zu schweigen. Seit neuestem scheint die Forschung sich in die von Schwarz aufgezeigte Richtung zu bewegen, denn die Zahl der Veröffentlichungen zur Geschichte der Bundesrepublik ist deutlich gestiegen. Aber immer noch sind viele Fragen offen. Und jene zu den Anfangsjahren der Bonner Republik, als maßgebliche Entscheidungen mit langfristigen Auswirkungen getroffen wurden, zählen gewiss nicht zu den geringsten unter ihnen. Da Erhard viele dieser Entscheidungen selbst traf oder zumindest beeinflusste, verspricht eine Untersuchung seines Lebens reichen Lohn. Die Basis für die Untersuchung von Erhards öffentlichem Leben ist mehr als ausreichend. Es liegen reichhaltige Archivquellen zu Ludwig Erhard und zur deutschen Wirtschaft seit Mitte der vierziger bis Mitte der sechziger Jahre vor, und sie sind kaum benutzt.

Vor allem zwei Archive bieten Zugang zu elementar wichtigen Dokumenten zu Erhards Politik. Die Ludwig-Erhard-Stiftung in Bonn beherbergt eine umfangreiche Sammlung seiner Korrespondenz und Schriften. Die Aktenordner, die seinen Meinungsaustausch mit Adenauer enthalten, sind besonders erhellend, weil sie einen klaren Eindruck von Adenauers außerordentlich kritischer Haltung gegenüber Erhard und von Erhards Haltung gegenüber dem Kanzler vermitteln. Da Erhard lange Briefe an Adenauer schrieb, in denen er seine Maßnahmen erklärte, bieten diese Akten zudem wertvolle Einblicke in Erhards Wirtschaftsphilosophie.

Die zweitwichtigste Fundgrube ist das ausgezeichnete Bundesarchiv Koblenz. Die Akten des Bundeswirtschaftsministeriums füllen etliche Regale und sind von Historikern noch nicht voll ausgewertet worden. Diese Sammlung ist ebenso schlecht organisiert wie einst Erhards Ministerium. Doch sie ist vollständig, umfangreich und enthält unzählige nützliche Informationen. Die Akten des Bundeskanzleramtes ergänzen die des Wirtschaftsministeriums, enthalten überwiegend die gleichen Dokumente, darüber hinaus jedoch einige, die in den Ministeriumsakten fehlen.

Die Akten des Bundeskanzleramts sind besonders wertvoll für Informationen zur Rentenreform, ein Thema, zu dem die Dokumente des Wirtschaftsministeriums weniger Informationen enthalten. Das Bundesarchiv umfasst auch Sammlungen aus dem Zeitraum vor der Gründung der Bundesrepublik. Die wichtigsten Dokumente mit Blick auf Erhard sind die Sammlungen der Sonderstelle Geld und Kredit, die lange Mitschriften der Sitzungen enthalten, in denen Erhard seine Ansichten unmissverständlich darlegte.

Die Akten zu Müller-Armack in dem ausgezeichnet sortierten Archiv für christlich-demokratische Politik in Sankt Augustin gewähren Einblick in die Beziehung zwischen Erhard und einem seiner wichtigsten Berater. Sie vermitteln auch Müller-Armacks unterschiedliche Sichtweise zur Wirtschaftspolitik sowie einen seltenen Einblick in Erhards Verhältnis zu der neoliberalen Mont Pèlerin Society.

Es liegen auch etliche veröffentlichte Sammlungen von Archivquellen vor, die für Erhards öffentliches Leben von Bedeutung sind. Die wohl wichtigste ist das Kompendium aus Erhards Reden und Artikeln, das von der Ludwig-Erhard-Stiftung unter dem Titel *Gedanken aus fünf Jahrzehnten* publiziert wurde. Gerade weil Erhard so viel Energie der Verbreitung seiner Ideen in der Öffentlichkeit widmete, ist diese Sammlung unverzichtbar. Die *Akten zur Vorgeschichte der Bundesrepublik Deutschland* enthalten einige Quellen, die für Erhard wichtig sind, umfassen aber überwiegend Dokumente zur allgemeinen Politik. Die Sammlung *Wörtliche Berichte und Drucksachen des Wirtschaftsrates* enthält ebenfalls Mitschriften von Erhards Reden, doch die wichtigsten sind in *Gedanken* leichter zu finden. Weit größere Bedeutung kommt hingegen den ausgezeichneten Zusammenstellungen der Protokolle von Kabinettssitzungen und der Sitzungen der besonderen Kabinettsausschüsse für Wirtschaft und Sozialreform zu, die unter der Schirmherrschaft des Bundesarchivs veröffentlicht wurden. Diese Bände belegen eindeutig, dass Erhard viel wirkungsvoller in den Kabinettsdiskussionen auftrat, als seine jüngsten Kritiker behauptet haben. Die Sammlung der Briefe an und von Adenauer, die Hans Peter Mensing bearbeitet hat, ist ebenfalls sehr lohnend, insbesondere als Ergänzung zu den Akten in der Ludwig-Erhard-Stiftung. Die auf Englisch erschienenen *Clay Papers* enthalten kaum interessante Dokumente zu Erhards Leben. Horst Friedrich Wünsches Sammlung *Die Korea-Krise als ordnungspolitische Herausforderung der deutschen Wirtschaftspolitik. Texte und Dokumente* enthält Materialien der Bundesregierung und der Alliierten sowie eine Einleitung und Erinnerungen von Persönlichkeiten, die Erhard kannten. Was die Außenpolitik Westdeutschlands angeht, bietet die vom US-Außenministerium veröffentlichte Sammlung eine ergiebige und vollständige Quelle für die relevanten US-Direktiven zur Besatzungspolitik. Die Reihe *Akten zur auswärtigen Politik der Bundesrepublik Deutschland* enthält eine breite Palette von Sitzungsprotokollen bis hin zur Korrespondenz über Erhards Umgang mit de Gaulle und Johnson, die eigentlich die gemeinhin akzeptierte Meinung zu seiner Außenpolitik und Effektivität als Diplomat korrigieren müsste.

Im Laufe der vergangenen vier Jahrzehnte sind viele Erhard-Biografien erschienen, doch nur wenige verdienen es, hier erwähnt zu werden. In mancher Hinsicht die wohl immer noch beste wurde von dem amerikanischen Journalisten Jess Lukomski geschrieben: *Ludwig Erhard. Der Mensch und der Politiker.* Gewiss weist Lukomskis Buch sämtliche Mängel einer populärwissenschaftlichen, zeitgenössischen Biografie auf, der es an Distanz zu ihrem Gegenstand fehlt und die keine Quellenangaben enthält, doch es hat den Vorteil, dass der Autor direkten Zugang zu Erhard hatte. Lukomski präsentiert ein erstaunlich genaues Bild von Erhards Mentalität und seiner emotionalen und intellektuellen Entwicklung. Es überrascht daher nicht, dass die Biografie keine detaillierten Schilderungen der Kämpfe um Gesetzestexte enthält, die Erhard als Wirtschaftsminister ausfocht. Auch die Kontroversen, die während seiner Zeit als Kanzler ausbrachen, kommen zu kurz. Dennoch lohnt es sich immer noch, dieses Buch zu lesen. Michael Caro schrieb seine Biografie *Der Volkskanzler Ludwig Erhard* um dieselbe Zeit wie Lukomski. Caro legt nicht das wirtschaftliche und menschliche Urteilsvermögen an den Tag, das Lukomski auszeichnet, außerdem sind ihm einige faktische Fehler unterlaufen. Volkhard Laitenberger profitierte von dem leichten Zugang zum Nachlass Erhards an der Ludwig-Erhard-Stiftung in Bonn und zog auch andere Archivquellen für seine kurze Biografie *Ludwig Erhard. Der Nationalökonom als Politiker* zu Rate. Er legt eine ausgewogene, verlässliche Schilderung von Erhards Karriere vor, die alle wichtigen Themen anspricht und fair beurteilt. Der Überblick von Karl Hohmann *Ludwig Erhard (1897–1977). Eine Biographie*, der von der Ludwig-Erhard-Stiftung gefördert wurde, gibt einen angemessenen Abriss des Lebenslaufs Erhards und eine nützliche Bibliografie, doch das Buch hat wegen der Nähe des Autors zu Erhard und wegen des politischen Charakters der Stiftung einige Schwächen.

Mitte der neunziger Jahre schrieb Volker Hentschel eine umfassende, sorgfältig recherchierte Biografie: *Ludwig Erhard. Ein Politikerleben.* Der Held wird darin als Stümper dargestellt, der es zwar gut meinte, dessen politische Maßnahmen aber fast immer missverstanden wurden. Der Hauptvorzug von Hentschels Darstellung ist seine Vollständigkeit. Sie enthält Informationen zu so gut wie allen Handlungen Erhards, nachdem er einmal ins öffentliche Leben getreten war. Sie interpretiert jedoch Erhards geistige Entwicklung und sein Verhalten als Kanzler falsch, insbesondere seine Außenpolitik. Implizit wird Erhard kritisiert, weil er nicht Hentschels eigene keynesianischen und gaullistischen Ansichten vertrat.

Wie Hentschels Biografie andeutet, mangelt es nicht an Kritikern Erhards. An erster Stelle ist hier wohl Werner Abelshauser zu nennen. Abelshauser argumentierte in seiner Dissertation und in einer Reihe von Publikationen, die in den siebziger und achtziger Jahren erschienen, vor allem in *Wirtschaftsgeschichte der Bundesrepublik Deutschland 1945–1980*, dass Erhard nicht verantwortlich gewesen sei für das spektakuläre Wirtschaftswachstum in den fünfziger Jahren.

Ein derartiges Wachstum sei auch längst nicht so außergewöhnlich, wie es auf den ersten Blick erscheinen möge. Abelshauser stellt die These auf, dass die Wirtschaft der westlichen Besatzungszonen schon vor der Währungsreform und der Liberalisierung vom Juni 1948 angefangen habe zu wachsen und dass das darauf folgende rasche Wachstum darauf zurückzuführen sei, dass das Land zu seinem historischen Wachstumstrend zurückgekehrt sei. Darüber hinaus, so Abelshauser, habe Erhard das Wirtschaftssystem nicht vollständig liberalisiert. Vielmehr sei die traditionell wettbewerbsfeindliche, korporatistische Struktur, die schon vor dem Krieg Bestand gehabt hatte, im Jahr 1951 wieder eingeführt worden, wie er in dem Artikel »Ansätze ›Korporativer Marktwirtschaft‹ in der Koreakrise der frühen fünfziger Jahre« belegt hat. Abelshausers Behauptung, es habe überhaupt kein Wirtschaftswunder gegeben und Erhards Politik sei wirkungslos geblieben, ist mittlerweile von Rainer Klump und Albrecht Ritschl widerlegt worden. Die These, dass die deutsche Industrie sich weiterhin dem Wettbewerb widersetzte, ist hingegen durchaus überzeugend.

Zahlreiche Spezialstudien befassen sich mit Teilaspekten der Laufbahn Erhards oder Themen, die damit zu tun hatten. Die weitaus beste Studie ist Anthony J. Nicholls' *Freedom with Responsibility*. In diesem sorgfältig recherchierten Buch legt Nicholls eine scharfsichtige Darstellung des Aufkommens der neoliberalen Schule der Wirtschaftswissenschaftler in Deutschland vor. Er diskutiert ferner den Widerstand gegen wettbewerbsorientierte Märkte seitens der SPD und der christlichen Sozialisten. Nicholls unterstreicht, wie der gut gewählte Titel nahe legt, dass Erhards Politik keineswegs eine unverantwortliche Rückkehr zu den Exzessen Mitte des 19. Jahrhunderts bedeutete, sondern eine ausgewogene Form des »dritten Weges« war, die von vielen deutschen Denkern so lange gesucht wurde.

Klaus Hildebrand gibt in zwei kurzen Beiträgen, aber vor allem in dem Band, den er zu der Geschichte der Bundesrepublik Deutschland beisteuerte, ein einfühlsames und tief gehendes Porträt Erhards. Hildebrands Darstellung der Kanzlerschaft Erhards ist mehr als eine chronologische Aufzählung der politischen Ereignisse. Sie enthält eine tiefe Analyse des Kanzlers und seiner Gegner sowie eine Erörterung der Frage, wie sich die Welt um Erhard, innerhalb wie außerhalb Westdeutschlands, veränderte und wie schwer es Erhard fiel, mit diesem Wandel zurechtzukommen.

Volker Berghahn diskutiert in einer ganzen Reihe von Artikeln und Monographien Erhards Politik und das Umfeld, in dem er versuchte, sie umzusetzen. Seine Analyse der Ursprünge von Erhards volkswirtschaftlichen Anschauungen und seiner Beziehung zur Freiburger Schule »Ideas into Politics: The Case of Ludwig Erhard« bietet vernünftige Schlussfolgerungen. Im Gegensatz dazu ist seine Bewertung der Amerikanisierung der westdeutschen Wirtschaft schwächer. Berghahn geht davon aus, dass das Wachstum einer verbraucherorientierten Wirtschaft in Westdeutschland die unmittelbare Folge der bewussten Umsetzung ganz bestimmter, in den Vereinigten Staaten entwickelter Maßnahmen gewesen sei. Auf diese wacklige Grundlage stützt er dann seine ganze Analyse. Wie in dem vorliegenden Buch gezeigt wird, leitete Erhard seine Ideen nicht von amerikanischen Denkern ab. Vor allem Wilhelm Vershofen lehnte das amerikanische Wirtschaftsmodell ab und übernahm Ideen zur Marktforschung von dem Niederländer Ferdinand M. Aspeslagh. Vershofen glaubte auch, dass die mit dem Verbraucher zusammenhängenden Veränderungen, die sich nach dem Ersten Weltkrieg in der deutschen Volkswirtschaft ereigneten, auf allgemeine wirtschaftliche und technologische Entwicklungen zurückzuführen seien. Hilfreiche Gegendarstellungen zu Berghahns Ansichten finden sich in Dan Diners *America in the Eyes of the Germans. An Essay in Anti-Americanism*, Richard Pells' *Not Like Us*, Gary Herrigels *Industrial Constructions* sowie in Jonathan Zeitlins und Gary Herrigels *Americanization and Its Limits*, insbesondere in der Einleitung.

Andreas Metz bietet mit *Die ungleichen Gründerväter* eine kurze, vergleichende Studie zum Aufstieg Erhards und Adenauers. In erster Linie anhand von Sekundärquellen vermittelt Metz interessante Einblicke in die unterschiedlichen Persönlichkeiten dieser beiden Männer, die beide die Entwicklung der jungen Bundesrepublik maßgeblich geprägt haben. Metz gibt auch nützliche neue Informationen zu Erhards Beziehung zur Freien Demokratischen Partei 1947 und 1948 und wirft damit ein Schlaglicht auf Erhards Entscheidung für die CDU als Wahlpartner anstelle der Liberalen.

Der politische Journalist Daniel Koerfer beschreibt in *Kampf ums Kanzleramt* umfassend den Konflikt zwischen Erhard und Adenauer um die Nachfolge. Über den politischen Kampf hinaus bringt er auch die philosophischen und persönlichen Themen zur Sprache, die die beiden Männer trennten. Koerfers Porträt stützt sich auf eine breite Palette primärer und sekundärer Quellen.

Hans-Peter Schwarz liefert in seinen beiden Bänden der *Geschichte der Bundesrepublik Deutschland* eine allgemeine Geschichte der Ära Adenauer. Sie umfassen sämtliche Phasen der Geschichte der Bundesrepublik von 1949 bis 1963. Folglich sind sie neben den von Eschenburg und Hildebrand vorgelegten Bänden unverzichtbar für eine Untersuchung der Amtsjahre Erhards. Die umfangreiche, zweibändige Biografie Adenauers von Schwarz enthält ebenfalls wichtige Hintergrundinformationen über Erhards öffentliches Leben. Die aktuellere, zweibändige Adenauer-Biografie von Henning Köhler sollte jedoch als kritisches Korrektiv zu Schwarz gelesen werden.

Theodor Eschenburg diskutiert Erhards Karriere und Persönlichkeit in einer Reihe von Veröffentlichungen, vor allem im ersten Band der umfassenden, mehrbändigen Geschichte der Bundesrepublik Deutschland, die in den achtziger Jahren erschien. Der lange Abschnitt, den er hier Erhard widmet, sowie eine Einführung zu dem Nachdruck der Studie Erhards über die Kriegsschulden zeigen Erhard in einem wohlwollenden Licht. Später, insbesondere im zweiten Band seiner Memoiren *Letzten Endes meine ich doch*, äußerte Eschenburg stärkere Kritik an Erhard, vor allem an seiner Nachlässigkeit auf politischer und administrativer Ebene.

Gerold Ambrosius' Diskussion der entscheidenden Jahre zwischen der Niederlage der Nazis und der Gründung der Bundesrepublik in *Die Durchsetzung der Sozialen Marktwirtschaft in Westdeutschland 1945–1949* enthält unzählige

Details und aufschlussreiche Einblicke in den Wettstreit unter rivalisierenden politischen Gruppen und ihren Ideen in den Jahren unmittelbar nach dem Krieg. Die Studie erhellt das Umfeld, in dem Erhard operierte, und verdeutlicht, wie stark der Widerstand gegen ihn war. Ambrosius' Buch ist außerordentlich gründlich recherchiert.

Ludolf Herbst schildert in seinem gut dokumentierten Artikel »Krisenüberwindung und Wirtschaftsneuordnung« Erhards Rolle bei der Planung einer Wirtschaftsordnung nach dem NS-Regime. Er stellt in seinem sorgfältig recherchierten Buch über den Übergang der deutschen Volkswirtschaft von den Nazis zu einem verwestlichten System *Der Totale Krieg und die Ordnung der Wirtschaft* Erhards Tätigkeit in einen größeren Kontext. Diese beiden Publikationen enthalten die bislang detailliertesten Darstellungen der Entstehung von Erhards Denkschrift zur Kriegsfinanzierung und seiner Beziehung zum NS-Regime sowie zu seinen Gegnern.

Drei wirtschaftliche Studien verdienen es, hier genannt zu werden, eine ältere und zwei relativ junge. Im Jahr 1954 schrieb Henry Wallich eine Analyse der wirtschaftlichen Erholung Westdeutschlands *Mainsprings of the German Revival* (deutsch: *Triebkräfte des deutschen Wiederaufstiegs)*, die immer noch sehr aufschlussreiche Erkenntnisse enthält. Wallich, Wirtschaftswissenschaftler an der Yale University, erörtert die Ideen und Wertvorstellungen, die die Akteure auf der westdeutschen wirtschaftlichen Bühne motivierten, beschreibt die Entwicklung der Wirtschaft, indem er Schlüsselsektoren über einen längeren Zeitraum hinweg untersucht, und bewertet die Politik auf maßgeblichen Feldern wie Steuergesetzgebung, Kredit und Außenhandel. Obwohl Wallichs Buch kurz nach den Ereignissen geschrieben wurde, die es behandelt, ist es immer noch eine zuverlässige Quelle. In seiner Studie *Das mißverstandene Wirtschaftswunder* geht auch Ludger Lindlar aus der Sicht des Wirtschaftsexperten an Erhards politische Maßnahmen heran. Er bietet eine Vielzahl interessanter Beobachtungen, fällt aber letzten Endes auf die irreführenden Argumente Abelshausers herein. Unlängst hat Wolfram Weimer, ein Wirtschaftsjournalist, die *Deutsche Wirtschaftsgeschichte* geschrieben, eine verständliche, ausgewogene Geschichte der westdeutschen Wirtschaft. Obwohl das Werk sich auf Sekundärquellen stützt, enthält es wertvolle Diskussionen sämtlicher wichtiger Themen, eingebettet in einen moderaten, ideologischen Rahmen.

Rüdiger Roberts Darstellung der Bemühungen Erhards, ein Kartellverbot zu verabschieden *(Konzentrationspolitik in der Bundesrepublik)*, ist sorgfältig recherchiert und umfassend und stützt sich auf eine umfangreiche Lektüre der Primärquellen. Die veraltete Vorstellung des Autors von einem Monopol schmälert nicht den grundlegenden Wert seiner Studie. Hans Günter Hockerts Schilderung des Ringens um die Reform der Rentenversicherung 1957 *(Sozialpolitische Entscheidungen im Nachkriegsdeutschland)* ist ebenfalls gut recherchiert und behandelt das Thema umfassend. Auch wenn der Autor die makroökonomischen Folgen des Gesetzes nicht angemessen beurteilt, ist sein Buch immer noch eine wahre Fundgrube zu diesem wichtigen Ereignis in der westdeutschen Wirtschaftsgeschichte.

Horst Osterhelds Memoiren seiner Jahre als Leiter des außenpolitischen Büros im Bundeskanzleramt enthalten einzigartige Einblicke in Erhards Lenkung der internationalen Beziehungen. Osterheld war ein erklärter Bewunderer Adenauers und Befürworter der Hinwendung zu Frankreich. Wenn der Leser sich auf diese Voreingenommenheit einstellt, dann liefern seine Kommentare zu Erhards Persönlichkeit und seine außenpolitische Argumentation nützliche Anregungen zu den Sammlungen offizieller Dokumente.

Horst-Friedrich Wünsches *Ludwig Erhards Gesellschafts- und Wirtschaftskonzeption* bietet eine gründlich recherchierte und sorgfältige, ausgewogene Diskussion der Quellen für Erhards wirtschaftliche Anschauungen. Wünsche kommt ganz richtig zu dem Schluss, dass Erhard keineswegs lediglich ein Anhänger Röpkes und Euckens war, doch mit seiner Interpretation geht er zu weit. Er gelangt zu vorschnellen Schlussfolgerungen über den Einfluss anderer Denker auf Erhard, etwa Georg Friedrich Knapp, liest zu viel in deren Schriften hinein und lässt die chronologische Entwicklung der Ansichten Erhards außer Acht.

Will man Erhard in die liberale Tradition in Deutschland einordnen, so ist es ratsam, die folgenden vier Werke zu Rate zu ziehen. James Sheehans *German Liberalism in the Nineteenth Century* (deutscher Titel: *Der deutsche Liberalismus. Von den Anfängen im 18. Jahrhundert bis zum Ersten Weltkrieg)* gibt einen Überblick über das Aufkommen der liberalen Bewegung. Das Buch konzentriert sich auf die Entwicklung politischer Parteien und enthält weniger Informationen über die Entstehung liberalen Gedankenguts. Die Einleitung von Konrad Jarausch und Larry Eugene Jones zu der Aufsatzsammlung *In Search of a Liberal Germany* schließt diese Lücke zwar nicht ganz, doch sie enthält eine gute Zusammenfassung der Forschungsliteratur zu dem Thema. Das Buch enthält ein Kapitel von Anthony J. Nicholls über Erhard, das ihn recht zutreffend in den historischen Kontext einordnet. Dieter Langewiesches Buch *Liberalismus in Deutschland* ist ebenfalls eine Geschichte der politischen und institutionellen Entwicklung, die wenig über liberale Wirtschaftstheorien aussagt. Der Autor steht dem Liberalismus offensichtlich kritisch gegenüber. Im Gegensatz dazu hat Ralph Raico eine sehr positive Geschichte des deutschen Liberalismus seit seinen Ursprüngen bis zur Weimarer Republik geschrieben und dabei Eugen Richter besonderes Augenmerk gewidmet. Raico, ein Mitglied der österreichischen Schule, erhellt Richters Ideen und stützt sich dabei auf eine gründliche Studie seiner Schriften und Reden.

Quellen- und Literaturverzeichnis

ARCHIVE

Archiv für christlich-demokratische Politik, Sankt Augustin

I-105. Nachlass Paul Binder

I-236. Nachlass Alfred Müller-Armack

Bundesarchiv Koblenz

B102. Bundesministerium für Wirtschaft

B136. Bundeskanzleramt

Z1. Länderrat des amerikanischen Besatzungsgebietes

Z3. Wirtschaftsrat des Vereinigten Wirtschaftsgebietes

Z4. Länderrat des Vereinigten Wirtschaftsgebietes

Z8. Verwaltung für Wirtschaft (VfW) des Vereinigten Wirtschaftsgebietes

Z13. Direktorialkanzlei des Wirtschaftsrats des Vereinigten Wirtschaftsgebietes

Z14/4. Berater für den Marshall-Plan

Z32. Sonderstelle Geld und Kredit in der Verwaltung für Finanzen des Vereinigten Wirtschaftsgebietes

Ludwig-Erhard-Stiftung, Bonn

Nachlass Erhard

National Archives and Records Administration, College Park, Md.

Record Group 331. Records of Allied Operational and Occupation Headquarters, World War II

VERÖFFENTLICHTE DOKUMENTE

Bundesarchiv, Institut für Zeitgeschichte, *Akten zur Vorgeschichte der Bundesrepublik Deutschland 1945–1949*, Bde. 1–5, herausgegeben von Walter Vogel und Christoph Weisz, München 1976–83.

Clay, Lucius D., *The Papers of General Lucius D. Clay: Germany, 1945–1949*, herausgegeben von Jean Edward Smith, Bloomington 1974.

Deutschland, Auswärtiges Amt, *Akten zur auswärtigen Politik der Bundesrepublik Deutschland 1964*, Bd. 2, herausgegeben von Wolfgang Hölscher und Daniel Kosthorst. München 1995.

–, *Akten zur auswärtigen Politik der Bundesrepublik Deutschland 1965*, Bd, 3, herausgegeben von Mechthild Lindemann und Harald Rosenbach, München 1996.

–, *Akten zur auswärtigen Politik der Bundesrepublik Deutschland 1966*, Bd. 3, herausgegeben von Matthias Peter und Harald Rosenbach, München 1997.

Deutschland, Bundesregierung, *Die Kabinettsprotokolle der Bundesregierung*, Bd. 1, 1949, herausgegeben von Ulrich Enders und Konrad Reiser, Boppard am Rhein 1982.

–, *Die Kabinettsprotokolle der Bundesregierung*, Bd. 2, 1950, herausgegeben von Ulrich Enders und Konrad Reiser, Boppard am Rhein 1984.

–, *Die Kabinettsprotokolle der Bundesregierung*. Bd. 3, 1950, *Wortprotokolle*, herausgegeben von Ulrich Enders und Konrad Reiser, Boppard am Rhein 1986.

–, *Die Kabinettsprotokolle der Bundesregierung*, Bd. 4, 1951, herausgegeben von Ursula Hüllbüsch, Boppard am Rhein 1988.

–, *Die Kabinettsprotokolle der Bundesregierung*, Bd. 5, 1952, herausgegeben von Kai von Jena, Boppard am Rhein 1989.

–, *Die Kabinettsprotokolle der Bundesregierung*, Bd. 6, 1953, herausgegeben von Ulrich Enders und Konrad Reiser, Boppard am Rhein 1989.

–, *Die Kabinettsprotokolle der Bundesregierung*, Bd. 7, 1954, herausgegeben von Thomas Trumpp und Ursula Hüllbüsch, München 1993.

–, *Die Kabinettsprotokolle der Bundesregierung*, Bd. 8, 1955, herausgegeben von Michael Hollmann und Kai von Jena, München 1997.

–, *Die Kabinettsprotokolle der Bundesregierung*, Bd. 9, 1956, herausgegeben von Ursula Hüllbüsch, München 1998.

–, *Die Kabinettsprotokolle der Bundesregierung*, Bd. 10, 1957, herausgegeben von Ulrich Enders und Josef Henke, München 2000.

–, *Die Kabinettsprotokolle der Bundesregierung. Kabinettsausschuß für Wirtschaft*, Bd. 1, 1951–1953, herausgegeben von Ulrich Ender, München 1999.

–, *Die Kabinettsprotokolle der Bundesregierung. Kabinettsausschuß für Wirtschaft*, Bd. 1, 1954–1955, herausgegeben von Michael Hollmann, München 2000.

–, *Die Kabinettsprotokolle der Bundesregierung. Kabinettsausschuß für Wirtschaft*, Bd. 3, 1956–1957, herausgegeben von Ralf Behrendt und Uta Rössel, München 2001.

–, *Die Kabinettsprotokolle der Bundesregierung. Ministerausschuß für die Sozialreform 1955–1960*, herausgegeben von Bettina Martin-Weber, München 1999.

Deutschland, Statistisches Bundesamt, *Handbook of Statistics for the Federal Republic of Germany*, Stuttgart 1967.

–, *Statistisches Jahrbuch für die Bundesrepublik Deutschland 1959*, Stuttgart 1959.

–, *Statistisches Jahrbuch für die Bundesrepublik Deutschland 1968*, Stuttgart 1968.

Erhard, Ludwig, *Bundestagsreden von Ludwig Erhard*, herausgegeben von Rainer Barzel, Bonn 1972.

–, *Kriegsfinanzierung und Schuldenkonsolidierung. Faksimiledruck der Denkschrift von 1943/44*, Frankfurt/Main 1977.

–, *Ludwig Erhard. Gedanken aus fünf Jahrzehnten*, herausgegeben von Karl Hohmann, Düsseldorf 1988.

–, *Das sagte der Bundeskanzler. Ludwig Erhard in Reden und Interviews*, herausgegeben von Rolf Osang, München 1966.

–, *Wirken und Reden*, herausgegeben von Walter Hoch, Ludwigsburg 1966.

Hitler, Adolf, *Mein Kampf*, München 1939 (englischsprachige Ausgabe: *Mein Kampf*, übersetzt von Ralph Manheim, 1943, Nachdruck Boston 1971).

Morsey, Rudolf (Hrsg.), *Adenauer Briefe 1945–1947*, bearbeitet von Hans Peter Mensing, Berlin 1983.

–, *Adenauer Briefe 1947–1949*, Berlin 1984.

–, *Adenauer Briefe 1949–1951*, Berlin 1985.

–, *Adenauer Briefe 1951–1953*, Berlin 1987.

–, *Adenauer Briefe 1953–1955*, Berlin 1995.

–, *Adenauer Briefe 1955–1957*, Berlin 1998.

U.S. Department of State, Office of Publications, *Germany, 1947–1949: The Story in Documents*, Washington, D.C., 1950.

Wörtliche Berichte und Drucksachen des Wirtschaftsrates des Vereinigten Wirtschaftsgebietes 1947–1949, Bd. 2 (1.–22. Vollversammlung), herausgegeben vom Institut für Zeitgeschichte, München 1977.

SEKUNDÄRLITERATUR

Abelshauser, Werner, »Ansätze ›Korporativer Marktwirtschaft‹ in der Koreakrise der frühen fünfziger Jahre. Ein Briefwechsel zwischen dem Hohen Kommissar John McCloy und Bundeskanzler Konrad Adenauer«, in: *Vierteljahrshefte für Zeitgeschichte* 30 (1982), S. 715–756.

–, »Dokumentation: Kohle und Marktwirtschaft. Ludwig Erhards Konflikt mit dem Unternehmensverband Ruhrbergbau am Vorabend der Kohlenkrise«, in: *Vierteljahrshefte für Zeitgeschichte* 33 (1985), S. 489–546.

–, »Erhard oder Bismarck? Orientation de la Politique sociale Allemande à la Lumière de la Réforme de L'Assurance sociale des Années 1950«, in: *Revue Française de Science Politique* 45 (1995), S. 610–631.

–, »Erhard oder Bismarck? Die Richtlinienentscheidung der deutschen Sozialpolitik am Beispiel der Reform der Sozialversicherung in den fünfziger Jahren«, in: *Geschichte und Gesellschaft* 22 (Juli–September 1996), S. 376–392.

–, *Die langen fünfziger Jahre. Wirtschaft und Gesellschaft der Bundesrepublik Deutschland, 1949–1966*, Düsseldorf 1987.

–, *Die Weimarer Republik als Wohlfahrtsstaat. Zum Verhältnis von Wirtschafts- und Sozialpolitik in der Industriegesellschaft*, Stuttgart 1987.

–, *Wirtschaftsgeschichte der Bundesrepublik Deutschland 1945–1980*, Frankfurt/Main 1983.

Ambrosius, Gerold, *Die Durchsetzung der Sozialen Marktwirtschaft in Westdeutschland 1945–1949*, Stuttgart 1977.

–, »Marktwirtschaft oder Planwirtschaft. Planwirtschaftliche Ansätze der bizonalen Deutschen Selbstverwaltung 1946–1949«, in: *Vierteljahrschrift für Sozial- und Wirtschaftsgeschichte* 66 (1979), S. 74–110.

Backer, John H., *Priming the German Economy: American Occupational Policies, 1945–1948*, Durham, N.C., 1971.

Balabkins, Nicholas, *Germany under Direct Controls: Economic Aspects of Industrial Disarmament, 1945–1948*, New Brunswick, N.J., 1964.

Barre, Raymond, »Ludwig Erhard, le miracle allemand et l'économie sociale du marche«, in: *Revue des deux Mondes* (1984), S. 3–10.

Barzel, Rainer, *Im Streit und umstritten. Anmerkungen zu Konrad Adenauer, Ludwig Erhard und den Ostverträgen*, Frankfurt/Main 1986.

Beckerath, Erwin von, Fritz W. Meyer und Alfred Müller-Armack (Hrsg.), *Wirtschaftsfragen der freien Welt. Festschrift zum 60. Geburtstag von Ludwig Erhard*, Frankfurt/Main 1957.

Benz, Wolfgang, *Wirtschaft*, Frankfurt/Main 1989 (*Die Geschichte der Bundesrepublik Deutschland*, Bd. 2).

–, *Die Gründung der Bundesrepublik. Von der Bizone zum souveränen Staat*, München 5. Auflage 1999.

–, *Von der Besatzungsherrschaft zur Bundesrepublik. Stationen einer Staatsgründung, 1946–1949*, Frankfurt/Main 1984.

Berghahn, Volker, *The Americanisation of West German Industry, 1945–1973*, Cambridge 1986.

–, »Ideas into Politics: The Case of Ludwig Erhard«, in: *Ideas into Politics*, herausgegeben von R. J. Bullen, H. Pogge von Strandmann und A. B. Polonsky, London 1984, S. 178–192.

–, *Imperial Germany, 1871–1914: Economy, Society, Culture, and Politics*, Providence 1994.

–, *Otto A. Friedrich. Ein politischer Unternehmer*, Frankfurt/Main 1993.

–, »Resisting the Pax Americana?: West German Industry and the U.S., 1945–1955«, in: *America and the Shaping of German Society*, herausgegeben von Michael Ermarth, Providence 1996, S. 85–100.

–, *Unternehmer und Politik in der Bundesrepublik*, Frankfurt/Main 1985.

–, »West German Reconstruction and American Industrial Culture, 1945–1960«, in: *The American Impact on Postwar Germany*, herausgegeben von Reiner Pommerin, Providence 1995, S. 65–82.

–, »Zur Amerikanisierung der westdeutschen Wirtschaft«, in: *Vom Marshallplan zur EWG*, herausgegeben von Werner Bührer, Ludolf Herbst und Hanno Sowade, München 1990, S. 227–253.

Bethusy-Huc, Viola Gräfin von, *Demokratie und Interessenpolitik*, Wiesbaden 1962.

Birke, Adolf M., *Nation ohne Haus. Deutschland 1945–1961*, Berlin 1998.

Blatt, Rudolf, »Wissen, Lehren, Handeln. Wo sind heute Wirtschaftsminister wie Ludwig Erhard und Karl Schiller?«, in: *Wirtschaft und Erziehung*, Nr. 11, 44 (1992), S. 353–355.

Blum, Reinhard, *Soziale Marktwirtschaft*, Tübingen 1969.

Blumenwitz, Dieter, Klaus Gotto, Hans Maier, Konrad Repgen und Hans-Peter Schwarz (Hrsg.), *Beiträge von Weg- und Zeitgenossen*, Stuttgart 1976 (*Konrad Adenauer und seine Zeit. Politik und Persönlichkeit des ersten Bundeskanzlers*, Bd. 1).

Boarman, Patrick M., »Apostle of a Humane Economy: Remembering Wilhelm Röpke«, in: *Humanitas* 13 (2000), S. 31–67.

Boehling, Rebecca, *A Question of Priorities: Democratic Reforms and Economic Recovery in Postwar Germany*, Providence 1996.

Böhm, Franz, *Freiheit und Ordnung in der Marktwirtschaft*, Baden-Baden 1980.

–, *Wettbewerb und Monopolkampf*, Berlin 1933.

Bozo, Frédéric, *Two Strategies for Europe: De Gaulle, the United States, and the Atlantic Alliance*, übersetzt von Susan Emanuel, Lanham 2001.

Brackmann, Michael, *Vom Totalen Krieg zum Wirtschaftswunder. Die Vorgeschichte der westdeutschen Währungsreform*, Essen 1993.

Braun, Hans-Joachim, *The German Economy in the Twentieth Century*, London 1990.

Braunthal, Gerard, *The Federation of German Industry in Politics*, Ithaca 1965.

Brenke, Gabriele, »Europakonzeptionen im Widerstreit. Die Freihandelszonen-Verhandlungen 1956–1958«, in: *Vierteljahrshefte für Zeitgeschichte* 42 (1994), S. 595–633.

Buchheim, Christoph, »Marshall Plan and Currency Reform«, in: *American Policy and the Reconstruction of West Germany, 1945–1955*, herausgegeben von Jeffry M. Diefendorf, Axel Frohn und Hermann-Josef Rupieper, Cambridge 1993, S. 69–83.

–, »Die Währungsreform 1948 in Westdeutschland«, in: *Vierteljahrshefte für Zeitgeschichte* 36 (April 1988), S. 198–231.

–, *Die Wiedereingliederung Westdeutschlands in die Weltwirtschaft 1945–1959*, München 1990.

Bullock, Alan, *Hitler*. A *Study in Tyranny*, überarb. Auflage New York 1962 (deutscher Titel: *Hitler. Eine Studie über Tyrannei*, Düsseldorf 1953).

Burck, Gilbert, »Can Germany Go Capitalist?«, in: *Fortune* 49 (April 1954), S. 114–120, 247f., 250, 252, 254.

–, »The German Business Mind«, in: *Fortune* 49 (Mai 1954), S. 111–114, 218, 220, 222.

Calleo, David, »De Gaulle and the Monetary System«, in: *De Gaulle and the United States: A Centennial Reappraisal*, herausgegeben von Robert O. Paxton und Nicholas Wahl, Providence 1994, S. 241–245.

Caro, Michael K., *Der Volkskanzler Ludwig Erhard*, Köln, Berlin 1965.

Clay, Lucius D., *Decision in Germany*, Garden City, N.Y., 1950 (deutscher Titel: *Entscheidung in Deutschland*, Frankfurt/Main 1950).

Craig, Gordon, *Germany, 1866–1945*, New York 1978 (deutscher Titel: *Deutsche Geschichte 1866–1945. Vom Norddeutschen Bund bis zum Ende des Dritten Reiches*, München 1980).

Dedring, Klaus-Heinrich, *Adenauer, Erhard, Kiesinger. Die CDU als Regierungspartei 1961–1969*, Pfaffenweiler 1989.

Dietrich, Yorck, *Eigentum für Jeden. Die vermögenspolitischen Initiativen der CDU und die Gesetzgebung, 1950–1961*, Düsseldorf 1996 (*Forschung und Quellen zur Zeitgeschichte*, Bd. 29).

Diner, Dan, *Feindbild Amerika. Über die Beständigkeit eines Ressentiments*, 2. erweiterte Auflage München 2002.

Dönhoff, Marion Gräfin, *Deutschland deine Kanzler. Die Geschichte der Bundesrepublik 1949–1999*, München 1999.

Dornbusch, Rüdiger, Wilhelm Nölling und Richard Layard (Hrsg.), *Postwar Economic Reconstruction and Lessons for the East Today*, Cambridge, Mass., 1993.

Dumke, R. H., »Reassessing the Wirtschaftswunder: Reconstruction and Post-War Growth in West Germany in an International Context«, in: *Oxford Bulletin of Economic Statistics* 52 (1990), S. 451–491.

Ebenstein, Alan, *Friedrich Hayek: A Biography*, New York 2001.

Edinger, Louis J., *Kurt Schumacher: A Study in Personality and Political Behavior*, Stanford 1965 (deutscher Titel: *Kurt Schumacher. Persönlichkeit und politisches Verhalten*, Köln 1967).

Ehrlicher, Werner, »Deutsche Finanzpolitik seit 1945«, in: *Vierteljahrschrift für Sozial- und Wirtschaftsgeschichte* 81 (1994), S. 1–32.

Eibl, Franz, *Politik der Bewegung. Gerhard Schröder als Außenminister 1961–1966*, München 2001.

Enders, Ulrich, »Integration oder Kooperation? Ludwig Erhard und Franz Etzel im Streit über die Politik der europäischen Zusammenarbeit«, in: *Vierteljahrshefte für Zeitgeschichte* 45 (1997), S. 143–171.

Erdmann, Karl Dietrich, »Neue historische Literatur. Geschichte der Bundesrepublik – Folgerichtig und ohne Bruch«, in: *Historische Zeitschrift* 251 (1990), S. 365–380.

Erhard, Ludwig, *Deutsche Wirtschaftspolitik. Der Weg der sozialen Marktwirtschaft*, herausgegeben von Karl Hohmann, Düsseldorf 1962.

–, *Deutschlands Rückkehr zum Weltmarkt*, herausgegeben von Herbert Gross, Düsseldorf 1953 (englische Übersetzung: *Germany's Comeback in the World Market*, mit Unterstützung von Dr. von Maltzahn herausgegeben von Herbert Gross, übersetzt von W. H. Johnson, New York 1954).

–, »Einfluß der Preisbildung und Preisbindung auf die Qualität und die Quantität des Angebots und der Nachfrage«, in: *Marktwirtschaft und Wirtschaftswissenschaft. Festschrift für Wilhelm Vershofen*, herausgegeben von Georg Bergler und Ludwig Erhard, Berlin 1939, S. 47–100.

–, *Erbe und Auftrag. Aussagen und Zeugnisse*, herausgegeben von Karl Hohmann, Düsseldorf, Wien 1978.

–, *L'expansion économique allemand*, übersetzt von Jacques Boutin und Elfriede Boutin, Paris 1953.

–, »Franz Böhms Einfluss auf die Politik«, in: *Wirtschaftsordnung und Staatsverfassung. Festschrift für Franz Böhm zum 80. Geburtstag*, herausgegeben von Heinz Sauermann und Ernst-Joachim Mestmäcker, Tübingen 1975, S. 15 bis 21.

–, »Die Marktordnung«, in: *Die Führung des Betriebes. Festschrift für Wilhelm Kalveram*, herausgegeben von Karl Theisinger, Berlin 1942, S. 274–282.

–, »Das Ordnungsdenken in der Marktwirtschaft«, in: *Toward Liberty: Essays in Honor of Ludwig von Mises on the Occasion of His 90th Birthday, September 29, 1971*, Bd. 1, Menlo Park, Calif., 1971, S. 121–137.

–, *Prosperity through Competition*, übersetzt und herausgegeben von Edith Temple Roberts und John B. Wood, New York 1958.

–, *Wohlstand für alle*, herausgegeben von Wolfram Langer, Düsseldorf 1957.

Erhard, Ludwig, Kurt Brüss und Bernhard Hagemeyer (Hrsg.), *Grenzen der Demokratie? Probleme und Konsequenzen der Demokratisierung von Politik, Wirtschaft und Gesellschaft*, Düsseldorf 1973.

Ermarth, Michael (Hrsg.), *America and the Shaping of German Society, 1945–1955*, Providence 1993.

Ermrich, Roland (Hrsg.), *100 Jahre Ludwig Erhard. Das Buch zur Sozialen Marktwirtschaft*, Düsseldorf 1998.

Eschenburg, Theodor, *Jahre der Besatzung. 1945–1949*, Stuttgart 1987 (Karl Dietrich Bracher (Hrsg.), *Geschichte der Bundesrepublik Deutschland*, Bd. 1).

–, *Letzten Endes meine ich doch. Erinnerungen 1933–1999*, Berlin 2000.

Eucken, Walter, *Die Grundlagen der Nationalökonomie*, Berlin 6. Auflage 1950.

–, *Grundsätze der Wirtschaftspolitik*, Tübingen 6. Auflage 1990.

Eyermann, Erich, »Karl Marx tot. Ludwig Erhard lebt? Wirtschaft, Politik und die Macht des Faktischen«, in: *Zeitschrift für Geschichtswissenschaft*, Nr. 11, 39 (1991), S. 1122–1129.

Fest, Joachim C., *Adolf Hitler. Eine Biographie*, Frankfurt/Main, Berlin, Wien 1973, Neuauflage 1995.

Fischer, Werner Andreas, *Ludwig Erhard. Ein Leben für den Wiederaufbau Deutschlands*, München 1967.

Flach, Karl Hermann, *Erhards schwerer Weg*, Stuttgart 1963.

Gall, Lothar (Hrsg.), *Bürgertum und bürgerlich-liberale Bewegung in Mitteleuropa seit dem 18. Jahrhundert*, München 1997 *(Historische Zeitschrift. Sonderhefte,* Bd. 17).

Giersch, Herbert, »Liberal Reform in West Germany«, in: ORDO (1988), S. 3–16.

Giersch, Herbert, Karl-Heinz Paqué und H. Schmieding. »Openness, Wage Restraint, and Macroeconomic Stability: West Germany's Road to Prosperity, 1948–1959«, in: *Postwar Economic Reconstruction and Lessons for the East Today*, herausgegeben von Rüdiger Dornbusch, Wilhelm Nölling und Richard Layard, Cambridge, Mass., 1993, S. 1–37.

Gillen, J. F. J., *Deconcentration and Decartelization in West Germany, 1945–1953*, Bonn 1953.

Gimbel, John, *The American Occupation of Germany: Politics and the Military, 1945–1949*, Stanford 1968 (deutscher Titel: *Amerikanische Besatzungspolitik in Deutschland 1945–1949*, Frankfurt/Main 1971).

–, *The Origins of the Marshall Plan*, Stanford 1976.

Görtemaker, Manfred, *Geschichte der Bundesrepublik Deutschland. Von der Gründung bis zur Gegenwart*, München 1999.

Gross, Johannes, *Lauter Nachworte. Innenpolitik nach Adenauer*, Stuttgart 1965.

–, *Unsere letzten Jahre. Fragmente aus Deutschland*, Stuttgart 1980.

Grosser, Dieter, Thomas Lange, Andreas Müller-Armack und Beate Neuss, *Soziale Marktwirtschaft. Geschichte, Konzept, Leistung*, Stuttgart 1988.

Günther, Eberhard, »Entwurf eines deutschen Gesetzes gegen Wettbewerbsbeschränkungen«, in: *Wirtschaft und Wettbewerb* 1 (1951), S. 17–40.

–, »Die geistigen Grundlagen des Josten-Entwurfs«, in: *Wirtschaftsordnung und Staatsverfassung. Festschrift für Franz Böhm zum 80. Geburtstag*, herausgegeben von Heinz Sauermann und Ernst-Joachim Mestmäcker, Tübingen 1975, S. 183–204.

Günther, Klaus, *Der Kanzlerwechsel in der Bundesrepublik. Adenauer, Erhard, Kiesinger*, Hannover 1970.

Hahn, Gerhard (Hrsg.), *Bibliographie zur sozialen Marktwirtschaft. Die Wirtschafts- und Gesellschaftsordnung der Bundesrepublik Deutschland, 1982–1987*, Baden-Baden 1989.

Hahn, Roland, *Marktwirtschaft und Sozialromantik. Die programmatische Erneuerung des Liberalismus in Deutschland unter dem Einfluß der Ideen Wilhelm Röpkes und Alexander Rüstows*, Egelsbach 1993.

Hanrieder, Wolfram, *Deutschland, Europa, Amerika. Die Außenpolitik der Bundesrepublik Deutschland 1949–1994*, Paderborn 1995.

–, *The Stable Crisis: Two Decades of German Foreign Policy*, New York 1970 (deutscher Titel: *Die stabile Krise. Ziele und Entscheidungen der bundesrepublikanischen Außenpolitik 1949–1969*, Gütersloh 1970).

Hardach, Gerd, *Der Marshallplan. Auslandshilfe und Wiederaufbau in Westdeutschland, 1948–1952*, München 1994.

Hardach, Karl, *The Political Economy of Germany*, Berkeley 1976.

–, *Wirtschaftsgeschichte Deutschlands im 20. Jahrhundert*, Göttingen 1976.

Haselbach, Dieter, *Franz Oppenheimer, Soziologie, Geschichtsphilosophie und Politik des »Liberalen Socialismus«*, Opladen 1985.

–, »Franz Oppenheimer's Theory of Capitalism of a Third Path«, in: *The Theory of Capitalism in the German Economic Tradition*, herausgegeben von Peter Koslowski, Berlin 2000, S. 54–86.

Hayek, Friedrich von, *The Road to Serfdom*, Chicago 1944 (deutsche Sonderausgabe: *Der Weg zur Knechtschaft*, München 2003).

–, *Studies in Philosophy, Politics and Economics*, Chicago 1962.

Hentschel, Volker, *Ludwig Erhard. Ein Politikerleben*, München 1996.

–, *Ludwig Erhard, die »soziale Marktwirtschaft« und das Wirtschaftswunder, Historisches Lehrstück oder Mythos?,* Bonn 1998.

Herbst, Ludolf, »Krisenüberwindung und Wirtschaftsneuordnung. Ludwig Erhards Beteiligung an den Nachkriegsplanungen am Ende des Zweiten Weltkriegs«, in: *Vierteljahrshefte für Zeitgeschichte* 25 (1977), S. 305–340.

–, *Option für den Westen*, München 1996.

–, *Der Totale Krieg und die Ordnung der Wirtschaft*, Stuttgart 1982.

Herrigel, Gary, *Industrial Constructions: The Sources of German Industrial Power*, Cambridge 1996.

Heusgen, Christoph, *Ludwig Erhards Lehre von der Sozialen Marktwirtschaft. Ursprünge, Kerngehalt, Wandlungen*, Bern, Stuttgart 1981.

Hildebrand, Klaus, »Ludwig Erhard (1897–1977)«, in: *Die großen Deutschen unserer Epoche*, herausgegeben von Lothar Gall, Frankfurt/Main 1985, S. 368–378.

–, »Ludwig Erhard. Kanzler zwischen Politik und Wirtschaft«, in: *Nach-Denken. Ludwig Erhard und seine Politik*, herausgegeben von Regina Krane, Bonn, Berlin 1997, S. 11–21.

–, *Von Erhard zur großen Koalition. Geschichte der Bundesrepublik Deutschland 1963–1969*, Bd. 4, Stuttgart, Wiesbaden 1984.

Hockerts, Hans Günter, »Adenauer als Sozialpolitiker«, in: *Konrad Adenauer und seine Zeit. Politik und Persönlichkeit des ersten Bundeskanzlers*, herausgegeben von Dieter Blumenwitz, Stuttgart 1976, S. 476f. (*Beiträge der Wissenschaft*, Bd. 2).

–, »Integration der Gesellschaft. Gründungskrise und Sozialpolitik in der frühen Bundesrepublik«, in: *Zeitschrift für Sozialreform* 32 (1986), S. 25–41.

–, »Konrad Adenauer und die Rentenreform von 1957«, in: *Die Dynamische Rente in der Ära Adenauer und heute*, herausgegeben von Konrad Repgen, Stuttgart, Zürich 1978, S. 11–29 (*Rhöndorfer Gespräche*, Bd. 1).

–, »Metamorphosen des Wohlfahrtsstaats«, in: *Zäsuren nach 1945. Essays zur Periodisierung der deutschen Nachkriegsgeschichte*, herausgegeben von Martin Broszat, München 1990, S. 25–45 (Schriftenreihe der *Vierteljahrshefte für Zeitgeschichte*, Bd. 61, im Auftrag des Instituts für Zeitgeschichte herausgegeben von Karl Dietrich Bracher und Hans-Peter Schwarz).

–, *Sozialpolitische Entscheidungen im Nachkriegsdeutschland. Alliierte und deutsche Sozialversicherungspolitik 1945 bis 1957*, Stuttgart 1980.

–, »Sozialpolitische Reformbestrebungen in der frühen Bundesrepublik. Zur Sozialreform-Diskussion und Rentengesetzgebung 1953–1957«, in: *Vierteljahrshefte für Zeitgeschichte* 25 (1977), S. 341–372.

Hogan, Michael J., *The Marshall Plan: America, Britain, and the Reconstruction of Western Europe, 1947–1952*, New York 1987.

Hohmann, Karl, »Aus dem Leben Ludwig Erhards. Die Jahre bis 1945«, in: *Orientierungen zur Wirtschafts- und Gesellschaftspolitik*, Nr. 11 (1982), S. 50 bis 60.

–, *Ludwig Erhard (1897–1977). Eine Biographie*, Bonn 1997.

–, »Ludwig Erhard (1897–1977)«, in: *Fränkische Lebensbilder*, herausgegeben von Alfred Wendehorst und Gerhard Pfeiffer, Neustadt (Aisch) 1984, Bd. 11, S. 211–245.

–, (Hrsg.), *Der Geburtstag: Reden, Kommentare, Glückwünsche, Interviews, Berichte, Besprechungen. Eine Dokumentation über den 75. Geburtstag von Altbundeskanzler Professor Dr. Ludwig Erhard, 4. Februar 1972*, Frankfurt/Main, Berlin 1977.

Hughes, Michael L., »Hard Heads, Soft Money?: West German Ambivalence about Currency Reform, 1944–1948«, in: *German Studies Review* 21 (1998), S. 309–327.

–, *Shouldering the Burdens of Defeat: West Germany and the Reconstruction of Social Justice*, Chapel Hill 2000.

Hunold, Albert (Hrsg.), *Gegen die Brandung*, Erlenbach-Zürich 1959.

Hüttenberger, Peter, »Wirtschaftsordnung und Interessenpolitik in der Kartellgesetzgebung der Bundesrepublik 1949–1957«, in: *Vierteljahrshefte für Zeitgeschichte* 24 (Juli 1976), S. 287–307.

Irving, Ronald, *Adenauer*, London 2002.

Jäckel, Eberhard, *Hitlers Weltanschauung. Entwurf einer Herrschaft*, Stuttgart 4. Auflage 1991.

Jäger, Hans, *Geschichte der Wirtschaftsordnung in Deutschland*, Frankfurt/Main 1988.

Jarausch, Konrad und Larry Eugene Jones, *In Search of a Liberal Germany*, New York 1990.

Kaplan, Jacob J., und Günther Schleiminger, *The European Payments Union: Financial Diplomacy in the 1950s*, New York 1989.

Kershaw, Ian, *Hitler 1889–1936: Hubris*, New York 1998 (deutscher Titel: *Hitler 1889–1936*, Stuttgart 1998).

Kettenacker, Lothar, *Germany since 1945*, Oxford 1997.

Klein, Hans, *Ludwig Erhard*, Köln, Berlin 1967.

Klump, Rainer, *Wirtschaftsgeschichte der Bundesrepublik Deutschland*, Wiesbaden 1985.

Knapp, Georg Friedrich, *Staatliche Theorie des Geldes*, Leipzig 1905.

Koerfer, Daniel, *Kampf ums Kanzleramt. Erhard und Adenauer*, Stuttgart 1987, Nachdruck Berlin 1998.

Koesters, Heinz, *Ökonomen verändern die Welt*, Hamburg 1982.

Kohl, Helmut, *Soziale Marktwirtschaft, Fundament für Morgen? Festveranstaltung zum 90. Geburtstag von Professor Dr. Ludwig Erhard am Mittwoch, dem 4. Februar 1987, in der Redoute zu Bonn-Bad Godesberg*, Bonn 1987.

Köhler, Henning, *Adenauer. Eine politische Biographie*, 2 Bde., Berlin 1994.

Kollmer-v. Oheimb-Loup, Gert, »Die Wirtschaftspolitik Erhards als Fessel des wirtschaftlichen Aufschwungs? Kritische Forderungen der südwestdeutschen Wirtschaft«, in: *Vierteljahrschrift für Sozial- und Wirtschaftsgeschichte* 82 (1995), S. 459–477.

Koslowski, Peter (Hrsg.), *The Theory of Capitalism in the German Economic Tradition*, Berlin 2000.

Kramer, Alan, *The West German Economy, 1945–1955*, New York 1991.

Krane, Regina (Hrsg.), *Nach-Denken. Ludwig Erhard und seine Politik*, Bonn, Berlin 1997.

Kusterer, Hermann, *Der Kanzler und der General*, Stuttgart 1995.

Küsters, Hanns Jürgen, »Die Europapolitik der Bundesrepublik Deutschland im Spannungsfeld von EWG- und EFTA-Gründung 1956–1958«, in: *Europa im Blick der Historiker*, herausgegeben von Rainer Hudemann, Hartmut Kaeble und Klaus Schwabe, München 1995, S. 203–239.

–, »Der Streit um Kompetenzen und Konzeptionen deutscher Europapolitik 1949–1958«, in: *Vom Marshallplan zur EWG*, herausgegeben von Werner Bührer, Ludolf Herbst und Hanno Sowade, München 1990, S. 335–370.

Lacouture, Jean, *De Gaulle: The Rebel, 1890–1944*, übersetzt von Patrick O'Brian, New York 1993 (Original: *De Gaulle*, 3 Bde., Paris 1984/86).

–, *De Gaulle: The Ruler, 1945–1970*, übersetzt von Alan Sheridan, New York 1993.

Laitenberger, Volkhard, »Auf dem Weg zur Währungs- und Wirtschaftsreform. Ludwig Erhards Wirtschaftspolitik im Frühjahr 1948«, in: *Aus Politik und Zeitgeschichte* 32 (Juni 1988), S. 29–42.

–, *Ludwig Erhard. Der Nationalökonom als Politiker*, Göttingen 1986.

–, »Ludwig Erhards Wirtschaftspolitik im Frühjahr 1948«, in: *Aus Politik und Zeitgeschichtee* 32 (Juni 1988), S. 29–42.

–, (Hrsg.), *Die Ethik der sozialen Marktwirtschaft. Thesen und Anfragen*, Stuttgart, New York 1988.

Lampert, Heinz, *Die Wirtschafts- und Sozialordnung der Bundesrepublik Deutschland*, München 1995.

Langewiesche, Dieter, *Liberalismus in Deutschland*, Frankfurt/Main 1988.

Lappenküper, Ulrich, »›Ich bin wirklich ein guter Europäer‹: Ludwig Erhards Europapolitik, 1949–1966«, in: *Francia* 18 (1991), S. 85–121.

Leaman, Jeremy, *The Political Economy of West Germany, 1945–85*, London 1988.

Lindlar, Ludger, *Das mißverstandene Wirtschaftswunder. Westdeutschland und die westeuropäische Nachkriegsprosperität*, Tübingen 1997.

Lorenz, Ina S., *Eugen Richter. Der entschiedene Liberalismus in wilhelminischer Zeit 1871 bis 1906*, Husum 1980.

Ludwig Erhard. Sein Weg, Deutschlands Aufstieg, München 1965.

Ludwig-Erhard-Stiftung, *Die deutsche Wirtschaftsordnung 50 Jahre nach dem Leitsätzegesetz*, Bonn 1999.

–, *Grundtexte zur Sozialen Marktwirtschaft*, Bd. 1, herausgegeben von Horst Friedrich Wünsche, Stuttgart 1981 (Ins Englische übersetzt von D. Rutter unter dem Titel: *Standard Texts on the Social Market Economy: Two Centuries of Discussion*, Stuttgart 1982).

–, *Grundtexte zur Sozialen Marktwirtschaft. Das Soziale in der Sozialen Marktwirtschaft*, Bd. 2, herausgegeben von Horst Friedrich Wünsche, Stuttgart 1988.

–, *Grundtexte zur Sozialen Marktwirtschaft. Marktwirtschaft als Aufgabe. Wirtschaft und Gesellschaft im Übergang vom Plan zum Markt*, Bd. 3, herausgegeben von Carsten Herrmann-Pillath, Otto Schlecht und Horst Friedrich Wünsche, Stuttgart 1994.

–, *Ludwig Erhard. Über Wachsen und Werden der Sozialen Marktwirtschaft*, Düsseldorf 1997.

–, *Ludwig Erhard und seine Politik*, Stuttgart, New York 1985.

–, *Soziale Marktwirtschaft als historische Weichenstellung*, Düsseldorf 1997.

–, *Soziale Marktwirtschaft als nationale und internationale Ordnung. Symposion 1*, Stuttgart 1978.

Lukomski, Jess M., *Ludwig Erhard Der Mensch und der Politiker*, Düsseldorf, Wien 1965.

Mahoney, Daniel J., *De Gaulle: Statesmanship, Grandeur, and Modern Democracy*, Westport, Conn., 1996.

Mai, Ludwig H., »Erhard's Social Market Economy«, in: *Southwestern Social Science Quarterly* 44 (1964), S. 329–334.

Marcowitz, Reiner, *Option für Paris? Unionsparteien, SPD und Charles de Gaulle 1958 bis 1969*, München 1996.

Martin, James S., *All Honorable Men*, Boston 1950.

Mayer, Herbert Carleton, *German Recovery and the Marshall Plan*, Bonn 1969.

McGhee, George C., *At the Creation of a New Germany: From Adenauer to Brandt, an Ambassador's Account*, New Haven 1989 (deutscher Titel: *Botschafter in Deutschland 1963–1968*, Esslingen 1989).

Mestmäcker, Ernst-Joachim, »Der Böhm-Entwurf eines GWB«, in: *Wirtschaft und Wettbewerb* (1955), S. 285–287.

–, »Konstituierung der Wettbewerbsordnung«, in: Ludwig-Erhard-Stiftung, *Soziale Marktwirtschaft als historische Weichenstellung*, Düsseldorf 1997, S. 51–62.

Metz, Andreas, *Die ungleichen Gründerväter. Adenauers und Erhards langer Weg an die Spitze der Bundesrepublik*, Konstanz 1998.

Miebach, Klaus M., *Ludwig Erhard and the Social Market Economy: Taking Stock*, Bonn 1997.

Mierzejewski, Alfred C., »America as Model?: U.S. Antitrust Policy and Ludwig Erhard's Struggle against Cartels in West Germany«, in: *The Impact of Nazism: New Perspectives on the Third Reich and Its Legacy*, herausgegeben von Alan E. Steinweis und Daniel E. Rogers, Lincoln 2003, S. 213–230.

Milward, Alan, *The Reconstruction of Western Europe, 1945–1951*, Berkeley 1984.

Mitchell, B. R., *European Historical Statistics, 1750–1970*, New York 1978.

Möller, Claudia, »Von der ›Formierten Gesellschaft‹ zur ›Wertschöpfungsgemeinschaft‹«, in: *Zeitschrift für Sozialgeschichte des 20. und 21. Jahrhunderts* 10 (1995), S. 7–12.

Möller, Hans, *Zur Vorgeschichte der Deutschen Mark. Die Währungsreformpläne 1945–1948*, Basel 1961.

Mommsen, Wolfgang J., *Der autoritäre Nationalstaat. Verfassung, Gesellschaft und Kultur des deutschen Kaiserreiches*, Frankfurt/Main 1992.

Möschel, Werbhard, »Competition Policy from an Ordo Point of View«, in: *German Neoliberals and the Social Market Economy*, herausgegeben von Alan T. Peacock und Hans Willgerodt, London 1989, S. 142–159.

Mühle, Dieter, *Ludwig Erhard. Eine Biographie*, Berlin (Ost) 1965.

Müller, Georg, »Die Grundlagen der westdeutschen Wirtschaftsordnung im Frankfurter Wirtschaftsrat 1947–1949«, Dissertation, Johann Wolfgang Goethe Universität, Frankfurt/Main 1982.

Müller-Armack, Alfred, »Adenauer. Die Wirtschaftspolitik und die Wirtschaftspolitiker«, in: *Beiträge von Weg- und Zeitgenossen*, herausgegeben von Dieter Blumenwitz, Klaus Gotto, Hans Maier, Konrad Repgen und Hans-Peter Schwarz, Stuttgart 1976, S. 204–228 (*Konrad Adenauer und seine Zeit. Politik und Persönlichkeit des ersten Bundeskanzlers*, Bd. 1).

–, *Wirtschaftslenkung und Marktwirtschaft*, Hamburg 1946. Nachdruck Stuttgart 1976; München 1990.

Mümmler, Manfred, *Ludwig Erhard. Eine biographische Skizze*, Emskirchen 1996.

Neebe, Reinhard, »Optionen westdeutscher Außenwirtschaftspolitik, 1949 bis 1953«, in: *Vom Marshallplan zur EWG*, herausgegeben von Werner Bührer, Ludolf Herbst und Hanno Sowade, München 1990, S. 163–202.

Nicholls, Anthony J., *The Bonn Republic: West German Democracy, 1945–1990*, London 1997.

–, *Freedom with Responsibility: The Social Market Economy in Germany 1918–1963*, Oxford 1994.

–, »Ludwig Erhard and German Liberalism – An Ambivalent Relationship?«, in: *In Search of Liberal Germany: Studies in the History of German Liberalism from 1789 to the Present*, herausgegeben von Konrad Jarausch und Larry Eugene Jones, Oxford 1990, S. 389–416.

–, »The Other Germany – The Neo-Liberals«, in: *Ideas into Politics*, herausgegeben von R. J. Bullen, H. Pogge von Strandmann und A. B. Polonsky, London 1984, S. 165–177.

Noelle-Neumann, Elisabeth, »Ludwig Erhard. Zwischen Zu- und Widerspruch«, in: *Glück gehabt. Mit Präsidenten, Kanzlern und den Frauen. Eine Bonner Galerie*, herausgegeben von Werner Höfer, Stuttgart 1976, S. 57–65.

–, »Ein Mann des guten Willens. Zum 80. Geburtstag Ludwig Erhards«, in: *Die Politische Meinung* 170 (1977), S. 79–84.

Nolan, Mary, *Visions of Modernity: American Business and the Modernization of Germany*, New York 1994.

Oppelland, Torsten, *Deutsche Politiker 1949–1969. 17 biographische Skizzen aus Ost und West*, Bd. 1, Darmstadt 1999.

–, *Deutsche Politiker 1949–1969. 16 biographische Skizzen aus Ost und West*, Bd. 2, Darmstadt 1999.

–, *Gerhard Schröder (1910–1989). Politik zwischen Staat, Partei und Konfession*, Düsseldorf 2002.

Oppenheimer, Franz, *Erlebtes, Erstrebtes, Erreichtes. Lebenserinnerungen*, Düsseldorf 1964.

–, *Das Grundgesetz der Marxistischen Gesellschaftslehre. Darstellung und Kritik*, Berlin 1903.

–, *Kapitalismus – Kommunismus – wissenschaftlicher Sozialismus*, Berlin 1919.

–, *The State*, übersetzt von John Gitterman, San Francisco 1997 (Original: *Der Staat. Eine soziologische Studie*, Potsdam 3. Auflage 1929).

–, *Weder Kapitalismus noch Kommunismus*, Jena 1932, überarbeitete und erweiterte Ausgabe von *Kapitalismus – Kommunismus – wissenschaftlicher Sozialismus. Wert und Kapitalprofit*, Jena 1916.

Osterheld, Horst, *Außenpolitik unter Bundeskanzler Ludwig Erhard, 1963–1966. Ein dokumentarischer Bericht aus dem Kanzleramt*, Düsseldorf 1992.

Overy, Richard J., »The Economy of the Federal Republic since 1949«, in: *The Federal Republic of Germany since 1949: Politics, Society and Economy before and after Unification*, herausgegeben von Klaus Larres und Panikos Panayi, London 1996, S. 3–34.

Paxton, Robert O., und Nicholas Wahl (Hrsg.), *De Gaulle and the United States: A Centennial Reappraisal*, Oxford 1994.

Peacock, Alan T., und Hans Willgerodt (Hrsg.), *German Neoliberals and the Social Market Economy*, London 1989.

–, *Germany's Social Market Economy. Origins and Evolution*, Houndmills 1989.

Pells, Richard, *Not Like Us: How Europeans Have Loved, Hated and Transformed American Culture since World War II.*, New York 1997.

Petersen, Jürgen, »Der Ruf nach einer restaurativen Wirtschaftskonzeption für die Westzonen und die Tätigkeit der ›Sonderstelle Geld und Kredit‹«, in: *Wissenschaftliche Zeitschrift der Humboldt-Universität zu Berlin. Reihe Gesellschaftswissenschaften* 37 (1988), S. 393–402.

Peterson, Edward N., *The American Occupation of Germany: Retreat to Victory*, Detroit 1977.

Peukert, Detlev J. K., *Die Weimarer Republik*, Frankfurt/Main 1987.

Pohl, Hans, *Adenauers Verhältnisse zu Wirtschaft und Gesellschaft*, Bonn 1992.

–, *Kartelle und Kartellgesetzgebung in Praxis und Rechtsprechung bis zur Gegenwart*, Stuttgart 1985.

–, (Hrsg.), *Entstehung und Entwicklung der Sozialen Marktwirtschaft. Referate und*

Diskussionsbeiträge der 10. Öffentlichen Vortragsveranstaltung der Gesellschaft für Unternehmensgeschichte e.V. am 26. Juni 1985 in Frankfurt am Main, Wiesbaden 1986.

Pommerin, Rainer, »Die Mitglieder des Parlamentarischen Rates«, in: *Vierteljahrshefte für Zeitgeschichte* 36 (Juli 1988), S. 557–588.

Prowe, Diethelm, »Foundations of West German Democracy: Corporatist Patterns in the Post-1945 Democratization Process«, in: *Coping with the Past: Germany and Austria after 1945*, herausgegeben von Kathy Harms, Lutz-Rainer Reuter und Volker Dürr, Madison 1990, S. 105–129.

Pünder, Tilman, *Das bizonale Interregnum. Die Geschichte des Vereinigten Wirtschaftsgebietes 1946–1949*, Waiblingen 1966.

Raico, Ralph, *Die Partei der Freiheit*. Übersetzt von Jörg Guido Hülsmann, Gabriele Bartel und Pia Hess, Stuttgart 1999.

Reidl, Anton, *Liberale Publizistik für soziale Marktwirtschaft. Die Unterstützung der Wirtschaftspolitik Ludwig Erhards in der Frankfurter Allgemeinen Zeitung und in der Neuen Zürcher Zeitung 1948/49 bis 1957*, Regensburg 1992.

Rieger, Wilhelm, *Einführung in die Privatwirtschaftslehre*, Nürnberg 1928.

–, *Schmalenbach's Dynamische Bilanz. Eine Kritische Untersuchung*, Stuttgart 1936.

Riehl, Hans, *Die Mark. Die aufregende Geschichte einer Weltwährung*, Hannover 1978.

Ritschl, Albrecht, »Die Währungsreform von 1948 und der Wiederaufstieg der westdeutschen Industrie«, in: *Vierteljahrshefte für Zeitgeschichte* 33 (Januar 1985), S. 136–165.

Robert, Rüdiger, *Konzentrationspolitik in der Bundesrepublik. Das Beispiel der Entstehung des Gesetzes gegen Wettbewerbsbeschränkungen*, Berlin 1976.

Röpke, Eva (Hrsg.), *Wilhelm Röpke Briefe. Der innere Kompass*, Erlenbach-Zürich 1976.

Röpke, Wilhelm, *Gegen die Brandung. Zeugnisse eines Gelehrtenlebens unserer Zeit*, gesammelt und herausgegeben von Albert Hunold, Erlenbach-Zürich 1959.

–, *Civitas Humana*, Bern 4. Auflage 1979.

–, *Die Deutsche Frage*, Erlenbach-Zürich 1945.

–, *Die Gesellschaftskrisis der Gegenwart*, Bern 6. Auflage 1979.

–, *Internationale Ordnung – heute*, Bern 3. Auflage 1979.

–, *Ist die Deutsche Wirtschaftspolitik richtig?*, Stuttgart 1950.

–, *Jenseits von Angebot und Nachfrage*, Bern 5. Auflage 1979.

–, *Das Kulturideal des Liberalismus*, Frankfurt/Main 1947.

–, *Die Lehre von der Wirtschaft*, Wien 1937.

–, »Ludwig Erhard zum 60. Geburtstag«, in: *Gegen die Brandung. Zeugnisse eines Gelehrtenlebens unserer Zeit*, herausgegeben von Albert Hunold, Erlenbach-Zürich, Stuttgart 1959, S. 394ff.

–, *Maß und Mitte*, Bern 2. Auflage 1979.

Roth, Karl Heinz, »Das Ende eines Mythos. Ludwig Erhard und der Übergang der deutschen Wirtschaft von der Annexions- zur Kriegsplanung (1939 bis 1945). 1. Teil: 1939 bis 1943«, in: *Zeitschrift für Sozialgeschichte des 20. und 21. Jahrhunderts* 10 (1995), S. 53–93.

Satzky, H., »Grundsätze, Entstehung und Novellierung des Gesetzes gegen Wettbewerbsbeschränkungen«, in: *Kartelle und Kartellgesetzgebung in Praxis und Rechtsprechung bis zur Gegenwart*, herausgegeben von Hans Pohl, Stuttgart 1985, S. 229–240.

Schardt, Klaus, *Ludwig Erhard. Der Vater des Wirtschaftswunders*, Nürnberg 2000.

Schickling, Willi, *Entscheidung in Frankfurt. Ludwig Erhards Durchbruch zur Freiheit. 30 Jahre Deutsche Mark, 30 Jahre Soziale Marktwirtschaft*, Stuttgart 1978.

Schissler, Hanna (Hrsg.), *The Miracle Years: A Cultural History of West Germany, 1949–1968*, Princeton 2001.

Schlarp, Karl-Heinz, »Das Dilemma des Westdeutschen Osthandels und die Entstehung des Ost-Ausschusses der Deutschen Wirtschaft 1950–1952«, in: *Vierteljahrshefte für Zeitgeschichte* 41 (1993), S. 223–276.

Schlecht, Otto, und Gerhard Stoltenberg (Hrsg.), *Soziale Marktwirtschaft. Grundlagen, Entwicklungen, Perspektiven*, Freiburg im Breisgau 2001.

Schmitt, Hans A., »Ludwig Erhard: Another Bismarck?«, in: *Current History* 50 (Mai 1966), S. 257–262, 308.

Schmölders, Günter, »Für den Frieden gedacht. Erhards Denkschrift von 1943/44«, in: *Orientierungen zur Wirtschafts- und Gesellschaftspolitik* 36 (Juni 1988), S. 24–27.

Schröder, Gerhard, Alfred Müller-Armack, Karl Hohmann, Johannes Gross und Rüdiger Altmann (Hrsg.), *Ludwig Erhard. Beiträge zu seiner politischen Biographie. Festschrift zum fünfundsiebzigsten Geburtstag*, Frankfurt/Main 1972.

Schröder, Hans-Jürgen, »Die Anfangsjahre der Bundesrepublik Deutschland. Eine amerikanische Bilanz«, in: *Vierteljahrshefte für Zeitgeschichte* 37 (April 1989), S. 323–351.

Schultz, Bruno L., *Die Grundgedanken des Systems der theoretischen Volkswirtschaftslehre von Franz Oppenheimer*, Jena 1948.

Schuman, Wolfgang, »Nachkriegsplanung in der Reichsgruppe Industrie im Herbst 1944. Eine Dokumentation«, in: *Jahrbuch für Wirtschaftsgeschichte* (1972), S. 259–296.

Schumpeter, Josef A., *Capitalism, Socialism and Democracy*, New York 1942 (deutscher Titel: *Kapitalismus, Sozialismus und Demokratie*, Bern 1946).

–, *History of Economic Analysis*, New York 1954 (deutscher Titel: *Geschichte der ökonomischen Analyse*, Göttingen 1965).

Schwarz, Hans-Peter, *Die Ära Adenauer. Gründerjahre der Republik. 1949–1957*, Stuttgart, Wiesbaden 1981 (*Geschichte der Bundesrepublik Deutschland*, Bd. 2).

–, *Die Ära Adenauer. Epochenwechsel. 1957–1963*, Stuttgart, Wiesbaden 1983 (*Geschichte der Bundesrepublik Deutschland*, Bd. 3).

–, *Adenauer. Der Aufstieg: 1876–1952*, Stuttart 1986.

–, *Adenauer. Der Staatsmann: 1952–1967*, Stuttgart 1991.

Schweitzer, Arthur, *Big Business in the Third Reich*, Bloomington 1977.

Sheehan, James J., *German Liberalism in the Nineteenth Century*, Chicago 1978 (deutscher Titel: *Der deutsche Liberalismus. Von den Anfängen im 18. Jahrhundert bis zum Ersten Weltkrieg 1770–1914*, München 1983).

Skidelsky, Robert, *John Maynard Keynes. The Economist as Savior, 1920–1937*, New York 1995.

Smith, Eric Owen, *The German Economy*, London 1994.

Smith, Jean Edward, *Lucius Clay, an American Life*, New York 1990.

Smyser, W[illiam] R., *From Yalta to Berlin: The Cold War Struggle over Germany*, New York 1999.

–, *The German Economy*, New York 1992.

Sommariva, Andrea, und Guiseppe Tullio, *German Macroeconomic History, 1880–1979*, New York 1987.

Sontheimer, Kurt, *Die Adenauer-Ära*, München 1996.

Spicka, Mark E., »Gender, Political Discourse, and the CDU/CSU Vision of the Economic Miracle, 1949–1957«, in: *German Studies Review* 25 (Mai 2002), S. 305–332.

–, »Selling the Economic Miracle: Public Opinion Research, Economic Reconstruction, and Politics in West Germany, 1949–1957«, in: *German Politics and Society* 20 (2002), S. 49–67.

Stackelberg, Karl-Georg von, *Attentat auf Deutschlands Talisman. Ludwig Erhards Sturz. Hintergründe, Konsequenzen*, Stuttgart 1967.

Stokes, Raymond G., *Divide and Prosper: The Heirs of I.G. Farben under Allied Authority*, Berkeley 1988.

Temin, Peter, »›The Korea Boom‹ in West Germany: Fact or Fiction?«, in: *Economic History Review* 48, Nr. 4 (November 1995), S. 737–753.

Teschke, John P., *Hitler's Legacy: West Germany Confronts the Aftermath of the Third Reich*, New York 1998.

Thieme, H. Jörg, *Soziale Marktwirtschaft. Ordnungskonzeption und wirtschaftspolitische Gestaltung*, München 1992.

Tilly, Richard, *Geschichte der Wirtschaftspolitik*, München 1993.

Vershofen, Wilhelm, *Amerika. Drei Kapitel der Rechtfertigung*, Jena 1917.

–, *Außenhandelsbilanz und Valuta*, Gotha 1920.

–, *Erlebnis und Verklärung*, Stuttgart 1949.

–, *Grundlegung*, Berlin 1940 (*Handbuch der Verbrauchsforschung*, Bd. 1)

–, *Die Marktverbände I. Teil*, Nürnberg 1928.

–, *Poggeburg. Die Geschichte eines Hauses*, Leipzig 1934.

–, *Wirtschaft als Schicksal und Aufgabe*, Darmstadt 1930.

Völklein, Ulrich, *Ludwig Erhard. Trümmer, Träume und ein Mann der Tat. Ein Portrait*, Düsseldorf 1997.

Von Eynern, Gert, »›Soziale Marktwirtschaft‹. Analyse eines wissenschaftlichen und politischen Schlagwortes«, in: *Beiträge zur empirischen Konjunkturforschung*, herausgegeben von Deutsches Institut für Wirtschaftsforschung, Berlin 1950, S. 121–147.

Wallich, Henry C., *Mainsprings of the German Revival*, New Haven 1955 (deutscher Titel: *Triebkräfte des deutschen Wiederaufstiegs*, Frankfurt/Main 1955).

Walter, Norbert (Hrsg.), *Was würde Erhard heute tun? Wirtschaftspolitische Problemlösungen*, Stuttgart 1986.

Webber, Carolyn, und Aaron Wildavsky, *A History of Taxation and Expenditure in the Western World*, New York 1986.

Weimer, Wolfram, *Deutsche Wirtschaftsgeschichte*, Hamburg 1998.

Werth, Alexander, *De Gaulle*, Baltimore 1967.

Westrick, Ludger, »Adenauer und Erhard«, in: *Beiträge von Weg- und Zeitgenossen*, herausgegeben von Dieter Blumenwitz, Klaus Gotto, Hans Maier, Konrad Repgen und Hans-Peter Schwarz, Stuttgart 1976, S. 169–179 (*Konrad Adenauer und seine Zeit. Politik und Persönlichkeit des ersten Bundeskanzlers*, Bd. 1).

Williams, Charles, *Adenauer*, New York 2000 (deutscher Titel: *Adenauer*, Bergisch Gladbach 2001).

–, *The Last Great Frenchman: A Life of General De Gaulle*, New York 1993.

Wolf, H. C., »The Lucky Miracle: Germany, 1945–51«, in: *Postwar Economic Reconstruction and Lessons for the East Today*, herausgegeben von Rüdiger Dornbusch, Wilhelm Nölling und Richard Layard, Cambridge, Mass., 1993, S. 29–56.

Wünsche, Horst Friedrich, *Ludwig Erhards Gesellschafts- und Wirtschaftskonzeption. Soziale Marktwirtschaft als Politische Ökonomie*, Stuttgart 1986.

–, (Hrsg.), *Die Korea-Krise als ordnungspolitische Herausforderung der deutschen Wirtschaftspolitik. Texte und Dokumente*, Stuttgart, New York 1986.

–, (Hrsg.), *Soziale Marktwirtschaft als historische Weichenstellung*, Düsseldorf 1997.

Zeitlin, Jonathan, und Gary Herrigel (Hrsg.), *Americanization and Its Limits: Reworking US Technology and Management in Post-War Europe and Japan*, Oxford 2000.

Zinn, Karl Georg, *Soziale Marktwirtschaft. Idee, Entwicklung und Politik der bundesdeutschen Wirtschaftsordnung*, Mannheim 1992.

Zmirak, John, *Wilhelm Röpke: Swiss Localist, Global Economist*, Wilmington, Del. 2001.

Personenregister

Kursive Seitenzahlen verweisen auf Abbildungen

Bildnachweis

akg-images, Berlin: 105, 111, 155, 318
Bildarchiv Preußischer Kulturbesitz, Berlin: 287 (Hilmar Pabel)
DIZ, SV-Bilderdienst, München: 48 (Scherl), 49 links (S.M.), 89, 128 (Fosch), 184, 275
Interfoto, Müchen: 7 (Archiv Friedrich), 18 (Archiv Friedrich), 19 (Archiv Friedrich), 286 (Archiv Friedrich), 296 (Friedrich Rauch), 305 (Friedrich Rauch)
Keystone Pressedienst, Hamburg: 91, 149, 203, 247
Ludwig-Erhard-Stiftung, Bonn: 52
Time Inc., New York: 244
ullstein bild, Berlin: 49 rechts (dpa), 181 (dpa), 227, 249 (Archiv Gerstenberg), 269 (AP), 271 (von der Becke), 274, 281 (dpa), 291 (dpa), 301 (dpa), 309 (dpa)